大学と法曹養成制度

小野秀誠著

信山社

はしがき

本書は、大学制度の沿革や近時の改革、法曹養成制度に関する私の論文をまとめたものである。ヨーロッパ、とくにドイツの大学に関するものを中心とするが、それと並んで、わがくにの制度との比較がつねに念頭にあったことはいうまでもない。もっとも、後者そのものには、直接にはほとんどたち入っていない。

研究の当初の動機は、一九九〇年代初頭の在外研究において、おりからのドイツ再統一のプロセスで生じた東ドイツ地域の大学の再建問題、これと並んで行われた西ドイツ地域での大学改革に興味をもったことにある。この検討の過程で、わがくにでも周知と思われたドイツの大学や法曹養成が、意外にも問題を含み、また種々の変革が試みられていることがわかった。さらに、わがくににおいて、そのような近時の動向は必ずしもそう周知なものでもないことから、その後も、継続して検討を続けてきたのである。

一九九〇年代末から、わがくにでも、司法制度改革が行われており、その一環として、法曹養成制度、大学における法学教育のありかたが議論されている。ドイツの大学制度は、他のヨーロッパ諸国の制度とならんで、かねてわがくにのモデルとなったものでもあり、その意義・問題点・近時の発展を整理・検討しておくことは、議論の前提となり、また時宜にかなったことでもあろう。

二〇〇一年一月

小野秀誠

目次

序説……1
一　従来の研究との関係……1
二　本書に包含される一般的な視点……4
三　文献と資料……12

第一部　ドイツ再統一と大学問題（一九九〇年代前半までの発展）……15

第一篇　東ドイツ地域における大学再建問題……17

第一章　はじめに……17
第一節　序……17
第二節　統一条約三八条……18
第二章　再統一時の東ドイツの大学、とくに法学部の状況……21
第一節　再統一前の状況……21
第二節　旧東ドイツの法曹養成……21
第三節　統一前の法曹養成の成果……23
第三章　再統一後の状況と大学再建に関する学術審議会（ＷＲ）の勧告の内容……30

第一節　民主化と再統一……30
第二節　大学再建……31
第三節　再建の計画―再建と新設……32
第四節　設置の基準と方法……32
第四章　むすび……36
第一節　西側の協力……36
第二節　卒業資格……37
第三節　実務研修と外的条件の整備……38
第二篇　ドイツの法学教育とその問題点……43
第一章　はじめに……43
第二章　ドイツの法学教育の特徴と問題点……48
第一節　大学教育……48
第二節　実務研修（Vorbereitungsdienst）……54
第三節　研究教育環境上の問題……56
第三篇　ドイツにおける法学教育の特徴と改革……71
第一章　改革の試み・新たな視点―ECの市場統合の問題、他のEC諸国との競争……71

第一節　はじめに……71
第二節　期間の短縮……71
第三節　二段階法曹養成制度の見直し……73
第四節　重点教育と法曹一元の見直し……75
第二章　外国との比較……79
第一節　外国の法曹養成……79
第二節　フランス……79
第三節　イタリア……81
第四節　イギリス……82
第五節　アメリカ……85
第六節　オーストリア……86
第七節　旧東ドイツ……88
第三章　改革の提言……94
第一節　法曹会議決議……94
第二節　反対意見……96
第三節　法曹教育の理念……97
第四篇　一九九二年改正法……101

第一章　一九九二年改正以降 …… 101
第一節　序 …… 101
第二節　大学教育（Studium，裁判官法五a条、JAG八条参照） …… 102
第三節　実務研修（Vorbereitungsdienst） …… 109
第二章　旧東ドイツ地域の改革 …… 116
第一節　序 …… 116
第二節　旧東ドイツ地域の法学部改革の進展―一九九一年まで …… 116
第三節　一九九一年以降 …… 118
第五篇　大学と社会変革 …… 128
第一章　大学の改廃―ドイツにおける特徴 …… 128
第一節　歴史的素描 …… 128
第二節　一九世紀のラインラント …… 130
第二章　近時の状況と問題点 …… 141
第三章　東ドイツ地域の状況・近時の状況 …… 146
第六篇　首都と大学 …… 153
第一章　再統一と首都 …… 153

第二章　大学都市ボン …… 155
第三章　種々の問題 …… 155
第二部　ドイツの大学と法曹養成制度（一九九〇年代後半以降の改革） …… 159
第一篇　ドイツの法曹養成制度と大学教育（一九九八年改正法） …… 161
第一章　はじめに …… 161
第二章　二段階法曹養成制度 …… 161
第三章　法曹養成期間の長期化と対策 …… 163
第四章　大学改革 …… 166
第五章　比較による示唆 …… 168
第二篇　ドイツの法曹養成制度と経済専修法律家 …… 170
第一章　完全法律家と経済専修法律家 …… 170
第二章　専門大学における経済法専修コース …… 171
第三章　伝統的法曹養成との関係 …… 172
第三篇　ドイツの大学改革と法曹養成制度（二〇〇〇年前後の状況） …… 174
第一章　はじめに …… 174

第一節　二段階法曹養成制度……174
第二節　法曹養成制度の改革……175
第二章　大学基本法の改正（一九九八年〜九九年）……180
第一節　大学改革……180
第二節　大学基本法上の争点……183
第三章　法曹養成課程の諸問題……194
第一節　国家試験に関する諸問題……194
第二節　実務研修の実態と問題……201
第三節　法曹の数―過剰と中途脱落……211
第四章　完全法律家と経済専修法律家……216
第一節　「経済法」専修コースの開設……216
第二節　伝統的法学教育からの批判……219
第三節　経済法専修コースの教育と学位……220
第四節　専修ジェネラリスト……222
第五章　予算の東地域への投入、図書館のネットワーク化……232
第一節　授業料の無料制の動揺……232
第二節　新たな予算の獲得……235

第三節　図書館の機能の変化―集中型と分散型……240
第四節　電子化と広域的な統合……241
第五節　デジタル化とグローバル化……245
第六章　むすび……251
第一節　概　観……251
第二節　若干の展望……251
第四篇　隣接法律職の新たな位置づけ―とくに司法書士の職域と法曹資格・養成……255
第一章　はじめに……255
第一節　規制緩和からの提言……255
第二節　法律職再編の方向性……257
第三節　行政事務の簡素化・規制緩和と司法書士……258
第二章　最判平一二・二・八裁時一二六二号一一頁、市民と法三号七三頁……261
第一節　法律関連職種と業際問題……261
第二節　特例としての法律業務への関与と、自然的分化・関連業務性……262
第三章　諸外国における法律隣接職……264
第一節　法律職の分化の状況……264

第二節　ドイツの法律家の状況―経済専修法律家……265
第三節　法律家の位置づけ―一元性か二元性か……266
第四章　むすび……269
第一節　特化された分野での包括的なサービス提供……269
第二節　特化された分野での豊富な知識……270
第三節　独立した地位の確立……270

第三部　研究と大学……273

第一篇　ツァシウス（Ulrich Zasius, 1461-1535）とフライブルク市法の改革……275

第一章　はじめに―ローマ法継受と人文主義法学、都市法の改革……275
第二章　人文主義法学とツァシウス……277
第一節　人文主義法学……277
第二節　改革立法……277
第三節　都市書記……278
第四節　ツァシウス……279
第五節　人文主義の限界……281
第三章　フライブルク市法の改革……286

第一節　フライブルクと大学の歴史……286
第二節　フライブルク市法……288
第四章　む す び……290
第一節　改革法の体系と意義……290
第二節　売買法上の特徴……292
第二篇　民法の系譜研究と比較法……297
第一章　は じ め に……297
第二章　起草過程と民法……299
第一節　起草者と民法の研究……299
第二節　起草者に関するもの……299
第三節　民法の起草過程に関するもの……300
第四節　現 行 民 法……309
第三章　比較法と民法……326
第一節　旧民法、立法と比較法……326
第二節　民法と比較法……329
第三節　外国法に関するもの……329
第四節　二〇世紀の立法、国際的統一法……339

第四章　む す び……355

補論―論文とテーマ……362

一　論文の種類と質（364）　二　テーマの設定（376）　三　方法論に対する若干の言及（390）
四　文献の検索（395）　五　執筆、構成、校正、集成（400）　六　時間と資源、報酬の分配（408）
七　ツール、研究補助（418）

〈付録〉法典調査会の構成……361

〈付録〉旧民法とフランス民法典の構成……423

〈付録〉民法とドイツ民法典の構成……425

序説

一　従来の研究との関係

(1)　本書は、大学の沿革や一九九〇年代以降を中心とする改革、法曹養成制度に関する私の論文をまとめたものである。ヨーロッパ、とくにドイツの大学に関するものを中心とするが、比較のうえから、日本の大学にも簡単に言及することがある。研究の全体を鳥瞰し本書との関連を明らかにするために、関連する従来の研究の概要をあらかじめ述べておくことにする。

全体は、内容によって、三部に分けられる。

(2)　第一部には、①「東ドイツ地域の大学（法学部）再建問題」（一橋論叢一〇九巻一号・一九九三年）、②「ドイツにおける大学再建と法学教育の改革」(1)一橋論叢一一〇巻一号、(2)一一一巻一号、(3)一一六巻一号、(4)一一七巻一号・一九九三年～一九九七年）、③「首都と大学」（一橋大学ニュース二五二号・一九九二年）を収録した。

これらは、おもに一九九一年からのヨーロッパ長期在外研究の成果である。おりから、一九九〇年のドイツ再統一、東欧の民主化をうけ、ヨーロッパは大きな変革の時期であった。とりわけ、冷戦の最前線にあったドイツは、再統一後の東ドイツ地域の諸改革のさなかであり、そのうち、私の興味を引いた問題が、この大学再建の問題と、東ドイツ地域における財産権の返還問題であった。後者については、べつの機会に、一連の論文を公けにしている（「東ドイツ地域における不動産所有権の返還問題」一橋大学研究年報・法学研究二四号・一九九四年、「財産権の返還と投資の保護―東ドイツ地域の改革―」国際商事法務二七巻一号・一九九九年、「共同所有権の私有化―その過程における所有権の金銭債権化」山内進編・混沌のなかの所有〔二〇〇〇年〕一六五頁以下、専門家の責任と権能〔二〇〇〇年〕

にも再録。Land Reform in Japan (1945-1951) and in the former East Germany (1945-1949): The Decision of the German Constitutional Court in April 23, 1991, Hitotsubashi Journal of Law and Politics, vol. 22, 43 (1994). 後者については、べつの機会にまとめることにしたい。

東ドイツ地域の改革は、たんにそこでの特殊問題というにとどまらず、少なからぬ方面において、西ドイツ地域の問題にも影響を与えるものであった。これは、大学問題についても同様である。間接的には、東地域への重点投資は、西地域への予算を相対的に減少させるものであったし、これは、直接には、従来卒業まで六年以上にもおよんでいた在学期間の短縮を目ざした各種の改革をもたらすことになったのである。

②は、この間にべつの著作をまとめた関係から、(1)〜(4)までかなり長期の連載となり、やや全体の鳥瞰がしにくくなっていることから、本書では、これを分割し、雑誌発表の各号ごとに一篇ずつを割り当てた(第一部二篇〜五篇)。

(3)　第二部には、④「ドイツの法曹養成制度と大学教育〔一九九八年改正法〕」(月刊司法改革二〇〇〇年一月号)、⑤「ドイツの法曹養成制度と経済専修法律家」(国際商事法務二八巻一〇号・二〇〇〇年)、⑥「ドイツの大学改革と法曹養成制度」(一橋大学研究年報・法学研究三四号・二〇〇〇年)、⑦「隣接法律職と法曹養成制度」市民と法六号〔二〇〇〇年〕を収録した。

このうち、⑥と後述の⑦は、一九九七年からのヨーロッパ長期在外研究の成果というべきものである。④⑤は、一九九九年以降の、わがくににおける司法制度改革、その一環としての法曹養成制度の改革、大学改革との関係で、執筆したものである。

④は、②を概観したうえで、一九九八年の大学基本法の骨子を述べたものであるが、頁数の制約から、まったくのあらすじのみとなっている(なお、その後、同じものは二〇〇〇年八月の月刊司法改革「法科大学院特集」にも採録され、そのさいに、若干加筆修正した)。

この④が、法曹三者を中心とする完全法律家（Volljurist）の養成制度についての骨子であるのに対して、⑤は、一九九三年以降の新たな概念である経済〔専修〕法律家（Wirtschaftsjurist）の養成制度についての骨子である。しかし、これも、まったくのあらすじにすぎない。

近時のドイツの大学の状況をより敷衍して論じたものが⑥である（もっとも、時間的には、ヨーロッパにおいてかなりまとめてきた⑥を前提に、その骨子をまとめたものが④⑤という関係にある）。ここでは、たんに狭義の法曹養成（完全法律家）だけではなく、一九九〇年代後半にドイツで開始された経済専修法律家の養成についてもふれている。これは、日本の法学部のように、もともと狭義の法曹養成のみを対象としているわけではない制度をとっているものにとって、むしろ有益な示唆を与えるものとなろう。また、近時の大学関係のインフラストラクチュアのかかえる諸問題のなかでもかなり重要な一分野をなしている図書館、とくにそのネットワーク化の問題についてもふれた。

⑦は、わがくにの法曹養成制度に関するものである。一九九〇年代から、わがくにでも、大学院で「専修」コースが開設されている。しかし、これは、社会人教育を除くと、実質的には法曹養成コースにすぎなかったことから、ロースクールによって発展的に解消されるとするむきが多い。しかし、高度の社会人・実務家向けの教育をするとの目的は、なお失われていない。また、ロースクールには、当面それをカバーするほどの人材供給能力はないと思われるから、専修コースを本来の目的に戻し、隣接法律職の養成のためにも継続するべきことを提言したものである。同様の視点は、⑤にも含まれている。

(4)　第三部には、⑧「ツァシウス（Ulrich Zasius, 1461-1535）とフライブルク市法の改革」（一橋論叢一二一巻一号・一九九九年）、⑨「民法の系譜研究と比較法」を収録した。この第三部に収録した二つの論文は、必ずしも直接には、大学や大学改革と係わるものではない。

まず、⑧は、一五〜一六世紀の人文主義法学者ツァシウスの業績を通じて、同時代のフライブルク市法の改革、後代の民法への影響を検討するものである。内容的には、「公証人と公証人弁護士」(『専門家の責任と権能』〔二〇〇〇年〕所収)において扱った都市書記や公証人関係の論文とも係わっている。都市書記、市法改革といった実務との関連において、ツァシウスの大学人としてのありかたが、法を対象とする研究と教育の問題とも関係するので、本書に収録した。

また、⑨は、大学関係の諸論文とはやや趣きを異にするが、従来から、若手の研究者あるいは研究者のたまごというべき人々との交流のさいに気づいていたことを、簡単にまとめたものである。完成した研究者にとっては、たんに当然のことを述べたにすぎない。大学改革とは係わらないが、ものの見方、研究の方法論などに言及することから、広義における大学、あるいは大学人のありかたに係わるものとして収録したものである。内容的には、むしろ、民法研究のさいの簡単な系譜研究、外国法研究の手ほどきとでもいうべきものである。なお、最後に付した、ドイツ民法典の構成と民法典、およびフランス民法典の構成と旧民法典の対応は、もともと欧文ジャーナル(一橋大学)に掲載したものである(Comparative Law and the Civil Code of Japan (1), Hitotsubashi Journal of Law and Politics, vol. 24 (1996), p. 42, Appendix II <The Comparison of the First Civil Code and the French Civil Code>, p. 44, Appendix III <The Comparison of the Japanese Civil Code and the German Civil Code>)。このような対照は、しばしば比較法的・沿革的な研究のさいに必要になるので、資料的な意味から、あわせて収録することにした。

二　本書に包含される一般的な視点

(1)　一九九九年以来、司法制度改革の一環として、大学の法学教育とロースクールとを接合し、これを司法試験改革に役だたせようとする構想が打ち出され具体化されつつある。この日本型のロースクール(法科大学院)構想は、わがくにの大学の法学教育の問題点の一つ(法学部の卒業生の多くが法曹にならず、また法曹資格の取得と大学の法学教育とが接合されていないこと)に係っており、また、法曹数がいちじるしく少ないという、わがくにの司法の人的資源の問題に係っている(このように法曹数が少ないことは、旧東ドイツの状況を彷彿させる。そこで、わがくにの最近の法曹数の増加に関する議論にも、あたかもかつて東ドイツ地域における法曹数の増大に関して行われたものを彷彿させるところがある。本稿第一部一篇参照)。

司法試験の合格者は、二〇〇〇年度からようやく一〇〇〇人台に増加されたものの、長らく五〇〇人台にすぎず(一九六〇年代から。一九九〇年代からようやく増加に転じて、九一年には六〇〇人台。九三年に七〇〇人台。九八年に八〇〇人台、九九年から一〇〇〇人台)、その結果、受験者が近時ではほぼ三万人に達し、合格までの年限が長期化しつつある。また、制度的には、大学の法学教育と関連づけられてこなかった。

これに対し、一九九〇年代末ごろから、法曹数の充実を求める社会的な動きが強まり、また、これに大学の法学教育との関連づけを求める動きが重なった。もっとも、法曹数増加の動きは、直接にはかなり経済界の要請に影響されたものであり(ただし、そのさいの要請が制度の長期化や非効率化にあったとは思われないが)、また求めることの内容にも、論者によりかなりの相違がみられる。

なお、これらの数的増加のいわば代替として、一九九九年度から、修習期間を二年から一年半に短縮し、また、二〇〇〇年度から、論文試験が憲法、民法、商法、刑法、民事訴訟法、刑事訴訟法の六科目の固定必修式に(法律選択科目の廃止)、さらに口述試験が商法を除いた五科目にされるなどの改正も行われた。また、一九九六年からは、いわゆる丙案(論文式合格者の上位七分の五は成績順に、七分の二は初回受験から三年以内の者から合格させる。なお、九九年から、優遇枠の割合は九分の二に削減された)が行われている(しかし、慎重な受験をする傾向から、近時では、新規受験者の平均年齢が二六歳を超えるとの新たな弊害が生じている)。

ロースクールという名称から明らかなように、そのモデルは、もともとアメリカのそれである(もっとも、一九九九年以降、各大学が発表した構想の内容は多様であり、必ずしもアメリカのモデルばかりというわけではない)。しかし、わがくにの伝統的法学教育、法曹養成には、ヨーロッパ・モデルの伝統が強く、このような接合が合理的なものかどうかは、にわかには速断しえない。

もっとも、本書は、このロースクールの問題に多少言及しているが、これをおもな対象とするものではない。べつの形でより包括的に検討することにしたい。

(2)　明治以降の日本の大学教育が基本的に欧米のモデルに立脚したものであることは、いまさら繰り返すまでもない。初期のお雇い外国人の時期から、やがて多数の留学生を欧米、とくに、イギリス、フランス、ドイツに送り、さらに帰国者による再生産を計ったのが高等教育の始まりである。

明治の為政者のバランス感覚から、留学先は、この三カ国に分散していたが、当初のイギリス、フランス重視から、のちにはかなりドイツ重視に移行していった傾向がある。(1)その原因は、たんに一九世紀の後半がドイツ諸科学の全盛期であったというだけではなく、おそらく前二者の領土的・政治的野心と自由主義的傾向が嫌悪されたためであろう。このようなバランスと重点の移動は、大学だけではなく、民法の起草などにもみられる。(2)その他、憲法、政治制度、司法制度、軍事（陸海軍）、医学など、分野によって、おもに影響を与えた国が決まっていたことは興味深い。

法学の関係では、一八七四年以来、東京法学校（のちの東京大学、帝国大学令は一八八六年）ではイギリス法が教えられており、他方、司法省法学校（その起源は、一八七一年の明法寮）では、フランス法が教えられていた。しかし、一八八七年に、後者は司法省から大学に移管され、同時に、ドイツ法のコースが新設された。そこで、従来の英米法のコースと、移管されたフランス法のコースとを合わせて、三つのコースができあがった。(3)そのさいに、制度的な優劣があったわけではないが、一八九〇年代に、実質的に優越性を獲得したのは、ドイツ法であったといわれる。(4)

各地の大学の整備に力があったのも、外国に留学し帰国した者であったから、全国的な大学制度の確立後にも、外国の影響は長く残り、再生産されることになった。その後も、ヨーロッパ大陸、とくにドイツを留学先とした研究者は、第一次大戦により交流が途絶えた時期を除いて、きわめて多かった。

(3)　このようなヨーロッパ中心の時代から、とくに第二次大戦後には、わがくにの学術の領域においても、アメリカの影響力が強まった。アメリカの学問水準は、第二次大戦の前までは、ほとんどヨーロッパにはおよびえないものであったが（アメリカからヨーロッパへの留学）、大戦中、ヨーロッパからの亡命などにより多数の人材を獲得し、また長期的視野から継続的に多量の資金を投入したことによって、第一級の分野が生じてきた。もっとも、人的・物的投資の効率の早い理工系が最初であり、文化・社会関係は、かなり遅れた。文化の熟成は、政治、経済、軍事の進展にかなり遅れるのが一般的であるからである。

日本におけるアメリカ学術の影響にも、それが反映されている。とりわけ、国境のある学問である実定法の領域では遅れた。占領という強力な契機があったにもかかわらず、アメリカ法が参照されるようになったのは、第二次大戦後、それもかなり遅れてからである。しかし、一九八〇〜九〇年以降は、とくに一定の分野では、優越的な地位を獲得しつつある。たとえば、会社法や倒産法制である。また、訴訟法、民事実体法などにも、しだいに影響が強くなりつつある。さらに、アメリカ法が技術的に先進の分野である知的財産権法や電子取引法などの分野で、その影響が強いのはいうまでもない。法が社会を反映するとすれば、先進的な技術の反映でもある、電子商取引、遺伝子操作などの先端技術分野において、ますますアメリカ法の影響が強まることは想像に難くない。同様の傾向は、ヨーロッパへのアメリカからの影響についてもいえる（ヨーロッパからアメリカへの留学という逆転現象が生じた。これらにつき、後述第二部三篇参照）。

(4)　(ア)　これに反し、大学や教育の制度そのものには、従来の影響はかなり限定的であった。とくに、一九八〇年代においては、好調な経済状況を背景として、犯罪の少ない社会システムや教育制度から日本の官僚制度にまで、むしろ高い評価が与えられていたからである。もちろん、部分的には、批判もあった。官僚制の非効率性や硬直性・非民主的傾向、学術研究では、知育重視、創造的分野や基礎研究のたち遅れなどである。

(イ)　大きな変化が出たのは、一九九〇年代の末からである。アメリカ経済の好調と、対照的な長期にわたる不況の日本の状況が、かなり直接に反映されていたように思われる。注意しなければならないのは、アメリカの大学には、そうとうの格差があることである(また先端的人材にはしばしば外国人や移民が多い)。また、ロースクールにしても、その効率性には、かなりの疑問がある。さらに、大量生産される法律家、弁護士の質に対する評価は、最近では、アメリカ国内でも決して高いものではない。

社会の「法化」による法曹人口の増加の必要性の問題が、いささか安直にアメリカ型のロースクールの制度礼賛に結合されているように思われる。日本の訴訟遅延は、裁判所の過重負担、直接には裁判官の不足を原因としており、一般的な法曹資格者(弁護士資格者)の増加だけで解決されるものではない。アメリカ、ドイツでは、過剰な資格者の増加によって、かなりの弊害も生じている。資格を取得しても、就職先がなく、資格ある失業者を大量に生じている。これは、制度の効率性の点から疑問がある。

また、とくに前者では、法律家の過剰から、いわゆる追っかけ弁護士(事故のあとを追いかけて依頼者を探す)、また依頼者を食いものにする、紛争をあおる弁護士の存在さえもが問題となっているのである。これは、必ずしも自由競争のみに放任されるべきものではない。一定の競争は、質の向上に有益であろうが、あまりにも過剰な競争は、かえって質の低下をもたらすことにも注目する必要がある(たとえば、中世における公証人職の濫造について、「公証人と公証人弁護士」専門家の責任と権能〔二〇〇〇年〕所収参照)。

絶対的な過剰状態のもとでは、(分配されるべきパイの大きさが決まっていることから)必然的に一定数の生活の成りたたない法律家を生じ、また、はじき出される者も生じる(べつのパイを探す必要。就職できないという数字に直接に現れる場合のみならず、研修をうけられず待機する場合にもみられる)。さもなければ、むりに紛争をつくるしかないからである(パイを拡大する必要。みぎの追っかけ弁護士)。

さらに、裁判官職の養成を主眼とする法曹養成が、高度の技術・取引社会に適合しなくなっていることが注目されるべきである。一元的な法曹の能力（裁判官職の）だけではなく、専門分野に特化した能力とその養成が求められているように思われる。種々の取引の実体にそくした法律家である。

(ウ)　アメリカほどではないにしても、ドイツでも、法律家の過剰は問題となっている。資格ある失業者が生じ、また、第一次国家試験に合格しても、かなり長期間にわたって実務研修に入れない者が生じているのである（いわゆる待機期間の増加）。これは、第一次国家試験が比較的通りやすく、大学の法学教育とその後の実務研修とが本来は一体化しているはずの制度の利点を阻害している。あたかも、選抜試験が行われている場合と同様に（わがくにの司法試験と同様）、法学教育と実務研修との間に垣根を作っているからである。なおも二者の一体性を前提とすれば、法曹希望者の選抜は、大学のもっと早い段階から行われなければならないことになろう（入学者の選抜の問題）。

これに反し、アメリカの制度は、基本的に早期の選抜を否定している。ロースクール内部での脱落者はかなり多いようであるが、それ以外には、養成制度のいかなる段階でも、（具体的な科目に関する競争による以外に）入試のような制度的な絞りこみは行われない。各州の司法試験も、資格試験にすぎない。その結果、大量の法律家が生まれ、自由競争にさらされるのである。

(エ)　従来のわがくにの方式は、大学と実務修習の間に、きびしい選抜試験を設けることによって、絞りこみを行ってきた。このきびしすぎる絞りを廃止することが、各種のロースクール構想の眼目である。しかし、いずれかの段階で、なんらかの方法で行うことは避けられないであろう。また、入学後の自由競争（脱落）に委ねるアメリカ方式が、教育の種々の段階とは異なって（日本では、初等・中等教育では、入学時の選抜を特徴とする。中途脱落は基本的に想定されていない）、ロースクールにおいてだけ（しかも、従来と極端に異なる方法で）、有効に行われうるとは考えられないからである（ちなみに、医学部でも、資格試験としての位置づけにもかかわらず、卒業しても国家試験に合格しない者の増大という現象がみられる)。より教育制度の理念、効率性にまでたち入った検討が必要である。そのさいに、あまり極端でない方法で、制度の運用を考えるヨーロッパの考え方は、参考となろう。また、従来のわがくにのシステムのもつヨーロッパ的な伝統との整合性という視点も、なお無視することはできないであろう。これは、教育のような制度だけではなく、法の諸分野における個別の内容についてもいえる(小野「代金額の決定と司法的コントロール」好美清光先生古稀記念論文集・現代契約法の展開〔二〇〇〇年〕一一一頁以下参照)。

(5)　一九九九年以降のロースクール問題において、従来の大学のありかた、とくに教育と研究の関係が問い直されている。すなわち、従来の教育が理論のみを重視し、実務と接合していないとされる。そして、その原因として研究の過度の重視があげられる。

近代的な大学の基礎は、研究と教育の一致を説くフンボルト理念にある。この理念には、一方では、大学の教育が高校以下の初等教育の学校におけるとは異なり、たんに確立された定型的な教材の伝達や実用講座にとどまるものではないとし、大学の研究水準を高めた。結果的に、これが、大学を一九世紀の技術革新の時代に対応させることを可能にした。そこで、法学部においても、たんなる法技術や契約書の作成の指導が大学の役割でないことが明確にされたのである。

他方では、大学の中において、教育に対する研究の比重をいちじるしく増加させるものとなった。これは、大学の大衆化の時代である二〇世紀末には、教育、とくに実務への要求を増大させる原因ともなった。理論と実務の乖離の遠因ともいえる。そこで、ドイツにおいては、実務・技術の指導のかなりの部分を、二〇世紀の後半から専門大学が担うことになった。このような実務への要求は、二〇世紀末には法学教育にも及んだ(これにつき、第二部三篇参照)。

しかるに、わがくにでは、法実務教育(とくに裁判官養成)は、司法研修所が行うものとされ、しかも、司法試験には大学での法学科目の履修さえも必要ではないとされてきた。また、理工系学部とは異なり、実験的な作業に対する支出・投資が抑えられていたために、理論への傾斜が生じた。ロースクール構想は、このような歪みを一面では是正するものである(なお、大学における理論と実務の結合という理念は、ドイツでもかつて唱えられた。一九七〇年代に採用され、八四年に廃止された一段階法曹養成制度を彷彿させる)。

他面では、そこでいう「実務」が、必ずしも大学の法学部教育の担ってきた経済界で活躍する人材の養成にまで及んでいないために、部分的なものとなる可能性があり、またロースクールからとり残された大学レベルの法学部の意義を問題とするのである。将来的には、経済法曹の養成をもロースクールが担うという形での解決もあるが、必ずしも裁判に携わる必要のない多数の経済人をも、学部と大学院(裁判官養成のコースであるロースクール)の二重構造で養成する必要性には疑問があり、制度の効率性が検討される必要がある。ドイツには、制度的には大学院は存在せず、またアメリカでも、法学教育はロースクールのみが一元的に行う事項である。

なお、教育と研究の結合というフンボルト理念の今日的な意義も問題となる。近代への転換点において、多くの中世の大学が衰退した。これが研究軽視による水準の低下にあったことを鑑みると、私は、現在においても、この理念の有効性を確信している。高度の技術革新の時代にあってこそ、研究と教育の双方の高度化が求められる。理工系の大学院は、そのようなありかたを反映している。法学においても、特定分野の実務への追随型の教育がすべてではないはずである。研究至上主義は、しばしばモデルとされるアメリカの大学にも広くみられ、業績主義と結合したスローガンであるpublish or perishは、爆発的な論文増加の原因ともなっているのである。ただし、この問題は検討するよちが大きいので、本書ではこれ以上たち入らない。

もっとも、諸外国における法曹の過剰、待機期間や失業の増大、ドイツの一段階法曹養成制度などを他山の石とすると、理念なき(あるいは一部の理念先行の)制度改革が、法曹の質の低下のみならず、他面においては、学問水準の低下をもたらす危険には留意するべき必要がある。

三　文献と資料

本書には、統計やそれにもとづくグラフなどが多く使用されている。他方、本書に所収の論文では、初期のものは一九九〇年代初頭に遡る。したがって、初期のものには、若干留意する必要がある。最新の資料としては、すでにやや古いところがある。このような場合に、かなりの資料の追加は行ったが、全体的な文章の体裁を壊す可能性があるので、基本的わくぐみは維持してある。このような方法をとったのは、最新の情報は、本書の後半で順次補充していること、改革の変遷をあとづけ理解するには、しばしば過去の情報も必要なことによる。また、予算関係の数字では、一九九〇年代の伸びが、世界的な成長期である一九八〇年代までに比して、ごく小さかったことにもよる。

なお、全面的な修正はなしえなかった。本としての体裁を統一するために必要な最低限の作業（章節の一致など）や個別的な追加・修正が行われているにとどまる。注なども、基本的にもとのままである。表現のわかりにくいものや誤りの訂正、若干の加筆は行った。

また、以下の拙稿は、〔　〕による略語で引用することがある。このうち、危険負担に関するものは、直接の対象はそう広いものではない。しかし、分野にまたがる領域、方法論や基礎的文献の引用にあたっては、本書でも参考とするべきものを含んでいるからである。

〔研究〕　危険負担の研究（一九九五年）日本評論社
〔反対給付論〕　反対給付論の展開（一九九六年）信山社
〔給付障害〕　給付障害と危険の法理（一九九六年）信山社
〔判例〕　民法総合判例研究・危険負担（一九九九年）一粒社
〔利息〕　利息制限法と公序良俗（一九九九年）信山社

〔専門家〕　専門家の責任と権能〔二〇〇〇年〕信山社

（1）　これは、民法起草者の穂積陳重がイギリスからドイツに渡り、また富井政章が、留学先はフランスではあっても、しばしばドイツ法を参照し、ときにその優越を説いたことからも、一端をうかがうことができる。

（2）　民法の起草のさいに、起草者は、きわめてたくさんの国々の法規を参照としたが、おもに検討されたのは、この三か国の法規、判例であった。もっとも、多数の国のものが参照されている。Cf. Ono, Comparative Law and the Civil Code of Japan (1), vol. 24, p. 27 (1996); vol. 25, p. 31 (1997).

（3）　潮木教授は、明治時代の留学先では、最終的には、圧倒的にドイツに重点がおかれ、しだいに「大学のドイツ化」"Germanization" of Japanese universities が生じたものとしている（Ushiogi, German University as a model for Japanese University at the Meiji period, in Zusammenfassungen, AvH-Stiftung, Japanisch-Deutsches Kolloquium zur Bedeutung der Geisteswissenschaften, 1996, S. 126）。

（4）　Op. cit.（前注（1）参照）, vol. 24, p. 34. そして、このような優越を確立させたのは、穂積陳重であった（一八八二年から法学部長）。穂積陳重のドイツ法学に対する姿勢について、穂積重行「穂積陳重とドイツ法学」法協八四巻五号六五五頁以下参照。

第一部　ドイツ再統一と大学問題（一九九〇年代前半までの発展）

第一篇　東ドイツ地域における大学再建問題

第一章　はじめに

第一節　序

(1)　一九八九年末から一九九〇年に始まる東欧の民主化の結果、一九九〇年一〇月三日には、東西ドイツの再統一が行われ、さらに、一九九一年末には、ソ連邦の解体にいたった。東西ドイツの再統一は、結果的には、東ドイツ地域に再建された諸ラントの西ドイツ（ドイツ連邦共和国）への吸収にほかならなかったから（一九九〇年八月三一日統一条約一条、基本法二三条）、東ドイツ地域の諸制度の改革は、避けられないものとなった。[1]

大学の改革も、当然そのなかに含まれたわけであるが、とりわけ法学部のかかえる問題は大きく、統一後の大学再建は困難をきわめ、なおその途上にある。〔本稿＝第一篇は、一九九二〜九三年の執筆である。大学創設の作業は一九九〇年代前半にはほぼ終わり、現在は内容の充実が課題となっている。〕

(2)　本稿＝第一篇は、この大学再建問題の一部を紹介・検討しようとするものである。というのは、この検討は、たんにドイツ（とくに東ドイツ地域）の問題であることを超えて、多くの分野で参考になりうるからである。

第一に、東ドイツの消滅は、東欧全般の変動およびソ連邦の消滅など大きな変革の一環でもあったから、ドイツの改革は、これら諸国の改革とも共通する点をもつであろう。第二に、代わって導入される西ドイツ側の制度との比較が不可欠となり、その結果、西ドイツ側の制度の特徴をもきわだたせることができ、また、改革のどういう点に西ドイツ側の重点がおかれるかにも関心がもたれる。さらに、西ドイツ側の大学のかかえる問題点にもふれることができる。[2] 第三に、東西の比較という点を超えて、制度改革一般のもつ意義を検討する素材にもなりうるのである。[3]

第二節　統一条約三八条

(1)　もっとも、大学再建の問題を完全かつ全面的に検討することは、なお過渡期であることでもあり、また、筆者の能力を超えることでもある。そこで、紹介・検討の対象を以下のように限定することにしたい。

東西ドイツの統一条約三八条一項によれば、学術と研究は、統一ドイツにおいても、国家と社会の重要な基礎をなすとされ、制度の効率的な保持のための、学術と研究に必要な刷新には、学術審議会（Wissenschaftsrat, 以下、WRと略する）によって公的に設立された組織の鑑定（eine Begutachtung von öffentlich getragenen Einrichtungen durch den Wissenschaftsrat）が行われることになっている。鑑定は、一九九一年一二月三一日までに行われ、そこでの個々の成果は、あらかじめ順次具体化される。また、統一条約の規定は、この鑑定を可能にし、また一般的な西ドイツの研究制度への、旧東ドイツの学術と研究の適合化を保障するものと解されなければならない、とされる。

(2)　この学術審議会は、一九九一年一月二五日に、教育の刷新と東ドイツ地域の大学の学問的再生の促進のための勧告を出し（Wissenschaftsrat, Empfehlungen zur Erneuerung der Lehre und zur Förderung des wissenschaftlichen Nachwuchses an den Hochschulen der neuen Länder und im Ostteil von Berlin, 1991. 1. 25）、また、一九九一年三月一三日には、東ドイツ地域の法律学の分野における研究と教育に関する勧告（Wissenschaftsrat, Empfehlungen zur Forschung und Lehre auf dem Gebiet der Rechtswissenschaft in den neuen Ländern, 1991. 3. 13) を行った。

本稿は、この勧告を中心にして、そこにみられる大学再建の問題を、法学部に関して紹介・検討しようとするものである。(4)

(1)　もちろん、制度改革の対象は多岐にわたる。そのなかで、私が、一九九一年からの在外研究のさいにとくに興味をもったものが、二つある。第一が、この大学再建の問題であり、第二が、旧東ドイツ地域における所有権の問題である。旧東ドイツ時代に共同化あるいは国有化された不動産の所有権回復の問題は、統一後にはげしく争われた。第二点についても、べつの機会に検討することにしたい。

なお、旧東ドイツ＝DDR地域の諸州のことを、統一後のドイツの一般的な用語では、「新たな(連邦)諸州」(neue (Bundes) Länder)、旧西ドイツ地域のことを、「古い（連邦）諸州」(alte Länder) といい、WRの勧告にも同様に用いられているが、これは、旧東ドイツをドイツ連邦共和国（西ドイツ）と両立した国家として認めたくないという感情の現れであり、わがくにではあまりなじみがないと思われるので、旧来の用語にそくして、(旧)東ドイツ・西ドイツということにする。

(2)　たとえば、近時の学生数の増加と大学の加重負担、円熟年代の教授の大量定年や人材養成の問題である。前者については、たとえば、一九八〇年、一九八五年、一九九〇年の各大学における学生数の比較が、DUZ（＝Das Deutsche Hochschulmagazin, 1991, 22, S. 14）にある。一〇年間に、大規模な大学では二割以上の増加をしたところが多く、小規模な大学では二倍以上の伸びを示すところも多い。

もっとも、最近の統計によると、このような増加にも若干の変化がみられる。すなわち、大学に初めて登録した者の数は、一九九一～一九九二年の冬学期には、三〇万七〇〇〇人であり、前年より一万一〇〇〇人減少している。これは一九八五年以来初めてのことである。ちなみに、全学生数は一七八万一六〇〇人(六・四％が外国人、四一％が女子）である（DUZ, 1992, 4, S. 5)。

また、全体に占める法学部の学生の割合は、必ずしも増加してはいない。大学に初めて登録した者の数は、一九五二年には二万四一八九人、一九八八年には二四万六二四九人であるのに対し、法学部では、一九五二年には、二八二九人で一一・七%を占めるが、一九八八年には、一万二五一一人で五・一%を占めるにすぎない（JuS-Studienführer, 1991, S. 12. なお、母数である学生数は、対象とする大学の範囲の相違から、DUZの統計よりも少なめに出ている）。

さらに、教授の年齢構成については、後注(26)参照。

(3) たとえば、注(2)で指摘した西ドイツ地域の大学のかかえる問題の一部は、わがくにとも共通するものであろう。なお、西ドイツの法曹養成のかかえる諸問題は、一九九〇年のドイツ法曹会議のテーマの一つでもあった（Verhandlungen des 58. Deutschen Juristentages (DJT), 1990, Bd. 1, E & F, Bd. 2, O）。

(4) 一月の勧告（以下、①として引用する）は、大学一般を対象としたものであり、それは、(1)序・対象、(2)教育の刷新、(3)教授の招聘、(4)学生と博士資格志望者（Doktoranden）の助成、(5)学問的再生の促進を内容としている。

三月の勧告（以下、②として引用する）は、とくに法学部を対象としたものであり、I 出発点と II 勧告の二部に分かれ、前者は、(1)養成、(2)研究、(3)人的構成、(4)一九九〇年における動向、後者は、(1)法律家の養成のための全能力、(2)法学部の新たな創設、(3)法学部の〔あるべき〕構成、(4)教授の招聘、(5)過渡期と創設期の教育の保障、(6)教育構成、(7)研究、(8)学問的再生のための教育、(9)図書館への配慮を内容としている。

三月の勧告は、法学部に関する作業部会で準備され、それは、東ベルリン、ハレ、イエナ、ライプツィヒの各大学と、ポツダムの法律行政大学（従来の国家および法律アカデミーを改称したもの）を訪問し、教授・助手・学生と対話し、また研究・教育の設備を視察した。さらに、この作業部会には、WRのメンバー以外の専門家の協力があった（②三頁）。

なお、WRの勧告後の状況については、必ずしも整理されておらず、個別の情報があるにとどまるので、本稿ではたち入らない。たとえば、WRの勧告では、後述するように法学部の建設が当面無理と判断されているものについても（注(36)参照）、各州では必ずしも、否定されたものとは判断せず、中・長期的には、かえって肯定されたものと考えているようであり、雑誌などでもそう扱われることがある（DUZ, 1991, 21, S. 5）。計画も必ずしも中止されていないようである。また、最近の情報については、Der Bundesminister für Bildung und Wissenschaft, Förderung von Bildung und Wissenschaft in den neuen Ländern, 1991, S. 13-18.

第二章　再統一時の東ドイツの大学、とくに法学部の状況

第一節　再統一前の状況

再統一前の東ドイツには、規模としては最大の東ベルリン（フンボルト）、イエナ、ハレとライプツィヒの四つの大学の法学部があり、さらに、閣僚評議会の管轄するポツダムの国家および法律アカデミーが、法律家の養成をしていた[5]。

WRによれば、改革は、学問のどの分野においても必要なのであるが、法律学、社会学、経済学、ならびにその他の社会科学においては、根本的な刷新が必要とされる[6]。

とりわけ法律学は、根本的な人的および内容的な改革と新たな認識が必要な領域に属している、とされている。というのは、法律学のもつ位置づけが、統一の前後でまったく異なっているからである。すなわち、旧東ドイツの時代の法律学は、西欧法的基礎をもたなかったのに対し、統一後には、まったく異なる西ドイツ法が導入されるからである（統一条約八条）[7]。

第二節　旧東ドイツの法曹養成

(1)　旧東ドイツでは、法学教育は、社会主義統一党（共産党）によって定義された全社会的目的のわくのなかで

国家法を解釈し適用する「社会主義的法律家」を育成することを目的としていた。[8] そして、法の研究も、国家目的を遂行するためのものであり、党と国家の目的の道具たるにすぎず、法学部では下位の役割を果たすにすぎなかったのである。

法学研究は、法学部においてよりも、ポツダムの国家および法律アカデミーならびに東ベルリンの学術アカデミーの法律研究所に委ねられていた。党と国家は、それによって法学研究を独占していたのである。そして、研究テーマも、研究評議会（Forschungsrat）によって中央から与えられており、[9] 大学において研究がなされる場合にも、通常狭い領域に特殊化されたテーマが与えられるにすぎなかった。[10]

例外的には、法学部の研究者が、自分で決定したテーマを研究することもあったが、これは、小さな役割を果たしたにすぎず、研究成果もしばしば認知されないままにとどまったのである。[11]

(2)　法学教育の目的と内容は、「社会主義的法律家」養成のために党と国家によって集中的に決定されたので、法学部では、教育の自由もなく、たんに与えられた目的、カリキュラム、テキストに従うだけであった。[12]

学部への入学も、個人の法律への関心などによってではなく、法律家への「社会的必要性」によって、数量的に決定されたのである。[13] そして、一九七〇年代と八〇年代には、法学教育課程への入学人員は、「必要性」の減少から、一九七〇年代半ばまでのそれに比して縮小された。

教育課程は、四年であり、原則として全員が卒業することになっていた。[14] その数は、一九八〇年と一九九〇年の間に、四つの大学全体で、年平均四六〇人にすぎなかった。[15] ちなみに、人口がほぼ四倍の西ドイツにおける法学部の卒業人員は、約六〇〇〇人であった。[16]

授業は、講義とゼミナールによって行われ、後者は、すべての学生に義務づけられていたが、おもに助手によって遂行されていた。[17] 教育課程の最後には試験があり、また学生は、卒業論文を書き、それに対する口頭試問があった。学生は、この試験と卒業論文で、法律家としての資格を取得したが、その後は、裁判官、検察官、公証人な

ど職業分野によって異なる養成が行われていたのである。(18)

国は、各法学部に、一種の分業体制を計画しており、主として東ベルリン大学は裁判官、弁護士、公証人を、イエナ大学は検察官を、ハレ大学とライプツィヒ大学は経済法関係の法律家を養成していた。そして、閣僚評議会の管轄するポツダムの国家および法律アカデミーが、行政官と外交官を養成していたのである。(19)

(3)　研究・教育の外的条件は、大学では十分ではなかった。文献の不足、文書へのアクセスの困難、国内・外国の研究者とのコミニケーションができなかったり、妨げられたりしたからである。(20)とくに、雑誌とのコンタクト、会議や訪問といった国際的なコミニケーションが、若い研究者にとって困難であった。また、教育の目的とされる社会主義のわくがあることから、研究にとって不可欠の自由がなく、国家の指針からはずれることは危険でもあった。研究は、ごく専門的で、教育的研究のようなものに限定されることが多かったのである。(21)

第三節　統一前の法曹養成の成果

法学部全体では、一九八七年から一九八九年の平均として年三〇人か三五人の博士授与者（Promotion）があった。これは、一〇〇人の大学卒業試験（Diplomprüfungen）合格者に対して、七人から八人の割合にあたる。この関係は、西ドイツでは、国家試験（Staatsexamen）合格者一〇〇人に対し、一〇人の博士授与者となる。しかし、教授資格論文の数（Habilitationszahlen）は、東ドイツでは同年の平均で、年八から一〇の割合になり、博士授与者や教授の数に比して、西ドイツよりも多い。(22)

一九九〇年の初めに、東ドイツの五つの研究・教育機関で、約三〇〇人が活動していた。その内訳は、教授六三人、講師五〇人、期限のない助手は一五二人、期限つきの助手は三七人であった。教授と講師の割合は、ほぼ一対一、教授と助手の割合は、ほぼ一対三であり、期限なしの助手の割合の高いことが特色である。(23)このような人的構成の原因は、ゼミや学年開始時の学生の世話、住居、休暇のさいの宿泊、軍事教練などに大学が責任をもたされ、その管理にあたるため多くの助手が必要だったからである。[24] 教授の希少性が特徴である。

教授は、比較的高齢であり、六〇年代および七〇年代に職についたものが多い。[25] 法律関係では、一九九〇年一〇月には、教授の五七％、講師の三二％は、五五歳以上であった。また、期限のない助手の多くも比較的高齢であった。[26]

（5）②四〜七頁。このうち、ポツダムのアカデミー（Akademie für Rechts- und Staatswissenschaft in Potsdam-Babelsberg）は、一九九〇年に、法律行政大学（Hochschule für Recht und Verwaltung）と改称された（同七頁、一一頁）。さらに、旧機関の廃止にともない、「法と公法の基礎理論」、「私法」とその他若干の分野だけが、新たなブランデンブルク州立のポツダムの法律行政大学に移行した（一七頁）。また、研究機関として、旧東ドイツ時代には、東ベルリンの学術アカデミーの法律研究所（Institut der Rechtswissenschaft der Akademie der Wissenschaften in Berlin-Ost）があった（一一頁）。旧東ドイツの法曹教育については、さらに、vgl. Dörig, Juristenausbildung in der DDR, JA 1990, S. 218.

（6）①二頁、四頁。②二頁、一五頁。ここでは、法学の古典ともいうべき Kirchmann, Die Werthlosigkeit der Jurisprudenz als Wissenschaft, Ein Vortrag, gehalten in der juristischen Gesellschaft zu Berlin, 2. Aufl., 1848, 32 S. が思い起こされるが、同様のことは、程度の差こそあれ、ほかの社会科学の多くの分野にもあてはまる。しかし、自然科学においても、教育の刷新のほか、教授資格の再審査も行われている。もっとも、ここでは、社会科学ほどの問題の鋭さ、教育の目的やイデオロギーなどについての問題性は乏しいから、能力審査を中心とすればたりる。

（7）②二頁。

（8）②四頁。すなわち、同②の引用する一九六九年の東ドイツの大学改革案（III. Hochschulreform, Gesetzblatt der DDR, Teil I, vom 3.4.1969）によれば、大学の使命は、高度の適格性をもった社会主義的人格の養成にあり、大学の卒業生は、確固とした階級意識をもち、マルクス・レーニン主義の基礎のうえで行動するようにならねばならず、したがって、学生の教育のうえでも、社会主義的イデオロギーが全教育課程を貫くようになされなければならないとされた、という。なお、旧東ドイツの大学政策、組織、運営などについては、vgl. Westen, Das Hochschulrecht in der DDR, 1969. (Berichte des Bundesinstituts für ostwissenschaftliche und internationale Studien).

(9) ②四頁。とくに法学研究の管理は、国家による研究計画の集中化と割当てによってなされた、という。研究が大学からアカデミー中心になる度合いは、学問分野によって異なっていたが、とくに社会科学において顕著であった(同九頁)。また、アカデミーは、政治的な審議に参加したり、立法に関与するなどの特殊な地位を占めていた(②一一頁)。

(10) もっとも、大学外の研究機関である東ベルリンのアカデミーの法律研究所においては、研究の重点は法学の基礎理論におかれ、個々の領域を超えた研究が可能であった(②一一～一二頁)。

〔政治とは比較的無縁な理工系のテーマですら、旧東ドイツに限らず、旧東欧では、国家による決定が重要であった。尾佐竹徇・大学と研究社会〔一九七六年〕一一七頁。〕

(11) ②九頁。このような研究は、業績評価の対象としても、価値の低いものと位置づけられた。

(12) ②五頁。

(13) ②五頁、七頁。

(14) ②五頁。西ドイツの学生の修学年限は、国際的にみても比較的長めであり、アメリカとの比較でも、約二年長いとされる。全国的な統計はもちあわせないが、たとえば、修学者の卒業に要した年限を半年ごとに比較したものによると、フロリダ国際大学とケルン大学との間では、前者で、修業に三・六から四年を要した者が最大の割合を占め、三五%を超えるのに反し、ケルンでは、五・一年から五・五年を要した者が最大の割合を占め、三〇%近くに達し、また六・一から六・五年を要した者も二五%近くに達している。累積的な比較でも、前者では、四・六年から五年を経るとすでに全体の七〇%を超える者が修業にいたるのに反し、ケルンでは、六・六年から七年を要して初めて、七〇%に達する(DUZ 1992, 1-2, S. 34)。

このような修学期間の長期化については、西ドイツ国内でも批判が強い(JuS-Studienführer, a.a.O., S. 4f., Verhandlungen des 58. Deutschen Juristentages, 1990, Bd. 1, E, S. 23f., 93f., Bd. 2. O, S. 11 (O, S. 14ff.);

なお、DUZ, 1992, 6, S. 17f.; DUZ 1992, 10, S. 22; DUZ 1992, 11, S. 24; Dörig, a.a.O., S. 218)。

(15) ②七〜八頁。このほかに、法学の卒業資格を授与されるのではないが、ポツダムの国家および法律アカデミーの卒業生がいる。また、とくに七〇年代の初めまでは、通信教育が重要な地位を占めており、その後の減少はあるものの、法学関係では、八〇年代になお、二年の間隔（Turnus）で三〇〇人から三五〇人が入学し（卒業生は、年一〇〇人から一五〇人である。②二二頁参照）、さらに、ポツダムの国家および法律アカデミーも、通信教育によって比較的多くの卒業生を出していた（一九八八年に二九〇人）。

これに反して、西ドイツでは、第一次国家試験に直接に結びつくような通信教育は存在しない（②四〇頁）。〔ただし、一九七五年に開設されたハーゲンの放送大学が通信教育を行っており、学生数は、およそ四万人である。法律関係のコースもある。〕

べつの統計では、旧東ドイツでは、一九八九年まで、年間約六〇〇人の法律家（一九八八年には、六〇六人の弁護士）が養成されていたとされる（JuS-Studienführer, a.a.O., S. 29）。

(16) ②八頁。そこで、西ドイツでは、逆に、学生数の増加による卒業生の過剰と就職難が問題となる（JuS-Studienführer, a.a.O., S. 15ff., S. 34ff.）。また、西ドイツにおいて、法学の勉学を始めて大学に登録した者の数は卒業者よりも多く、一九八〇年で、一万四四四六人、一九八一年には、一万六六八九人であり、八〇年代後半にはむしろ減少している（JuS-Studienführer, a.a.O., S. 12）。修習生（Referendar）への定員制（numerus-clausus）の導入も、人的・財政的理由からしばしば議論される（JuS-Studienführer, a.a.O., S. 37）。後注(32)をも参照。

なお、裁判官の数は、一九八九年には一万七六二七人（一九七九年には一万五五三二人）、検察官の数は、一九八九年に三七五九人（一九七九年に三三二八人）、弁護士の数は、一九八九年には四万六三九七人（一九八一年には三万〇五一〇人）と増加している（JuS-Studienführer, a.a.O., S. 39）。また、旧東ドイツ地域での法曹としての就職のチャンスも指摘されている（JuS-Studienführer, a.a.O., S. 28ff.）。

なお、ドイツ人の職業に対する近時のイメージ調査によると（七〜一の七段階）、東西ドイツを通じて、医師（西ドイツで、六・二。東ドイツで、六・五）、歯科医師（西ドイツ五・八。東ドイツ六・二）がもっともいいのに対して、弁護士は、西ドイツで五・六となって（薬剤師と同じポイント）、これにつづく。しかし、東ドイツでは、手工業者五・九、薬剤師五・八となっていて、弁護士はあらわれてこない（教師五・八がこれにつづく）。ちなみに、悪いイメージがあるのは、保険代理人（西ドイツ三・二。東ドイツ三・一）、税務署員（西ドイツ四・〇）、連邦議会の議員（東ドイツ三・九）などである（General-Anzeiger, 1992, 6, 6/7, S. 33）。

(17) ②五～六頁。

(18) ②六頁。この点も、西ドイツでは、一元的な法律家の育成が目的とされるのと異なっている。統一的法律家（Einheitsjurist）については、vgl. Deutsche Richtergesetz, §5 b I.

(19) ②七頁。Vgl. Dörig, a.a.O., S. 218. また、法学部以外でも、おもに経済学部において経済法律家を養成することがあり、それ以外にも個々の法律関係の授業が行われることがあった。さらに、東ベルリン大学〔フンボルト大学〕には、自然科学と工学の課程の卒業生に対して、特許の専門家としての資格を与えるため、営業上の法的保護に関する二年のコースがおかれていた。

(20) しかし、ポツダムのアカデミーの図書館だけは大学のそれよりも格段によく、利用資格者は、西側の法律および社会科学の文献をも自由に使うことができた（②一一頁）。

(21) ②一〇頁。たとえば、授業素材の作成のようなものである。もっとも、数的にはわずかであるが、法学でも個々の領域で国際的な成果をあげた研究者がいるとしている。

(22) しかし、WRは、この数字で示される者が、じっさいに学問的な活動をしているかは、べつの問題である、としている（②一一頁）。

西ドイツの教授資格論文の数については、後述第三章二節およびその注（33）参照。ちなみに、教授資格論文よりも博士論文の方が少ないのは、内容の相違から単純な比較はできないものの、傾向としてはわがくにに近い。ある意味では、戦前からの伝統をうけ継ぐものでもある。

(23) WRは、このような人的構成は、多くの点で、一九六〇年代末の大学改革前の西ドイツの大学に似ている、とする（②一三頁）。

東西の大学の比較（全学部）

	研究職総数	教　授	学　生
東ドイツ1989 ●	38.909	7.516	13.4400
４倍にした数字 ○	155.636	30.064	53.7600
西ドイツ1988 △	102.056	30.609	150.9000
西ドイツ1990 □	108.600	30.800	158.5200

この数字は、Deutscher Hochschul－Verbandによるものである。

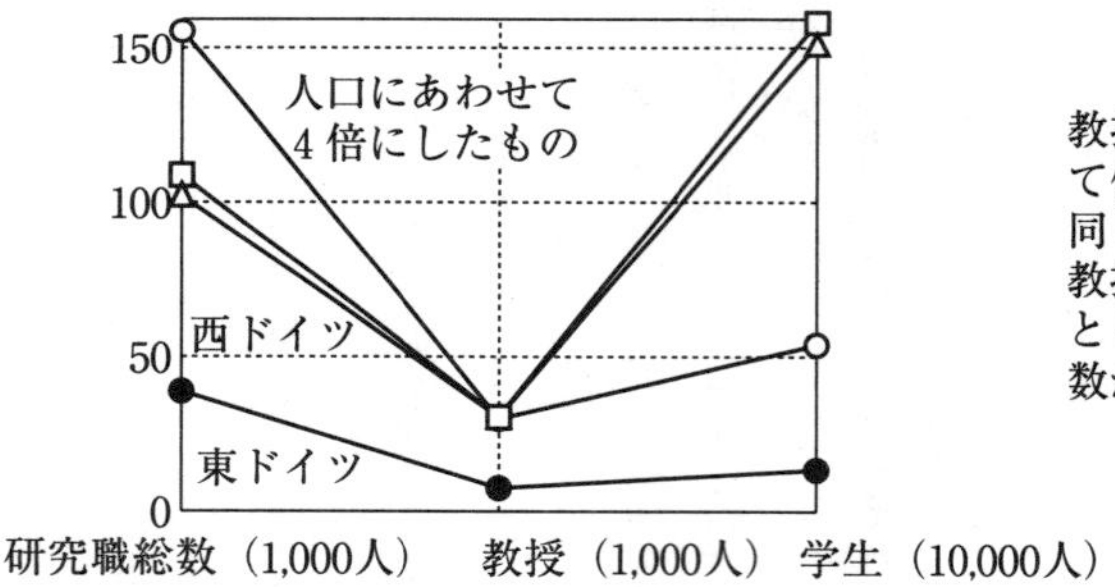

教授の数は、人口にあわせて修正すると、東西でほぼ同じ。東ドイツの特徴は、教授以外の補助職が多いことと、それに反して、学生数が少ないことである。

もっとも、全学部の数字であるが、講師(Dozent)を含めた教授の数は、東西で比較的似ている。すなわち、これは、上の表のような数字であり、人口に比例させて四倍すると、ほぼ同一になる。しかし、Dozentを含めないとすると、東ドイツの教授の割合はこれより下がる(法学部では半分となる)。また、研究補助職の数では、東ドイツのほうが多くなり、しかし、学生数は少ないという特徴がみられる。

(24)　②一三頁。また、社会主義的な労働場所・地位の保障も、このような期限のない助手の大量化の原因であるともいう。したがって、これらは、東ドイツが存続したとしても将来に展望が開けるわけではなかったので、すべてに「学問的再生」を与える必要はないとする（つまり、これらは、学術的助手というよりも、事務的な助手である。西ドイツでいう Nicht-wissenschaftlicher Mitarbeiterである)。もっとも、一般に、研究を継続する意思と能力のある者には、再生教育を与えるとする（①

東ドイツの法学部における人的構成（1990年10月１日）（％）

年　齢	30以下	30-40	35-39	40-44	45-49	50-54	55-59	60以上	合計
教授 ━	0	0	0	7	10	25	30	29	100
講師 ····	0	1	11	17	18	20	18	14	100
①　○	6	18	23	13	10	15	10	6	100
②　△	82	13	5	0	0	0	0	0	100
＊　-·-	0	0	13	25	25	25	13	0	100

①期限なし助手（Assistenten, unbefristet）
②期限つき助手（Assistenten, befristet）
＊Lektoren und Lehrer

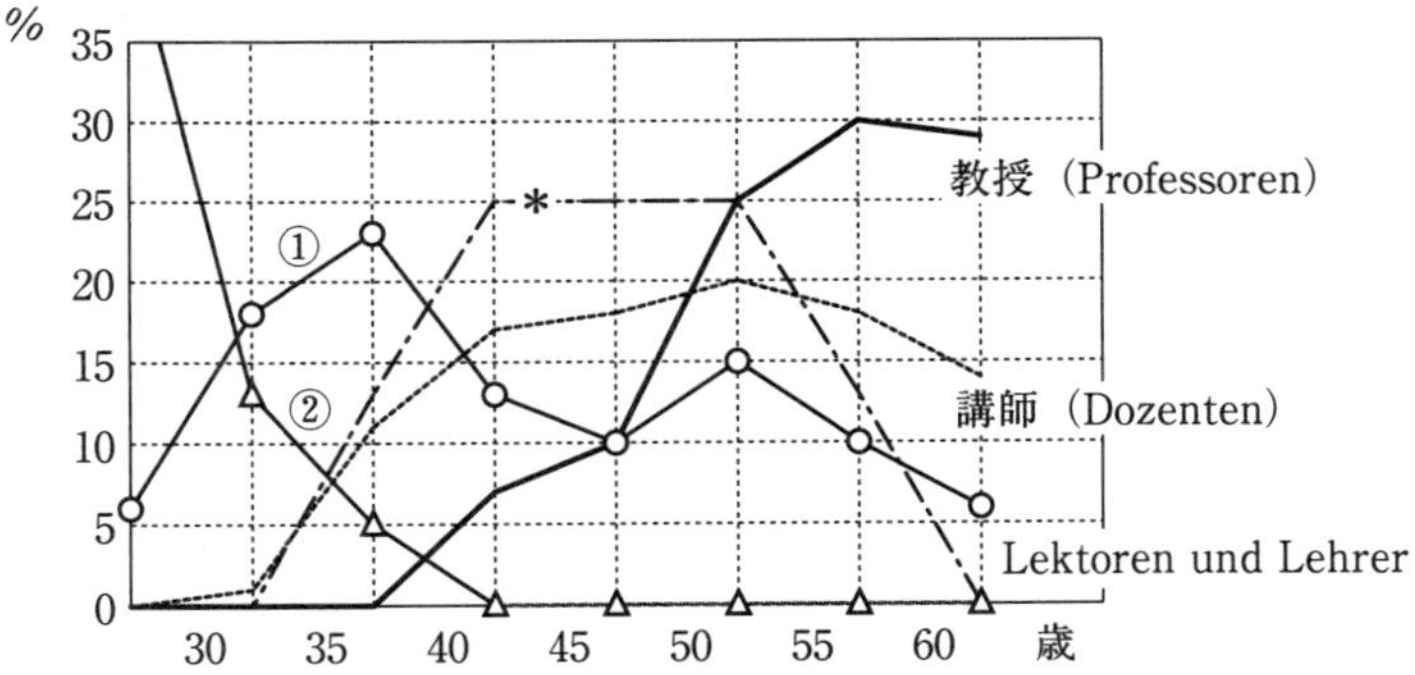

一五～一八頁、②四三頁）。再生教育は、いくつかの機関で予定している（同）。

㉕　②一四頁。そこで、一九九〇年に定年で職を離れた者が多いとのことである（①九頁、一五頁）。ちなみに、西ドイツの定年は、ほぼ六五～六八歳である。大学は州の設立によるので、州法の定めるところによる。

㉖　②一四頁。報告書の年齢構成の表を上に引用し、またそれをグラフにしたものが、その下の図である。

なお、これを西ドイツと比較すると、ここでも問題はそうとう深刻であり、一九八九年に、教授の六〇％が五〇歳以上との統計がある。一九七七年には四四歳以下の者の割合は、四五％

であったが、一九八三年には三一％になり、一九八九年にはわずか一四・三％となった（DUZ 1992, 1-2, S. 5)。

第三章　再統一後の状況と大学再建に関する学術審議会（ＷＲ）の勧告の内容

第一節　民主化と再統一

(1)　統一直後の時期においても、東ドイツ地域の法学部の改革は、もはや避けえないものとみられたので、いくつかの試みが行われた(27)。ＷＲは、このような試みについても要約している。それによると、新たな授業および試験の方法が、西ドイツの教授の協力によって西ドイツの法律学の課程にそくして試みられた。これは、一九九〇年から一九九一年にかけての冬学期に行われたが、これに必要なだけの十分な教授を確保することは不可能であった。

東ドイツ地域の各大学の法学部は、東ドイツではまかないえない専門分野について非常勤および客員の教授を西ドイツから招いた。もっとも、客員の教授は、時間または日割で招かれたにすぎず、また、しばしば授業は、集中講義（Vorlesungen zu Blockveranstaltungen an mehreren Tagen）によってなされたので、学生には、必ずしも教授とディスカッションをする十分な機会はなかった。また、それは旧課程の対象科目でもなかったので、試験も行われなかった。ＷＲは、結局、この試みも、学生に新たな授業を提供するには十分なものではなかったとする。

(2)　高学年の学生には、従来の教育は東ドイツの終焉とともに意味を失うから、課程を延長して西ドイツの基準に比較しうるような特別の授業がなされた。もっとも、ここでも、新たな授業計画は人的に十分ではなかったとされる。しかし、一九九〇年から一九九一年の冬学期に、西ドイツの諸大学と東西ドイツ政府の了解によって、法学部の入学者数は、いちじるしく増大した。初年度の学生数は、前年の四四六人からほぼ四倍（一六四四人）に達したのである。(28)

第二節　大学再建

(1)　しかし、統一後の新しい州の政府は、一九九〇年一二月に、旧大学をラントの組織として引き継ぐことをせずに、統一条約一三条一項および三項にしたがって、一九九一年一月に、これを解消する決定を行った。(29)代わって、各州は、東ベルリン、ハレ、ライプツィヒ、イエナ、ポツダムに新たな法学部をおくこととした。

もっとも、学生には、大学での勉学の継続を保障し、一九九一年三月までの間に、新学期に授業をうける機会が与えられた。(30)さらに、各州は、法学部の再建にとどまらず、多くの法学部をまったく新たに創設する計画をたてたのである。(31)WRは、これらの諸計画に対して勧告を行った。

(2)　WRは、東ドイツ地域の諸州においても、将来多くの法律家が必要になるものと予想している。西ドイツ地域を参考にすると、そこでは一九六〇年代末には、年三五〇〇人の法律家が養成され、七〇年代末には、五〇〇〇人、八〇年代末には、八四〇〇人にいたっている。

そこで、八〇年代の平均六〇〇〇人に東西の人口割合（四対一）を考慮すると、年間約一七五〇人の卒業生が東ドイツ地域に必要となるのである。また、入学者数のうえでは、西ドイツでは、年間一万人から一万二〇〇〇人であり、したがって、東ドイツ地域では、二五〇〇人から三〇〇〇人の入学者を見込むことができるとする。(32)

しかし、これに対応する組織を作ることは容易ではない。とりわけ問題なのは、教授の確保である。西ドイツでは、一九八〇年代後半、平均年間二四の教授資格論文が出され、その後も、あまり変化はない。他方、一九九〇年代前半には、約二〇の教授職があき、九〇年代後半には三〇と予想される。年齢構成から、教授職の空きは増大する傾向にある。(33)

したがって、東ドイツ地域で、短期間に多数の資格のある教授を獲得することは、きわめて困難である。そこで、ＷＲの勧告は、法律家の養成は長期的観点から行われるべきであって、各州の多くの大学で同時に法学部を作ることはさける必要があるとする。

もっとも、このようなＷＲの勧告は、五年ないし六年の中期的な予想に関するものであり、九〇年代の後半では、再検討されるべきだともしている。(34)

第三節　再建の計画―再建と新設

ＷＲは、以下のように勧告し、(35) さらに地域的な具体的検討を述べている。(36)

(a)　東ベルリン、ハレ、イエナ、ライプツィヒ、ポツダムの諸大学は、法律家の養成のために必要である。それらの法学部は、ＷＲの、一四の教授ポストという最小基準（後述四節参照）によって早急に作られるべきである。

(b)　メクレンブルク・フォーポンメルン州にも、法学部を作る必要がある。

(c)　ザクセン州には、ライプツィヒのほかに、ドレスデンの工科大学にも法学部を作る必要がある。

(d)　教授資格者の数が限定されていることから、その他の法学部は、九〇年代の後半に検討されるべきである。創設には、地域的な考慮が必要である。

(e)　採用能力を考慮すると、西ドイツの講義時間や能力算定の基準は、緩和される必要がある。

第四節　設置の基準と方法

ＷＲは、各法学部の設置のための教授ポスト（Ｃ４）の最小限度を一四とした。そして、これは、以下のように分けられる。私法五、公法五、刑法二、法社会学、法哲学または法制史の基礎法分野から二である。手続法は、ドグマ的分野のすべてにおいて考慮されなければならない。また、ヨーロッパ法も、将来的には重要であるが、これをまかなうことができなければ、当面新学部は、教育・研究に比較法的観点をおくべきである、とする。(37)教授は、専門分野の柱となるから、その人事はとりわけ重要である。ここで、WRは、西ドイツの大学の創設のさいのルールを考慮するべしとする。(38)(a)過渡期においては、州の大臣の人事委員会（Berufungskommission）と、大学構成委員会（Hochschulstrukturkommission）との協調が必要である。人事委員会の設置にさいしては、大学は、提案を出すことができる。(b)人事委員会は、通常六人の教授、助手の代表一人、学生の代表一人からなり、少なくとも三人の教授は、外部者によらなければならない。(c)求職リストは、学部、評議会、または管轄のラント大臣に直接提出される。(39)

(27)　②一五頁。

(28)　②一五〜一六頁。なお、ここには、学生数の増加によって、その存続を確保しようとする各学部の意図もあったという。さらに、東西の教授による統一的な教員の刷新と養成も、部分的には行われた。しかし、WRによれば、これも十分なものではなく、当時の改革は、西側の文献と西側との接触によって現存人員を再教育（Weiterbildung）することで達成でき、若干の新たな専門領域を客員の教授によって行わせればたりる程度のことを意図していたにすぎない（一七頁）。

(29)　①二頁、②一〇頁。

(30)　②一八頁。教員に関しては、一九九一年八月三一日を期限として雇用関係は終了した。そして、授業は、裁判官、弁護士などの外部からの非常勤講師（Lehrbeauftragte）と客員の講師によってまかなわれた。なお、①一三頁。

もっとも、新たな学部の教授には西ドイツ地域の出身者が増加する結果になろうが、東ドイツ地域出身の研究者にも機会はある(②一八頁、三三頁)。そして、これは、東ドイツ地域出身の研究者にとって再審査を意味することになる（前注（6）参照）。なお、WRは、東ドイツ地域出身の研究者には、一二カ月程度の、西ドイツ地域または外国での研究期間を与えることを提案している（①一八頁、②四二頁）。

ちなみに、一九九二年採用の、新たなポツダム大学の法律学（民法、労働法、社会法、国家学、憲法史）の最初の五人の教授は、旧西ドイツ出身者によって占められた。一〇〇人を超える応募があり、旧東ドイツ出身者もいたが、必要な水準に達しなかったとのことである（DUZ, 1992, 6, S. 4）。

(31) ②一八頁。後述する（注(36)参照）。

(32) ②二二頁。入学者と国家試験合格者との数字は、一九八九年のものを参考とすると、第一次試験の受験者は一万〇七二五人であり、合格者は、七四・七八％の八〇二〇人である。八〇年代前半の一九八三年の入学者は、一万五五〇〇人であるから(一九八八年の数字は、一万二五一一人)、合格者の割合は、ほぼ五〇％から六〇％の割合となる（JuS-Studienführer, a.a.O., S. 164, S. 12）。

一般的に想定されている中途挫折者（Studienabbrecher und erfolglose Examenskandidaten）の数字は、ほぼ四〇％から五〇％である（JuS-Studienführer, a.a.O., S. 164, S. 26, なお、vgl. DUZ 1992, 11, S. 5）。これに反して、旧東ドイツでは中途挫折者の数は、きわめて少なかった（Dörig, a.a.O., S. 219）。

(33) 同二二頁、および①一五頁。このような人材の不足は、社会科学だけではなく、自然科学や工学にもいえることである。前注（26）参照。

もっとも、ＷＲは人材の不足を強調するが、注（30）にみえるように、当面は西ドイツ地域からの供給を、相当程度見こむことができる。こちらでは、むしろ資格者の過剰が問題となっているからである。

(34) ②二三頁。

(35) ②二四頁。

(36) ②二五頁以下。これは、おもに、州の人口と大学の地域的分配の観点から、各州の早急な大学建設に反対するものである。もちろん、人材の確保（前述第二節）あるいは各州の予算の問題が、その前提となる（なお、ＷＲの認可があれば、五〇％まで連邦政府の援助がある）。

すなわち、(a) Mecklenburg-Vorpommern州には、すでに計画のある Greifswald, Rostock のいずれか一方に

は法学部が必要であるが、ただちに双方を設立することには無理があるとして、その選択を求めている。
(b) Brandenburg州では、Potsdamに計画を集中するべきであり、Frankfurt/Oderは中止するべしとし、
(c) Berlin市では、西側のベルリン自由大学の負担軽減のために、新たな大学の必要があるとし、
(d) Sachsen-Anhalt州では、Halleで十分であり、Magdeburgは中止するべしとする。
(e) Thüringen州では、第一段階ではJenaに集中するべきであり、Erfurtは中止するべしとする。
(f) Sachsen州では、Leipzigのほかに、人口からすると、第二の法学部がDresdenにも必要であるが、第三の法学部Chemnitzは、当面必要ないとする。

結局、かつて法学部の存在した場所は、優先的に再建される結果になっている。

しかし、これら計画中の大学には、すでに西ドイツ地域の諸大学あるいは州政府の協力がある場合がある。たとえば、Greifswaldには Osnabrück大学の、Rostockにはハンザ都市の Bremen, Hamburg, Kiel大学の、Dresdenには Heidelberg大学のほか Baden-Württemberg州の五つの学部の、Chemnitzには Bayreuth大学と Bayern州政府の援助があるという。東ドイツ時代以前からの地域的・歴史的なつながりが濃厚にみられる。

さらに、これとはべつに、たとえば、Erfurtには、ユネスコの構想によるヨーロッパ大学（法学部など社会科学系の学部と医学部からなる）誘致の動きがある（ちなみに、Erfurtには、かつて一四世紀に創立され一九世紀に廃止された大学があり、その再建が意図されている）。

(37)　②三〇～三一頁。もちろん、この教授ポストには相当の助手や物的施設がともなうことはもちろんである。なお、前注（30）に引用したポツダム大学の講座（Lehrstühle）は、一五である（DUZ, 1992, 6, S. 4）。

(38)　これに関しても、未見であるが、すでにWRの勧告がある（Wissenschaftsrat, Empfehlungen zur Bildung von Hochschulstrukturkommissionen und zur Berufungspolitik an den Hochschulen in den neuen Ländern und in Berlin）。

(39)　②三三頁。しかし、東ドイツ地域の人材の不足から、当面、新たな教授にとっては、教育活動が、おもにならざるをえないとも予測している（②四一頁）。もっとも、研究の自由があるのであるから、意識的に研究にたずさわ

ることが必要であるともいう（同）。

また、研究上の不利の代償として、研究に熱心な教授（der forschungsaktive Professor）には、研究休暇（Forschungsfreisemester）を増やすことが考えられるとする（同四二頁）。学部に魅力がなければ、優秀な研究者を集めることは困難だからである（三三頁）。もっとも、学部の問題に限らず、東ドイツ地域の雇用機会、社会資本の不足や深刻な環境問題を考慮すれば、東ドイツ地域に魅力があるというためには、かなりの時間が必要であろう。

なお、このような東側の不利は、研究者にかぎらず学生にとっても同様である。統一後の西ドイツの学生も、西ドイツ地域の大学の過密にもかかわらず、東ドイツ地域の大学をあまり利用しようとはしない（DUZ 1992, 8, S. 4）。

第四章　むすび

第一節　西側の協力

(1)　法学部の再建には時間がかかるので、当面、新学部は、西ドイツ地域の大学の支持なしには、授業を行うことができない。そこで、WRは、西ドイツ地域の大学による「後見制」“Patenschaft”を提案している[40]。すなわち、大学構成委員会は、創設中の学部について、ラントの担当大臣に、西ドイツ地域の大学の、専門的に著名な研究者を創立委員長（Gründungsdekan）に任命することを提案し、大臣は、これにはかって、授業と試験を確実に行うために後見の学部（Patenfakultät）を指定するのである。

後見の学部は、そのメンバーによってたんに授業のみを引きうけるだけでなく、創設中の学部のすべてについて責任を引きうけるのである[41]。

(2)　後見の学部の協力がえられなくても、授業は、講座の代講(Lehrstuhlvertretungen)、客員の教授（Gastprofessuren）や非常勤（Lehraufträge)、あるいは定年教授の活用などによってまかなわれなければならない。これらは、通常は、あまり大きな役割を果たすものではないが、当面は、すぐれた授業の提供を優先するべきであって、客員教授の招聘を優先させるべきである、という。(42)

第二節　卒業資格

(1)　中級および高学年次の学生の教育も、困難をともなう。彼らは、従来の法学部の卒業という目的を、新たな目的に変更しなければならない。これらの学生には、修学年限を五年とし、さらに、西ドイツ地域の学部での夏の講習のような機会を与えることも必要である、とされる。(43)

(2)　また、卒業によってえられる学生の資格についても、困難がともなう。一般に、一九九〇年九月一日(一九九〇年一〇月三日が統一日であるから、その前に入学した）以前に法律の勉強を始めた学生についてである。

統一条約の規定によれば、彼らの卒業試験には、西ドイツの第一次国家試験と同等性が認められている。したがって、それによって第二次国家試験に必要な実務研修に入ることができるのである。しかし、これまでの経験によれば、このような措置によって実務研修に入った者が、第二次国家試験を通過することは困難である。(44)

そこで、統一条約では、さらに、一九九三年までに東ドイツ地域の大学で課程を修了する学生には、理論的なものと実務的なものをあわせもつ養成課程からなる、二年半の特別の実務研修（ein besonder Vorbereitungsdienst）が認められている。(45)

東ドイツ地域の助手には、新たな再生教育（Nachwuchs)が必要である。新たな知識の獲得には、文献だけの勉強では不十分であるから、西ドイツ地域での法学部での長い研究滞在の機会を与えるべし、とされる。(46)

第三節　実務研修と外的条件の整備

(1)　法律学の学習の目的は、主として司法における職業的活動に向けられている。これについては、法律家のわずかの部分だけが司法実務に採用されうるにすぎず、これに重点をおいた課程は、弁護士、行政官として、あるいは経済界で活動する法律家にとってあまり有益ではないとの批判もある。しかし、そのための改革は、従来のところ西ドイツでも成果をあげていない(47)。

WRは、東ドイツ地域で、法学教育の新たな道を進めることは困難であろうが、しかし、新たな建設にさいしての機会を利用するように試みるべきである、とする。たとえば、選択科目によって、経済法、ヨーロッパ法または公法に重点をおくことは可能である。しかし、この重点制は、通常の科目に余分の科目を増やすことによって、つまり修業年限の増加を招くような負担の拡大によってなされるべきではない。むしろ、選択科目を含む履修表が縮小され、重点をおくことが課程に特色を与えるようなものでなければならない(48)。

(2)　さらに、外的条件、たとえば図書館への配慮についても、これが法律の教育上中心的な役割を果たすと位置づけているが、おもに言及しているのは、東ドイツ地域においても、学部と大学図書館の間に争いがあろう、との指摘の部分である。学科（Seminar）や専門分野（Fachbereich）が図書館をもつのではなく、組織的には中央図書館に文献を集めることが望ましいが、これには、それだけの建物の計画や、内容的にも、開館時間の長いかつ利用者の便をはかったものが必要であるとしている(49)。

図書館以外の外的条件にはふれられていないが、これらは、予算の問題に解消されることが多く、それについては、新設される学部の数の制限の中で若干ふれられるにとどまっている(50)。

(40)　②三四頁以下。なお、①八頁。

(41)　②三四～三五頁。たとえば、東ドイツ地域で採用された新たな教授の研究への協力などである。WRは、共同研究、博士志願者のゼミ、卒業生を対象とする講座（Doktorandenseminare, Graduiertenkollegs）などを示唆する（②四二頁）。なお、同三六頁参照。

この後見の学部制によるものか不明であるが、すでに、創設学部に、特定の西ドイツ地域の大学の援助があることについては、前注（36）参照。そこでみられるような全面的な援助がなければ、後見の学部制はとりえないであろう。

なお、後見の学部制をとっても、新たな教授の採用について競争を制限するものではない、という。そのために、(a)新学部の授業の援助には、多くの西ドイツ地域の学部が協力し、(b)人事委員会を、ＷＲの提案にそくして構成し（第三章四節参照）、外部の専門家がすべて一つの大学からくるのでないようにすることによって、避けられる、とする（②三七頁）。

（42）　②三七頁。なお、三八頁参照。①五〜七頁。

（43）　②三八頁。修業年限を五年とすることは、すでに若干の学部の経過的授業計画には採用されている。

（44）　西ドイツ（一九八九年）の第一次国家試験 Referendarexamenの合格率は、西ドイツ全体の平均で七四・七八%、第二次国家試験 Assessorexamenの合格率は、八九・三%であり（JuS-Studienführer, a.a.O., S. 164）、必ずしもそう低いわけではないが、前注（32）で指摘した中途挫折者の存在をも考慮すると、率はもっと下がる。これに旧東ドイツの事情を考慮すれば、率がさらに下がる可能性がある。

なお、西ドイツでも、第一次国家試験を法学部による卒業試験によって代替する制度改革の構想がある（Dörig, a.a.O., S. 222）。

（45）　②三九頁。

統一条約の付則（Anlage II zum Einigungsvertrag: Besondere Bestimmungen für fortgeltendes Recht der DDR), Kap. III Sachgebiet A: Abschnitt I）によると、東ドイツの法律家教育に関する法律（Verordnung über die Ausbildung von Studenten, die vor dem 1. September 1990 an den juristischen Sektionen der Universitäten der Deutschen Demokratischen Republik immatrikuliert worden sind, vom 5. Sep. 1990 (GBl. I Nr. 59 S.

1436), Anordnung über die Assistentenzeit für Hochschulabsolventen an den Kreisgerichten der Deutschen Demokratischen Republik-Richterassistentenordnung- vom 24. Jan. 1978 (GBl. I. Nr. 6 S. 88)）は、存続することになっている。

なお、WRは、東ドイツ地域出身の修習生（Referendar）には、三年に延長した研修を与えるよう提案している。もっとも、当初、一九九二年に、東ドイツ地域の卒業生には、実務研修する場所がなく、WRは、東西の州が行政協定によって、東ドイツ地域の卒業生に実務研修の機会を与えることを提案している（同三九頁）。

西ドイツの実務研修の期間は、たとえば、Nordrhein-Westfalen州では、Verordnung zur Durchführung des Gesetzes über die juristischen Saatsprüfungen und den juristischen Vorbereitungsdienst (Juristenausbildungs-ordnug-JAO-) §16 (1) の規定によると、合計二年半であり、具体的な内容は各州で必ずしも同一ではない。

（46）②四二頁。

（47）②四〇～四一頁。ここは、東ドイツ地域の大学再建の問題を超えて、もっぱら従来の西ドイツの法学教育の目的を問うものである。わがくにとも共通する問題であろう。

法曹一元教育の問題、とくに重点教育あるいは専門的教育については、JuS-Studienführer, a.a.O., S. 1f. なお、前述注（18）参照。

（48）②四一頁。西ドイツの教育の課題は、期間の短縮と専門に応じた特殊化である（Dörig, a.a.O., S. 218）。

（49）すなわち、たんに建物の配置の問題だけではなく、図書へのアクセスが容易になるように、図書館のまわりに、専門分野の部屋をおき、これと直接に書庫が結合するような設計が必要である。なお、これは、比較的新しい大学であるコンスタンツ大学で行われている方式である（②四四頁。これは、ドイツの大学ではむしろ例外的であり、キャンパスが統合されていて初めて可能となる）。そこで、次善の策として、スペースのうえでは分野ごとの図書館でも、組織的には統一されたものを提案している。しかし、場所的に、各講座、ゼミ（Lehrstühl, Seminare）、インスティテュートの近くにおかれ、設置にさいし専門分野と協議し、開館時間の長い、研究者が直接閲覧できるなどの条件が必要である（同）。

（50）　前注（36）参照。②二五〜二九頁。

なお、本稿の作成にあたって、ケルン大学の Schiedermair教授（vgl. DUZ 1992, 12, S. 13）には、月例講演会のおり大学再建問題についての報告をきかせていただき、また、この問題についての文献リストと①②および注（４）所収の文化・教育省の冊子を Deutscher Hochschulverbandを通じてお送りいただいた。同教授は、国際法教授で、すでに一二年間地位を占めている大学連盟（Deutscher Hochschulverband）の総裁に最近また選ばれた。任期は二年である。〔二〇〇〇年当時、同教授は、まだ同じ地位を占めている。〕

さらに、私の在外研究先のボン大学の Marschall教授にはその間の橋渡しなどお世話をうけた。記してお礼申しあげたい。

また、引用のDUZは、フンボルト財団（Alexander von Humboldt-Stiftung）から送られたものである。なお、脱稿当時、まだ在外研究中であった。

〔追記〕　本稿の初めでもふれたように（第一章二節）、統一条約（Vertrag zwischen der Bundesrepublik Deutschland und der Deutschen Demokratischen Republik über die Herstellung der Einheit Deutschlands -Einigungsvertrag- vom 31. August 1990（BGBl. II S. 889））の第八章には、文化（三五条。なお、三六条は放送に関する規定）、教育（三七条）、学術、スポーツ（三九条）に関する規定があり、学術については、三八条に規定がある。これによって、学術審議会は、東ドイツ地域の大学の再建問題に重要な役割を果たすものと位置づけられている。すなわち、学術と研究の刷新のために、一九九一年一二月三一日までに、学術審議会によって公的に設立された組織の鑑定が用いられる。

Art. 38 Wissenschaft und Forschung

(1)　Wissenschaft und Forschung bilden auch im vereinten Deutschland wichtige Grundlagen für Staat und Gesellschaft. Der notwendigen Erneuerung von Wissenschaft und Forschung unter Erhaltung leistungsfähiger Einrichtungen in dem in Artikel 3 genannten Gebiet (in den Ländern Brandenburg, Mecklenburg-Vorpommern, Sachsen, Sachsen-Anhalt und Thüringen sowie in dem Teil des Landes Berlin) dient *eine Begutachtung von öffentlich getragenen Einrichtungen durch den Wissenschaftsrat*, die bis zum 31. Dezember 1991 abgeschlossen sein wird, wobei einzelne Ergebnisse schon vorher schrittweise umgesetz werden sollen. Die nachfolgenden Regelungen sollen diese Begutachtung ermöglichen sowie die Einpassung von Wissenschaft und Forschung in dem in Arikel 3 genannten Gebiet in die gemeinsame Forschungsstruktur der Bundesrepublik Deutschland gewährleisten.

(2)〜(7)　省略（二項は、東ドイツ学術アカデミーの再編、三項は、研究機関の労働関係が一九九一年一二月三一日まで存続すること、四項は、建築アカデミー、農業アカデミーなどの再編、五項は、連邦と州政府による教育・研究の計画・振興が東ドイツ地域にも及ぶようにすること、六項は、全連邦地域にすみやかに研究促進計画を行うよう連邦政府に義務づけること、そして、七項は、東ドイツの研究評議会（Forschungsrat）が、統一によって解消されること、―を定めている。）

第二篇　ドイツの法学教育とその問題点

第一章　はじめに

(1)　わがくにの大学入学者の人数は、一九六六年には四〇万人をこえ（ベビーブームの一九四八年の出生者が進学年齢に達したことによる）、その後一八歳人口は一時減少したものの、入学者はほぼ恒常的に増加し、第二次ベビーブーム世代の入学する一九九〇年には、ほぼ七〇万人をこえた（大学で約四九万人、短大で約二三万五〇〇〇人）。さらに、一九九一年には、約七七万人（大学で約五二万人、短大で約二四万九〇〇〇人）となっている。(1) その後、出生率の低下により数の減少の傾向はあるものの、同年代の者のほぼ三分の一が大学に進むにいたっている。

ところで、ドイツにおいても、戦後の大学進学率は増加の一途をたどり、大学において初めて勉強を始めた者(Studienanfänger)は、一九五〇年代にわずか二～三万人、一九六〇年代半ばまで五万人前後であったものが、一九七〇年代には二〇万人へと爆発的に増加し、一九八〇年代には恒常的に二〇数万人規模となり、一九九〇年には三〇万人台にいたっている。大学の負担過剰から、一九八〇年代には定員制（numerus-clausus）の導入が相次いだが、それによる入学者の減少は、必ずしも多くはない。(2) また、近時では、旧東ドイツ地域にも多数の法学部の建設が計画されている。(3)

全学部の学生の増加数のなかで法学部の占める割合は比較的少ないものの、この四〇年間に、ほぼ五倍の増加をみるにいたっている。[4]

(2)　学生数の激増、あるいは新たな諸条件の変更にともない、伝統的な法曹教育には、さまざまな歪みが生じており、それに対処するために、ドイツではたびたび制度の改革が試みられ、またそのための予備的検討がなされている。制度改革は、近くは、一九九〇年の法曹会議のテーマの一つともされた。[5]　個々の諸現象への対応とならんで、とりわけ、法曹教育のもつ意味づけが再検討されている。多数の入学者と法曹資格者の出現によって、法律専門家とはならない層が増加したことによって、法律専門家の養成という、従来の教育理念じたいをも再検討しなければならなくなったからである。また、法曹教育の短縮化に代表される制度改革もしばしば主張されるが、そのためには制度の現状認識と改革のための理念の確認が必要とされる。

ドイツにおける多くの提言のなかには、わがくにの法曹教育の参考とするべき点も少なくないと思われる。[6]　本稿＝第二篇は、この近時のドイツの改革論議を契機にその状況を紹介、整理しようとするものである。なお、わがくにの制度に直接に言及するものではない。

(3)　わがくにでは、すでに三〇年以上もまえに、私法学会、公法学会の合同の研究会による法学教育上の問題の検討があり、そのさいには、イギリス、アメリカ、ドイツ、フランスの制度が紹介・検討されている。[7]　しかし、すでに一九六〇年代後半から、ドイツでも多くの改革が実施され、あるいは状況の変化もみられるにいたっている。本稿では、対象をごく近時のものに限定し、紹介することにしたい。

なお、そのさいに、大学一般の問題には、あまりたち入らない。もっとも、法学部には、大学内での卒業資格試験がなく、代わりに国家試験が課せられている点など、他の学部と異なる点もあるが、他の学部との共通点から、教育条件一般にたち入らざるをえない場合もある。

（１）　文部省・学校基本調査報告書（高等教育・平三年＝一九九一年版）による。ちなみに、法学部のみの入学者数は、一九九一年には、四万五七五〇人である（同一九九一年度、一〇四頁参照）。

〔一九九八年の大学学生数は、二六六万八〇八六人、一学年平均で、六六万七〇〇〇人となっている。平一〇年度学校基本調査報告書。一五頁参照。ただし、一九九四年からは、短大に入学する学生数は減少している。これは、短大の大学への転換と、一八歳人口の減少によるものである。法学部の入学者数は、そう増加しておらず、およそ四万七〇〇〇人である。これは、一九九〇年代の新規開校学部には情報や福祉の関係が多く、法学系のものは少ないからである。〕

なお、ドイツでも一九九四年からは、入学者の数の減少が予想されている(Müller, Die deutsche Juristenausbildung und Europa, DRiZ 1990, S. 99)。

(2)　たとえば、近時の学生数の増加と大学の負担の過剰の問題については、一九八〇年、一九八五年、一九九〇年の各大学における学生数の比較によると(DUZ=Das Deutsche Hochschulmagazin, 1991, 22, S. 14)、この一〇年間に、大規模の大学では二割以上の増加をしたところが多く、小規模の大学では二倍以上の伸びを示すところも多い。ドイツにおいても、法律学は、マスプロ教育の行われる領域(Massenstudienfach)に属するのである(Löwer, Rechtssystem und Juristenausbildung, JR 1991, S. 58)。大規模教室における講義は、日本のそれに遜色のない規模であり、数も多い。

もっとも、最近の統計によると、このような増加にも若干の変化がみられる。すなわち、大学に初めて登録した者の数は、一九九一～一九九二年の冬学期には、三〇万七〇〇〇人であり、前年より一万一〇〇〇人減少している。これは一九八五年以来初めてのことである。ちなみに、全学生数は一七八万一六〇〇人(六・四%が外国人、四一%が女子)である(DUZ, 1992, 4, S. 5)。

また、ドイツにおいて、法学の勉学を始めて大学に登録した者の数は、一九八〇年で一万四四四六人、一九八一年には一万六六八九人であり、八〇年代後半にはむしろ減少している(JuS-Studienführer, a.a.O., S. 12; vgl. Statistisches Bundesamt, Statistisches Jahrbuch 1990 für die Bundesrepublik Deutschland, S. 365ff.)。これは定員制の導入の結果である。

第二次世界大戦前の数字は必ずしも明確ではないが、Köbler, Zur Geschichte der juristischen Ausbildung in

大学において勉強し始めた者の数（人）

年	1952	1956	1961	1966	1970	1977	1980	1983	1988
全体	24,189	35,890	47,001	57,000	61,562	212,000	220,800	232,552	246,249
法一	2,829	5,573	3,898	6,669	5,881	11,235	14,446	15,500	12,511

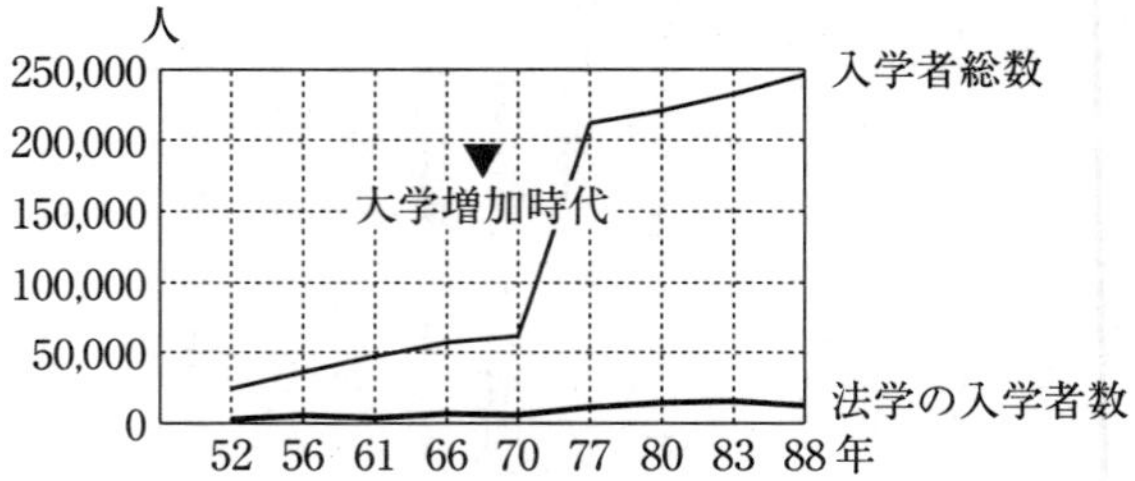

Deutschland, JZ 1971, S. 769. によると、①一八世紀の末には、人口が二〇〇〇万人の当時、七〇〇〇人の学生がいたにすぎない（そのうち法学部の学生は二〇〇〇〜三〇〇〇人）が、②一八五〇年には、三五三〇万人の人口に対し、一万二二二〇人の学生がいた（法学部の学生は四三九一人）。ついで、③一八九〇年には、四九二〇万人の人口に対し、学生は二万八八八三人（法学部の学生は六六八七人）。さらに、④一九三〇年には、六五一〇万人の人口に対し、学生は九万九五七七人（法学部の学生は二万二〇六〇人）であった。そして、⑤一九六三〜六四年の冬学期には、西ドイツに一万九〇〇〇人の法学部の学生がいた。

これを、人口に対する法学の学生の割合で計算すると、①一万人に一人、②八〇〇〇人に一人、③七三五七人に一人、④二九五一人に一人、⑤もほぼ同数、となる。

また、戦後の一九五二年の入学者数二八二九人を（卒業までほぼ五年間かかるとして学生の総数を推定するために）五倍しても、一万四一四五人にすぎないから、一九三〇年の法学部の学生数二万二〇六〇人に比して増加しているとはいえない（減少分は、おもに東ドイツ地域の大学の統計がはずれたためである。ほぼ人口比で二五パーセントを附加しても、一万七六八一人にすぎない）。すなわち、二〇世紀に入ったあとでも、一九六〇年代初めまでは、あまり変化していないのである。

（3）私は、かつて旧東ドイツの大学（法学部）再建の問題を検討したことがある（一論一〇九巻一号）、〔本書第一部一篇所収〕。そこでは、東ドイツ地域の大学が対象とされたことはいうまでもないが、同時に、西ドイツ地域の大学の問題点の一部にもふれた。本稿は、この前稿でふれた諸問題を、近時の改革の視点から検討しようとするものである。

なお、前稿では、学術審議会＝WR（Wissenschaftsrat）の勧告書、①一九九一年一月二五日の、東ドイツ地域の大学の教育の刷新と学問的再生の促進のための勧告（Wissenschaftsrat, Empfehlungen zur Erneuerung der Lehre und zur Förderung des wissenschaftlichen Nachwuchses an den Hochschulen der neuen Länder und im Ostteil von Berlin, 1991. 1. 25）、および②一九九一年三月一三日の、東ドイツ地域の法律学の分野における研究と教育に関する勧告（Wissenschaftsrat, Empfehlungen zur Forschung und Lehre auf dem Gebiet der Rechtswissenschaft in den neuen Ländern, 1991. 3. 13）をおもに検討したが、これらは、本稿でも意味をもつので、①②として引用する。

（4）全学部の学生数の伸びは、ほぼ一〇倍である。すなわち、全体に占める法学部の学生の割合は、必ずしも増加してはいない。新たな分野の伸びが大きいからである。

大学に初めて登録した者の数は、一九五二年には二万四一八九人、一九八八年には二四万六二四九人であるのに対し、法学部では、一九五二年には、二八二九人で一一・七%を占めるが、一九八八年には、一万二五一一人で五・一%を占めるにすぎない（JuS-Studienführer, 1991, S. 12. なお、母数である学生数は、対象とする大学の範囲の相違から、DUZの統計よりも少なめに出ている）。

（5）Verhandlungen des 58. Deutschen Juristentages (DJT), 1990, Bd. 1, E (Hassemer und Kübler), F (Hensen und Kramer), Bd. 2, O (Sitzungsbericht). また、これを契機に研究も数多くだされた（Kübler, Zur Reform des rechtswissenschaftlichen Studiums, JR 1991, S. 48; vgl. Löwer, a.a.O., JR 1991, S. 58など）。もっとも、ドイツ法曹大会は、法曹教育の問題をしばしばテーマとしてとりあげ、一九七〇年にもとりあげている (Oehler, 48. DJT (1970), Bd. 1, E; Richter, F; Sitzungsbericht, Bd. 2, P)。

（6）学生数の増加に対する問題のほか、教育課程の内容の検討、あるいは、たとえば、円熟年代の教授の大量定年や人材養成にまつわる問題などである。

（7）　一九五八年の合同研究会の記録が、「法学教育」（一九五九年）にある。ドイツについては、鈴木禄弥教授による紹介がある（一〇四頁）。この当時の（西）ドイツの法学部は、一五であった。ちなみに、イギリス（山田幸男）、アメリカ（橋本公亘）、フランス（星野英一）にも、それぞれ言及されている。

一九九〇年の法曹会議後の文献では、近時の問題と同大会の成果について、ヒルシュ「ドイツにおける法曹教育」（山中敬一訳）関法四一巻四号が、また、法曹養成制度の視点からは、村上淳一「ドイツにおける法律家養成の現況」ジュリスト一〇一六号七二頁、小田中聰樹「ドイツにおける最近の法曹養成制度改革の動きとその特徴」同一〇一八号五九頁が、さらに、法学部教育の内容は、多田利隆「ドイツの法学教育について」北九州二〇巻二号に詳しい。本稿はこれらと重複する点を簡潔にし、前稿（前注（３））と係わる大学再建の観点を中心とし、歴史的、比較的観点を補っている。

第二章　ドイツの法学教育の特徴と問題点

第一節　大学教育

(1)　ドイツの法曹教育は、たんに大学だけではなく、その卒業試験が第一次国家試験(Staatsexamen)によって行なわれ、また大多数の者が実務研修へと進む点でわがくにと異なり、必ずしも大学教育だけを検討すればたりるわけではないので、大学教育と実務研修の二者を区別して検討する。

(2)　まず、大学であるが、ドイツにおいても大学進学者の数が増大して、多くの大学で定員制を採用するにいたっていることは、すでに第一章で指摘した。このような学生数の増大の現象は、世界的なものであろう。わがくにと異なるドイツの学生の特質は、入学年齢の比較的高いこと、修学年限がかなり長いこと、中途挫折者の多いことである。

(ア)　法学部においても、ほかの学部におけると同様に、ドイツでは、高校の卒業試験＝大学入学資格試験(Abitur)に合格することが要件である。この試験は、教育課程の一三学年目、一般に一八歳で可能であるが、高校卒業後ストレートに大学にくることは必ずしも一般的ではなく[1]、とくに法学部、さらに男子学生ではその比率は落ちるといわれる[2]。

(イ)　また、ドイツの大学の修学年限は、一般に長く、アメリカや他のEC諸国に比較して、平均二年長いといわれる[3]。後者の平均が四年であるのに対し、近時ではほぼ六年であり、これは、わがくにと比較してもかなり長い。

法学部において履修を何年にするかは、法学部の卒業資格がなく、これを第一次国家試験が代替している状況では、その受験と切り離しては考えられない。大学の講義年限や講義の内容も、ドイツ裁判官法(Deutsches Richtergesetz, vom 19. 4. 1972)によって規律されている。もっとも、細目は、州法に委ねられている(JAG)[4]。

裁判官法によれば、大学での基準年限は三年半である(五a条一項)。これは、二年まで短縮できるが(同条同項二文)、実際にはもっと長い(後述第三篇一章二節参照)。

必修の科目は、民法、刑法、公法、手続法と哲学的、歴史的および社会的基礎のうえでの法学方法論(つまり、法哲学、法史学、法社会学)である。また、必修科目を補完しおよび深化させるものとして選択科目がある(同条二項)。これらの教育の内容では、判例、行政などの実務が考慮され、また、授業のない時期には、最少(通常でもある)三カ月の実務的勉学時間(praktische Studienzeiten)がなければならないとされる(同条三項)[5]。

教育の期間中には、試験による成績審査(studienbegleitende Leistungskontrollen unter Prüfungsbedingungen)がなされる。この審査によって、学生が専門的に、それ以後に行われる教育に適合しているかどうかが確認されるのである。審査は、二学年の終わりまでに行われなければならない。これは、いわば課程の途中における中間照)。

試験（Zwischenprüfung）である。それは、少なくとも民法、刑法、および公法を含まなければならない。不合格の場合には、審査手続を、一年内に一度繰り返すことができる。この審査に合格することが、州法によって定められた講義科目への参加および第一次国家試験を受験するための要件である（同条四項。なお、ＪＡＧ八ａ条参照)。

しかし、同法は、最小限の要件を定めただけであり、第一次国家試験のための、州法による要件は、よりきびしい（後述(5)(ウ)参照)。また、国家試験に合格しなかった場合には、再受験の回数が一回だけとされていることから、(6)慎重に試験を行おうとする傾向があり、その結果、大学にいる期間が必然的に延びるのである。

(ウ)　中途挫折者の多いのは、とくに法学部に顕著な現象である。国家試験が二回しかうけられず、これに不合格の、また第一次国家試験を受験するにもいたらない学生もかなり多量に出る。かれらは、いわゆる中途挫折者（Studienabbrecher und erfolglose Examenskandidaten）として、他学部にいくか、そのまま就職することになる。一般に、このような中途挫折者の割合は、入学者の四〇から五〇％にも達するといわれる。(7)

(エ)　また、試験に合格するために、補習校、補習教師（Einpauker, Repetitoren）が活用されることが、かなり早くから問題とされている。すなわち、大学の授業以外に、もっぱら試験のための教材を勉強するのである。(8)

(3)　これらの伝統的な問題とならんで、近時指摘されるのが、男女間の格差の問題である。ドイツでも、大学への女子の進出にはいちじるしいものがあり、すでに、入学者の四一％、卒業者の三七％が女子である。しかし、その割合は、Promoventen（博士の取得者）では二八％、Habilitanden（教授資格取得者）では九％、C-4 Prof.（正教授）では三・一％にすぎない。(9)女子の割合は、今後いっそう拡大すると思われるが、現在では上の段階に進むほど減少する傾向にある。(10)

(4)　入学者の増大と必然的に関連するのが、卒業者の問題である。このような長期の、また二回にわたる国家試験を通過して、完全法律家（Voll-Juristen）となった者（裁判官、検事、弁護士に共通の資格）にも、必ずしも希望の就職口があるわけではない。これは、試験が採用試験ではなく資格試験であり、大量の合格者をだすことから避けられない問題である。(11)

もっとも、法曹三者の数も増加をつづけ、裁判官の数は、一九八九年には一万七六二七人（一九七九年には一万五五三二人）、検察官の数は、一九八九年に三七五九人（一九七九年に三三二八人）、弁護士の数は、一九八九年には四万六三九七人（一九八一年には三万〇五一〇人）にいたっている。法律家の総数は、一二万五〇〇〇人という。このうち、弁護士の数は、最近の一〇年間でほぼ倍になった。(12)

この法律家の扱う法律上の紛争も、近時では膨大な数にいたっており、たとえば、一九八八年の新受件数は、区裁判所の民事事件で約一二五万件、家族事件で三八万件、区裁判所の刑事事件で一五〇万件、労働裁判所で三七万件、公法関係の裁判所では三二万件である。ほかに、憲法裁判所に申し立てられた事件が一六〇〇件である。(13)そして、紛争や法律家に対する需要は、継続的に増大している。

(5)　(ア)　法学部での科目の履修は、第一次国家試験の前提ではあるが、法学部に在籍しただけではなんら資格がえられないから、卒業資格に相当する第一次国家試験を目ざすことになる。ここで、ドイツに特有の大学と実務研修との二段階制度が問題となる。もっとも、一九八〇年代に行われた一段階制度も存在するが、これについては、制度改革の問題の一環として、第三篇で検討することにしよう。〔なお、一九九九年の大学基本法の改正により、大学も学士号を付与できることとなった。本書第二部参照。〕

(イ)　ドイツの二段階教育制度は、他の大陸諸国とも異なるものであるが、その歴史はそれほど古いものではなく、一八世紀のプロイセン法に遡るにすぎない。それは、一七九三年以来、司法官僚と行政官僚に対してされた国家試験に由来するのである。もともと実務研修は行政機関によってされていたが、一八一七年以来、法学教育(Rechtsstudium)が、一八七九年以来、実務研修（Vorbereitungsdienst）が司法機関によってもされるようになった。また、これらは、第二次大戦まで、司法と行政で別個になされていた。ほかのラントも同様のシステムを受容したが、必ずしも同一ではなく、これが統一されたのは、ようやく一九三四年であった(14)。

このような制度がとられた理由は、さまざまな地域からなる一八世紀のプロイセン国家にとって、能力ある同質の司法、行政官僚を獲得することが必要だったことにある。また、大学における普通法教育だけではなく、地域的実定法、とくにＡＬＲ＝プロイセン一般ラント法典（一七九四年）を学ばせることにも動機があったといわれる。さらに一九世紀には、政治的動機が加わった。すなわち、行政にも司法的教育を入れることは法治国家の理念に合致するものであったし、実務研修と国家試験は、大学の国民主義的あるいは民主的動きに対抗する機能も果たしたのである(15)。

〔一九世紀のドイツ法学を特徴づけるロマニステンとゲルマニステンの理論対立の一端にも、このような法曹養成制度の特徴が、ある程度は反映されているのではないかと推察される。すなわち、大学において圧倒的な影響力を有したのは、「現代ローマ法学」＝普通法学であったが、これが伝統的なゲルマン法を消去しきらなかったのは、一八世紀において、自然法の名の下にゲルマン法的諸要素をも採り入れて編纂されたＡＬＲ、ＡＢＧＢが、実務において維持されていたからである。一九世紀を通じて、ＡＬＲ、ＡＢＧＢには、普通法学による新たな意味づけが行われたが、大学における普通法学が、ただちには実務を修正しえなかったのは、二段階法曹養成制度の後半において、実務の伝統が維持される制度的保障があったからである。

フランス法でも、一九世紀から注釈学派によるローマ法的解釈が全盛をきわめた。注釈学派は、その名のとおり、従来たんなる概念法学の徒として過少評価されていたように思われるが、その実体は、ドイツの後期普通法学と同様、ゲルマン的要素をも含む民法典のローマ法化であった。たとえば、危険負担の理論において、起草者の自然法的な所有者主義を、ローマ法的な債権者主義に読み替えたことがその一例である（〔研究〕三二七頁参照）。この場合には、学説の影響は直接的であった。

他面において、養成制度の分離は、理論と実務の乖離という特徴をもたらすことになった。これは、種々の場面において、学説と判例の乖離としてもみられる。また、このような二重構造は、ドイツ法の学説そのものの中にも、しばしばみられる。わずかとはいえ民法典にも採用されたゲルマン法的な解釈がそれである。この場合には、ローマ法的学説の硬直性を実務が救ったのである。そして、他の一例は、危険負担の諸主義にもみられ、(旧)ローマ法的な債権者主義とカノン法・ゲルマン法的な交換主義との対立が明確に維持されたのである。」

(ウ)　この第一次国家試験の細かな要件は、州法によって定められている。ここでは、ボン、ケルンを含むNordrhein-Westfalen州のものによる。(16) それによると、①少なくとも四年半、大学において法律学を勉強したこと、②試験科目の講義に参加したこと、③一年次または二年次の新入生のための共同学習（Arbeitsgemeinschaft für Studienanfänger）に参加したこと、④試験による成績審査（Leistungskontorolle）に合格し、書面による作業をともなう演習（Übung, 民法、刑法および公法）に合格し、選択コースでの演習、報告または書面による解釈作業をともなうゼミに合格したこと、⑤試験による審査に合格したあと、相当の講義、とくにゼミ（Seminar）に参加したこと（そこには、法の歴史的、哲学的または社会学的基礎および方法論が含まれていなければならない）、それに関する、書面による業績を少なくとも一つ含む成績証明書が必要である。⑥実務的勉学時間（Praktikum）に参加したことも必要である。⑦さらに、法律家むけの政治学、社会学および心理学の基礎科目をも履修しなければならない。

試験は、書面と口述でなされるが（ＪＡＧ一〇条一項）、前者では、試験場での試験（これは、各五時間にも及ぶ）だけでなく家で作成する論文も課せられる（同二項）、口述試験は五部からなり、四人の試験官（実務家と大学教授がそれぞれ二人ずつ入るが、実務家の大半は裁判官である。報酬が低いことから弁護士や公証人からは望まれない）のまえで行われる（同三項）。

裁判官法のうえでは、大学での修学の基準期間は三年半であるが、これは二年まで短縮できる（五ａ条）。大学での修学期間の短縮は、長らく法曹教育の課題の一つでもあった。しかし、州法レベルではより長期であり、実現されていないのである。

(エ)　第二次国家試験は、実務研修のあとで行われるので、次の第二節(2)で検討する。

第二節　実務研修（Vorbereitungsdienst）

(1)　第一次国家試験に合格したあとの実務研修の期間は、二年半である。合格した州と研修をする州とが異なってもかまわない（裁判官法六条一項）。必修の修習場所（Station）と選択的な修習場所とがある。前者は、①民事の裁判所、②刑事の裁判所または検察、③行政官庁、④弁護士事務所である。

また、⑤以下の場所のうちから、修習生の選択によって選ぶことができる。(a)必修の①②③④の場所、(b)連邦または州の立法機関、(c)公証人役場、(d)行政、財政、労働または社会裁判所、(e)労働組合、雇用者連合、または自治体の経済、社会あるいは職業的機関、(f)企業、(g)国際的、二国間的または外国の機関あるいは外国の弁護士事務所、(h)修習のために適切なその他の機関である（裁判官法五ｂ条）。

なお、選択機関は、州法によって重点づけられることがある。また州法によって、①の修習を部分的に労働裁判所に、③の修習を部分的に行政、財政または社会裁判所で行うことができると定めることができる。大学法学部での修習は、⑤のものとして、行政学関係の大学での修習は、③または⑤のものとして四カ月まで算定することができる（同二項）。

実務研修は、最大七つの機関で行うことができる。必修の機関では、少なくとも三カ月間研修を継続しなければならない。選択的機関での修習は半年間行われる。実務研修は、特段の事情のある場合には、延長することもできる（同三項）。

修習生の数は、一九九〇年一月一日に、連邦全体で、二万二四三四人、そのうち女子が八五四七人、三八・一〇%である。(17)

(2)　(ア)　第二次国家試験は、書面と口頭によってなされる（同五d条一項）。

(イ)　書面試験は、必修の機関と選択の機関の修習に関連してなされるが、口述試験は、すべての修習に関してなされる。そして、書面試験は、最後の必修の機関の修習の終わりに、および最後の選択の機関の修習の終わりになされる。州法によって、必修の機関の修習に関する書面の試験が、監督下での試験のほかに家での試験をも予定しているときには、これが、すべての修習の終わりになされると定めることができる。また、州法は、書面による試験が、修習の機関ごとにされると定めることもできる。口述試験は、選択の機関の修習のあとでなされることができる（同二項）。

(ウ)　第一次試験および第二次試験で、試験機関は、結果の判定にさいして、全体的な印象から（auf Grund des Gesamteindrucks）、受験者の成績がよりよいと判断するときには、計算上の合計点をはずれることができる。第二次試験では、実務研修の結果も考慮される。もっとも、この逸脱は、成績の段階の平均的範囲の三分の一を超えることはできない。また、口述試験の成績は、全成績の四〇%を超えることができない（同三項）。

(3)　一九八九年の第一次国家試験（Referendarexamen）の合格率は、西ドイツ全体の平均で七四・七八%、第二次国家試験（Assessorexamen）の合格率は、八九・三%であり、必ずしもそう低いわけではない。(18)しかし、前に（前二章一節(2)(ウ)、前注(7)）指摘した中途挫折者の存在をも考慮すると、大学で法律を勉強し始めた者に対する率はもっと下がることになる。

一次試験、二次試験ともに、ポイントによって成績がつけられる。①一八～一六ポイントは優等（sehr gut）、②一五～一三は優（gut）、③一二～一〇は良好（vollbefriedigend）、④九～七は良（befriedigend）、⑤六～四は可＝合格（ausreichend）、⑥三～一は不可（mangelhaft）、⑦〇も不可（ungenügend）である。(19)

再統一まえの一九八九年の第一次国家試験の成績の割合は、連邦全体で、①〇・二％、②二一・六％、③一〇・二八％、④二六・二％、⑤三五・九八％、⑥と⑦で二五・二二％であった。受験者は一万〇七二五人、合格者は八〇二〇人、不合格者は二七〇五人、合格率は、七四・七八％である。[20]

二次試験の成績の割合は、①〇・二九％、②一・二四％、③一〇・六二％、④三三・四四％、⑤四三・九三％、⑥と⑦で一〇・七％であった。受験者は六八六七人、合格者は六一二九人、不合格者は七三八人、合格率は、八九・三％である。[21]

成績は、州ごとにだされ、ポイントごとの割合や合格率は必ずしも同じではない。[22] むしろ、州や地域によるかなりの相違や傾向がみられる。

なお、修習生が二次試験に合格しなかったときには、試験委員会は、四カ月から九カ月の期間、実務研修をくりかえし補充の教育をうけるよう定めることができる。[23] また、試験は州ごとに行われるが、それによって取得できる資格は、連邦および他の州でも有効である（裁判官法六条二項）。

第三節　研究教育環境上の問題

(1)　研究環境上の問題としては、教授層の老齢化と研究者養成の困難がある。法学部に限らず、教授層がかなり高齢化しており、また、一九九〇年代末から円熟年代の教授の大量定年が予想される。しかし、その後継者の養成がかなりの困難をかかえているのである。

(2)　教授層の年齢構成のゆがみは、わがくにでも相当に問題となっているが（あるいはこれから問題となる）、ドイツでも問題はかなり深刻である。一九八九年に、六〇％が五〇歳以上との統計がある。一九七七年には四四歳以下の者の割合は四五％であったが、一九八三年には三一％になり、一九八九年にはわずか一四・三％となった。[24] したがって、近い将来、定年による多数の退職者が予想されるが、問題なのは、新たな教授の確保である。[25] 西ドイツでは、一九八〇年代後半、平均年間二四の教授資格論文（Habilitation）が出され、その後も、あまり変化はない。他方、一九九〇年代前半には、約二〇の教授職があき、九〇年代後半には三〇と予想される。年齢構成から教授職の空きが増大する傾向にある。(26)

西ドイツの法学部では、一九八七年から一九八九年の平均として、国家試験合格者（Staatsexamen）一〇〇〇人に対し、ほぼ年一〇人の博士授与者があった（全学部の平均では、ほぼ二〇）。これは実数で、ほぼ年六〇〇人弱から八〇〇人である。また、教授資格論文の数は、博士授与者一〇〇人（Promotionen）に対し、ほぼ年五弱の割合になる（全学部の平均では、ほぼ九から一〇）。Ｃ４の教授一〇〇人に対し、年四にすぎない。その実数は、ほぼ年二四人である。これが、急激に増加に向かう可能性は少ない。(27)

(3)　また、法学部の研究者の総数は、一九八五年の統計によれば、一九三五人（ほかの学部も入れた全体で七万〇三九四人）、全学部の二・七％である。そのうちわけは、教授七九一人（Ｃ４・五七一人、Ｃ３・一三九人、Ｃ２・八一人）（全体では二万四四四六人）、助手一七三人（全体では六一八〇人）、共同研究者（wissenschaftliche Mitarbeiter, Lehrkräfte）などの中間層（Mittelbau）は九九人（全体では六八五九人）、研究補助者（wissenschaftliche Angestellte）は八五六人（全体では二万九七四三人）、その他が一六人（全体では三一六七人）となっている。(28)

一九六〇年代末の大学改革の結果、教授の数が、研究者総数の三分の一をこえるようになったのである。(29)
最近の一般的な昇進（Promotion）のルートによれば、卒業（Diplom）、すなわち、わがくにでは学士（Magister）に相当する国家試験終了者にいたるのは、ほぼ二八歳である。そのあと、大学の共同研究者（wiss. Mitarbeiter）、あるいは助手（wiss. Hilfskraft）として、博士論文をかくか、実務研修にたずさわることになる。その取得の平均年齢は、ほぼ三一・五歳である（法学部では若干これより遅い）。

さらに、博士取得後、助手（Assistent, C1）あるいは共同研究者（wiss. Mitarbeiter）として、教授資格論文をかくことになるが、その取得の平均年齢は、一九八四年で、三八・三歳である（全体でも三八・八歳）。そのあと、

Ｃ２、Ｃ３、Ｃ４の教授として就職することになる。このうち、助手は最大六年間、Ｃ２の教授も六年の期限つきである（Ｃ３、Ｃ４の教授は終身＝Lebenszeit）(30)。

法曹の養成の場合と同じく、研究者の養成も長期間を要することから、現状では、必ずしも人材確保に適切ではないのである。

(4)　施設、図書館などに関しては、予算に関連した問題がある(31)。

(ア)　大学への支出は、一九八六年に二四七億マルク、一九八七年には二五九億マルクであり（一マルク八〇円換算で、ほぼ一兆九七六〇億円、二兆〇七二〇億円。そのうち、法学部は、それぞれ二億四四〇〇万マルク、二億四八〇〇万マルク）、対国民所得比一・八％であった。ちなみに、日本の高等教育への財政支出は、一九八七年に二兆三五六〇億円であり、対国民所得比〇・八％であった(32)。

しかし、問題は、一九九〇年一〇月三日の東西ドイツの再統一の結果、旧東ドイツ地域への多大の支出がよぎなくされているために、すべての予算が限られていることである(33)。

(イ)　統一の当初、旧東ドイツの再建は比較的簡単と考えられていたが、この地域に対する投資は予想されたほどには活発化せず、高い失業率も容易には下がっていない。コール首相（一九八二年～一九九八年・連邦首相）は、一九九二年九月二四日、東ドイツの地域会議のため旧東ドイツを訪問したおり、再統一時（一九九〇年一〇月三日）には、東ドイツの経済的逼迫や再建のために必要な努力が過少評価されていたことを認め（つまり、当時は再統一の機運を高めるためにやや甘い見通しが語られたとし）、すでに一四〇〇億マルクが東ドイツの再建のために拠出されていると指摘した(34)。

また、旧東ドイツの旧国営産業の民営化にあたっていた信託公社の資産は、一九九〇年のドイツ統一の当時六〇〇〇億マルクといわれていたが、じっさいには、西側の基準ではその七分の一にもみたないことが判明し、私有化、民営化（おもに企業など財産の売却）によって、利益が出るとの見通しもくるったのである(35)。

(ウ)　研究・開発に関する連邦および州の予算は、毎年増加してきたものの、一九九一年から引き締められ、すでに一九九二年の大学学長会議（HRK = Hochschulerektorenkonferenz）などで、大学予算の逼迫が指摘されている。(36)

（1）　これは、たとえば、医学部のように人気の高い学部にあっては、定員枠があることから、高校の卒業試験の成績がよくなければならず、また、ときに待機期間が必要な場合があることによる。Abiturの取得者の数は、一九八九年で、二五万〇〇四三人である（Statistisches Jahrbuch 1990, S. 361）。

（2）　法学部にも、定員枠のおかれることがある。また、男子学生では、兵役（Wehrpflicht, Wehrdienst）を終わらせてから入学する者もあるからである（なお、基本法一二a条一項によれば、これは一八歳からである。Vgl. Wehrpflichtgesetz, 1986. §1. なお、期間は一五カ月である。これに代わるZivildienstの場合もある＝基本法一二a条二項）。Vgl. Tatsachen über Deutschland, 1989, S. 155ff.; Jahrbuch der Bundesrepublik Deutschland, 1991/1992, S. 140f., S. 12f.

〔再統一により東ドイツ軍が吸収され、また東西冷戦の終結にともない、連邦軍の削減が行われ、二〇〇〇年にも、三二万人から二五万人への連邦軍の削減が行われた。これらの結果、兵役期間も、しだいに短縮され、一〇カ月、ついで二〇〇〇年からは、九カ月に短縮された。Bundeswehr-Kürzungen: "Weniger geht nicht", Die Welt, 2000. 6. 5 & 6. 14.〕

女子が、大学入学資格試験（Abitur）のあとすぐに大学にくるのに対して、男子は、大学での勉強の開始が比較的遅い傾向があるという（DUZ 1992, 10, S. 7）。

〔ちなみに、女性の兵役は基本法上禁じられている（一二a条四項、Sie dürfen auf keinen Fall Dienst mit der Waffe leisten. ただし、直接武器に係わらないものとして、看護と軍楽（Sanität und Militärmusikdienst）には認められている）。

しかし、一九九八年七月、ルクセンブルクのヨーロッパ裁判所は、このような制限が、男女の職業上の平等に関する一九八六年のEC指令EWG七六／二〇七号に反するのではないかとの疑問を提示し、国内的にも争いがある。

Frauen im Bundeswehr-Panzer?, Die Welt, 1998. 9. 14.〕

（3）②五頁。西ドイツの学生の修業年限は、国際的にみても比較的長めであり、アメリカとの比較でも、約二年長いとされる。たとえば、ケルン大学では、卒業までに五・一年から五・五年を要した者が最大の割合を占め、三〇％近くに達し、また六・一から六・五年を要した者も二五％近くに達している。また、累積的には、六・六年から七年を要して初めて、七〇％の者が卒業にいたる（DUZ 1992, 1-2, S. 34）。

ほかの報告によると一九八七年のSaarbrückenでは一一・七四学期、Gießenでは九・七学期という（Koch, Die Juristenausbildung braucht neue Wege, ZRP 1989, S. 284）。また、最近の法学部の学生の在学期間は、平均六年といわれる（後述第三篇一章二節参照）。

アメリカではほぼ四年、ほかのヨーロッパ諸国でもほぼ四年である（後述第三篇二章参照）。

このような修業期間の長期化については、ドイツ国内でも批判が強く、種々の改革の契機となっている（JuS-Studienführer, a.a.O., S. 4f., Verhandlungen des 58. Deutschen Juristentages, 1990, Bd. 1, E, S. 23f., 93f., Bd. 2. O, S. 11 (O, S. 14ff.)；なお、DUZ, 1992, 6, S. 17f.; DUZ 1992, 10, S. 22 〈Studienzeiten〉; DUZ 1992, 11, S. 24 〈Studiendauer〉; Dörig, Juristenausbildung in der DDR, S. 218）。

（4）たとえば、ボンやケルンを含むNordrhein-Westfalen州では、一九八五年のＪＡＧ（法律国家試験および実務研修に関する法律＝Gesetz über die juristischen Staatsprüfungen und den juristischen Vorbereitungsdienst (Juristenausbildungsgesetz － JAG); Verordnung zur Durchführung des Gesetzes (Juristenausbildungsordnung － JAO)）がこれを規定している。

（5）そのための場所などの詳細は、州法の定めによる(後述)。ヨーロッパの夏期休暇はかなり長期であるから、緊張した勉学を継続するには、休暇中のこのような義務づけにはとくに意味がある。わがくにでも、参考になろう。

（6）Nordrhein-Westfalen州では、ＪＡＧ（法律国家試験および実務研修に関する法律＝前注（4））一八条一項参照。

（7）入学者と国家試験合格者の数字は、一九八九年のものを参考とすると、第一次国家試験の受験者は一万〇七二五人であり、合格者は、七四・七八%の八〇二〇人である。八〇年代前半の一九八三年の入学者は、一万五五〇〇人であるから(一九八八年の数字は、一万二五一一人)、合格者の割合は、ほぼ五〇%から六〇%の割合となる (JuS-Studienführer, a.a.O., S. 164, S. 12)。

　ほかの統計でも、いわゆる挫折者の数字は、ほぼ四〇%から五〇%といわれる (JuS-Studienführer, a.a.O., S. 164, S. 26).

　また、挫折者の内容については、DUZ 1992, 11, S. 5.は、Studienabbrecherを国家試験の受験にいたらずにやめる者として、その数は入学者の四分の一だとする。そこで、このほかが、erfolglose Examenskandidatenにあたることになる。これに反して、旧東ドイツでは中途挫折者の数は少なく、入学者のほぼ全員が卒業し、修業年限もほぼ四年であった（小野・一論一〇九巻一号四頁参照）。〔本書第一部一篇所収〕

(8) 58. DJT, E, S. 17ff., 35ff.この伝統は一九世紀に遡る。そこでは、普通法を教材とする大学と試験の対象となる一八世紀的（時代遅れの）教材やプロイセン法との乖離が原因となっていたという（後注(14)引用の、Hattenhauer, JuS 1989, S. 517. 石部・一八五頁参照)。

　現在では、大学教授が試験委員に入ることから (vgl. JAG §4 (4) 1, §10 (3). 必要なだけの人数の不足が問題とされるが)、いちおうこのような乖離はありえない。しかし、試験素材と授業との乖離が指摘され、補習校は、たんに受験技術や過去の問題、傾向を教えるだけでなく、これが進行すれば、大学の授業を補完するのではなくそれに代わるものとなるとの危惧もある。法曹会議の決議は、授業と試験素材の関連づけが必要なことから、養成の期間の短縮のためには試験素材の縮小も必要だとしている(後述第三篇三章一節、決議一九参照)。もっとも、大学の講義自体にも、Klausur, Repetitoriumなどの受験講座的なものがある。

(9) Vgl. DUZ 1992, 9, S. 5, Frauen in der Wissenschaft. これをグラフにしたものが、次頁の図である。一九七六年には、女子の博士取得者は、一六%にすぎなかった。

　また、第一章の前注(2)のように、一九九一年には、大学入学者の全体数は若干減少したのであるが、男女では違いがみられる。男子が五%減少したのに対し、女子は一・四%増加したのである (DUZ 1992, 10, S. 7)。

%	入学者	卒業者	博士	教授資格	C４-教授
男□	59	63	72	91	96.9
女▨	41	37	28	9	3.1

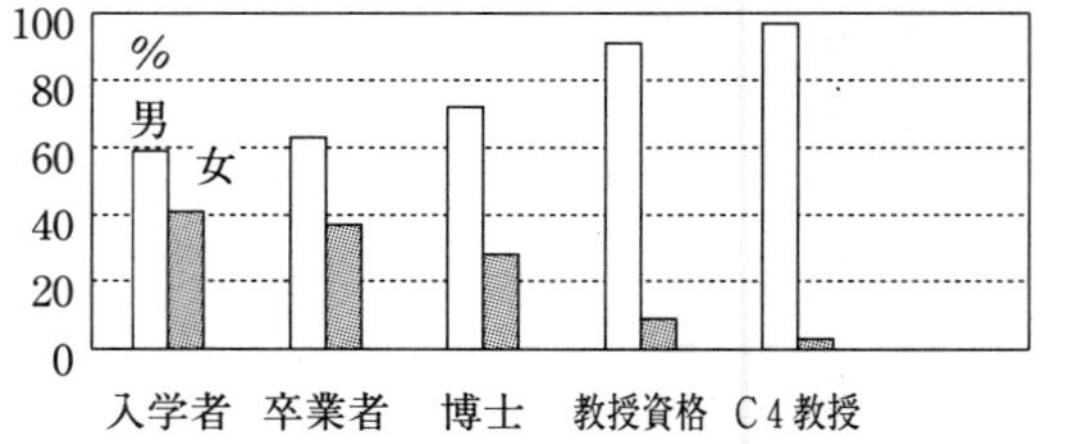

(10)　著名な学者のなかにも、女性教授は増えつつあるが、絶対数はいまのところ少ない。全国的な統計はもちあわせていないので、たとえば、一九九二年／一九九三年の冬学期のボン大学法学部の名簿によると、Brigitte Knobbe-Keuk, Ingeborg Puppe のみであり、ほかに非常勤の Susanne Tiemann（弁護士）がいるにすぎない。同じく、一九九二年／一九九三年の冬学期のケルン大学法学部の名簿ではゼロであった(ちなみに、社会科学部では二名、その非常勤には五名)。

専門による相違もあるが、若年層での数はかなり増えつつある。また、後述するように、教授層全体の年齢構成が高いことから、比較的短期間にかなりの変化が予想されないわけではない。他方、修習生のなかでの女性の割合は三八・一〇％に達する（後述第二節(1)、また前注(9)参照）。

(11)　ドイツにおける学生数の増加による卒業生の過剰と就職難の問題につき、vgl. JuS-Studienführer, a.a.O., S. 15ff., S. 34ff. 平均約六〇〇〇人の合格者のうち希望の法律職につける者が三分の一、法曹たる者が三分の一、その他は狭義の法曹たりえないといわれる。もっとも、当面は旧東ドイツ地域での大量の需要がみこまれる。

(12)　弁護士と公証人とで約五万五一二一人、大学教師が七五〇人、経済法律家が一万から一万六〇〇〇人、行政法律家が三万五〇〇〇人だという（Löwer, a.a.O., JR 1991, S.59)。また、修習生（Referendar）への定員制の導入も、人的・財政的理由からしばしば議論される（JuS-Studienführer, a.a.O., S. 37)。

また、旧東ドイツ地域では法律家が少ないことから、そこでの法曹としての就職のチャンスも指摘されている

法曹を含めた学識者の失業数（人）

	1973	1975	1980	1985	1989
総数	5,517	15,491	28,263	81,584	90,511
法律家 ■	450	1,349	1,134	3,224	4,376
教師 ▨	753	2,658	8,550	28,954	23,727
社会・政治 □	181	517	1,276	2,964	3,140
経済 ▩	701	2,479	2,415	5,041	5,679

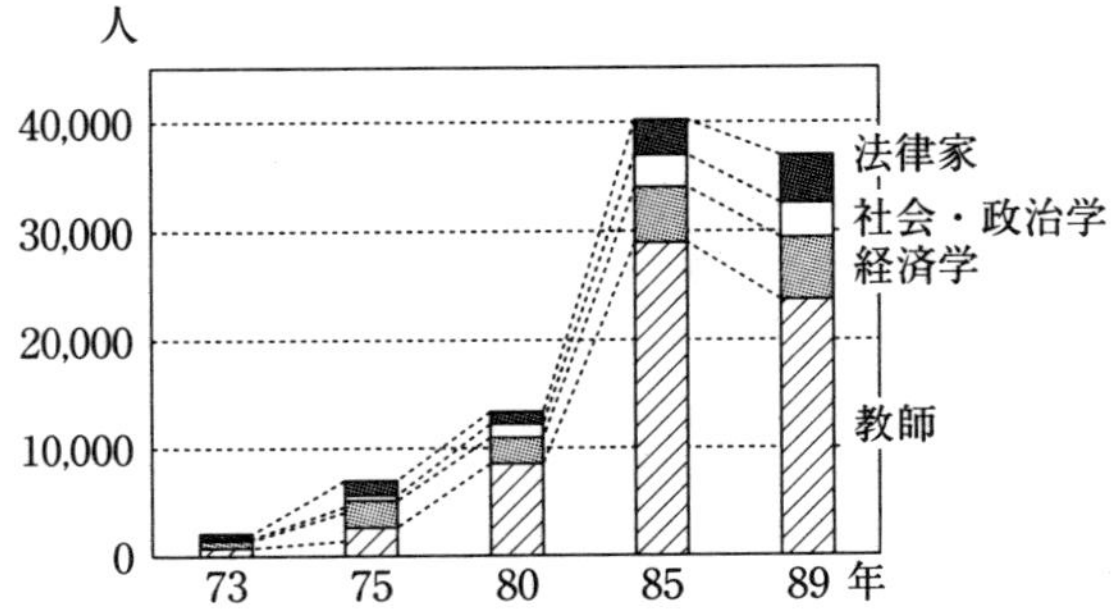

(JuS-Studienführer, a.a.O., S. 28ff.)。さらに、旧東ドイツ地域での裁判官、行政官、弁護士への需要から、この数字はより増大すると思われる。

(13) Löwer, a.a.O., JR 1991, 59. 一九八九年の西ドイツの人口は、約六二六七万九千人であった (Jahrbuch der Bundesrepublik Deutschland, 1991/1992, S. 2)。

ちなみに、人口が約一億二千万人である日本の裁判所の民事・行政事件の新受件数は、一九九一年の総数で、約一八五万二〇八四件、最高裁三三一二件、高裁で二万三九九九件、地裁で六二万八一四三件、簡裁で一一九万六六三〇件、刑事事件では、総数で約一六五万六五二一件、最高裁一七二八件、高裁で六六九一件、地裁で一九万四四四七件、

日本の新受件数

	総数	地裁	簡易
民事　○　--	1,852,084	628,143	1,196,630
うち訴訟事件　●　—·	251,494	121,040	107,899
刑事　△　·····	1,656,521	194,447	1,453,655
うち訴訟事件　▲　—	1,237,239	62,709	1,168,483

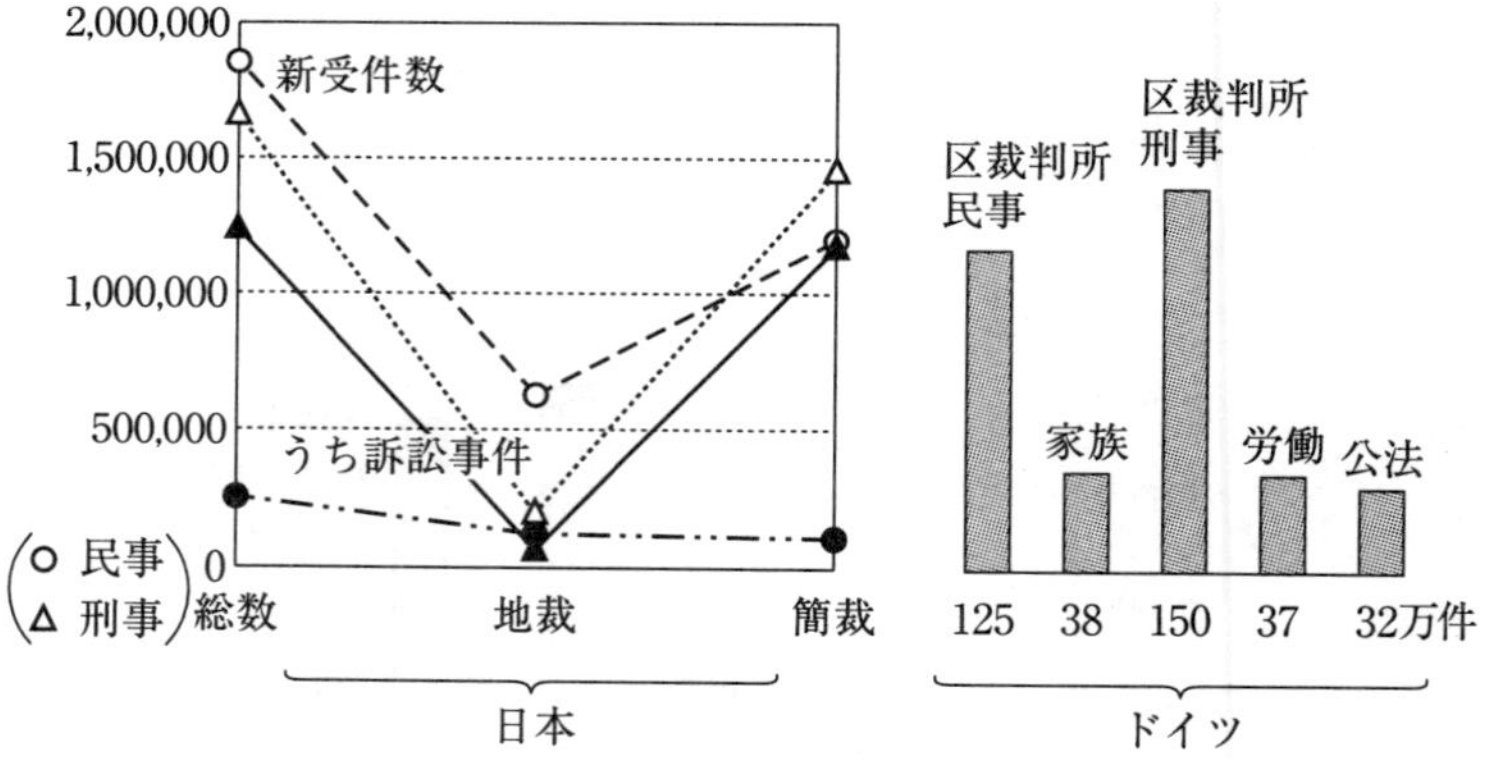

箇裁で一四五万三六五五件）となっている。

　このうち、訴訟事件は、総数二五万一四九四件、最高裁二五二七件、高裁で一万六二一七件、地裁で一二万一〇四〇件、簡裁で一〇万七八九九件、刑事事件では、総数で約一二三万七二三九件、最高裁一三一八件、高裁で四七二九件、地裁で六万二七〇九件、簡裁で一一六万八四八三件である（司法統計年報一九九一年による）。

（14）　58. DJT, E, S. 15-16.

　なお、ドイツの法曹教育の歴史に関する文献は多い。Vgl. Köbler, a. a.O., JZ 1971, S. 768ff.; Hattenhauer, Juristenausbildung-Geschichte und Probleme, JuS 1989, S. 513; Leo, Einheitsjurist und Zweistufigkeit, JR 1991, S. 53; Oehler, Gutachten E zum 48. DJT (1970), S. 17ff.; Stolleis, Geschichte des öffentlichen Rechts in

Deutschland, 1988, S. 68ff.; Hübner, Die Einwirkung des Staates auf den Rechtsunterricht, Fests. f. Felgenträger, 1969, S. 99ff.; Husserl, Die Ausbildung der deutschen Juristen, 1960. 邦文のものとしては、石部雅亮「サヴィニーの司法試験改革案とその背景」法雑三七巻二号、四号。同「ドイツ法」法セ一九七五年四月号。また、大学全体に関するもので文化史的考察としては、潮木守一「ドイツの大学」（一九九二年）一九五頁以下が、一九世紀の大学教育の状況を知るのに有益であり興味深い。

(15)　58. DJT, E, S. 16.; Hattenhauer, a.a.O., JuS 1989, S. 514ff.

現代の二段階法曹養成制度は、第一次国家試験合格者であるReferendorと、第二次国家試験合格者であるAssessorを前提とするが、一九世紀の半ばまでの課程はより複雑であった。すなわち、大学教育の期間は三年であり、これに、一年半のプロイセン法の勉学期間があり、それぞれの講義の認定があった。大学の終了時には、ラント裁判所長による試験があったが、対象は、ローマ法や理論的な問題にとどまった。

プロイセン法の実務的な勉学は、インターン（Auskulator）としての研修後に行われた（一年以上とされる）。裁判所での研修後に、プロイセン法と手続に関する試験があり、ここで初めて司法官試補（Referendar）とされたのである(他のラントでもほぼプロイセンの制度に準じる)。官吏とならない場合には、これで法曹資格としては完成した。

しかし、官吏となる場合には、さらに二年間の研修の後に、また試験があった。この試験の対象は、司法だけではなく、政府の全機能をカバーするものであり(camerialia)、合格率は、七〇%程度であった。また、官吏である判事補（Assessor）としての任命は、国家試験の成績によっていたといわれる。このような段階的養成制度は、当時のヨーロッパでも類をみないものであり、外国からは、きわめて厳格な制度と評価されていたようである。Cf. Stein, Legal education in Mid-nineteenth century Germany through English eyes, Quaestiones Iuris [Festschrift für J.G. Wolf zum 70. Geburtstag], 1999, p. 233. このような制度は、もちろん限界をもってはいたが、他面、貴族優先社会の当時、平民にも勉学と上昇の機会を保障するものであった。

(16)　前注(4)参照。JAG（法律国家試験および実務研修に関する法律）八条。他の州でも大きくは異ならない。

たとえば、ヘッセンにつき、vgl. Steiger, a.a.O., ZRP 1989, S. 285. なお、裁判官法五a条参照。

(17) JuS-Studienführer, a.a.O., S. 165. なお、ここでも問題は、第一次国家試験の合格者の増大と研修場所の数が限定されていることであり、かなり長期（半年以上）の待機期間（Wartezeit）がある。

(18) Vgl. JuS-Studienführer, a.a.O., S. 164. なお、西ドイツでも、第一次国家試験を大学の卒業試験によって代替する制度改革の構想がある（後述第三篇三章一節参照）。しかし、法曹会議などでの、専門家の多数意見はこれに反対である（Dörig, a.a.O., S. 222）。

(19) これも、州法の規定による。Nordrhein-Westfalen州では、前注(4)のＪＡＧ（法律国家試験および実務研修に関する法律）一四条である。

(20) 一九六九年から一九七六年までの不合格率は、一〇・四%、一四・二%、一三・四%、一四・四%、一六・三%、一八・二%、二一・三%、二五・四%と推移している。一九八六年には、二八・九三%に達した（Herzberg, Das Elend des Referendarexamens?, JuS 1988, S. 239; vgl. Großfeld, Das Elend des Jurastudiums, JZ 1986, S. 357. なお、後者については、山中前掲一九六頁以下の「訳者あとがき」にも要旨の紹介がある）。

不合格率が二〇%をこえたのは、一九七五年からである。一九八九年には、二五・二二%であった（もっとも、一九五九年から六三年の平均も、二〇・三六%であった）。

なお、一八三〇～四〇年代の一次試験の不合格率も、サヴィニーの改革案にある数字によると、八%～三〇%の間だったという（石部・前掲一六三頁）。もっとも、当時の習修生は、Auskultator, Referendar, Assessorの三段階制であった。前注（15）参照。

(21) Vgl. JuS-Studienführer, a.a.O., S. 164.

(22) たとえば、一次試験でも、合格率は、バイエルンやベルリンでは、それぞれ七〇・四三%、七〇・六二%なのに対して、ハンブルクやザールラントでは、それぞれ八〇・〇七%、八〇・五八%であり、二次試験でも、ニーダーザクセンやザールラントは、それぞれ八六・一二%、八六・五二%にすぎないのに対して、ブレーメンは、九七・〇六%になって、ほぼ一〇%もの相違がみられる。

(23)　JAG（法律国家試験および実務研修に関する法律）三二条一項（前述注（4）参照）。補充の教育をうけることは再受験の要件である（同二項）。また、受験者が二回不合格になったときには、合格の十分な見込みがある場合にかぎり、州の試験委員長が、申請により受験者に再受験を許すことができる（同三項）。

(24)　DUZ 1992, 1-2, S. 5.

(25)　ドイツの定年（Altersgrenze）は、ほぼ六五～六八歳であり、州により異なる。大学は州立が原則であるから、必ずしも一致しないことになる。

(26)　しかも、問題なのは、もともとの潜在的な（西）ドイツの人材不足と、旧東ドイツの大学の再建とが重なったことである。WR（学術審議会）によれば、東ドイツ地域の諸州においても、将来多くの法律家が必要になることを予想している。すなわち、西ドイツ地域を参考にすると、そこでは七〇年代末には、五〇〇〇人の法律家が養成され、八〇年代末には、八四〇〇人にいたっている。ここで、八〇年代の平均六〇〇〇人に東西の人口割合（四対一）を考慮すると、年間約一七五〇人の卒業生が東ドイツ地域に必要となるのである。また、入学者数のうえでは、挫折者を考慮すると、二五〇〇人から三〇〇〇人の入学者を見込むことができるとする（②二二頁）。

〔なお、Wissenschaftsratの活動に対しては、批判がある。Vgl. Schultz-Gerstein, Hochschulpolitik in der Krise, Ein Beitrag zu den Thesen des Wissenschaftsrats, Fest. f. Ernst-Joachim Meusel, 1996, S. 231ff.〕

(27)　博士取得者、教授資格取得者を年代別に比較してみると、次頁の表のようになる。

みぎの数字は、フンボルト財団の一九九一年一〇月の総会において、Dr. Kurt-Jürgen Maaßが、Die Hochschulstatistik des Statistischen Bundesamtes. から引用したものを、さらに法律関係に限定して縮小したものである。さらに、vgl. Statistisches Jahrbuch 1990, S. 372.

ちなみに、旧東ドイツでは、年三〇か三五の博士授与者（Promotion）があった。これは、一〇〇人の大学卒業試験合格者（Diplomprüfungen）に対して、七から八の割合にあたる。教授資格論文の数は、東ドイツでは同年の平均で、年八から一〇の割合になり、博士授与者や教授の数に比して、西ドイツよりも多かった（②一一頁）。

(28)　これも、Dr. Kurt-Jürgen Maaßが、Statistisches Bundesamt, Personal an Hochschulen 1985. から引用し

		数（人）			割　合*		年　齢	
	年	1975	1980	1987	1980	1987	1980	1987
法　律	博　士	546	438	582	11.2	9.6	32.2歳	31.6歳
	教　授	30	25	23	4.4	4.1	38歳(1984)	
全　体	博　士	10,497	11,341	15,073	21.03	19.23	31.2歳	31.5歳
	教　授	986	1,019	947	11.3	10.1	38.8歳	

＊　博士の場合には、卒業者100人に対する割合
　　教授資格者の場合には、C4の教授100人に対する割合

たものによる（前注(27)参照）。

　Statistisches Jahrbuch 1990, S. 373. では、統計がやや概括的になり、詳細が明らかではない。法学部の教授は七四九人、研究者総数は二一〇二人に増加している。なお、法学部では裁判官職との交流が比較的さかんであり、この方面からの補充の可能性もある。

(29)　これに対し、一九九〇年の統一までの旧東ドイツの法学部の人員構成は、多くの点で、一九六〇年代末の大学改革前の西ドイツの大学に似ていた、とされる（②一三頁）。すなわち、一九九〇年の初めに、東ドイツの五つの研究・教育機関で、約三〇〇人（教授六三人、講師五〇人、期限のない助手は一五二人、期限つきの助手は三七人）が活動していた。教授と助手の割合は、ほぼ一対三であり、期限なしの助手の割合の高いことが特色である（②一四頁）。教授の比率が低いことが特徴である。もっとも、それだけ社会的なステータスは高かった。
　しかし、今日の（西）ドイツでは、事務的な仕事はむしろ期限なしの研究補助者（nichtwissenschaftlicher Mitarbeiter）あるいは、秘書（Sekretär）による。なお、高齢者の多かった旧東ドイツの教授には、一九九〇年の統一時に職を離れた者が多い（①九頁、一五頁）。

(30)　上の表参照。なお、博士資格の取得の実態に関する近時の邦文文献として、井田良「ドイツの法律家たちとドクトル・ユーリス」刑法三一巻四号がある。また、潮木・前掲一九五頁以下参照。

(31)　予算などに関しては、入手した資料が限られていること、および紙数のつごう上たち入らない。図書館については、簡単ながら前稿一〇頁参照。

(32) Statistisches Jahrbuch 1990, S. 374; Jahrbuch, a.a.O., S. 375. 文部省大臣官房調査統計企画課・教育指標の国際比較（文部省・平三年＝一九九一年）五九頁以下参照。しかし、統一後の数字は、まだ入手しえていない。
〔一九九六年の統計によれば、ドイツの高等教育支出の対国民所得比は、二・〇%で、一九九七年の日本の高等教育支出の対国民所得比は、〇・九%であった。教育指標の国際比較（平一一年＝一九九九年）五五頁以下。〕

(33) General-Anzeiger, 1992. 9. 25, S. 1-2. また、八月、連邦蔵相のワイゲル（Waigel, CSU）は、ラントの欠損に対する警告を発した。すでに、五六〇億マルク、住民一人あたりにして五〇〇〇マルクの負債が累積している。また、信託公社の債務も、二五〇〇億マルクに達している（ib., 1992. 9. 16, S. 2）。
　この数字の巨大さは、分割民営化の計画のある国鉄の欠損額と比較すると、より明確となる。国鉄は、一九九二年の上半期で、約一二五億マルクの欠損をだした。内訳は、西ドイツ国鉄（Deutsche Bundesbahn）が七九億マルク、東ドイツ国鉄（Deutsche Reichsbahn）が四七億マルクである。一九九一年のそれは、九六億マルクであった（西地域で五三億、東地域で四三億マルク）。東西ともに、とくに貨物輸送の落ちこみがいちじるしい（Ib., 1992. 8. 28, S. 15）。

(34) 一九九二年末の政府の見通しでは、一九九四年度には、これらの累積赤字の総計は、二兆マルク（2000 Milliarden DM）に達するという（ib., S. 15）。

(35) なお、ドイツの財政困難については、旧東ドイツの財産権の返還問題に関する別稿でも若干ふれた（一橋大学研究年報・法学研究二四号）。

(36) DUZ 1992, 11, S. 14. なお、vgl. DUZ 1992, 11, S. 19.
　一九八九年の民間、国、州の研究費総額は、六六七億マルクであり、そのうち大学は九一億マルク、大学外の研究施設では八四億マルク、民間は四七三億マルクであった（外国と国際機関への支出が一九億マルク）（これは、Dr. Kurt-Jürgen Maaßの引用したDas deutsche Gesamtbudget Forschung 1989. による）。収入のほうは、民間四二四億マルク、連邦一三九億マルク、州（西ドイツ地域）九一億マルク、その他一三〇億マルクとなっている。一九七五年から二年ごとの数字については、二三〇億、二六二億、三一七億、三八四億、四三〇億、五〇八億マルクと推移している（vgl. Tatsachen über Deutschland, a.a.O., S. 351）。

〔DUZ（= Das Deutsche Hochschulmagazin）およびTatsachen über Deutschland, 1989. は，フンボルト財団（Alexander von Humboldt-Stiftung）から送られたものである。〕

第三篇　ドイツにおける法学教育の特徴と改革

第一章　改革の試み・新たな視点—ECの市場統合の問題、他のEC諸国との競争

第一節　はじめに

第一部二篇でみたような諸問題に対しては、すでに古くから指摘がなされ、たびたび改革案が出されている。近時では、一九九二年一一月二〇日の法改正がある。(1) その焦点は、ほぼ三点ほどにしぼられるが、注目するべきことに、一九九〇年以降では、新たな視点がみられる。それは、一九九三年のECの市場統合との関係で、ドイツの法曹がいかに他国の法曹と競争しうるか、ということである。(2) とりわけ、現在の養成制度の能率性や内容が問題とされる。(3)

第二節　期間の短縮

(1)　第一は、修学期間の短縮であり、これについてはすでに概観してきた。すなわち、大学では通常六年、また実務研修でさらに二年半(九二年法で二年)、合計ほぼ九年が必要とされる。これに、試験あるいは実務研修までの待機期間が合計ほぼ一年加算される。(4) このような長期化は、とくに出発年齢が遅いといわれるドイツの法曹に

とっては、不利な結果をもたらす。長期の養成期間の結果、法律家として一人前になるには、二八ないし三〇歳ぐらいになるからである。[5] これに対して、他の国では、二七歳ぐらいが通例である（後述第二章参照）。[6]

年齢が高いと、職業上の選択の可能性あるいは各人に適した仕事につく可能性を減少させるし、また、精神的な可動性も減少させるのである。さらに、働きながら学ぶ可能性をも減少させる。くわえて、そのためのコストも無視できないのである。[7]

(2)　この直接の解決は、大学および実務研修の期間の短縮化である。

まず、大学に関しては、一九八四年の裁判官法の改正によって、三年半の期間は、最短期間（Mindestzeit）ではなく、標準期間（Regelstudienzeit）とされた（一九九二年改正でも同じ）。[8] しかし、じっさいには、これは改正時に意図されたようには機能していない。すなわち、期間を短縮することにはほど遠く、わずか一・五％の学生だけが、七学期（三年半）で第一次国家試験をうけるにすぎず、九学期（四年半）でも、一〇分の一にすぎない。三分の二の学生は、一二学期（六年）を必要としており、その結果、平均的修業年限は、六年にとどまっているのである。これに対して、二〇年前には、その平均は、九学期から一〇学期にすぎなかったのである。[9]

つぎに、実務研修に関しては、一九六一年の裁判官法では、期間は三年半とされていた（五条三項）。[10] しかし、一九六五年の同法の改正で、実務研修は、三年半から二年半へと短縮された（五条三項）。[11] さらに、一九七一年の改正では、二年とされた（同年の法五a条一項）。しかし、一九八〇年、八四年の改正では、このような短縮化の傾向に歯止めがかけられ、実務研修は二年半とされ、かえって長期化されたのである（同年の法五b条一項）。[12] 大学の修業期間の短縮が可能になったからである。もっとも、一九九二年改正では、また二年とされた。

(3)　また、いくら実務研修をしたところで、それぞれの機関に入ったあとの教育が不必要になるわけではなく、継続教育、再教育（postassessorale Ausbildung; Weiterbildung）が、連邦郵政省、連邦財務省、外務省などの個別機関によってもなされ、弁護士事務所でも、その必要性が増しているのである。[13] これの対策は、一元的教育の見直し、あるいは重点教育である（後述第四節参照）。

第三節　二段階法曹養成制度の見直し

第二は、大学と実務研修による教育の二段階法曹養成制度の見直しである。

(1)　これは、かつて一九七〇年のドイツ法曹会議がうちだした方向である。[14] 従来の、理論的教育は大学に、実務的教育は実務研修によるという分業的な養成の課程を否定して、一つの課程で両者をまかない、それによって、合計の期間の短縮をはかろうとするものである（Experimentierklausel）。一段階的な法曹教育（einstufige Juristenausbildung）制度である。

(2)　これを採用したのが、裁判官法の一九七一年の改正である。同年の改正は、実務研修の期間を二年に短縮する（五a条一項）など、かなり大胆な試みをしたのであるが、同時に、この一段階的制度をも試験的に採用することが、州によって可能になった（旧五b条）。近代以降のドイツで、このような一段階の制度がとられたのは、この時期だけである。[15]

これを採用したのは、七つの州（ちなみに、旧西ドイツには一〇州とベルリンがあった）の八大学の法学部である。これによって、従来大学教育とはまったくべつのものとされていた実務は、履修課程の中に分割されて、理論と統合されたのである。[16]

すなわち、(i)　州法によって、大学での勉学と実務研修（Studium und praktische Vorbereitung）を最少五年半のひとつの養成課程（in einer gleichwertigen Ausbildung）に統合することができる。養成の一部は、裁判所、行政機関および弁護士事務所でなされる。第一次試験は、中間試験（Zwischenprüfung）または養成機関の成績審査によってされる。最終試験は、五条で予定された第二次試験の要件をみたさなければならない（同条旧一項）。

(ii)　第一項の養成に参加した者は、研修に必要なかぎり、裁判所構成法一〇条一項および一四二条三項、司法補助法（Rechtspflege）の二条四項、連邦弁護士規則五三条四項、民事訴訟法一一六条二項一文、刑事訴訟法一四二条二項の活動をすることができる。これらの活動に関して、修習生と同じ権利と義務を有する。この詳細は、州法による（同二項）。

(iii)　連邦の弁護士費用規則の適用にあたっては、一項の研修の参加者は、修習生と同等とされる。

(iv)　一項の研修のほかに、少なくとも五ａ条所定の場所において司法研修が可能である（同四項）。

(3)　しかし、この一段階的制度は、一九八〇年の裁判官法の改正で三年延長されたものの、一九八四年の改正で廃止された。その評価はわかれているが、そこでは、理論と実務の統合という像を十分には描けなかったといわれる。大学には、二段階制度と一段階制度との二つのカリキュラムが併存し、その負担が増加したが、学生の側でも選択科目の増大に対応できず、それはたんに負担の増大となり、また、その体系的履修も困難であったとされる。(17) したがって、その利用もそれほど多くはなかったのである。一九九二年改正でも、この制度の復活はなかった。

なお、廃止にともなう経過措置として、一九八五年九月一五日まで、学生がこれに参加することができるとしている（八四年改正法、Artikel 3）。そこで、その参加者の課程の終了にいたるまで（一九九二年までは）、少数ながら、これによる国家試験の受験者が出ることになる。

ちなみに、そのための国家試験の受験者は、一九八九年度では、五九四人であり、そのうち合格者は五〇二人、不合格者は九二人、合格率は、八四・五一％であった。また、その成績の割合は、連邦全体で、優等にあたる①〇％、②優二・三六％、良好の③一七・二九％、④良四一・二六％、可の⑤二四・三六％、不可の⑥と⑦で一五・四九％であった（なお、ここの①〜⑦の成績の区分は、前述の第一次国家試験でふれた区分による。前述第二篇二章二節(3)参照）。(18)

第四節　重点教育と法曹一元の見直し

第三は、重点教育と法曹一元（Einheitjurist）教育の見直しである。

法律学の学習の目的は、主として司法における職業的活動に向けられている。これについては、法律家のわずかの部分だけが司法実務に採用されうるにすぎず、これに重点をおいた課程は、弁護士、行政官として、あるいは経済界で活動する法律家にとってあまり有益ではないとの批判もある。[19] しかし、そのための改革は、従来のところ（西）ドイツでも成果をあげていない。[20]

一九七四年から実地された一段階制においても、当初は、多くの選択科目の導入によって、重点教育が可能になるものと期待された。[21] また、一九八一年の裁判官法の改正にあたっては、法曹一元教育が維持されたものの、実務研修にあたっては、研修期間の最後の六カ月に、重点研修が可能となる方法が採られた。[22]

同様の観点は、今日も基本的には失われてはいない。ドイツ学術審議会（Wissenschaftsrat）は、旧東ドイツの大学の再建に関連して大学の教育課程の改革にふれ、選択科目によって、経済法、ヨーロッパ法または公法に重点をおくとの方法を示唆している。しかし、この重点制は、通常の科目に余分の科目を増やすことによって、つまり修業年限の増加を招くような負担の拡大によってなされるべきではなく、むしろ選択科目を含む履修表が縮小され、重点をおくことが課程に特色を与えるようなものでなければならない、という。[23] このほかにも、伝統的な法曹一元教育を放棄することなく、専門に応じた高度の知識の獲得を目ざす点で、重点教育の価値が指摘されているのである。[24] これをうけて、一九九二年改正法では、必修科目の減少など素材の縮小が計られたが、ヨーロッパ法が加えられ、唯一科目の加重が行われた。[25]

（1）　BGBl. I, 1992, S. 1926. なお、改正法の詳細については、現在まだ過渡期であることもあり、一九九二年一一月二〇日の改正の前（前述第二篇二章参照）と対比させて、第四篇でまとめて後述する（vgl. Kröpil, Das Gesetz zur Verkürzung der Juristenausbildung, NJW 1993, S. 365)。ラント法に別段の定めがないかぎり、改正法施行時から一年後まで、学生も修習生も従来の規定にしたがって採用されるのである（Art. 2. S. 1, vgl. S. 2)。

（2） Vgl. Richtlinie des Rates vom 21. 12. 1988 über eine allgemeine Regelung zur Anerkennung von Hochschuldiplomen (Abl. EG Nr. L 19-1989, S. 16). なお、ECの弁護士統合については、アイステン（須網隆夫訳）・ヨーロッパ弁護士とは？　国際商事法務二〇巻九号（一九九二年）。

〔その後のものでは、vgl. Fisch-Thomsen, Die Vereinheitlichung der europäischen Anwaltsstandesregeln durch den CCBE, Recht in Österreich und Europa, Fest f. Hempel zum 60. G., 1997, S. 186; Terry, Lawyers around the world: Understanding our commonalities and respecting our differences, Recht in Österreich und Europa, Fest f. Hempel zum 60. G., 1997, S. 286.〕

（3） ECとの関係では、EC法がかねてからドイツの法学部でも教えられてきたことも指摘されるが、それは、選択科目の一部にすぎず、それを選択する学生も少数であったので、ECの法曹（Euro-Juristen）を養成するにたりるものではなかったのである（Steiger, Deutsche Juristenausbildung und das Jahr 1992, ZRP 1989, S. 284)。また、ECの法曹は、EC法だけではなく、他のEC構成国の各国法にも詳しくなければならないのである。

（4） 58. DJT, E, S. 24; Köbler, a.a.O., JR 1991, S. 48. 一九九〇年のドイツ法曹大会の決議（九）は、この待機期間をなくすべきことを求めている。

（5） 前述第二篇二章一節(2)参照。すなわち、前述のように、法律家として完成するまでに、兵役を考慮すると、二八歳から三〇歳になってしまうのである。

もっとも、Müller, Die deutsche Juristenausbildung und Europa, DRiZ 1990, 98. は、少なくともフランスとの比較では、養成期間そのものはあまり問題にならないとする。問題は、大学入学資格試験（Abitur）の年齢が遅いことであるという。

（6） Martinek, Keine Angst vor Europa! – Plädoyer für eine Ausbildungsreform mit Augenmaß –, JZ 1990, 796, S. 797. 市場統合との関係では、さらに、Koch, Die Juristenausbildung braucht neue Wege, ZRP 1989, S.

281; Steiger, Deutsche Juristenausbildung und das Jahr 1992, ZRP 1989, S. 283.

(7) 58. DJT, E, S. 25. なお、長期間をついやしたあとでは、法律学が自分に適さないと判明した場合の転身の可能性も失ってしまうのである。

(8) 58. DJT, E, S. 24.

他方、大学教育の内容では、一九六九年以来、選択科目の設定によって、法制史、法哲学、社会学、経済学は、試験の基礎科目でもなく、影のような存在（Schattendasein）となったのである（Müller, a.a.O., DRiZ 1990, S. 99)。総合的教育が失われ、ドイツ語の正書法や文法のおかしな場合さえもが、国家試験のなかでもまれではなくなったという。

(9) 58. DJT, E, S. 24.

(10) 一九六一年の裁判官法五条の三年半という期間は、裁判所構成法の旧二条をうけついだものである。最少期間であって、また最大期間の制限は削除された。

(11) もっとも、修習生は、その選択した機関でさらに六カ月間研修することができ、これが広く行われた。短縮は、事実上は、半年にすぎなかった（Müller, a.a.O., DRiZ 1990, S. 82)。

(12) Koch, a.a.O., ZRP 1989, S. 282.

(13) 58. DJT, E, S. 25.

(14) 48. DJT (48. DJT Bd. II 1970, P, S. 314). なお、Leo, Einheitsjurist und Zweistufigkeit, JR 1991, S. 53; Müller, a.a.O., DRiZ 1990, S. 82ff.

(15) Vgl. Leo, a.a.O., JR 1991, S. 57, S. 58.

(16) Leo, a.a.O., S. 57; Müller, a.a.O., DRiZ 1990, S. 83. なお、これを採用したのは、Baden-Württemberg, Bayern, Bremen, Hamburg, Niedersachsen, Nordrhein-Westfalen, Rheinland-Pfalzの七州である。Berlin, Hessen, Saarland, Schleswig-Holsteinの四州は、採用しなかった。

(17) 58. DJT, E, S. 19-20; vgl. Müller, a.a.O., DRiZ 1990, S. 83, 99. 後者は、一段階制は、マスプロ教育の

<table>
<tr><td colspan="2">法改正の年</td><td>1961</td><td>1965</td><td>1971</td><td>1980</td><td>1984</td><td>1992</td></tr>
<tr><td rowspan="2">2段階制</td><td>大　学</td><td colspan="4">3年半（最短期間）
（実質5年から6年）</td><td colspan="2">3年半(標準期間)、最短期間は2年（実質6年）</td></tr>
<tr><td>実務研修</td><td>3年半</td><td>2年半</td><td>2年</td><td colspan="2">2年半</td><td>2年</td></tr>
<tr><td colspan="2">1段階制</td><td colspan="2">---
（なし）</td><td colspan="2">併用　—　併用
5年半</td><td>--------------→
（廃止）</td><td>---</td></tr>
</table>

もとで、かつ規範的・体系的な科目の履修なしにしても、二段階制にまさる点を発揮できるものではないとする。

　なお、この二段階制と一段階制との評価をめぐっては、前者が保守的なものだとみる政治的対立もあったといわれる。一九八二年当時の、ＳＰＤ（社会民主党）・ＦＤＰ（自由民主党）政権は、一段階制を維持する裁判官法案を準備したが、連邦参議院で否決されたのである。法学部の学部長会議でも政府案は支持されなかったという。ついで、ＣＤＵ／ＣＳＵ（キリスト教民主同盟／社会同盟）・ＦＤＰへの政権交代によって、まったく二段階制に戻ることになったのである（Müller, a. a. O., DRiZ 1990, S. 84)。

　これらの改革の過程を簡単に整理すると、上表のようになる。

(18)　Jus-Studienführer, a.a.O., S. 164.

(19)　②四〇～四一頁。また、一九八〇年代末には、ドイツ弁護士会（Deutsche Anwaltverein）も法曹一元教育に疑問を出したという（DRiZ 1989, S. 314）。この指摘は、ほかにも多数みられる（Steiger, a.a.O., ZRP 1989, S. 285）。

(20)　②四〇～四一頁。これは、もっぱら従来の西ドイツの法学教育の目的を問うものである。法学部の卒業生のわずかの部分だけが司法実務に進むにすぎないということは、わがくにではいっそういちじるしく、共通する問題であろう。

(21)　Richter, a.a.O., Bd.1 F, S. 121f. Schmale Schwerpunktausbildungという。

(22)　Koch, a.a.O., ZRP 1989, S. 282. これは、法曹一元教育と重点教育の妥協の産物だという。

(23)　②四一頁。西ドイツの教育の課題が、期間の短縮と専門に応じた特殊化であることは、ほかにも指摘される（Dörig, a.a.O., S. 218)。ちなみに、これは、旧東ドイツの大学が、期間は四年で、卒業後は各法曹ごとに養成がなされていたのと、対照的であった(前稿三～四頁)。〔本書第一部一篇所収〕

(24) Vgl. Müller, a.a.O., DRiZ 1990, S. 101. ほか。また、とくに重点教育あるいは専門的教育については、JuS-Studienführer, a.a.O., S. 1f. なお、前注(13)参照。

(25) 一九九二年改正法による修正点も、おもに、期間の短縮、試験対象の縮減、重点教育の三点に係わっている。詳細は後述する(第一部四篇参照)。

第二章　外国との比較

第一節　外国の法曹養成

ECの市場統合との関連で、修業期間の短縮を中心とする制度改革の必要性が指摘されていることから、他のECの主要諸国とも簡単に比較しておくことが必要であろう。ここでは、フランス、イタリア、イギリスをとりあげる。[1] また、市場開放がしばしば問題となるアメリカとの比較も必要であろう。[2]

第二節　フランス

(1)　フランスの制度は、西欧の伝統的な大学制度にもっと忠実なものである。ここでは、大学入学資格試験(baccalauréat)を取得して、まず、①二年間の第一課程(1. cycle)に入り、試験によってその卒業資格 D.E.U.G. (Diplôme d'Études Universitaires Générales)を取得する。[3] これは法律以外の科目をも含む基礎課程であり、一年次で三分の二が脱落するきびしい課程である。ついで、②選択科目によって特殊化された第二課程(2. cycle)

がある。三年の終わりにかつては学士（licence）を、一九七七年の改革時からは、四年目で修士（maîtrise）を取得することができることになった。後者は、ドイツの第一次国家試験に相当する。[4] したがって、時間的には、ここに到達するには四年でたりるが、この数は、入学者の一〇～二〇％にすぎないといわれる。[5]

(2)　ここで就職する者もいるが、法曹専門家となるには、③第三課程（3. cycle）に進むことになる。第三課程は、一元的にではなく、専門によって異なった養成がなされている点に特徴がある。

(ア)　一年間の卒業論文（mémoire）の作成によって、D.E.A.（Diplôme d'Étude Approfondies）を取得することができ、とくに優秀な者は、博士課程（doctorat）に進み、二年から四年かかって、論文（thèse）をかき、これと口頭試験によって、concours d'agrégationとよばれる大学教授資格を取得することができる。[6]

(イ)　D.E.A.の代わりに、同じく大学の一年の課程で、D.E.S.S.（Diplôme d'Études Supérieures Spécialisée）といわれるものがある。これは、市町村、税務のための人材、公証人、経済・企業関係者の養成を目的とするものであり、これに優秀な成績をおさめれば就職に有利だという。[7]

(ウ)　弁護士の養成は、C.F.P.A.（Centres de Formation Professionelle d'Avocat）によるが、ここに入るには、大学の卒業資格であるmaîtriseのほかに、採用試験に合格することが必要である。ここで一年かけて、弁護士能力資格者（certificat d'aptitude à la profession d'avocat）になることができ、弁護士会（Anwaltskammer）に登録すると、弁護士見習い（avocat-stagiaire）になる。さらに、二年の研修によって、弁護士資格者（certificat de fin de stage）を取得すると、独立した弁護士になれるのである。[8]

(エ)　公証人の養成では、公証人のもとでの三年の実務研修が必要である。これは、大学のD.E.S.S.を取得した場合には、二年に短縮できる。[9]

(オ)　裁判官と検察官になるためには、研修所E.N.M.（École nationale de la magistrature）に入ることが必要である。試験があり、この試験のために、I.E.J.（Institut d'études judiciaires）で、一年準備しなければならない。採用されると、試補（auditeurs de justice）になって、E.N.M.（École nationale de la magistrature）で二年研修し、最後の試験（classement）をうけるのである。[10]

(カ) 行政官は、D.E.S.S.を取得するか、高等行政官のためには、行政大学E.N.A.（École nationale d'administration）による道がある。[11]

第三節　イタリア

(1) イタリアの法曹養成システムは、基本的にはフランス式であり、大学（四年）を出ることが、裁判官、検察官、行政官、公証人、弁護士など法曹になるための入口である。[12] 大学の基本科目として、司法省の定めた必修の一八科目と二二の選択科目から三つを選択し、合格しなければならない。これは口頭試験によってなされ、さらに、書面試験(tesi)に合格しなければならない。これにうかると、学士(laurea)の資格をえて、修習生(practicante)の地位を取得することができる。これは、ドイツのReferedarに相当する。[13]

(2) そのあとの養成課程は、法曹の種類によって異なる。

(ア) laureaが職業的試験の受験資格となる。裁判官と行政職には採用試験があり、この試験を受験するには二年間の準備が必要である。ドイツの実務研修に相当するものはないが、この試験が、ドイツの第二次国家試験に相当する。[14]

(イ) 弁護士になるには、二年の実務（tirocinio）によって、試補（procurator）の試験をうけることができる。そして、procuratorになると、区裁判所、州裁判所で活動することができる。[15] さらに、六年の活動で、弁護士(avvocato)の地位をえて、最高裁でも活動できるようになるのである。

結局、裁判官、弁護士、行政のための養成期間は、ほぼ七～八年となる。企業に入るには、laureaを取得すればたりるので、計算上は四年で可能である。しかし、この間に取得するのは、入学者の五%にすぎず、勉学期間は一般に長期化（五～六年）する傾向にある。[16] 公証人の養成は、八～九年にいたり、もっとも長い期間が必要である。

第四節　イギリス

(1)　イギリスの法曹養成システムは、大陸のそれとは異なる。一九世紀にいたるまで、裁判所の判例によって発展したコモンローは、実務によって教えられ伝えられたのである。

法曹の教育として大学の機能が増大したのは、ようやく二〇世紀になってからであった。[17] また、伝統的な法曹の養成は、おもに弁護士（barrister, solicitor）のためのものであった。そして、バリスターの養成は、法曹学院(Inns of Court- the Inner Temple, the Middle Temple, Lincoln's Inn, Grey's Inn）に、今日ではそれによって構成される法学教育評議会(Council of Legal Education)により、ソリスターの養成は、事務弁護士協会(Law Society)によるのである。これらは、ともに職能的組織である。その学問化が、近時の養成課程の課題である。[18]

(2)　大学での法学の教育課程（academic stage）は、三年である。バリスターは、大学を卒業することを要する。しかし、これは、法律を対象とした課程である必要はない。ソリスターには、この要件はない。しかし、まず一年の法律のコースを卒業し、コモンローの専門試験ＣＰＥをとらなければならない。これは、憲法、契約法、不法行為法、財産法、信託法、刑法の六つの中心科目で試験をとおれば大学の課程で代替することができる。

大学の入学には、入学資格試験と場合によっては付加的な試験が必要なので、学生数は比較的少なく、したがって、中途挫折者は少ない。毎年学期の終わりには、書面による試験がある。再度の受験はかなり制限されている。三年後、合格者には法学士（Bachelor of Law＝LL. B.）の資格が与えられる。ここで、卒業生は、民間会社にいくか、行政職につくか、弁護士になるかの選択をすることになる。[19]

(3)　弁護士になるには、さらに一年間理論を中心とする課程をへて、試験をうけなければならない(vocational

stage)。

そのうち、バリスターになる者には、法曹学院（Inns' School of Law）での養成が行われる。その中心は、訴訟法と訴訟実務であり、最終試験がある。また、見習い(pupillage)として、一年間バリスターの資格者のところで実務を研修しなければならない。一九八六年から、活動を始めたばかりの若いバリスターには、Inns' School of Lawの行う補助教育が、とり入れられた[20]。

また、ソリスターになるには、法律専門学校（Colleges of Law）での職業的コースには入らなければならない。中心は、土地法、賃貸借法、家族法、相続法、会社法、租税法および実務的な熟練であり、試験がある。また、三〇カ月、見習い書記（articled clerk）として、ソリスターの事務所、下級裁判所（magistrates' court）または国の法律補助センター（law center）で研修しなければならない。この間、articled clerkは、Law Societyの監督下で、異なった領域の研修をするのである。一九八五年以来、活動を開始してから三年内のソリスターには、Law Societyの行う補助教育がとり入れられた[21]。

(4)　現在、バリスターになるには、大学での三年と専門教育一年、実務一年の合計五年、ソリスターになるには三年と専門教育一年プラス実務二年半の合計六年半が必要である。なお、バリスターとソリスターの区別の廃止は、養成課程にも影響を与えている[22]。

〔二　一九世紀の半ばには、イギリスでも、ドイツの制度に習った法学教育の改革が提言されたことがあったが、実現にはいたらなかった。改革が行われたのは、ようやく二〇世紀に入ってからであった。しかし、問題が指摘されたのは古く、一八四六年イギリス下院は、法曹教育に関する委員会を設置し、聴聞を行い、三カ月のちには、報告書が作成された。イギリスの養成制度の職人芸的な現状を批判し、体系的勉学方法が確立しておらず、そのための基本的な文献すらも整備されていないとする。これは、途中でイギリスからドイツに留学先を変更した穂積陳重の視点とも共通するもので、興味深い。穂積の思想については、穂積重行「穂積陳重とドイツ法学」法協八四巻五号六五五頁以下参照。また、彼がドイツに転学するさいに出した願書は著名であるが、同法協六八〇頁にも掲載されている。イギリスの大学（オックスフォード、ケンブリッジ、ロンドン）と法曹学院、ドイツの大学（ベルリン、シュトラスブルク）の教師数・授業時間の比較がある。

イギリスの法改革のために、重要な陳述を行ったのは、ダブリンのトリニティ・カレッジの卒業生であるモリアーティであり、ハイデルベルク、ボン、ベルリンでの自分の勉学と教育をもとにしたものであった。そこでは、ドイツの大学のシステムの特徴として、①専門教育に入る前の準備期間が高度なこと、②教授の数が多いこと、③講義への出席と試験の強制をあげている。①の関係では、大学入学前のギムナジウム教育が高度なこと、大学入学試験（Abitur）が課せられており、内容も、イギリスの大学の第二学年の試験と同等としている。②は、穂積陳重が指摘したところである。③は、大学の法律のコースの体系性にふれるものであり、また、司法研修にもふれている。各種の試験による段階づけが、勉学への動機づけになっていることを指摘した。

一八四六年の委員会は、改革を行うことがなく、ドイツの法学教育のレベルの高いことを指摘するにとどまった。しかし、ロンドンのInns of Courtは、実効的な教育をするための調査委員会を設置した。その報告書も、ドイツに注目したものであった（Report of the Commissioners on arrangements in the Inns of Court for promoting law study, House of Commons Proceedings 1854-55, xviii, 345）。一八五四年に、Inns of Courtは、最終報告書を提出したが（Greenwood Report by Thomas Greenwood of Gray's Inn）、これも、ハイデルベルク、ベルリン、テュービンゲン、ボンなどのドイツの大学への視察とハイデルベルク大学のMittermaier, Vangerow, Wahloff、ベルリン大学のGneist、テュービンゲン大学のWarnkönigへの質疑の結果にもとづくものであった。

このうち、グナイストは、イギリス法への親近性を示したが（彼はのちにベルリン大学へのイギリス憲法講座の設置に尽力した）、イギリスの法学教育における階級性・閉鎖性に疑問を提示したといわれる。また、ミッターマイールは、ローマ法の専門性を警告し、ドイツの法曹教育が必ずしも実務的でないことを指摘したという。しかし、大方は、法的思考とリーガルマインドの形成（legal thinking and legal mind）に、ローマ法の価値を強調したが、これはイギリス法の伝統にそぐわないものであった。その結果、イギリスの改革者は、イギリス法を特殊なものとみることにより、他国の制度を採用しなかったのである。Stein, Legal education in Mid-nineteenth century Germany through English eyes, Quaestiones Iuris [Festschrift für J.G. Wolf zum 70. Geburtstag], 1999, p. 233.

なお、これとの比較において、穂積陳重がローマ法研究、パンデクテン法学の重要性を強調したとの指摘（穂積重行・前掲論文六七三頁）は、興味深い。穂積陳重のドイツへの転学の動機が「転学の願書」にある五つの理由（ドイツは比較法理に詳しい、イギリスはそうではない、イギリスの法学教育の不備、法律は実施するところで学ぶ、私法の改革）よりも明確になるからである。

なお、一九世紀に、アメリカから、多数の者がドイツの大学に留学したことについては、潮木守一・アメリカの大学〔一九九三年〕一五頁以下に詳しい。〕

第五節　アメリカ

(1)　アメリカの法曹教育は比較的単純であり、その特徴は、ロースクールである。ロースクールに入るには、四年の大学の課程を終了したことが要件であるが、大学での専攻は法律である必要はない。ロースクールの数は多く、どこに入るかはかなり重要である。その質にはかなり差があり、どこを出たかで、のちの職業的チャンスにも差が生じる。(23) ロースクールの監督は、国ではなく、職業的団体によっている。ロースクールにとって、アメリカ法律家協会（American Bar Association）あるいはアメリカ・ロースクール協会（Association of American Law Schools）に加入することは、きわめて重要である。(24)

アメリカの法曹教育は、Lawyerの養成を目的とする。その中心は弁護士であるが、その資格は政治あるいは行政の職につくにも有益なものであるから、法曹教育は、いわば一元的なものを基礎においているのである。[25]

(2)　ロースクールの三年の課程のうち、その一年目には、憲法、契約法、不法行為法、財産法、刑法、民事訴訟法などの必修科目がおかれる。法史学、比較法、法理論などの基礎科目は、選択的な必修の科目としておかれる。ほかの科目は、選択科目である。選択科目の授業は、裁判官、弁護士、行政法律家などの実務家によってなされることが多い。[26]

実務研修に相当するものはない。ロースクールの課程の間に、若い弁護士による司法補助（legal aid clinic）や模擬裁判（moot court）に参加する程度である。あるいは弁護士事務所でのアルバイトなどである。優秀な卒業生には、一年か二年、裁判官の補助者（law clerk）となる可能性もある。したがって、本格的な実務教育は、就職後にされる。司法試験に相当する州の試験（Bar Examination）すらも、卒業後に合格することが一般である。

著名なロースクールは、さらに一年の課程をもうけ、法学修士（Master of Law = LL. M）を与えている。これは、とくに外国の法律家に利用されている。[27]法学博士（Doctor of Juridical Science = S. J. D）もあるが、大学の教師にとっても必ずしも必要なものではない（ロースクールにより異なるが、これは、一般のJ. D. または、Ph. Dとは異なり、英語をネイティブとしない者が対象である）。

(3)　弁護士の資格獲得には、州の試験（Bar Examination）に合格しなければならず、また州の範囲でだけ有効である。この試験は、養成課程の一部というよりは、大きな法律事務所から、小さな州の弁護士業務を守ることを目的としているにすぎず、法律家の資格獲得にとって、そう大きな意味をもつものではない。[28]遠隔地の州で弁護士資格をえようとする場合に、就職してから別個にその州の試験をうけることもある。

第六節　オーストリア

(1)　オーストリアの法曹教育は、もともと二段階的なものである。しかし、必ずしもドイツと同じではない。

大学ではおもに理論的な教育が目的とされ、従来は、法学博士（Doktor iuris）となることによって終了した。そのあと、実務的な養成が個別になされ、それは、裁判官、弁護士、公証人、行政官の試験によって終了した。したがって、専門による個別化が行われていたのであるが、その間の交流は可能であった。すなわち、弁護士試験に合格すれば裁判官や公証人になれたし、裁判官試験にうかれば公証人にもなれたのである。しかし、裁判官試験や公証人試験では、弁護士にはなれなかった。すなわち、弁護士としての養成が最高の資格であった。なお、弁護士になるには、博士となったあと、弁護士事務所で七年の実務をし試験に合格することが必要であった。[29]

(2)　伝統的な法曹教育は、一九七〇年代から大いに改革された（とくに一九七八～一九八七年）。新たな制度では、大学の教育と、必要な場合にその後行われる博士の教育とが区別された。大学で修士資格がとれることになったフランスの改革とはパラレルなものである。また、新たに統一的な法曹概念として、"Jurist"が用いられ、大学の教育は、職業的教育の前段階と位置づけられた。

大学教育は八学期であり、二段階に分けられた。すなわち、最初の二学期とあとの六学期とである。ともに試験によって終了する（第一次、第二次卒業試験）。最初の二学期では、法律学の入門、方法、ローマ法、オーストリア法の歴史、ヨーロッパの法発展の基礎、国民経済学、政治学などがなされる。試験は口述でなされる。[30]

第二の段階では、法律学のほかに社会学、経済学がなされる。試験は、口述と筆記である。さらに、卒業論文（Diplomarbeit）を作成しなければならない。これは、早ければ、第二段階の四学期の終わりに出すことができる（三年目の終わり）。そして、試験に合格した者は、法学士（Magister iuris）の資格をえるのである。[31]

(3)　検察官は、裁判官の中から任命されるから、この両者の養成課程は基本的に同一である。大学の法律の試験に合格した者は、修習生（Rechtspraktikant）となって、区裁判所（Bezirksgericht）での見習い＝実務研修（Ausbildungsdienst）をすることができる。Rechtspraktikantは、第一審の州裁判所においても、また、二年目からは検察においても研修が可能である。裁判官試験には、三年の実務研修が必要である。[32]

法学士または法学博士の資格をもつ者だけが、弁護士養成に入ることができる。弁護士の実務的研修期間は、今日でも七年である。しかし、これは弁護士だけの研修ではなく、法曹としての活動すべてを含むのである。すなわち、国内の裁判所での少なくとも九カ月の研修と、国内の弁護士事務所での少なくとも五年の研修が必要である。その他の期間は、公証人、行政機関、大学、公認会計士または税理士のもとでも研修できる。博士の資格取得者の場合には、期間は六年、そのうち四年が弁護士のもとでの研修でたりる。[33]

弁護士試験は、高裁の弁護士試験委員会の評議員によってされる。高裁の所長または副所長が、議長となり、ほかの試験官には、裁判官と弁護士が二人ずつなるのである。試験は、二回にわかれ、第一次試験は、二年九カ月の実務研修後（九カ月の裁判所研修と少なくとも一年半の弁護士研修を含む）でなければできない。第二次試験も、一次試験に合格し、その後少なくとも一年半の研修（少なくとも一年の弁護士研修を含む）をしなければ受験できない。双方とも、口述試験と筆記試験である。一次試験は一回だけ、二次試験は二回くりかえすことができる。[34]

(4)　公証人の実務研修も、七年である。内容および試験は、弁護士試験に準じる。詳細については省略する。[35]

裁判官、弁護士、公証人試験は、相互に互換可能である。その場合に、受験者は、必要な口述の補充試験（Ergänzungsprüfung）をうけるのである。受験するべき内容は、受験者の資格によって異なる。[36]

第七節　旧東ドイツ

なお、厳密には外国というわけではないが、かつての東ドイツの状況も比較に値いするものである。すでに、一九九〇年一〇月三日の東西ドイツの統一後には過去のものとなったが、ドイツの制度をよりよく理解するための一助となろう。

旧東ドイツの大学での教育の課程は四年で、全員が卒業することが前提とされていた。学生は、卒業試験と卒業論文の作成、それに対する口述試験に合格することによって卒業でき、法曹としての資格を取得した。また、卒業後は、裁判官、検察官、弁護士によって異なる養成が行われていた。したがって、(西)ドイツの法曹一元教育よりも、形態としては、改革前のオーストリア、フランスやイタリアの教育に近く、大学と職能による養成によるのである[37]。

(1)　なお、以下の比較の部分(第二節〜七節)は、おもに、58. DJT, E, S. 39-58; Martinek, a.a.O., JZ 1990, S. 796; Müller, a.a.O., DRiZ 1990, S. 81. によっている。58. DJT, E, S. 39-58. には、ほかにスペインも対象にあげられているが、本稿では省略した。また、本稿に必要な範囲でふれるだけで、それぞれの国についての包括的な紹介を意図したものではないから、ごく概略を示すにとどまっている。

(2)　前述のように、以下では、包括的な検討をすることは意図していない。たんに、ドイツとの比較で必要な範囲、おもに修業年限と形態に対象を限定する。なお、おもにドイツの文献を参考にしたことから、ドイツの養成過程が長いとの悲観的な観点が多少反映されている。また、ヨーロッパの市場統合の観点から、Müller, a.a.O., DRiZ 1990, S. 81; Martinek, a.a.O., JZ 1990, S. 796.

〔法曹、ひいては官吏の養成との関係では、その選抜方法の基本的相違の伝統も注目される必要がある。伝統的な官僚の選抜の方法は、三つに大別することができる。

第一は、いうまでもなく、試験であり、古くは中国の科挙にみられる。しかし、これは、中央集権と官僚制の発達が比較的遅い日本やヨーロッパでは、遅くまでみられなかった。また、一九世紀以降の試験制度も多様であるが、たち入りえない。

第二は、世襲であり、多くの前近代的な制度のもとで、世界的に広くみられる。ただし、まったく能力と無関係とすることの問題から、これを緩和した形もある。平安時代の蔭位(おんい)がそれである。完全に世襲とすることを避け、血統により有利に、出発点を高めに設定するものである。この場合には、血統の中では選別ができ(たらい回しではあるが)、かつ血統の中での世襲が可能となる。このようなものとしては、平安時代のものが著名であるが、考え方としては、江戸時代の幕府の重職の任命方法にもみられ、類似のものは諸外国にもみられる(研究者の就職の仕方にも影響を与えているようにみえる。もっとも、日本だけではなく、フランスの研究者の就職もこれに近い。あるいは影響関係は逆かもしれない）。

第三は、売官制である。アンシャンレジームのフランスのそれが著名であるが、それに限られず、ヨーロッパでは広くみられる。ルネサンス期のローマ教皇や枢機卿の職も売買の対象となった。公証人につき、〔専門家〕一九五頁。

なお、（とくにプロフェッショナルを必要としない場合には）選挙制というものもある。軍人皇帝期のローマ皇帝、神聖ローマ皇帝、ポーランド王位などが、これによって、決定された（古代ギリシア都市の種々の選挙制度も著名であるが、その後は意外に少ない。国の範囲が拡大すると、手間がかかるからであろう）。

もっとも、これらの諸制度は妥協の産物であり、神聖ローマ皇帝位のように、選挙といっても、特定の血統の世襲を前提とする場合（ハプスブルク家）もある。また、選挙といっても、実質的には取引の対象となることも多く、その場合には売官制との折衷ともいえる。また、官吏には売官制や試験があっても、高級職には世襲がとられるなどの組み合わせも一般的である。

フランスの封建制には、日本のそれとかなり似た面が多いが（とくに土地法）、フランスの売官制と日本の世襲の偏重には、かなりの相違がある。しかも、古い時代の影響は、精神的にはかなり大きいようであり、フランスの公証人株の保持は売官制の名残ともいえるし、他方、日本の場合には、法律関連職種には、人事政策の調整としての機能もあり、ある意味では、蔭位的ともいえる（たとえば、かなり早い時期から、裁判官職のエリートコースが分けられ、あるいは、最高裁、裁判所所長、公証人その他へと割り振られる）。ほかに、官僚がごく短期間に部署を移動することにも、江戸時代の権力分割思想が残されている。〕

(3)　58. DJT, E, S. 39. なお、フランスについては、ほかにvgl. Sonnenberger, Die französische Juristenausbildung, JuS 1987, S. 10; Müller, a.a.O., DRiZ 1990, S. 85-98; vgl. Zweigert/Kötz, Einführung in die Rechtsvergleichung auf dem Gebiete des Privatrechts, Bd. 1, 1984, § 9 (S. 139ff.), 後者の翻訳・ツヴァイゲルト＝ケッツ「比較法概論」〔大木雅夫訳・一九七四年〕二一七頁以下をも参照。また、近時の文献として、山口俊夫「フランスにおける法曹養成の実情」ジュリスト一〇二二号九六頁参照。

なお、フランスでは、一九七三年から一九七七年に法学部の改革があり、また裁判官の養成にも一九五八年の改革があった（裁判官中央研修所＝Centre national d'étude judiciaires＝C.N.E.J. の設置に関する。これはのちのE.N.M.にあたる）。本文は、この改革後のスケッチである。

（4）58. DJT, E S. 40; Sonnenberger, a.a.O., S. 10. 一九八五年の改正で、licence, maîtriseのほかに、経済、企業法律家の養成のための三年の課程 magistèreが作られた。なお、大学の入学試験バカロレア資格のない者も、二年の Institut universitaire de technologie（I.U.T.）教育と、試験で、法律基礎資格（capacité en droit）を取得でき、二〇分の一二以上の成績をとれば、通常の学生として登録できることになった（Müller, a.a.O., DRiZ 1990, S. 88）。

（5）58. DJT, E, S. 40. しかし、Müller, a.a.O., DRiZ 1990, S. 88. は、この割合を三〇％という。いずれにせよ卒業率は悪いが、養成の期間の平均はほぼ四年である（vgl. 58. DJT, E, S. 39）。

（6）58. DJT, E, S. 41; Sonnenberger, a.a.O., S. 11.

（7）58. DJT, E, S. 41; Sonnenberger, a.a.O., S. 11. このD.E.S.S.の課程は大学によってかなり異なる。

（8）58. DJT, E, S. 41; Sonnenberger, a.a.O., S. 12.

（9）58. DJT, E, S. 41; Sonnenberger, a.a.O., S. 13.

（10）58. DJT, E, S. 41-42; Sonnenberger, a.a.O., S. 12.

（11）58. DJT, E, S. 42; Sonnenberger, a.a.O., S. 13. 後者は、年一二〇人しか採用しない。なお、ドイツでも、Hochschule für Verwaltungswissenschaften Speyerは、高等行政官を養成しているが、これは、フランスの占領軍によってE.N.A.をモデルに基礎づけられたものである（Müller, DRiZ 1990, S. 101）。

（12）58. DJT, E, S. 43; Sturm, Juristenausbildung in Frankreich und Italien, JR 1969, S. 241; Müller, a.a.O., DRiZ 1990, S. 85. 大学入学資格試験には、バカロレアに相当する diploma di maturità classicaがある。もっとも、一九六九年の改革によって、これは必ずしも要件とされなくなり（前注（4）参照）、その結果、学生数の増大を招いたのである。

(13) 58. DJT, E, S. 44. しかし、一九六九年の制度改革によって、大学における履修上、法律上の必修科目は廃止され、科目選択の自由が広げられた。これが乱用され、学生は楽なものをとる傾向があるので、大学は、最初の二年の履修科目を必修にしている。
(14) 58. DJT, E, S. 44. なお、Roma, Casertaには、行政大学がある。
(15) 58. DJT, E, S. 44–45.
(16) 58. DJT, E, S. 44.
(17) 58. DJT, E, S. 49ff.; vgl. Zweigert/Kötz, a.a.O., 1984, § 17 (S. 238ff.).
ツヴァイゲルト＝ケッツ・前掲三九四頁以下をも参照。とくに日本語訳に関し参照した。
(18) 58. DJT, E, S. 50.
(19) 58. DJT, E, S. 50–51.
(20) 58. DJT, E, S. 51.
(21) 58. DJT, E, S. 51–52.
(22) 58. DJT, E, S. 52.
(23) 58. DJT, E, S. 52–53. 人気の高い大規模ローファームに就職するには、いわゆる有名ロースクールを出ることが必要である。
なお、アメリカのロースクールでは、多額の費用のかかることが特徴である。私立の著名なロースクールでは、年に一万五〇〇〇ドルが授業料だけで必要となる［二〇〇〇年前後では、ほぼ二万ドルに達している］。また、これに入るために、私立のハイスクールに入学するとしたら、より高価になるのである。法律家になるための総費用は、ときに二〇万ドルにもなるという。そして、これが勉学期間の短縮につながってもいるのである。しかし、だからといって、年一～二万ドルもの高額の費用を負担する制度が受容できるわけでもない（Martinek, a.a.O., JZ 1990, S. 804）。

なお、近時のアメリカの状況の紹介として、キャリントン「法曹教育の現状と将来」ジュリスト一〇一三号一一九頁、ヴィエーター（椎橋邦男訳）「アメリカ合衆国の法学教育と裁判制度」山院一七号。

（24）58. DJT, E, S. 54.

（25）58. DJT, E, S. 54.

（26）58. DJT, E, S. 54-55.

（27）58. DJT, E, S. 56. これは国内の者にとっては、法学教師になるときにやや意味があるにとどまる。

（28）58. DJT, E, S. 56. なお、試験は、おもに弁護士によってなされ、個々の州の法律の知識が要求される。その準備のために、予備校が利用されることもある。

なお、58. DJT, E, S. 57. は、アメリカの制度を高く評価し、これは養成期間がとくに長くもなく短くもなく、二四歳で終了することもできるとして、改革の模範たるとコメントしている。

（29）Müller, a.a.O., DRiZ 1990, S. 94f. 一九七八年〜一九七九年のオーストリアの法曹教育の改革については、Frühauf, Neue Juristenausbildung in Österreich, JuS 1978, S. 723; Stadler, Die Neuordnung des Rechtsstudium in Österreich, JZ 1978, S. 433.

（30）Müller, a.a.O., DRiZ 1990, S. 95f. 第一次試験が早いのは、早い段階で法律学への適性を明らかにし、不適格者を排除するためである。

（31）Müller, a.a.O., DRiZ 1990, S. 95. 博士になるには、博士論文（Dissertation）の作成が必要なことになった（改革前の博士には必ずしもその必要はなかった）。

（32）Müller, a.a.O., DRiZ 1990, S. 96. ちなみに、修習生は、初級裁判官の七〇％の手当（Ausbildungsbeitrag）を受領する。

（33）Müller, a.a.O., DRiZ 1990, S. 96-97.

（34）Müller, a.a.O., DRiZ 1990, S. 97. つまり、それぞれ、二回および三回しかうけることはできないのである。

（35）Müller, a.a.O., DRiZ 1990, S. 97-98.

（36）Müller, a.a.O., DRiZ 1990, S. 98.

（37）　前述第二節、第三節、第六節参照。および、vgl. Löwer, Rechtssystem und Juristenausbildung, JR 1991, S. 58. 後者は、一九九〇年一月二六日、西ベルリンのベルリン自由大学と東ベルリンのフンボルト大学によって行われた共同研究である。

第三章　改革の提言

第一節　法曹会議決議

(1)　ドイツの法学教育における問題点の認識には、共通点がみられる。しかし、その改革に対しては、一九九〇年における改革の提言やそれに対する評価においても、必ずしも一致がみられるわけではない。多岐にわたるので、以下では、一九九〇年の法曹会議の決議やそれに対する意見の要点に簡単にふれるにとどめる。その一部は、一九九二年の改正にも採用された。

まず期間の短縮と集中が必要とされた（決議一）。具体的には養成が六年以内に行われるべきこと、そして、大学と実務研修の分離が前提とされるかぎりは、大学では少なくとも四年、実務研修では最高二年とする（同六）。また、理論と実務の厳格な分離は時代遅れであり、早くから実務に着目するようにすること（同一一）。さらに、従来の科目は、実務や多くの法領域に係わる素材につき十分ではない（同三）ことなどが認識された(1)。

法曹の養成に関する法律の規制を減らし、大学による自主的な講義の形成の可能性（Gestaltungsräume）を増大させるべきことは認容されたが（同七、一五、一六）、裁判官法五条の規定を削除しその内容を大学の課程と実務研修に委ねるとの提案は、否定された（同八）。また、第一次国家試験を大学の試験によるとする提案も否定された（同二二、二三）(2)。

大学の養成課程については、基礎的および中心的科目(民法、刑法、公法、訴訟法)を対象とする六学期(三年)の基礎課程(Grundstudium)、これを発展させる一年の深化課程(Vertiefungsstudium)に分けることが決議されている(同一〇～一四、二四a)[3]。そして、それぞれの課程は試験によって区分されることとされた(同二四)。

実務研修については、法曹一元の制度を維持することが強調された(同五、一七a)。しかし、いろいろな法律職にそくした重点教育が必要とされている(同一七b)。試験内容を司法のみを念頭において定めるのでなく、他の職業にも関連づけることが必要とされる(同二五)。実務研修の期間については意見が分かれているが、ほぼ二年をこえないとするものが多かった(同一七c、一八)[4]。

(2) しかし、これに対する批判も、それぞれの分野についてみられる。そのすべてにたち入ることはできないが、まず、基礎課程の分離やそれに対する試験をして課程を区切ることが可能なのかが問題とされる。深化・発展課程への試験(提案では口述試験)があることから、受験者は、結局、すべての基礎科目の準備をしなければならず、二段階の区分は意味がなくなり、基礎課程の履修を短縮することにも、つながらないという[5]。

また、問題は、選択に重点をおいた専門の深化教育(Wahlschwerpunkt-Vertiefungsstudiums)そのものについてもある。特殊化は、職業的選択としては早すぎ、これを強いれば将来の発展を阻害する可能性もあるという。さらに、試験対象の制限(同一九)にも問題がある。養成の期間に関する時間的限定のもとでは、「重要なもの」への制限があるとしても、その方法は必ずしも一義的ではなく、それが問題とされる。たとえば、試験対象の制限は、必修科目のなかでも考える必要がある。また、科目の制限は選択科目の自由化と矛盾しない方法、とくに国家試験からはずすことまで含むものでなければならない。むしろ、教育時間の強制的な短縮が、より効果的であるという(同二一)[6]。

期間の短縮のさいに留意されるべきこととして、さらに、大学の試験に節目をつけることがある(同二〇。なお一〇)。オーストリアの例にあるように、できるだけ早く選抜試験をするか、あるいはフランスの例にあるよう

に、二段階試験を大学のなかでもするのである。(7)

この場合には、あわせて大学の第二次試験によって、現在の第一次国家試験を代えることも主張される。(8) しかし、後者は否定された（同二二参照）。

(3) 二年半の実務研修の期間についても、必ずしも一致して短縮が主張されるわけではない。(9) かつて行われた二年間への短縮は、養成の期間として不十分なものであったともいわれる。重点教育のためには、むしろ三年への拡大さえも主張される。この場合には、最初の一年半または二年で、民事裁判所、刑事裁判所または検察、行政官庁、弁護士、公証人および経済企業での研修がなされ、あとの一年で、刑事、権利の保護、行政、労働と経済、国際関係といった重点教育がされるように段階づけられる。(10)

第二節　反対意見

(1) これらの個別的見解の相違に加えて、より根本的な反対意見もある。たとえば、法曹養成の期間は、必ずしも長くないとの意見である。一八歳で大学の課程に入れば、二八歳で完成するから、必ずしも高齢とはいえないし、課程に入るのが遅いとか、兵役があるとかは、養成課程じたいの問題ではないというのである。(11)

また、急激な改革の全体を批判する見解もある。すなわち、これは養成の内容、目的について過激な変更を要求しすぎるものであり、また、ドイツの法学教育に社会学化とアメリカ化（Soziologisierung und Amerikanisierung)をもたらし、期間の短縮と内容の強化がたんにシステムの不健全性や内容の浅薄化をもたらす危険が大きいというのである。(12) 後者の判断は、ドイツの養成課程が比較的長期であることは認めながらも、全体として内容的にそう劣るものではないとの評価の相違によるものである。(13)

(2) 逆に、やや小さな局面に関するが、ヨーロッパの統合を考えれば、将来の法律家は、英語またはフランス語あるいはその双方を中心として、ＥＣ内の外国語を少なくとも一つは、できるようにしなければならず、これ

は試験にもとり入れる必要があるとの意見がある。(14)

また、法律家としての養成は、資格試験によって終了するのでなく、諸外国に例のあるように、少なくとも資格をえたあと最初の一年は、継続教育（eine fortgesetzte Ausbildung）によって補充される必要性も指摘される。(15)

(3) これらの反対意見からすると、法曹養成の期間の短縮は、必ずしも必然的ではなく、むしろその内容の充実が焦点となろう。(16)

第三節　法曹教育の理念

(1) 法曹教育の理念について、それが法律家の養成を目的とするか官僚や経済人をも対象とするかについても、必ずしも見解の一致はみられない。

特殊化した職業に対する重点教育の重要性が強調されるが、同時に法曹一元教育の維持がなお広く支持されている。(17)これは、法律学が広い職業分野において基礎的性格をもつことによるのであるが、同時に、民法、刑法、公法、手続法などの基礎科目に限っていえることでもあるから、(18)職業分野ごとの重点教育と矛盾するものではない。なお、ヨーロッパの市場統合も、法曹一元教育に反対するものではないと指摘される。(19)

また、一元教育の延長として、伝統的な二段階養成制度の維持も支持されているが、この両者の結びつきは必ずしも明確ではないように思われる。(20)

(2) したがって、ECの市場統合を契機としても、法律家養成の制度においてそう根本的な改革が、躊躇なく進められるわけでもない。

なお、現実の問題で、ECや国際機関での地位獲得の競争とならんで重大なのは、弁護士資格の取得の問題であろう。ここでは、残された問題として、外国人弁護士の問題がある。弁護士資格の取得についても、たんに養成期間の問題からすると、ドイツの法学教育の長期性という点が重荷になろうかと思われるが、諸外国との比較からすると、必ずしもそれほど重大な要素となるようにはみえない[21]。

（1） 58. DJT, O, S. 257f.; E, S. 111-112; vgl. NJW 1990, S. 2997. 同様のことは、ほかにも、たとえば、Köbler, a.a.O., JR 1991, S. 48. また、法曹の養成にヨーロッパ的、国際的視野をもとめる（決議四）。

（2） 58. DJT, O, S. 257ff.; E, S. 111f.; Koch, a.a.O., ZRP 1989, S. 283. この提案は、従来の改革論議が、法による規定の改革を目ざしていたのが問題とし、自己責任の前提としてより自由を与え、そのなかに活力の源があるとするのである。改革一般のありかたとして、ほかにも、たとえば、Köbler, a.a.O., JR 1991, S. 48. は、イギリス、フランスの弁護士団体による養成に言及し、ドイツの弁護士は法曹教育に協力することが従来少なかったと指摘する。なお、連邦法による統一的規定の制定には、大学の自治（基本法五条三項）との関係での問題もある（Köbler, a.a.O., JR 1991, S. 52）。

（3） 58. DJT, F, S. 141f.; vgl. ib., E, S. 111f.

（4） 58. DJT, F, S. 141f.; vgl. ib., E, S. 111f.

（5） Köbler, a.a.O., JR 1991, S. 50f.

（6） Köbler, a.a.O., JR 1991, S. 50-51. 現在の国家試験の受験回数の制限と同じく、受験までの期間を制限するものである。

（7） Müller, DRiZ 1990, S. 101.

（8） Müller, DRiZ 1990, S. 102. すでにオーストリアの例がある（前述二章六節）。そして、これは採用者の縮小を目的とするものではないから、フランスのように、卒業試験をしたうえに、さらに選抜試験をする必要はない。

（9） Müller, DRiZ 1990, S. 102. もちろん、短縮するべしとの反対意見はある（Steiger, a.a.O., ZRP 1989, 287）。

（10） Müller, DRiZ 1990, S. 102.

（11） Martinek, JZ 1990, S. 797.

（12） Martinek, a.a.O., JZ 1990, S. 805. これに関して、短縮化すれば、必然的にその間につめこまれるものは減少する、との当然の指摘もある（Steiger, ZRP 1989, S. 285f.）。

（13） Martinek, a.a.O., JZ 1990, S. 805. ドイツの法曹教育は文化的成果であり、軽率に失われてはならないとする。このような意見は、法典論争を彷彿させるものである。後述第四篇のように、一九九二年の改正は、前者（第一節）の意見に近い。

（14） Müller, DRiZ 1990, S. 102; Koch, a.a.O., ZRP 1989, S. 284. しかも、口述試験が必要という。法律以外の科目、情報、データ保護なども必要性が指摘される。

（15） Müller, DRiZ 1990, S. 102.

（16） 期間の短縮は、試験科目の減少と結びつかなければ実効性がないからである(同一九)。なお、このほか、やや異なった観点から、大学入学資格試験（Abitur）を問題とする意見もみられる。学生の大量化に問題の一端があり、この試験が、学生の、信頼すべき質の証明にならず、また選抜機能をもたないから、大量の入学者を招いているというのである。また、国家予算の制約から、大学や実務研修もこれ以上拡大しえないというのである（Müller, a.a.O., DRiZ 1990, S. 99）。

また、よい教育は、金がかかるともいう（Müller, a.a.O., DRiZ 1990, S. 100）。なお、大学入学資格試験が高校の卒業試験でもあり、統一試験であるというのは、ヨーロッパでは、ドイツだけの形態ではなく（アビトゥーア、Abitur）、フランスのバカロレア（baccalauréat）、イギリスのＧＣＥ（General Certificate of Education）に共通している。

（17） NJW 1990, S. 2990; vgl. 58. DJT, E, S. 111f. また、前述第一章四節参照。

（18） Köbler, a.a.O., S. 52.

（19） Köbler, a.a.O., S. 52; Müller, DRiZ 1990, S. 100; Koch, a.a.O., ZRP 1989, S. 283.

（20） これは、従来の法曹一元教育が二段階制度によっていたことを引きずるにすぎない。廃止された一段階制度への評価が必ずしも明確ではないことによるのかと思われる。理論と実務の早期からの関連づけはしばしば指摘される（NJW 1990, S. 2990）。

(21)　たとえば、大学入学者に対する法曹資格取得者の割合が比較的高いことからすると、むしろ有利になるからである。少数とはいいながらドイツでも、第一次国家試験を七学期で通過する者もいるからである。なお、辻千晶「ドイツにおける外国人弁護士受け入れ制度」自由と正義四三巻六号。

第四篇　一九九二年改正法

第一章　一九九二年改正以降

第一節　序

前述した一九九二年のドイツ裁判官法の改正（大学教育の内容、第一次国家試験、修習期間の内容および第二次国家試験に関する）以降、関連する改革が行われている。これを簡単に紹介しておこう（Gesetz zur Verkürzung der Juristenausbildung, 1992, 11, 20, BGBl. I, S. 1926; Zehntes Gesetz zur Änderung dienstrechtlicher Vorschriften, 1993, 12, 20, BGBl. I, S. 2136; Elftes Gesetz zur Änderung dienstrechtlicher Vorschriften, 1994, 5, 20, BGBl. I, S. 1078; Gesetz zur Durchsetzung der Gleichberechtigung von Frauen und Männern (Zweites Gleichberechtigungsgesetz), 1994, 6, 24, BGBl. I, S. 1406)[1]。

また、一九九二年一二月の改正にともない、その細則を定めた各ラントの州法も改正され、たとえば、Nordrhein-Westfalen州では、一九九三年一一月にＪＡＧ（法律国家試験および実務研修に関する法律＝Gesetz über die juristischen Staatsprüfungen und den juristischen Vorbereitungsdienst（Juristenausbildungsgesetz-JAG), 1993, 11, 8; Verordnung zur Durchführung des Gesetzes über die juristischen Staatsprüfungen und den juristischen Vorbereitungsdienst (Juristenausbildungsordnung-JAO), 1993, 11, 8) が改正されている。(2)

もっとも、州法に別段の定めがないかぎり、改正法の施行時から一年後まで、学生も修習生も従来の規定にしたがって採用されるとされているから（Art. 2. S. 1, vgl. S. 2)、そう早急な変化が予定されるわけではない。また、以下の記述のうち、従前と同様なものについてはたち入らず（前述第一部二篇、三篇参照)、おもな変更点をあげるにとどめる。

第二節　大学教育（Studium, 裁判官法五ａ条、ＪＡＧ八条参照）

(1)　まず、大学教育に関する面では、その修学年限の短縮が目ざされている。ドイツの修学年限は実質的には、アメリカや他のＥＣ諸国に比較して、一般的に平均二年も長いといわれたからである（前述一一〇巻一号一四二頁参照〔本書第一部二篇所収〕。近時ではほぼ六年)(3)。もっとも、標準期間の三年半、および最短期間の二年については、従前のとおりである（裁判官法五ａ条一項)。直接には期間の短縮などの方法はとられなかった。むしろ制度上の手直しが目ざされ、実質的な短縮は、国家試験の改革によることが中心とされたからである。

必修科目（Pflichtfächer）は、民法、刑法、公法、手続法と、ヨーロッパ法、法学方法論、哲学的・歴史的および社会学的基礎論の中心部分（Kernfächer）である。選択科目（Wahlfächer）は、必修科目と関連し、教育を補完し深化させるものとされる（同条二項)。必修科目へのヨーロッパ法の導入が改正の眼目である。(4) 最少三カ月の実務的勉学時間（praktische Studienzeiten）に関しても、変更がない（同条三項)。

教育期間中の成績審査（Leistungskontrollen）や中間試験（Zwischenprüfung）は、従来裁判官法によっても規定されていたが、改正法のもとでは、まったく州法に委ねられることとなった（同条四項)。(5)

しかし、同法は、最小限の要件を定めただけであり、第一次国家試験のための、州法による要件は、よりきびしい（たとえば、ＪＡＧ八条一項。大学での修学期間を最低四年半とすること。ＪＡＧについては、後述(4)(イ)参照)。また、前述のように、国家試験に合格しなかった場合の再受験が制限されていることから、慎重に受験を行おうとする傾向があり、改正法のもとでも、これが急速に改善される可能性は少ない。

(2)　近時の大学卒業者（あるいは国家試験の合格者）の数が増加したことから、法曹三者の数も増加をつづけている。一九九一年の統計によると、旧西ドイツ地域の裁判官の数は、一万七九三二人に（うち女性が三四四九人）、検察官の数は、三八八七人に（女性が七五六人）、また弁護士の数は、五万九四四六人に増加した（ほかに公証人が一〇一四人）[6]。

わがくにと比較すると、ドイツでは、裁判官の数が飛躍的に多い点が特徴である。また、検察官の数も、とくに近時の増加がいちじるしい。さらに、これらは、もともと実数で日本よりもはるかに多かったのであるが、一九六〇年／六一年と一九九一年の比較では、検察官が二・一倍から、三・三倍に、裁判官が七・三倍から九・二倍へと、いっそう格差が開いた。弁護士の数の割合上の格差は、三〇年前とさほど異ならないが、それでも二・九倍の格差が、三・八倍へと開いている[7]。

そこで、一九八八年に関する統計によると、西ドイツには、一三万人が法曹として存在するが、そのうち狭義の司法（裁判官と検察官）に属している割合は、一六・二％にすぎず（ほかに弁護士四二・三％、行政法曹二六・九％、経済法曹一一・五％）、この司法の仕事につける者は、年に五％にすぎないとされる[8]。

次頁に、この三〇年間の変化をかんたんにグラフによって示すことにする。

(3)　男女間格差の問題については、学生数にみられる女子の増加といった一般的な傾向とならんで、一九九二年五月、連邦司法大臣に、Sabine Leutheusser-Schnarrenbergerが就任したことは特筆されることであろう。これは、一八年間外相をしたゲンシャーのあとをうけて、連立与党の一部であるＦＤＰのキンケルが司法相から外相に就任したことから、空席となった司法相に、同じＦＤＰのLeutheusser-Schnarrenbergerが就任したことによる。

そこで、一九九四年の第六〇回法曹会議（Juristentag in Münster, 1994. 9. 20-23）の開会式には、彼女の式辞

ドイツ法曹の30年間の変化

	1961	1971	1981	1989	1991
裁判官 ○	12,798	12,954	16,657	17,627	17,932
検察官 △	2,174	2,709	3,593	3,759	3,887
弁護士 □	18,720	23,598	37,312	54,107	59,446

日本の変化

1960	1991	1994
1,761*	2,058	1,946
1,044*	1,173*	1,173*
6,439	15,540	15,226

日本の1994年の数は、Japan Almanac, 1995, p. 228による。ほかに、簡裁判事が、806人、副検事が、919人いる。1978年以降、裁判官の定員は、2,092人、1972年以降、検察官の定員は、1,173人である。（最高裁・裁判所百年史（1990）559頁参照）。*は定員数。

［1997年の検察官数は、1,240人（うち女性が約100人である］

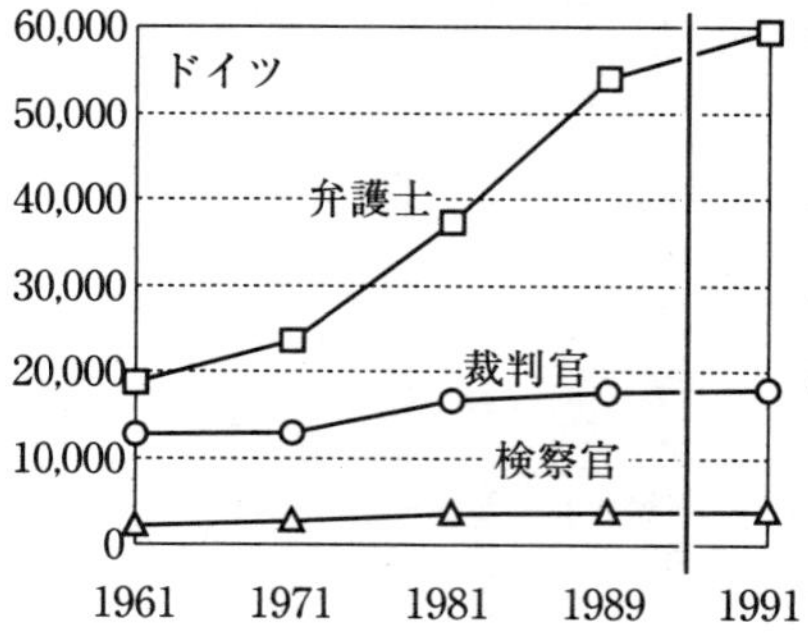

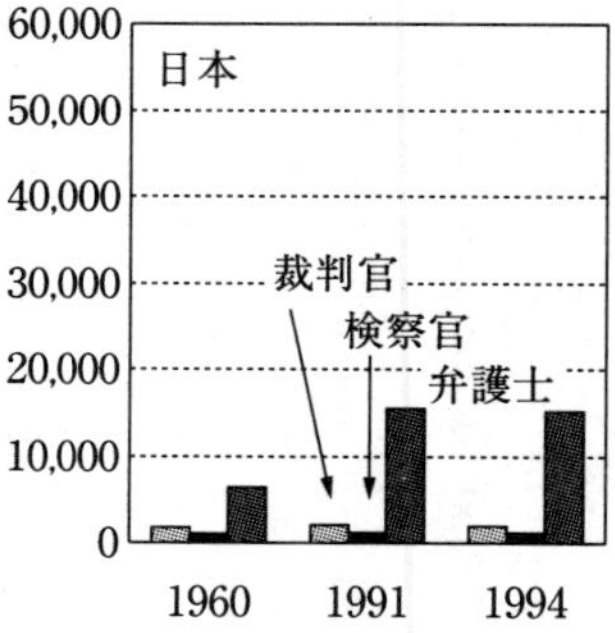

が述べられることとなった。[9] この法曹会議の民法部会は、一九九二年に公表された債務法改定草案が審議されたことで、とりわけ注目されるものである（ただし、FDPと連立与党のCDUとの見解の対立から、一九九四年一二月一四日辞任）。［一九九八年一〇月に成立したSPD内閣の司法相も女性。Herta Däubler-Gmelin］

また、一九九一年の統計では、憲法裁判所関係の裁判官一六人のうち、女性は二人、連邦裁判所関係の裁判官二八一人のうち、女性は二〇人とされている。一九九四年、憲法裁判所に新たな女性裁判官二人（Renate Jäger, Jutta Limbach, ともに1994. 3. 24-）が誕生した。とくに後者は、連邦裁判所長官Herzogが、Weizsäcker（1984-1994）のあと（ともにCDU）、第七代大統領に就任したのにともなって、連邦裁判所長官に就任したものである。[10]

なお、一九九一年の西ドイツ地域におけ

る大学の人的構成における男女の割合、学生の男女の割合、裁判官の男女の割合を整理したものが、下の表とグラフである。

ちなみに、日本との比較では、一九九六年の統計（文部省・学校基本調査）によると、女性の割合は、七・九％で、助手一一・九％、講師一〇・二％、助教授六・八％、教授三・七％となっている。

(4)　(ア)　一九九二年の改正法は、実質的な修学年限の短縮をねらって、第一次国家試験に関する修正をしている（die erste Juristische Staatsprüfung、裁判官法五d条、JAG二条以下、JAO一条以下）。この点に、従来の改正にはみられなかった特色がみられる。

まず、第一次国家試験の素材（Stoff）は、勉学が四年の修学期間で終了されうることを考慮しなければならないとされた。修学期間の短縮が今回の改正の主眼だからである。もっとも、州法は、筆記試験の成績が、

大学の人的構成における男女の割合・法学部・1991年（人）

	教　授	講師[1]	補助者[2]	助手[3]	学　生	裁判官
男　□	752	227	1,163	64	52,222	13,483
女　▩	17	38	347	15	38,495	3,449

1　Dozenten und Assitenten（私講師と〔研究〕助手の数字である）

2　wissenschaftliche und Künsterische Mitarbeiter（研究補助者と事務補助者）

3　Lehrkräfte für besondere Aufgaben（この職域は、言語関係の学部では外国人教師などをいうことが多いが、法律関係では、講師、補助者との区別は必ずしも明確ではない）

Statistisches Jahrbuch，1994，S. 422（Personal an Hochsulnen 1991）による。学生数は、ib., 1993, S. 429（Studenten an Hochschulen，im Wintersemester 1991/1992）の数である。学生では、ほぼ42.4パーセントが女子であり（前述110巻152頁をも参照）、また、裁判官では、ほぼ19.2パーセントが女性である(11)。

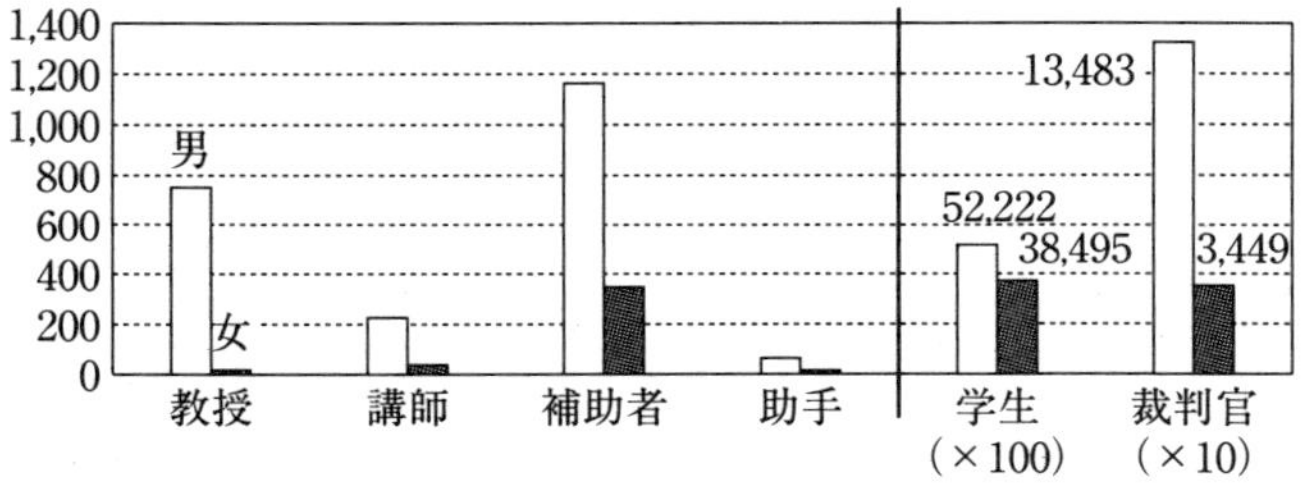

二年半の修学期間の前には提出されないように定めることができる（裁判官法による最短修学期間は二年であるが、これを二年半とする場合である）。口述試験は、全修学期間に関連したものがなされる（五ｄ条二項）。

また、第一次国家試験は、一回のみ繰り返すことができるとされた（つまり、二回まで。同条五項―新設規定）。従来、州法に委ねられていたところを、部分的に明文化したのである（ＪＡＧ一八条一項）。なお、これに算入されない受験の例外が設けられた（後述(オ)参照）。そのさいの要件は、州法が定めることとされている。なお、二回とも合格しなかった場合には、新たに勉強しなおしても、もう一度受験することは許されない（ＪＡＧ一八条三項。旧四項）[12]。

(イ)　この第一次国家試験の細則や受験の前提となる事項のうち、裁判官法による部分についてはすでにふれた（前述第二節(1)参照）。以下では、州法であるＪＡＧによって定められているものに限ってふれる。ここでも、ボン、ケルンを含む Nordrhein-Westfalen 州のものによる（JAG, a.a.O., JAO, a.a.O.; Richtergesetz für das Land Nordrhein-Westfalen（Landesrichtergesetz—LRiG—）, 1966, 3, 29; 1993, 7, 6）。前述のように、一九九二年の裁判官法の改正にともなって、これらも大幅に改正された。

それによると、①少なくとも四年半、大学において法律学を勉強したこと、②ヨーロッパ法を含め、試験科目の講義に参加したこと、③一年次または二年次の新入生のための共同学習（Arbeitsgemeinschaft für Studienanfänger）に参加したことが必要である。④学年の途中で行われる成績審査（Leistungskontrollen）の要件は削除された。書面による作業をともなう演習（Übung、民法、刑法および公法）に合格し、選択コースでの演習、報告または書面による解釈作業をともなうゼミに合格したこと、⑤（法の歴史的、哲学的または社会学的基礎および方法論が含まれるような）講義、とくにゼミ（Seminar）に参加したこと、それに関する、書面による業績を少なくとも一つ含む成績証明書が必要である。⑥実務的勉学時間（Praktikum, praktische Studienzeit）に参加したことも必要である。⑦さらに、法律家むけの政治学、社会学および心理学の基礎科目をも履修しなければならない（ＪＡＧ八条一項一号ないし六号）。また、簿記と貸借対照表の知識をもたなければならないとされる（同。なお、⑥については、ＪＡＯ三条に細則がある）。

なお、②から⑦については、重大な事由がある場合には、例外が認められるとされる（同条三項）。

重要な改正点は、②において、ヨーロッパ法の勉学が必要とされたことと、④成績審査（Leistungskontrollen）が削除されたことである。その結果、⑤のゼミは、成績審査のあととされていたことも、削除された（旧一項五号、新一項五号）。大学の中間試験の規定も削除された（旧八ａ条）。

試験は、筆記と口述でなされる（ＪＡＧ一〇条一項）。筆記試験が先に行われる。筆記試験は、五つの監督下の試験（Aufsichtsarbeiten）と、家での論文作成（die häusliche Arbeit）である。監督下の試験は、刑法一（後述(ウ)のｄ）、私法二（同ａ—ｃ）、公法（同ｅ—ｇ）二であり、それに属する手続が含まれる。監督下の試験は、各一科目につき一日五時間にわたって行われる（ＪＡＯ七条一項）。家での論文作成は、法律学的な判断（Gutachten）を対象とし、監督下の試験のあと遅滞なく行われる。従来の規定では、家での論文作成が中心となっていたのに対して、監督下の試験が重視されるようになった（同条二項参照）。論文作成、監督下の試験ともに、ＪＡＯ六条、七条に細則が定められている（ＪＡＯ六条一項によると、前者は、私法、刑法、公法の中から選択される）。

口述試験は四部からなり（従来は五部）、三人の試験官（従来は四人）の前で行われる（ＪＡＧ一〇条三項。なお、州によっては、従来のまま四人のところもある）。試験官には、法律学の教授が一人入る（従来は二人）ものとされる（同条三項。ＪＡＯ一条二項）。その他の試験官は、Nordrhein-Westfalen州では、Düsseldorf, Hamm und Kölnの各高裁（ＯＬＧ）の裁判官である（ＪＡＯ一条一項）。口述試験は、五人までは一緒に行われうるとされている（ＪＡＯ九条二項）。試験の三部は必修科目（ＪＡＧ三条二項）から行われるが、一部に関しては、選択科目から行われる（ＪＡＯ九条五項）。試験問題の大半は、大学教授が作成に携わるようである。

(ウ)　試験科目は、必修科目と選択科目からなる。基本構造には変化がないが、ここでもヨーロッパ法が追加された。①a民法、b商法、c労働法、d刑法、e国家法とヨーロッパ法、f行政法、g行政手続法、h手続法の指定された範囲のものと、②ヨーロッパ法ならびに哲学的、歴史的、社会学的な基礎論が、必修科目である(後者は修正箇所。JAG三条二項)。なお、各科目の範囲の指定については、JAOに細則がある。たとえば、民法では、四a条1に規定があり、民法典の第一編ないし第三編と、AGBG法と危険責任法、第四編、第五編の一部が範囲とされている(商法、団体法、手続法、労働法についても、同条2〜5による。刑法はJAO四b条1、刑訴法は同2、公法は、JAO四c条による。内容は、憲法、行政法、行政手続法である)。範囲の指定がされ「概括的な」(im Überblick) 知識のみが要求される場合には、受験者は、判例・学説の深い知識を必要とせずに法典の基本構造のみを理解すればたりるとされた(JAG三条四項—新設規定)。③選択科目にも、国際私法や比較法とならんでヨーロッパ法がある(JAG三条三項九)。

(エ)　修学期間の短縮をねらった、いくつかの制度が新設された。新法の眼目ともいえ、とりわけ注目される部分である。

まず、連続して学んで五学期後、おそくとも六学期の終わりまでに、受験の申出をした者は、申出によって、監督下の試験を、二つの時間的に分離された時期に行うこと（分割受験、Abschichtung）ができる（JAG一〇a条一項）[13]。早い時期に受験する者に対する優遇策である。

この場合に、まず刑法と、受験者の選択により私法か公法のいずれかの合計二つの試験をすることができる。最初の試験後七カ月以内に、受験者は、残りの試験の申出をすることができる。さもなければ、職権によって、もっとも近い期日の試験をうけることになる（同条二項）。

七学期の終わりより後に、受験の申出をした者は、すべての試験を時間的中断なしにうけなければならない(同条三項)。

(オ)　また、新たに設けられたのは、算入されない受験（自由な挑戦）の制度である。受験者が、遅くとも連続して学んで八学期を終えるまでに受験して、合格しなかった場合には、受験しなかったものとされる。しかし、この算入されない受験（Freiversuch）は、一回しかできない（ＪＡＧ一八ａ条一項）。みぎの八学期の算定にあたっては、長期の重大な病気や重大な事由による勉学の障害は考慮されない（同条二項。中断があったとはみなされない）。[14] 公務医（Amtsärtz）による検査と証明が必要である。また、三学期までの外国での勉学期間や（同条三項）[15]、最高二学期までの、法定の協議会あるいは大学規則上の機関の構成員（Mitglied in gesetzlich vorgeschriebenen Gremien oder satzungsmäßigen Organ der Universität）としての活動期間も（同条四項）、考慮されないのである。

〔一九九六年の報告によれば、法学部の学生の在学期間は、最高三学期短縮され、それは、Freiversuchの導入された結果とされる。Zeitschrift Deutschland, 1996, No. 2, p. 9. ドイツ大学学長会議の会長エリクセン教授の発言。〕

第三節　実務研修（Vorbereitungsdienst）

(1)　(ア)　第一次国家試験に合格したあとの実務研修（裁判官法五ｂ条、ＪＡＧ二〇条以下、ＪＡＯ一六条以下）は、二年半から、二年に短縮された（裁判官法五ｂ条一項、ＪＡＧ二三条一項）。実務研修に関する主要な改正は、この点のみである。必修の修習場所（Pflichtstation）や選択的な修習場所には変更がない。

全体的な期間の短縮にともなって、①民事裁判所での研修は最低六カ月（従来は九カ月）、②検察または刑事裁判所での研修は三カ月（従来は四カ月）、③行政官庁での研修は最低四カ月（従来は六カ月）、④選択による①③⑤での研修は三カ月（従来は⑥とあわせて六カ月）、⑤弁護士事務所での研修は最低四カ月（従来は五カ月）、⑥選択的な修習場所では、四カ月（従来は④とあわせて六カ月）に短縮された（ＪＡＧ二三条二項。ＪＡＯ一六条一項）。

なお、選択機関は、州法によって重点づけられることがある（裁判官法五ｂ条一項五号本文。ＪＡＧ二三条二項六号二文）。ここではヨーロッパ法や国際法、比較法は、必ずしも重要なものとはされていない。

また州法によって、必修の修習場所を、超国家的、二国間的なまたは外国の教育機関（überstaatliche, zwischenstaatliche oder ausländische Ausbildungsstellen）あるいは外国の弁護士事務所で行うことができることが定められた（裁判官法五b条二項一号。なお、従前の二項は、改正法の二項二号とされた）。

(イ)　一つの場所での実務研修は、少なくとも三カ月間継続しなければならない。選択的機関での修習は四カ月以上半年間行われる（四カ月以上とされたのが修正点である）。実務研修は、特段の事情のある場合には（aus zwingenden Gründen）、延長することもできるが、成績の不足を理由としては（wegen unzureichender Leistungen）延長することはできない（裁判官法五b条同三項）。

(ウ)　それぞれの修習場所での修習の内容は、JAOに定められている（民事裁判所の修習については、二〇条、検察修習については、二一条、行政庁での修習については、二二条、弁護士修習については、二三条などである）。

修習生（Referendarin od. Referendar）の地位は、公務員（Beamtin od. Beamte）とされ、後者に関する法が適用される（JAO三三条一項）。休暇に関しても、州の公務員と裁判官に関する規定に従う（同三三a条一項）。

(2)　(ア)　第二次国家試験（die zweite juristische Staatsprüfung）に関する修正は、裁判官法上はあまりない（第一次試験に関する規定が、同五d条二項に挿入され、旧二項の大半は新三項によってカバーされている。以下、項数のくり下げのみがされている。JAG二五条以下、JAO三四条以下）[16]。

(イ)　改正法には、全体としての養成期間の短縮をねらった改定部分が多くみられるが、これに比して、州法の次元では、これをうけた部分の改正と、必ずしも短縮のみに流されない実務的観点からの部分の混在することが目立った特徴であるといえよう。

（1）　一九九二年改正については、前号〔本書第一部三篇〕までに引用のもののほか、vgl. Kröpil, a. a. O., NJW 1993, S. 365.

（2）　他の州の状況については、vgl. Schönfelder, Deutsche Gesetze, 1994, Deutsches Richtergesetz, §5, Bem.

3.に列挙のものを参照。

(3)　Wissenschaftsrat, Empfehlungen, a.a.O. ②, S. 5. なお、近時の文献では、vgl. Köhler, Zur Reform des rechtswissenschaftlichen Studium, JR 1991, S. 48. 大学期間、修習の期間、試験期間と待機期間の合計は一〇年にも達するのである。

もっとも、最近の報告では、制度改革のおかげで若干卒業までの期間の短縮がみられているといわれる。

(4)　近時、法教育におけるヨーロッパ法の意義を強調したものとして、Großfeld, Europäisches Recht und Rechtsstudium, JuS 1993, S. 710. しかし、同時に、裁判官にとっては不要なものとする見解も紹介されている。また、法哲学と法理論に関しては、Bydlinski, Themenschwerpunkte der Rechtsphilosophie bzw. Rechtstheorie (Insbesondere für die Juristenausbildung), JB 1994, S.361. 東西比較法に関して、vgl. Stiefel, Von der Berufung deutscher Juristen zum Aufbau des Rechts im Osten, JZ 1994, S. 109.

より実務との関係を強調したものとしては、vgl. Zawer, Forum: Gedanken zum Praxisbezug in der juristischen Ausbildung, JuS 1994, S. 545.

(5)　もっとも、JAGはこれを削除しており、各州の自律を目ざしたものというよりも、修学年限の短縮のために障害になるものととらえられたようである。

(6)　ドイツの法曹に関する数字の詳細は、Statistisches Jahrbuch für die Bundesrepublik Deutschland, 1994, S. 382.による。一九九一年の弁護士の数は、Rechtsanwalte、五万一二六六人、Anwaltsnotare、八一八〇人の合計数である。詳細は、次頁の表参照。

ドイツでは、弁護士の間に区別はなく（フランスのavocat, avouéや、イギリスのbarrister, solicitorのような）、一元的な制度がとられているといわれる（ツヴァイゲルト＝ケッツ・比較法概論（上・一九七年）二二一頁参照）。しかし、RechtsanwalteとAnwaltsnotareは、司法統計においても、なお重要な区別として分けられている。法曹としての能力という意味においては一元的としても、社会的機能上の区別としてはかなり重要なものとされている証左であろう。〔両者の関係については、「公証人と公証人弁護士」〔専門家〕〔二〇〇〇年〕一五五頁以下所収

ドイツの公証人、弁護士の推移（人）

	1983	1985	1987	1989	1991	1997
公証人 ■	964	990	1,003	1,014	1,014	1,657
公証人弁護士 ▨	6,913	7,175	7,520	7,710	8,180	9,031
弁護士 ▩	34,576	40,130	41,724	46,397	51,266	76,074

Statistisches Jahrbuch für die BRD, 1994, S. 382.
（Quelle : Bundesministerium der Justiz, Bonn; Bundesrechtsanwaltskammer, Bonn; und Bundesnotarkammer, Köln); 1999, S. 349.

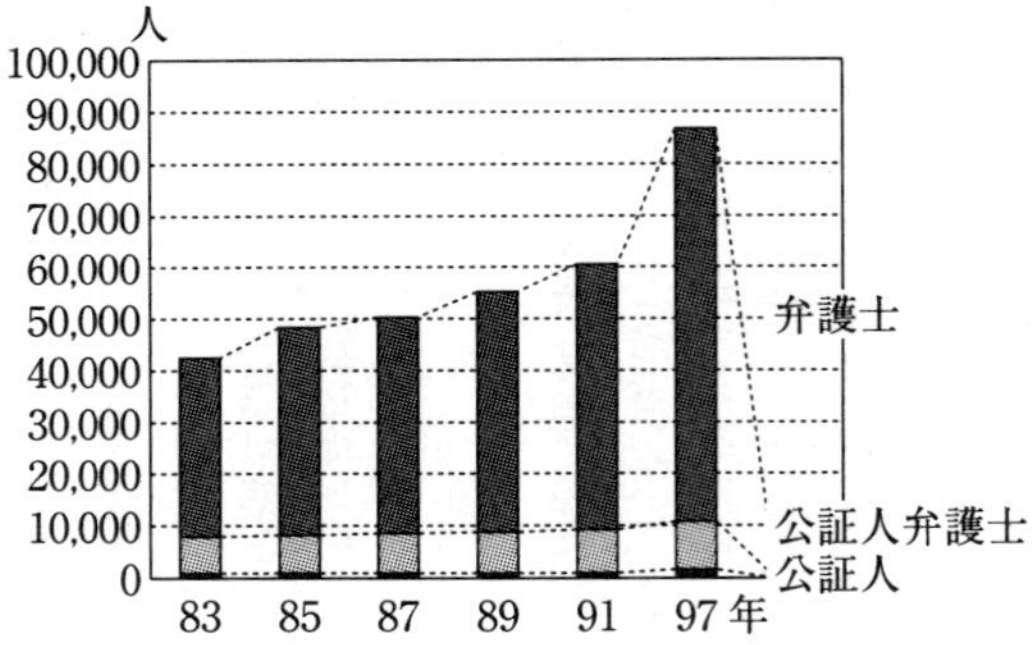

参照。〕

両者の区別は、直接には、Reichsnotarordnung (1937, 2, 13)に遡る。これは、現行のBundesnotarordnung, 1961, 2, 24に引き継がれている。それによれば、Anwaltsnotarは、一九六一年四月一日に、公証人の仕事が弁護士の副業としてのみされていた地域においては、弁護士が公証人を兼業できるのである。この場合には、公証人としての裁判所の許可 (Zulassung bei einem bestimmten Gericht als Notare) が必要である (三条二項)。ベルリン、ブレーメン、ヘッセン、ニーダーザクサンなどのおもに北ドイツの地域である。

公証人の数は、近時でもそれほど増加がみられない。公証人の重要な職務については、公証人法二〇条参照。同二〇条二項では、Auflassungの受領が含まれる。

ドイツ民法典八七三条二項によれば、所有権の移転には、物権的合意 (Einigung) と移転登記 (Eintragung) が必要とされるが、移転登記の前には、当事者は、意思表示が公証人によって認証されるか、登記官に対して行われた場合にのみ、物権的合意に拘束される。認証の方式は、バイエルンなど南ドイツの取引形態にそくしたものである。

　他方、同三一三条一文によれば、土地の所有権を移転する契約では、公証人による認証が必要である。もっとも、このような形式がなくても、登記官によってAuflassungが受領され登記されれば、契約は有効となる（同条二文）。後者は、プロイセンなど北ドイツの取引形態にそくしたものである。そして、同九二五条によれば、Auflassungは、登記官の面前で、両当事者が物権的合意を表示しなければならない。ところが、一九五三年に、九二五a条が追加されて（Gesetz zur Wiederherstellung der Gesetzseinheit auf dem Gebiete des bürgerlichen Rechts, 1953, 3, 5）、Auflassungの意思表示は、三一三条一文の文書が提出されたときにのみ受領されるとされたから、同条二文によるAuflassungの受領はよちがなくなった。そこで、つねに公証人の認証が必要となり、また公証人も、Auflassungの受領が可能とされたから、（九二五条一項二文新規定）、公証取引が一般的なものとされたのである。

　一部地域で、弁護士が公証人の代わりをするのは、従来後者が必ずしも必要とされなかったことの代替である。もっとも、公証人弁護士の制度の存在は、その沿革に遡った検討が必要である。本稿ではたち入らない（このような沿革については、〔専門家〕一六〇頁以下参照）。

（7）　これに反し、人口上の格差では、逆の関係がみられる。すなわち、一九八九年の西ドイツの人口は、六二〇六万人で、一九八五年から八九年の平均増加率は、〇・四（一九八〇年から八五年の平均増加率はマイナス〇・三）であるのに反し、日本の人口は、一億二三一二万人であり、一九八五年から八九年の平均増加率は、〇・五（一九八〇年から八五年の平均増加率は〇・七）である（世界国勢図会〔一九九二～一九九三年版〕七六頁以下）。

（8）　Vgl. Zawar, a.a.O., S. 546. 一九九四年の弁護士数は、七万人を超えるという。

（9）　第六〇回法曹会議については、60. Deutscher Juristentag in Münster, Redaktionsbeilage zu NJW oder/und JuS. (Sonderheft). が詳しい。Abteilung Zivilrechtのテーマが、債務法改定草案における給付障害法、売買・請負契約における瑕疵担保責任と時効法（Empfehlt sich die von der Schuldrechtskommission vorgeschlagene Neuregelung des allgemeinen Leistungsstörungsrechts, der Mängelhaftung bei Kauf-und Werkvertrag und des

各国の法曹の比較（概数）

	裁判官	検察官	弁護士
日本	2,058	1,173	15,540
ドイツ	17,900	3,900	59,400
イギリス	3,200	2,300	7,700
フランス	4,600	1,400	28,000
アメリカ	30,000	25,000	812,000

法曹養成制度等改革協議会意見書（NBL582号56頁）による概数をグラフ化したものである。

日本では、このほかに、司法書士が17000人、行政書士が35,000人、税理士が７万人、社会保険労務士が18,000人、弁理士が3,700人、合計13万5000人がおり、準法律的需要を補っている。

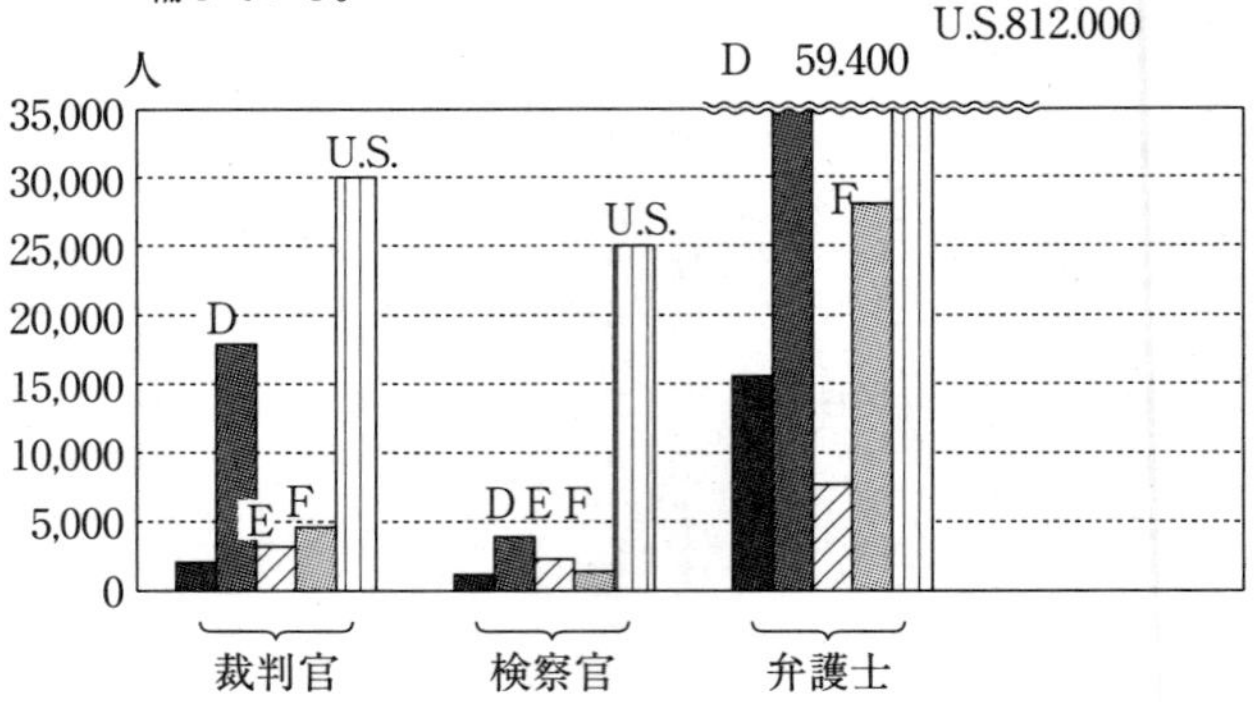

Rechts der Verjährung?) であった。なお、一八六〇年以来の法曹大会の伝統にもとづき、ドイツだけではなく、ドイツ法地域であるオーストリア司法相のNikolaus Michalekの式辞もあった。

(10) Statistisches Jahrbuch, 1994, a.a.O., S. 382. 憲法裁判所では、かねてGiesela Niemeyerがいたが、近時では、Helga Seibert (1989. 11. 28-)（第一部）、Karin Graßhof (1986. 10. 8-)（第二部）がいる。Jutta Limbachは、ベルリンの司法参事官(Justizsenatorin)、Renate Jaegerは、連邦社会

裁判所裁判官であった。ほかに、連邦特許裁判所の長官が、女性である（Antje-Margret Sedemund-Treiber）。

(11)　なお、西ドイツ地域の全領域の学生数は、総数一六三万九九三七人で、そのうち女子は、六三万五三七五人であるから、三八・七％となる。法学部は比較的この平均的な割合を忠実に反映しているが、分野によって差も大きい。たとえば、男子の割合が圧倒的に多いのは、工学系であり、女子は一二・九八八％にすぎない。言語・文化系では、女子のほうが多く、六三・一％となっている（Statistisches Jahrbuch, a.a.O., 1994, S.416）。

(12)　再試験の場所は、原則として最初と同一の場所であるが（ＪＡＯ一五条一項）、変更は可能である（同条二項）。合格した場合には、その結果について、証明が与えられる。この証明は、点数つきである（ＪＡＯ一三条）。

受験の申込をして、受験しない場合にも、不合格とされる（ＪＡＧ一六条一項）。試験委員会の承諾をえて受験しない場合には、受験しないものとみなされる（同条二項）。

(13)　Vgl. Köhler, a.a.O., S. 51. これも、試験素材の制限の一種であるとする。

(14)　たとえば、四週間以上の母性保護期間（Mutterschutzfrist）が授業期間中にある場合である（ＪＡＧ一八ａ条二項二文）。

(15)　この場合には、外国の大学で法律学の勉学のために登録され、少なくとも八週間、法律学の授業に参加し、各学期に一つ以上外国法で成績をえたことの証明が必要である。このように外国法での勉学について厳しいのは、外国といっても、たとえば、オーストリアで法律の勉学したというだけでは、ドイツでの勉学期間が延長されるのと実質的に異ならないからである。

(16)　二回合格しなかった場合には、ＪＡＧ三二条四項によれば、もう一度、合格の十分な見込みのある場合にかぎり、申請によって、州の試験委員長が再受験を許すことができる（旧三項と同様である）。しかし、この場合には、新たな修習への採用や取り消された雇用関係が生じることはない（新設規定）。

なお、各国の法曹の概数を比較すると、前頁の表のようになる。

第二章　旧東ドイツ地域の改革

第一節　序

法学部の改革とならんで、ドイツで現在進行しているのは、旧東ドイツ地域の大学の再建問題である。これについては、過渡期でもあり、必ずしも十分な情報がえられないところもあるので、以下で、一九九一年までの概況とそれ以降の状況を整理するにとどめる。また、統一にともなって生じる現在の財政問題の影響を若干検討することにしよう。法学教育の短縮の問題は、もともと財政問題とは無関係に論じられたのであるが、現在ではかなり関連づけられる場面も生じてきている。

第二節　旧東ドイツ地域の法学部改革の進展――一九九一年まで

(1)　一九九〇年一〇月三日の再統一の前後の状況は、すでに、別稿（一論一〇九巻一号〔本書第一部一篇所収〕）で紹介したことがあるので、概略を述べるにとどめる。東西の法学教育の内容、目的の相違から東ドイツ時代のカリキュラムが維持しえないことは、一九九〇年代の初めから明白であった。そこで、統一とともに、西ドイツの教授を交えた教育が、各地の大学で行われた。(1)

(2)　また、統一条約一三条一項の規定によって、すべての公けの施設や法的保護をうける機関は、ラント政府によって引き継がれるか解消されることとされ、同条三項によって、教育機関についても同様とされた。そして、各ラント政府は、一九九〇年一二月三一日をもって既存の法学部を解消し、新たな学部を設置することにしたのである。当該の機関が存続する場合には、従来の雇用関係も存続するが、解消する場合には、六カ月から九カ月の待機期間後（Warteschleife）に終了したのである。[2] もっとも、この期間中、従来の給料の七〇％が供与された。公けの雇用関係を終了させるという、この統一条約の規定に対しては、憲法訴訟も提起されたが、憲法裁判所は、基本的にその合憲性を肯定した。[3]

例外的に、フンボルト大学では旧執行部の抵抗が強く、法学部においても、学部の機能は、新たな学部に事実上（der Sach nach）引き継がれ、さらに従来の学部の部門構成も存続した。もっとも、これに対しては、近時、きびしい批判がみられる。[4]

(3)　既存の法学部は当然には承継されなかったから、新たな法学部の再建（フンボルト、イエナ、ハレ、ライプツィヒ、ポツダム）は、各地の創設委員会（Gründungskommission）によって行われた。[5] これについては、ほぼ三分の一を、東ドイツの教授が、三分の二を、西ドイツの教授が占めたといわれる。そして、教授の任命に当たっては、旧東ドイツの教授任命法では、基本法的な大学自治の能力よりも、政治的・イデオロギー的なものが重視されていたことが考慮された。[6]

また、人的にだけではなく、図書館の整備などにも、西ドイツの大学の協力が行われた。学術審議会（Wissenschaftsrat）のいう後見制度である。[7] さらに、これとはべつに、西ドイツの特定の州あるいは大学が、地域的あるいは歴史的なつながりから、旧東ドイツ地域の大学の再建を支援することもみられた。[8]

(4)　しかし、学術審議会の行った地域別の大学の優先性についての勧告は必ずしも受容されなかった。

(a)　Mecklenburg-Vorpommern州には、すでに計画のあったGreifswald, Rostockの双方に法学部が設置された。

(b)　Brandenburg州でも、Potsdamのほか、Frankfurt/Oderにも法学部が設置された。[9]

(c)　Berlin市では、フンボルト大学に法学部の設置が行われた。

(d)　Sachsen-Anhalt州では、Halle-Wittenbergに設置されたが、Magdeburgは、なお設置にいたっていない。

(e)　Thüringen州でも、Jenaに設置されたが、Erfurtは実現していない(10)。

(f)　Sachsen州では、Leipzigのほかに、Dresden工科大学にも法学部が設置された。

学術審議会の勧告時に、すでに西ドイツ地域の諸大学あるいは州政府の協力があった場合には、中断がむずかしかったようである。結局、九つの法学部が旧東ドイツ地域に設立されたことになる(11)。

第三節　一九九一年以降

(1)　一九九一年ごろから、新たな教授の任命が行われているが、これは、圧倒的に西ドイツの出身者によって占められた(12)。その結果、助手や研究補助者を含めて、七五〇人の旧東ドイツの法学関係の雇用者のうち、七五人だけが職に留まることになった。教授で新たに任用されたのはごく少数で、ライプツィヒ大学とイエナ大学では、一人の旧東ドイツの教授も任用されなかった。一九九四年段階で、旧東ドイツの法学部において、旧東ドイツ出身の学部長は一人もいない(13)。

このような人事政策については批判もあり、旧東ドイツの教授については、再審査など、統一後の諸問題のために、求職活動さえなしえなかった者があったといわれ、また、西ドイツからの教授も、能力というよりも、必要数を満たすための数あわせ（Profilierung）に使われているにすぎないことがあり、その結果、東西の教授団の分裂が生じているという。さらに、学生は、東ドイツ地域の者であるのに、西ドイツからの教授が多く、相互の交流が十分ではなく、東ドイツの特質をつかみえない点に問題が指摘されている(14)。

なお、旧東ドイツ地域には、まったく新たな学部も開設される。これについては、学術審議会が、各州の計画に関する勧告を行っているが、前述のように、必ずしも計画どおりには行われていない(15)。

(2)　東ドイツの学生については、その卒業による資格が統一によって変動することの調整が必要となった。ドイツの法曹資格はドイツ裁判官法によって定められる。統一条約の規定によって、統一当時（一九九〇年九月一日を基準時とする）すでに法学部に登録されていた学生は、法曹としての卒業試験をうけ、それによって修習生としての研修に入ることが認められた。彼らは、かつて東ドイツではそのまま法曹たりえたのであるが、その卒業資格は西ドイツの第一次国家試験と同一視されたのである。[16]

なお、第一次国家試験をうけることも可能である。しかし、実務研修のためには、西ドイツでの基準をみたすことがじっさい上必要であるから、旧東ドイツの大学は、そのためのカリキュラムを作成した。[17]

なお、これらの統一前に勉強を始めた学生の卒業は、一九九三年の末にはすべて修了した。[18] それ以後には、すべての学生が、法曹としての資格をうるには、西ドイツにおけると同じく、国家試験によらなければならない。

(3)　そこで、統一条約は、旧西ドイツにおける特別の実務修習を予定していた。[19] 特別な実務研修は、一般のそれと基本的には異ならないが、各養成課程ごとに、かなり長期の導入教育（Einführungslehrgänge）がおかれているのが特徴である。これは、民法につき四カ月、刑法に一カ月、行政法については二カ月である。

この導入教育は、受講者に、連邦（西ドイツ）の法の知識を教え、またそれを深めることを目的とする。しかし、それにともなって他の養成課程は、短縮され、全体の期間は二年半のままとされている。[20] そして、修習生は、各研修場所における研修のあと、通常の修習生の場合と同様に、第二次国家試験をうけなければならない。そのさいには、養成課程の特殊性が考慮されるという。一九九三年秋からは、旧東ドイツ地域にも、ドイツ裁判官法にしたがって、通常の実務研修が導入された。すなわち、その後の修了者については、西ドイツ地域のものとまったく同一の制度が適用されることになったのである。[21]

もっとも、その後の報告では、このような特例は、必ずしも活用されなかったといわれる。東西の授業のいちじるしい相違からである。卒業試験を通っても、修習に必要な基準を実質的にみたすとは考えられなかったのである。[22]

(4)　学生数については、法学部の登録学生数は、比較的大きい東ベルリンでも二〇〇〇人、イエナでは一八〇〇人、ドレスデンでは一三〇〇人、ハレでは一三〇〇人とされる。小規模なグライフスヴァルトでは七五〇人にすぎない。

西ドイツ地域の大学と比べるとはるかに小規模である。(23) 旧東ドイツ地域では、一九九二年／九三年の冬学期の法律、経済、社会学の学生総数は、わずか三万一三七八人であり（うち女子が一万六三二二人）、西ドイツ地域の総数は、四八万九四二六人に達するからである（うち女子が一九万五三三四人）。(24)

(5) なお、旧東ドイツ地域では、そこに特有の問題だけではなく、導入された西ドイツの法学教育じたいにも問題点が指摘されている。おもなものは、実際に裁判官になりうる者が少ないこと、教育の長期化、補習教育の存在である。これに対する方法は、専門化された教育と期間の短縮である。(25) これは、西ドイツ地域の近時の改革一般と共通する問題である。

(6) 裁判官と弁護士の再審査と再教育については、省略する。稿を改めて検討することにしたい。(26)

(1) 別稿（一論一〇九巻一号五頁〔本書第一部一篇所収〕）および Leptien, Ausbildung und Umschulung von Juristen aus den neuen Bundesländern, DtZ 1994, S. 14. 近時の状況については、後者によるところが多い。同稿は、ハンブルク大学の Heikel, Karpen両教授のもとで行われた研究を報告の形にまとめたものである。内容的には、ほぼ学術審議会（Wissenschaftsrat）の報告に準じている。

しかし、これに対しては、ライプツィヒ大学教授の Blaschczokによって、みぎの報告は西側の優越感のもとでまとめられているとの批判がある（vgl. Blaschczok, Aufbau der Universitäten Juristenausbildung in den neuen Bundesländern, DtZ 1994, S. 97）。後者がどのような経歴の者か明らかではないが、Leptienの報告によれば、ライプツィヒ大学の教授は、すべて西側からの者（Westprofessoren）のはずであるから、その立場からの批判であろう（もっとも、名前からすると、東ドイツ起源を彷彿させる）。

なお、近時、ケルン大学のヒルシュ（Hirsch）教授による講演「旧東独における法学部の再興」（園田寿訳）関法四五巻四号（一九九五年）二一九頁以下が、この問題を簡潔に扱っている。拙稿（一論一〇九巻一号）が基礎とした学術審議会（Wissenschaftsrat）の報告書とはやや異なった観点もみられるので、あわせて参考とされたい。

（2）別稿六頁参照。〔本書第一部一篇所収〕。しかし、待機期間はしばしば延長され、人によっては、不安定なまま一年半も継続することがあったので、経済的・社会的な安定のために他の仕事を探すことをよぎなくされたこともあったとして、批判がある（Blaschczok, a.a.O., S. 98）。

（3）BVerGE 84, 133ff.＝NJW 1991, S. 1667＝DtZ 1991, S. 243. すなわち、A女ほか三〇三名は、基本法一二条一項の職業選択の自由への侵害を理由として、憲法訴訟を提起したのである。しかし、憲法裁判所は、同条項は、選択した仕事につき、保持し離脱する決定の可能性を保護しているのであって、労働場所を請求することまでを意味していないとした。また、労働場所の選択の自由の侵害があるときでも、相当性の原則のもとで（unter Wahrung des Grundsatzes der Verhältnismäßigkeit）、重大な共同体的利益の保全のためには許される、としたのである（a.a.O., S. 146ff.）。

もっとも、公けの機関の廃止によって労働関係を終了させる統一条約の規定は、母性保護法の告知規定（die Kündigungsvorschriften des Mutterschutzrecht）に違反する限度では、違憲であり無効とする。重大な障害者や老人、母子家庭などの単独扶養者（Alleinerziehenden）、その他類似の者の特別な状況（特別な困難（besonders hart））は、公けの雇用の上の地位において考慮されなければならない、ともいう（a.a.O., S. 154ff.）。

（4）Leptien, a.a.O., S. 14. なお、潮見俊隆「統一前後の東ドイツの法と社会」法時六三巻四号五八頁以下（六二頁）に、大学再建時の州や政府の人事政策に対抗するフンボルト大学の状況が（おもに大学側の観点から）若干言及されている。

他方、ヒルシュ・前掲論文（前注(1)参照）二二四頁は、大学から提起された行政訴訟によって、フンボルト大学の「清算」が阻害されたとし、その原因は、当時の学長による改革阻止の動きにあったとし、これにごく否定的である。

一九九四年の報告では（後注(11)参照）すでに、二八人の教授のなかで、新たに採用された者のうち、旧西ドイツ出身者が二〇人であるのに対して、旧東ドイツ出身者は、三人だけだという。他の大学では、訴訟による、清算に対する大学からの動きはなかった。

（5）　旧東ドイツ地域の大学再建についても、別稿七頁参照。ヒルシュ・前掲論文二二五頁によれば、ハレにおける創設委員会は、西ドイツからの委員が半分で、もう半分は「中立的な地元の構成員」であったという。

（6）　Leptien, a.a.O., S. 14f. これに対しては、単純に政治的任命であったとする見方には批判がある（Blaschczok, a.a.O., S. 98f.）。また、人的構成を西側からの教授か東の教授（Ostprofessoren）かで区別することにも反対があり、西からきた者がすべて光るわけではなく、また光るものすべてが金とはかぎらないともいわれる（Ib., S. 99）。

なお、近時、Frank, Die Juristenausbildung nach 1945 in der SBZ/DDR, Neue Justiz, 1995, S. 403. は、一九四五年以降から旧東ドイツ成立前後における法曹養成制度の変容についてふれている。

（7）　かつて学術審議会は、東ドイツ地域の学部の再建に、西ドイツの大学の制度的な代父・後見制（Institutionelle Patenschaft）、すなわち人的、およびとくに図書館に対する物的な後見的援助が必要とする提案をし（別稿八頁）、Leptienもこれを肯定する。

これに対して、Blaschczokは、少なくとも自分の所属するライプツィヒ大学においても、制度的な援助などはなく、あったのは、まったく個人的な援助にすぎなかったという（Blaschczok, a.a.O., S. 99）。しかし、その種の個別的援助は非常に多かったとも指摘している。

他方、ヒルシュ・前掲論文二二二頁は、ライプツィヒ大学に対しては、再建は「特にもたついた」という。ベルリンとライプツッヒの再建の状況に対する消極的な評価がくりかえされている（二二八頁）。

（8）　たとえば、ハンザ都市であったロシュトックに対するブレーメン、ハンブルク、キールの各大学の支援は、バルト海地域のつながりを重視するものであるし、ケムニッツに対するバイエルン州の支援は、ザクセンとバイエルンの伝統的な関係を彷彿させる。ハレに対するゲッチンゲン大学の支援も地域的な関係によるものである。ほかにも、ドレスデンに対するバーデン・ヴュルテンベルグ州の支援などがみられる（別稿・一八頁注(36)参照）。〔本書第一部一篇所収〕。

(9)　フランクフルト・アン・デア・オーダー大学は、ポツダムについで、ブランデンブルク州における第二の法学部であるが、ポツダムにはすでに旧東ドイツの時代からの法律アカデミーの遺産があったことと比べると、まったくの新設といえる。

しかし、歴史的には、かつてブランデンブルク州における最初の大学があった。すなわち、一八一〇年のベルリン大学の創設にいたるまで、かつてのブランデンブルク大学（Viadrina）がおかれていたのである（一部は一七〇二年に創設のブレスラウ大学に統合）。Jus-Spezial（後注(11)の文献〔一九九六年版〕一五頁参照）。現在では、国境に位置することになったという地理的状況から、ポーランドや東ヨーロッパとの関係から学部の特徴を出そうとしている。

総じて、旧東ドイツ地域の大学では、ヨーロッパ指向的性格（Europa-Orientierung, JuS-Spezial、後注(11)の文献〔一九九六年版〕一六頁参照）が強調される点がみられる。これによって、西ドイツ地域の大学と異なった特徴を出そうとするものと思われる。なお、ドイツの大学の歴史的な改廃に関しては、一般的に、喜多村和之・大学淘汰の時代〔一九九〇年〕三六～三七頁参照。

(10)　エルフルトには一三九二年に設立され、一八一六年に廃止された大学があった（別稿・一八頁注(36)）。〔本書第一部一篇所収〕。その再建や国連の大学誘致の動きもある。

なお、ＥＵも、エラスムス計画（The European Community Action Scheme for the Mobility of University Students）において、学生および教授の交流を促進するプログラムを実施しており（月刊ヨーロッパ一八九号一六頁以下）、旧東ドイツ地域の大学のなかでも、Greifswaldは、これによる交流に熱心であるという（JuS-Spezial, a.a.O. (1996), S. 23)。

(11)　これら新設された旧東ドイツ地域の法学部の紹介が、しばしばＪｕＳの特集として行われている（Das Studium der Rechtswissenschaften in den neuen Bundesländern, JuS-Spezial, Beilage zu Heft 7/1994; Das Studium der Rechtswissenschaften in den neuen Bundesländern, JuS-Spezial, Beilage zu Heft 1/1996)。

人的・物的構成については、ほかにも興味深い点が多いが、過渡期でもあり、たち入らない。とくに、旧東ドイツの時代にほとんど手を入れられなかったことから、建物の状態が悪いことと、図書館の問題が指摘される。ポツダム以外の大学には、一九四五年以後の西側の文献はなく（別稿・一論一〇九巻一号一五頁注(20)参照。〔本書第一部一篇所収〕）、それ以前の文献も、新設の場合には当然なかったし、再建の場合でも、旧東ドイツの時代にかなりの部分がすでに処分されていたからである。

ヒルシュ・前掲論文二二五頁は、ゲッティンゲン大学の支援したハレの再建についてかなり詳細に言及している。また、それに関連して、旧東ドイツやロシアの大学と、ポーランドやハンガリーの大学との違いが言及されている。前二者に比して、後二者ではイデオロギー的な影響が少なかったという。しかし、この点については、旧西ドイツの人的援助をあてにできる旧東ドイツの状況を、人的援助があてにできない他の国の場合と単純に比較することはできないであろうと思われる。また、冷戦構造の崩壊に積極的な役割を果たしたハンガリーやポーランドの精神構造が反映されたものでもあろう。

(12) Leptien, a.a.O., S. 15. 別稿一七頁の注(30)参照。〔本書第一部一篇所収〕。このような学部の清算が必要となったのは、法学部だけではなく、経済や社会など社会科学系の学部に共通する（AvH-Magazin, Nr. 65, Mitteilungen, 1995, S. 51)。

(13) Leptien, a.a.O., S. 15. このような旧東出身者の凋落の傾向は、大学の教授だけにみられるわけではなく、経済界や、政界においても、同様である。

また、学術審議会の報告によれば、教授の再任が少なかったのは、能力だけの問題ではなく、高齢者が多かったことにもよるのである（別稿五頁の注(25)参照）。なお、学術審議会の報告では、研究職は三〇〇人となっているが、数字上の相違は、補助職であるLektoren, Lehrer, Wissenschaftlicher Mitarbeiterが算入されていないことによる。さらに、ヒルシュ・前掲論文二三〇頁は、旧東地域の大学ではとくに中間補助職が過剰で、削減が必要なことを強調している。

(14) Leptien, a.a.O., S. 15.

(15) 旧東ドイツ地域には、既存の五つの法学部（フンボルト、イエナ、ハレ、ライプツィヒ、ポツダム）があった。

一九九一年に学術審議会が出した勧告では、これに、メクレンブルク・フォーポンメルン州（従来ゼロ）とザクセン州（従来はライプツィヒにあり）にもう一つ、新たな法学部をつくることとされた（別稿・七頁）。

このうち、メクレンブルク・フォーポンメルン州では、かねてロシュトックの法学部が、人事を行っており、また、ブランデンブルク州では、ポツダムに計画を集中するために、フランクフルト・アン・デア・オーダーでは当面計画を中止するべきとの勧告があるが、やはり人事が行われていた(これらについては、vgl. AvH-Magazin Nr. 63, Mitteilungen, 1994, S. 57)。

一九九四年の報告では、既存の五つの法学部のほかに、メクレンブルク・フォーポンメルン州のグライフスヴァルトとロシュトック、ブランデンブルク州のフランクフルト・アン・デア・オーダー、またザクセン州の第二の法学部であるドレスデンにも法学部が新設されたとされている。その結果、合計九の法学部が確認された（前注(11)参照)。ザクセン・アンハルト州のマグデブルク、テューリンゲン州のエルフルトは、開設が近いとのことである(ヒルシュ・前掲論文二二頁)。ザクセン州のケムニッツは、報告されていないが、計画中なのか、勧告どおりに中止されたのかは明らかではない。

(16) Vgl. Anlage I Kap. III Sachgeb. A Abschnitt III Nr. 8, lit. y gg Einigungsvertrag. 別稿九頁〔本書第一部一篇所収〕。

(17) Leptien, a.a.O., S. 15.

(18) 旧東ドイツの教育課程は四年であった。別稿四頁参照〔本書第一部一篇所収〕。ヒルシュ・前掲論文二九頁は、学生にとってより重要な問題は、むしろ住宅環境にあったという。

(19) Anlage I Kap. III Sachgeb. A Abschnitt III Nr. 8 lit. y ii; Leptien, a.a.O., S. 16. 別稿九頁、その注(45)参照〔本書第一部一篇所収〕。

(20) 一九九二年末の裁判官法の改正まで、実務研修の期間は、二年半であったから、これを前提とする議論である。改正法では、二年に短縮された。前掲第三篇第一章二節(2)（一一一巻一号五〇頁）の表を参照。なお、学術審議会は、旧東ドイツ出身者を対象とする特別の研修を三年とする提案をしていたが、これは、採用されなかったのである。

(21)　Leptien, a.a.O., S. 16. 旧東ドイツの教育課程は四年であったから、統一前の八九年に登録した学生はこの年で修了する。九〇年からの学生は、統一後の新課程を履修するので、特別の研修に入るよちは、もともとないからである。

(22)　このような把握に対しても、なにゆえ西ドイツまでいって研修しなければならないのか、またそこで西側の差別感情にさらされることなどへの批判がある（Blaschczok, a.a.O., S. 99)。

(23)　Das Studium der Rechtswissenschaften in den neuen Bundesländern, JuS-Spezial, a.a.O.（1994)（前注(11)参照)。

JuS-Spezialの一九九六年版によれば、ベルリンは二二〇〇人（各年の定員は四八〇人という)、イエナは二七〇〇人、ドレスデンは一七〇〇人、ハレは二〇〇〇人、グライフスヴァルトでは一〇〇〇人に増加している。

なお、ハレについて、ヒルシュ・前掲論文二三〇頁は、学生はほぼ例外なく旧東ドイツ側の出身者であるという。劣悪な社会資本、とくに住宅環境を考慮すれば、西側の学生が旧東ドイツの大学に魅力を感じることはまれであろう。

(24)　Statistisches Jahrbuch, 1994, S. 415. このうち、法学部のみの数字は、一九九二年以降の統計にはない。それ以前、一九九一年～九二年の冬学期には、西ドイツ地域の法律、経済、社会学の学生総数は、四七万三八九一人、そのうち法学は九万七一七人であったから、ほぼ二〇％となる。東地域でもおおむね同じ割合とすると、一九九二年においてはほぼ六千数百人となることになる。

もっとも、従来の旧東ドイツでは、より少なかったことが注目されるべきである（別稿・一論一〇九巻一号四頁参照〔本書第一部一篇所収〕)。年間の卒業生は、四六〇人のみであった)。したがって、旧東ドイツ時代には、法曹の数は合計でも一万人程度にすぎなかった。

(25)　Leptien, a.a.O., S. 15. 旧東ドイツの教育は、四年を原則としたから、比較的短期であった。とくに西ドイツのそれが実質的に六年とされるのと比較すると短い。

(26)　Vgl. Leptien, a.a.O., S. 16f., S. 17ff.

第４篇　1992年改正法

第五篇　大学と社会変革

第一章　大学の改廃―ドイツにおける特徴

第一節　歴史的素描

(1)　一九九〇年の再統一後のドイツの財政問題は、教育・研究にも、とくに大きな影響を与えている。(1) 経済的停滞がどのような影響を与えるかは、過渡期でもあり、なお今後の検討課題である。

しかし、財政支出の状況が大学の活力、ひいてはその存続にさえ影響を与えたとの事実は、従来かなりみられる。以下に、ラインラントの大学を中心にその歴史を概観することによって、むすびに代えることにしよう。

(2)　(ア)　ドイツの大学の設立は、一四世紀に始まる。すなわち、アルプス以北の神聖ローマ帝国の版図のなかでは、一三四八年のプラハ大学の設立を嚆矢とする。ついで、一三六五年のウィーン大学、一三八六年のハイデルベルク大学、一三八八年のケルン大学、一三九二年のエルフルト大学とつづく(ただし、後述のようにケルン大学は一九世紀に中断し、前述(別稿一〇九巻一号一八頁参照。〔本書第一部一篇所収〕)のようにエルフルト大学も一八一六年に廃止された)。

ちなみに、旧東ドイツに再建された大学の多くが(フンボルト大学と、新設のポツダム大学を除き)、いずれも古い歴史をもっていることが特徴的である。すなわち、ライプツィヒ大学、ロシュトック大学、グライフスヴァルト大学は、それぞれ、一四〇九年、一四一九年、一四五六年（あるいは一四二八年から）に創設されている。[2]

また、イエナ大学の創設は一五五八年であり、一八一四年にハレ大学（一六九四年創設）に統合されたヴィッテンベルク大学も、一五〇二年に遡ることができる。フランクフルト・アン・デア・オーダー大学も、創設は一五〇六年である（一八一一年に、一七〇二年創設のブレスラウに統合された）。これらは、一四〜一五世紀の大学設立の第一の波の後に出現したものであり、時期的には、宗教改革の時期にあたっている（ヴィッテンベルグにおけるルターの九五カ条のテーゼが一五一七年）。

すなわち、初期の大学の設立という点では、東ドイツ地域は、必ずしも先進のライン沿岸地域と比べてもそう引けをとるものではない。そして、これが、学術審議会の停止の勧告にもかかわらず、同時に多数の大学を再建しようとする試みにつながっているのである。

(イ)　すでに、一六世紀までにかなりのものが淘汰されたが、他方、一六世紀〜一七世紀末までは数の上では大学はかえって増加に転じている。諸ラントの自立性の獲得にともない、その内部に大学を整備することが目ざされたからである。[3]

しかし、ふたたび一八世紀末を転機として、一七九二年には、ドイツ語使用地域に四二校あった大学のうち、一八一八年までに、二三校が閉鎖された。ナポレオン戦争中に、大学の財政母体であったラントが宗教諸侯を中心としてほとんど消滅したからである（Reichsdeputationshauptschuluß, 1803, エルザスのフランスへの併合の代償として聖界諸侯領が世俗化され、世俗領として分配されたのである）。また、内容的にも、啓蒙主義的な改革に反するものがあったことから、時代の要請にそぐわなくなっていたことが原因として指摘される。[4]

(3)　これに反して、一九世紀初頭には、ふたたび大規模な大学の創設の動きがみられる。一八一〇年のベルリン大学の創設や、一八一八年のボン大学の再建、一八二六年のミュンヘン大学の創設（ただし、一八〇〇年に創設されたランズフートが移転し基礎となっている）がその典型例である。一九世紀からの人口増加を理由とする。また、比較的大規模なラントの手によるものであり、ラントの首都あるいは地域の中心的な位置におかれたことが特徴的である。人文系の学部を中心とした伝統的な大学が比較的小規模であったのに対して、一九世紀の科学革命を推進する自然科学系の学部が発展する一九世紀の後半には、いちじるしく大学の大規模化が進んだ。(5)(6)

また、近く二〇世紀には、よりいっそう多数の大学の設立がみられる（一九一四年のフランクフルト・アム・マイン大学や一九一九年のハンブルク大学など。ミュンスター大学も一七七三年に創設されたが、一八一八年に中断。再建されたのは、ようやく一九〇二年であった）。(7)

さらに、一九六〇年以降は、多数の大学の設置がみられる。爆発的な大学進学率の増加によるものである。また、それぞれの大学も大規模化している。学生数でみると、最大のミュンヘン大学が六万人を超え、ベルリン（自由）大学（Freie Universität zu Berlin）も約六万人、ケルン大学が約五万人、ミュンスター大学、ハンブルク大学が四万人を超えている。ボン大学は、一九八五年代には四万人程度であったが、定員制（Numerus-clausus）の導入によって、九〇年には四万人をやや割っている。ついで、アーヘン大学、ボーフム大学、フランクフルト（マイン）大学、ベルリン（工科）大学が、三万五〇〇〇人規模である。さらに、ゲッティンゲン大学、ハーゲン大学、ハノーバー大学がほぼ三万人規模となっている。(8)

第二節　一九世紀のラインラント

(1)　基本的には学生数が恒常的に増加の傾向をたどる一九世紀以降の状況を除くと、一八世紀末から一九世紀初頭が、とりわけ大きな転機であった。

これを、ボン大学の中断と再建の問題を例に、若干ふれてみよう。ボン大学は、一七七七年に、当時の支配者であった最後のケルン選帝侯によって創設されたアカデミーに端を発する。このアカデミーは、一七八六年に大学の地位を取得した。

しかし、ナポレオン戦争による聖界領土の世俗化により、ラインラントでもかなりの数の大学が経済的基盤を喪失した。ボン大学は、一三八八年に創設されたケルン大学とならんで、ケルン大司教・選帝侯の領邦地域にありその保護のもとにあったことから、ケルン大学と同様に、一七九八年には中断をよぎなくされたのである。直接には、ナポレオンによるライン左岸のフランスへの併合と占領軍の政策によるものであった。[9]

(2)　(ア)　ラインラントは、一八一四年のフランス占領軍の撤退とナポレオンの没落後、ドイツに回復された。しかし、プロイセン領に組みこまれたことから、ボン大学の再建は、プロイセンの手によることになったのである。[10]

そして、回復から四年をへてようやく一八一八年一〇月一八日に、シュタイン(Stein, Freiherr von, 1757–1831)の支持のもとに、国王フリードリヒ・ウイルヘルム三世(位一七九七年～一八四〇年)の特許状(Königliche Stiftungsurkunde)の交付をうることができたのである。[11] したがって、一八一〇年に創設されたベルリン大学と同様に、当時のプロイセンの文化的影響、とりわけフンボルト理念の影響をうけることになったのである。

(イ)　他方、ケルン大学の再建は、それよりも約一世紀も遅れた(一九一九年)。それはかねて、同大学が一八世紀における反啓蒙主義の中心と考えられたからだといわれる。宗教改革の時代には、北西ドイツにおける反宗教改革の拠点と考えられ、大学の基盤も沈滞した。それは、一六世紀、一七世紀を通じて回復に向かったものの、一八世紀の啓蒙主義による大学の活性化も、ケルンには必ずしも影響を与えなかったといわれる。

もっとも、最近の研究では、それは、ラインラントにおいて、カトリックが多数を占める地域を新たに取得した新教国家プロイセンの政策をも反映したものであったことが指摘されている。[12] ボン大学の再建は、カトリックとプロテスタントを同等に扱う、二学部制を基本とするものであった(Katholisch-Theologische Fakultät, Evangelisch-Theologische Fakultät, ちなみに、この制度は現在も残存している)。

なお、プロイセン領のラインラントの大学では、ほかにデュイスブルク大学（一六五五年創設）が、一八一八年に廃止されており、一九世紀を通じて、ボンはこの地域の唯一の大学となったのである。

(3)　このような政治との関わりは、その後もみられ、たとえば、一九二八年にプロイセンの文部大臣によって、ボン大学の経済学部の法学部への統合が命じられ、法経済学部（Rechts- und Staatswissenschaftliche Fakultät）に改編されたのである。ちなみに、この時期は、ボン大学の経済学部は、Spiethoff (1918-39), Herbert von Beckerath (1925-34), Schumpeter (1925-32) などを擁する黄金期でもあった。(13)

ちなみに、法学部（Rechts- und Staatswissenschaftliche Fakultät）のインスティテュートには、現在でも、法学関係（Rechtswissenschaftlicher Fachbereich）と、経済学関係（Wirtschaftswissenschaftlicher Fachbereich）が含まれている。

プロイセンは、ナポレオン戦争後に、いくつかの大規模大学を創設した反面、他方では、一八一六年にエルフルト大学（一三九二年創設）を廃止するなど、かなり強力な介入・支配を行っている。(14)

(4)　ここで、ラインラントに適用される法との関係で、ボンの法学部を例にその特徴をもみておこう。一六四八年のウェストファリア条約後の諸邦へのドイツの実質的な分裂の結果は、ラインラントの私法にも直接に反映されており、その地域における法の状況はごく複雑であった。

すなわち、ラインラントは、もともと普通法地域であったところ、まずフランスへの併合によってコード・シヴィルが導入された。ついで、ウィーン条約（一八一四年）によってプロイセン領となったことから、プロイセンは、一般ラント法典（ALR・プロイセン一般ラント法典・一七九四年）をこのラインの西方地域にも適用しようとしたのである。(15)

そのため、一八一八年に法学部を創設したボン大学では、一九世紀の末までには、一方では、フランス法の研究が、Bauerband, Loersch, なかんずく Crome (1898-), Schreuer (1908-) などによって行われ、ドイツにおけるフランス法研究の中心となったのである。他方、ローマ法・普通法の研究も、Zitelmann (1883-), Bechmann, Cosack などによって行われた。さらに、Hasse, Heffter, Bluhme, Stinzing, Landsberg, Krüger, Theodor Mommsen (1888-) などによって、歴史法学（Historische Schule）的手法も積極的にとり入れられたのである[16]。

〔近時の研究によれば（Schulze, Preußisches Allgemeines Landrecht und rheinisch-französisches Recht, in 200 Jahre Allgemeines Landrecht für die Preußischen Staaten, hrsg. v. Dölemeyer und Mohnhaupt, 1995, S. 387-413）、ライン地方におけるフランス法の適用は、決してラインラントがプロイセン領に帰しても当然に消滅したわけではなく、その後も長くプロイセン法、およびドイツ法に影響を与えたのである。

もちろん両者は、その基盤とする背景において異なっている。フランス民法典は、フランス革命の、ひいては近代法の産物であるが、ＡＬＲは、身分的・封建的性格を有しており、それはとりわけ公法にとっては調和しがたい問題をもたらした。しかし、民法においては、多くの影響関係がみられたのである。

まず、ＡＬＲの適用されたのは、ようやく一七九四年であった。他方、ラインの左岸の大部分は、もともとケルン、トリアー、マインツの宗教諸侯の支配する普通法地域であった。しかし、まもなく、一七九五年には、フランス革命の余波をうけ革命軍に占領された。そして、ナポレオンによるエルザス地域の領土併合の代償として、聖界領土が世俗化されプロイセン領となったことから、まずＡＬＲが適用された。しかし、その後ライン左岸の全面的な併合により、フランス法の適用が始まったのである。フランス法の適用は、革命の理念の輸出という観点から、地域法に対する補充的適用を目ざしたＡＬＲよりも、その適用は徹底したものであった。ＡＬＲの適用じたいまだ日が浅い時期であり、ＡＬＲが単独で適用された時期はむしろ少なかったのである。もっとも、一八〇四年までは、フランスに併合されたラインの左岸地域でも、ＡＬＲの適用がみられたという（Schulze, a.a.O., S. 395）。

一八一四年に、ライン左岸は、プロイセン領として回復された。しかし、当然にＡＬＲの適用も回復されたというわけではない。ＡＬＲは、ライン右岸のみに適用されたにとどまる。ナポレオンの没落と占領の解消後にも、フランス法は、その民法典の輸出された他の諸国におけるのと同様に、必ずしも外国支配の遺物とはみなされなかったのである。その内容的な普遍性によるものであろう。ライン・フランス法の適用は、結局ドイツ民法典の制定までほぼ一〇〇年にわたって続くことになった。

もっとも、これはたんにフランス法というよりは、ライン地域法（Rheinisches Recht）と呼ばれるにふさわしいものである（ib., S. 397; Schubert, Das französische Recht in Deutschland, S. 158）。すでに継受され同化されたものとみなされたのである。この地方のフランス民法典への要求が強かったことは、ＡＬＲの適用に反対して、ライン・フランス法の適用を求める運動があったことからも明らかである（これに関する文献はたくさんあるが、近時の研究としては、（Schubert, Der rheinische Provinziallandtag und der Kampf um die Beibehaltung des französisch-rheinischen Recht（1826–1845）, in Schulze (hrsg.), Französisches Zivilrecht in Europa während des 19. Jahrhunderts, 1994, S. 123–155）。また、その適用は、民法にかぎられず、ナポレオンの四法におよんだのである。そこで、ラインの両岸で、たとえば所有権移転の方法についての法の抵触も生じたのである（ib., S. 397）。

これら、フランス法の直接適用、ついで継受された法としての適用のみならず、第三の影響もみられる。これは、たんにライン沿岸地域にとどまるのではなく、プロイセン・ドイツ法学一般への影響である。たとえば、Dernburg, Preußisches Privatrecht, 2. Aufl., 1879/81. には、本文と注をあわせて三〇〇カ所に、フランス法が言及され、たんにライン地域法の特殊事情、あるいはプロイセン内部での法の抵触に関してだけではなく、プロイセン法とフランス法の類似性やフランス法をモデルとしたＡＬＲの修正が述べられているのである。しかも、これはデルンブルクに特有の現象ではなく、Förster-Eccius, Preußische Privatrecht, 6. Aufl., 1892. などにもみられるのである（ib., S. 408ff.）。〕

(5)　(ア)　制定当初を除いて、プロイセンの他の領域内においても、大学はＡＬＲの講義を行わなかった。一九世紀のパンデクテン法学は、普通法の体系を目ざしたからである。それは、現代ローマ法の名のもとに、ドイツ民法学の基礎を構築したのである。歴史法学の観点からは、ALRは、自然法の産物であり、前世紀の遺物にすぎなかった。ALRの研究はもっぱら実務の対象にすぎなかった[17]。そこで、東部ドイツ（東方のプロイセン地域、とくにベルリン）の研究手法との共通性は、この歴史法学の手法の興隆に反映されている。したがって、ラインラントに特有の現象というわけではないのである。

そこで、少なくとも当初は、西部ドイツにおいては、もっともベルリンとの関連が強かったといえる面がある。ある意味では、ボンが首都となる以前から、西方の首都、あるいは首都の代理地の大学としての資格を備えていたのである。したがって、第二次大戦後、ボンが暫定首都とされたことは、必ずしも偶然とはいえず、むしろこの伝統にもとづくものであった。〔これにつき、第一部六篇参照〕

(イ)　約一世紀をへたワイマール期においても、政治的、経済的、社会的発展を反映した法の新たな領域への指向が強かったといわれる[18]。もっとも、伝統的な領域の研究も盛んであった。民法では、Martin Wolff (1918-21)、国際私法・比較法では、Hans Dölle (1924-41)、ローマ法では、F. Schulz (1922-31), Bruck (1932-36)、ドイツ法制史では、Zycha (1923-)、刑法では、Graf zu Dohna, Weber (1937-), Welzel (1952-)、公法では、Carl Schmitt (1922-28) などの活躍がみられる[19]。

なお、近時の教授については省略する。

(1)　再統一後のドイツの財政問題については、別稿で若干ふれたことがある（「東ドイツ地域における不動産所有権の返還問題」一橋大学研究年報・法学研究二四号〔一九九三年〕一一一頁、一一六頁参照）。〔さらに、本書第一部一篇、二部三篇参照。〕

(2)　ロシュトック大学には、ライプツィヒとエルフルト大学から学生団の移動があった。ちなみに、コペンハーゲン大学が一四七八年、ウプサラ大学が一四七七年であるから、バルト海地域の大学の創設は、一五世紀が中心ということになる（もっとバルト海奥地のケーニヒスベルク大学は一五四四年）。

これらの中世の大学に関し、喜多村・前掲書（大学淘汰の時代）三六頁〜三七頁には、ドイツ語地域の五四大学の創設・統合・廃止に関する年表が掲げられており、きわめて示唆に富む。ほかに、たとえば、シュティーアほか・世界歴史地図（ウェスターマン・一九八二年）六三頁、ムーア編・世界歴史地図（ハムリン・一九八二年）三四図参照。Vgl. Muir's Atlas of Medieval and Modern History, 1982, S. 22; Zentner, Der große Bildatlas zur Weltgeschichte, 1982, S. 478.

（3）　Hübner, Die Einwirkung des Staates auf den Rechtsunterricht – Eine historische Skizze –, Festschrift für Felgentraeger zum 70. G., 1969, S. 108ff. 近時の文献としては，vgl. Krause, Die Entwicklung der Juristenfakultät, Die Aufgabe der Juristenfakultäten, Festgabe für Otto Theisen, 1996, S. 83ff.
また、一八世紀前半の啓蒙期の大学の設立の状況については、近時、荒井真「啓蒙期における大学改革の目的とその成果」法時六八巻三号、四号が、ゲッティンゲン大学の設立（一七三七年）を論じている。

一八世紀初頭から啓蒙期の大学の中心は、神学部から法学部に移ったといわれる。しかし、だからといって中世の大学が、今日的な意味での宗教者の養成のみを目ざしていたと考えるべきではない。

というのは、中世の教会は、土地支配の関係では、封建諸侯の一端であったし、経済的活動の中心でもあったから、宗教者の養成は、同時に広い意味での官吏あるいは企業家の養成をも意味していたのである。世俗国家あるいは企業の自立が、この時期に、その担い手の養成のプロセスの独立をうながしたとみるべきであろう。これは、神学から諸学問が分離していったのと同様である。中世の諸学は、神学を頂点とする渾然一体の思想の体系であった。「哲学は神学の端女」は、その一部を言い当てているが、端女は、哲学に限られなかったのである（天文学＝天動説や生物学＝天地創造説ですらそうである）。

（4）　喜多村・前掲書三〇頁〜四〇頁参照。

（5）　たとえば、古い学部である法学の分野では、一九六〇年代に入るまでは、必ずしもそう学生数が増加したわけではない（一一〇巻一号一三九頁の注（2）参照）。〔本書第一部二篇所収〕

（6）大学の大規模化は、自然科学系の学部の増加と、学部の数じたいの増加によるところが多い。後者は、学問の細分化と、新たな学問領域の形成によるものである。

（7）このうち、とくに一八一〇年のベルリン大学（Friedrich-Wilhelms-Universität）の創設については、文献が多い。また、初代学長でもあった哲学者のフィヒテ（Fichte, 1762-1814）、シュライエルマッハー（Schleiermacher, 1768-1834）、一八一二年から学長のサヴィニーらの功績に結びつけて論じられることも多い（たとえば、潮木守一・ドイツの大学（一九九二年）二一四頁以下参照）。

とりわけ、研究と教育の統一（die Einheit von Lehre und Forschung）を説くフンボルト理念（Karl Wilhelm von Humboldt, 1767-1835）とは不可分の関係にある（vgl. Krause, a.a.O., S. 119）。フンボルトは、外交官や言語学者であっただけではなく、大臣としてベルリン大学の創設に係わった。また、フンボルト理念と国家政策との係わりについては、vgl. Hübner, a.a.O., S. 99.

なお、現在、ドイツの在外研究者招聘にかかわるフンボルト財団がシンボルとしているのは、自然学者、科学的探検家、地理学者、生態学者である、弟のフンボルト（Alexander von Humboldt, 1769-1859）である。

フンボルト理念には功罪があり、一方では、大学の研究水準を高め、法学部においても、たんなる法技術や契約書の作成の指導が大学の役割でないことが明確にされたのである。そこで、これは、大学を一九世紀の技術革新の時代に対応させることを可能にした。

他方では、大学の中において、教育に対する研究の比重をいちじるしく増加させるものとなった。これは、大学の大衆化の時代である二〇世紀末には、教育、とくに実務への要求を増大させる原因ともなった。理論と実務の乖離の遠因ともいえる。ドイツにおいては、実務・技術の指導は、二〇世紀の後半から専門大学が担うことになった（これにつき、「ドイツの大学改革と法曹養成制度」一橋大学研究年報・法学研究三四号〔二〇〇〇年〕第四章（三七頁以下）参照）。〔本書第二部三篇所収〕

〔その後の文献としては、Schuster, Bildung durch Wissenschaft heute, Fest. f. Ernst-Joachim Meusel, 1996, S. 249. がある。〕

（8） DUZ 1991/22, S. 14.

また、時代ごとの変遷にふれると、ボンを例にとると、学生数は、一九五〇年には、五〇〇〇人、一九六〇年には一万人、一九八五年には四万〇三三六人へと増加している。一九九〇年冬には、三万八〇三七人である。一九九〇年の西ドイツの大学卒業生は、平均六・七年の在学で、およそ二八歳で卒業しており、これは、一九八〇年との比較では、約一年高齢化している。もっとも、その内訳は、大学の種別によって異なり、一般の大学 (Universitäten) では、七・八年、二八・七歳なのに対して、専門大学 (Fachhochschulen) では、五・一年、二七・一歳となっている（最初の学生登録から卒業までの期間であり、また西ドイツ地域のみの数字である）。したがって、長期化、高齢化は、法学部に限った問題ではない（前述・一一〇巻一四二頁参照）。〔本書第一部二篇所収〕

また、このような期間の増加と高齢化の原因としては、Abiturと大学入学までの期間が延びたこと、大学での勉学期間じたいが増加したこと、さらに勉学期間中の中断期間（Auszeiten）が延びたことによっている（Rohlfs und Schäfer, Jahrbuch der BRD, 1996, S. 110-111)。短縮の試みの一部については、一論一一六巻二六〜二七頁参照。〔本書第一部三篇所収〕

（9） Rheinische Friedrich-Wilhelms-Universität Bonn, 1987, S. 11f., S. 23f.

フランス占領期とウィーン会議後のラインラントの大学の動向については、vgl. Becker, 600 Jahre Rechtswissenschaft in Köln, Aus der Geschichte der Rechtswissenschaftlichen Fakultät, Festschrift der Rechtswissenschaftlichen Fakultät zur 600-Jahr-Feier der Universität zu Köln, 1988 , S. 3ff. (S. 8f).

（10） プロイセンは、一八世紀においても、Halle, Frankfurt a.d. Oder, Königsbergなど、東方の領域の大学だけではなく、Duisburg, Erlangenなど西方地域の大学もかかえていたのである (Krause, a.a.O., S. 117)。

（11） 一二〇〇年以後の中世の大学は、皇帝か教皇のいずれか、または双方からの特許状をうけて設立されたのが通常である（その詳細については、シュティーア前掲書六三頁参照）。

例外は、前身が東ローマ帝国の法学校にまで遡るラベンナ（一〇八四年以降）、パドヴァ（一〇〇〇年ごろ／一二二二年）ほか、若干のイタリアの大学のみである（サレルノ一〇五九年／一一七三年、アレッツォ一二一五年、レッジョ一一八八年、ベチェンツァ一二〇四年など）。

ドイツ地域の大学には、皇帝と教皇の双方からの特許状を獲得した例が多い。大学設立権は、カトリックにとっては、皇帝留保権であると考えられたが、プロテスタント諸侯にとっては、ラント高権の一つにすぎない。それにもかかわらず、国王特許状のほかに、皇帝特許状が求められたのは、これをうけた大学の学位をもつ法律家だけが、帝国裁判所に就職でき、また、帝国事項に係わる権利を有していたからである（荒井・前掲論文四号一一一頁）。また、皇帝特許状を有する大学の判決団の判決のみが法的効力をもち、ラント君主の特許状のみでは不十分と考えられたのである（同）。

しかし、一七世紀以降、帝国の存在はまったく名目のみとなったから、皇帝特許状の存在は、学位の権威・差別化にのみ意味をもつことになったのであろう。しかも、（ドイツの）神聖ローマ帝国は、一八〇六年に形式的にも解体したから、これ以後、大学特許状を交付できるのは、ラントの君主のみとなったのである。

(12)　Rheinische Friedrich-Wilhelms-Universität Bonn, a.a.O., S. 24. プロイセンの大学を管轄したのは、一八一七年以前は、内務大臣、それ以後は、新たに設けられた文部大臣（アルテンシュタイン、Altenstein, 1770-1840）である（一八一七年～三八年、プロイセン文化・文部相）。アルテンシュタインは、ベルリン大学の拡張にも功績があった。

一九世紀初頭の大学再建のさいの政治的動向の影響を、ケルン側からの分析したものとしては、Becker, a.a.O., S. 8ff. また、二〇世紀のおける再建についても、ib., S. 13ff.

なお、一八世紀・啓蒙期の状況やその後の国家政策の与えた影響については、べつの機会にまとめて扱うこととしたい（vgl. ib., S. 6f.）。

(13)　Rheinische Friedrich-Wilhelms-Universität Bonn, a.a.O., S. 77f., S. 82f.

Beckerath, Schumpeterは、その後、アメリカに渡ったのである。なお、現在でも、法学部長室には、歴代の著名な学者の肖像がかかっており、Schumpeterのそれもみられる。法学部の状況については、後述(4)参照。

シュンペーターは、一九二五年にボン大学教授となり、ボンは世界の経済学の中心と呼ばれた。中山伊知郎と東畑精一がボンに留学したのも、この時期である。

(14)　前述一〇九巻一八頁参照。〔本書第一部一篇所収〕。一般的に、一九世紀末から二〇世紀のプロイセンの文部官僚の大学の人事・予算に対する力や大学との関係については、潮木守一・ドイツ近代科学を支えた官僚（一九九三年）が興味深い。

わがくにでは、政府による大学の廃止は例がない。喜多村・前掲書五一頁以下によれば、一八七七年に創設された東京大学が近代的大学の始まりであるが、一九一八年の大学令をへて、第二次大戦の終結までに、四八校の国公私立の大学が設置されたが、旧制大学のすべては生き残り存続している（東京教育大学が閉学され、筑波大学が設置されたことが唯一の例外である）。前掲書五六頁参照。

しかし、日本の大学はヨーロッパと比較すると、いずれも短期の歴史を有するにすぎない。また、大学としての地位を獲得する以前には、必ずしも安定した歴史のみをもつわけではない。

寡聞にして多くの例を知らないが、たとえば、一橋大学においても、一九〇七年（明治四〇年）のいわゆる申酉事件において、当時の東京高等商業学校を商科大学に昇格させる問題に関して、商科大学を東京帝大法科大学内に設置するとの文部省案との対立をみた例がある（一橋大学一二〇年史（一九九五年）五九頁以下）。その案が撤回された後も、帝大内に商科大学を（法科大学などと並んで）設置する案との対立がみられたという（同書七〇頁以下。その結果、大学昇格は、一九二〇年までもちこされた。同書一一五頁）。

また、一九三一年には、臨時行政財政審議会による大規模な行政改革案の一環として、東京商科大学の予科と専門部の廃止が企てられ、いわゆる籠城事件が発生した(同書一三九頁)。なお、大学昇格以前にも、当時の東京商業学校が、一八八五年に、文部省御用掛の森有礼の主導のもとに（当時の文部卿は、一八八三年に司法卿から転じた大木喬任）、東京外国語学校およびその所属高等商業学校と合併させられたことがある（同書二六頁参照）。

(15)　A.a.O., S. 67f., S. 73f.; Krause, a.a.O., S. 117.

(16)　A.a.O., S. 67f., S. 73f.

ドイツにおける包括的なフランス法の研究は、Zachariä, Handbuch des französischen Civilrechts (1808-) によっ

て基礎づけられ（Wieacker, Privatrechtsgeschichte der Neuzeit unter besonderer Berücksichtigung der deutschen Entwicklung, 1967, S. 346)、これが一九世紀における基準的著作となった。

これは、さらにフランス国内にも影響を与え、フランスでは、Aubry et Rau (Cours de droit civil français, 5e et 6e éd., 12 vols. 1897) によって翻訳・改訂されたが、ドイツでは、クローメによって、改定されている（vgl. Handbuch des französischen Zivilrechts, Begründet von Zachariä von Lingenthal, Bearbeitet von Carl Crome, 8. Aufl., 4 Bde., 1894)。

二〇世紀初頭からは、Crome, Die Grundlehren des französischen Obligationenrechts, 1894. が代表的著作とされる。クローメは、フランクフルト・アム・マインの区裁判官・マールブルク大学私講師をへて、ボン大学の教授となっている。なお、クローメの業績の一例として、小野・給付障害と危険の法理〔一九九六年〕四六頁参照。

(17)　これが、ドイツに特有な二段階教育・法曹養成システムの源になったことについては、前述した（一一〇巻一号一四五頁参照）。〔本書第一部第一篇所収〕もっとも、一八世紀には、前注(10)に示した他のプロイセンの西方地域の大学でも、ＡＬＲの講義が試みられたという（Krause, a.a.O., S. 117)。

(18)　A.a.O., S. 68, S. 75.

(19)　A.a.O., S. 68f., S. 75.

第二章　近時の状況と問題点

(1)　近時の財政的困難との関連については、大学関係の支出から若干言及するほかはない。

西ドイツ地域の大学関係の総支出は、一九九〇年には、三〇六億七七〇〇万マルク（一九八九年には、二八六億三三〇〇万マルク。一九九一年には、三八一億マルクである。これには新たに東ドイツ地域が加わっているので、以下では、八九年と九〇年の比較を中心とした。以下、かっこ内が一九八九年の数字である）であるが、そのうち、経常支出は、二六八億五九〇〇万マルク（二四九億二七〇〇万マルク）、投資支出は、三八億一八〇〇万マルク（三七億〇六〇〇万マルク）である。

さらに、経常支出のうち、人的支出は一八八億五五〇〇万マルク（一七四億一二〇〇万マルク）、その他の経常支出が八〇億〇三〇〇万マルク（七五億一六〇〇万マルク）となっている。[20]

一九八九年との比較で、総支出の伸びが七％、人的支出の伸びが八％なのに比して、投資的支出は、三％におさえられている。インフレ率を考慮すると、実質的にはマイナスともいえよう。[21]

〔一九九六年の大学に対する総支出は、五〇三億マルク（九五年は、四八九億マルク）であった。そのうち、経常支出は、四四三億マルク（九五年は、四三二億マルク）、投資支出は、六〇億マルク（九五年は、五七億マルク）であった。

さらに、経常支出のうち、人的支出は三〇八億マルク（九五年は、二九九億マルク）、その他の経常支出が一三五億マルク（九五年は、五七億マルク）であった。

一九九〇年との比較では、人的支出、その他の経常支出、投資的支出の伸びは、それぞれ六一％、五九％、六三％となっている。全体としては、ほぼバランスがとれているが、投資的支出は、東ドイツ地域に重点配分されているので、相対的に西ドイツ地域の支出は減少しているのである。

すなわち、投資的支出の六〇億マルクのうち、一六・五億マルクは、東地域になされている。これは、二七・五％であり、東地域の大学が六六校で（ドイツ全体では三四九校）、五・二九％にしかならず、かつ小規模校が多いことを考慮すると、かなり大きな割合である。Vgl. Statistisches Jahrbuch, 1999, S. 392 〈16.14 Ausgaben der Hochschulen〉.〕

(2)　しかも、再統一は一九九〇年一〇月三日であったから、同年の数字には、なおその影響はほとんど反映されていないものとみるべきであり、一九九一年以降の財政難と旧東ドイツ地域への投資の必要から、よりきびし

研究・開発費の推移・ドイツ

	1975	1977	1979	1981	1983	1985	(省略)	1989		収入
民間 ▨	14.6	17.3	21.1	26.4	30.2	36.7		47.3	民間	41.1
大学外の機関□	3.8	4.1	4.9	5.5	6.0	7.2		8.4	連邦	13.9
大学 ■	4.6	4.8	5.7	6.5	6.8	6.9		9.1	州	9.1
総額	23.0	26.2	31.7	38.4	43.0	50.8		66.7		65.4

Tatsachen über Deutschland, S. 351. 単位は、10億マルクである。

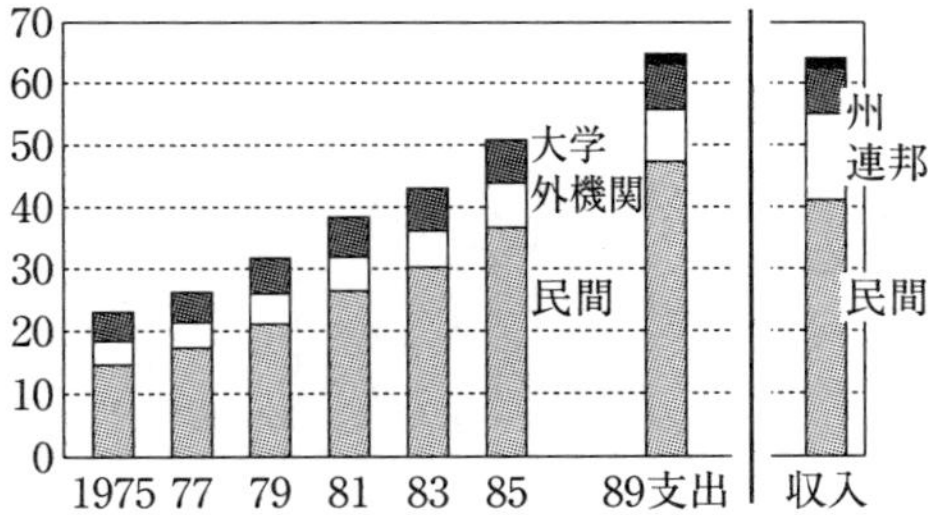

なお、ほぼ10年後の1998年の額は、産業部門で、588億マルク、研究機関で、126億マルク、大学で、153億マルクに達している。科学技術庁科学技術政策局・科学技術要覧（2000年）222-223頁。

い状況が予測されたのである。(22)

ちなみに、法学部関係の予算は、二億八五〇〇万マルク（二億六〇〇〇万マルク）であり、全体の〇・九三％（〇・九一％）である。

さらに、法律、経済、政治、社会学関係の総計では、一五億五四〇〇万マルク（一四億六七〇〇万マルク）であり、全体の五・〇％（五・一％）となる。(23)

(20)　Statistisches Jahrbuch, a.a.O. 1993, S. 437f. また、ib., 1994, S. 423. によると、一九九一年の総支出は三八一億マルクに増加しているが、そのうち、旧東ドイツ地域の支出が、三七億マルクとなっているから、西地域では、三四三億マルクであり、前年比一二％の増加となる。また、東西の比率は、一対九にもなる。

(21)　ちなみに、一九八九年～一九九〇年当時のドイツの公定歩合は、七％であった（Japan Almanac, 1995, p. 117）。

(22)　前述一一〇巻一号一五〇頁および一五七頁の前注(33)～(35)参照。〔本書第一

研究費の推移・日本（Expenditures by Sector）

（単位億円）

	1970	1975	1980	1985	1990	1991	1995	1998
産業 ▨	8,233	16,848	31,423	59,399	92,672	97,430	93,959	108,000
機関 □	1,546	4,163	7,176	11,011	14,161	15,163	19,206	20,121
大学 ■	2,174	5,163	8,239	10,754	14,063	14,608	18,747	20,122

総務庁「科学技術研究調査報告」1992、1999年、科学技術庁「科学技術要覧」1993、2000年（〈1－3〉組織研究費の推移。なお、数字は、国際比較による場合に、実額ならびに構成比率ともに、かなり大学に関し高めに出ている。たとえば、〈1－3〉では、13.6%であるが、〈2－1〉組織別研究費の国際比較では、大学は、19.4%となっている）。　大学研究費の割合は、70年代半ばまで、比率で17～20%ぐらいで推移していたが、その後減少し、90年代には、11～13%ぐらいに下がり、大学外の研究機関よりも少なくなった。他方、産業の割合は、ほぼ継続的に増加してきたが、90年以降減少している。90年以降のバブル崩壊による不況の影響であろう。実額でも、94年には、89,803と下り、9兆円の大台を割りこんでいる。

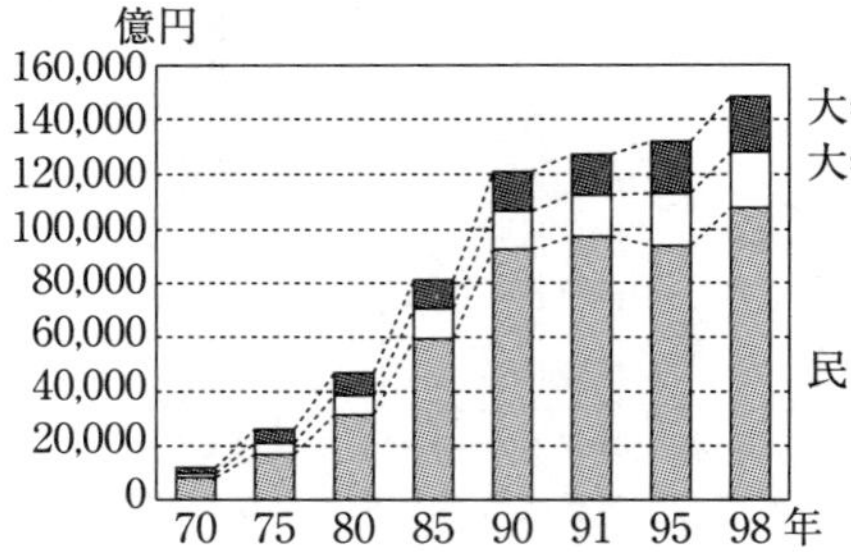

研究者数の推移（Researchers by Sector）

（単位人）

	1970	1975	1980	1985	1990	1995	1999
産業 ▨	94,060	146,000	170,279	230,455	313,527	376,179	428,693
機関 □	22,702	26,690	28,641	32,167	36,265	41,686	42,620
大学 ■	55,240	81,908	100,700	118,018	134,133	156,276	166,858

研究費割合との比較からすると、大学は研究費の割合は少ないが、人の割合は多いということになる。総務庁「科学技術研究調査報告」1992、1999年、科学技術庁「科学技術要覧」1993、2000年（〈1-9〉組織別研究者数の推移（Researchers by Sector）。

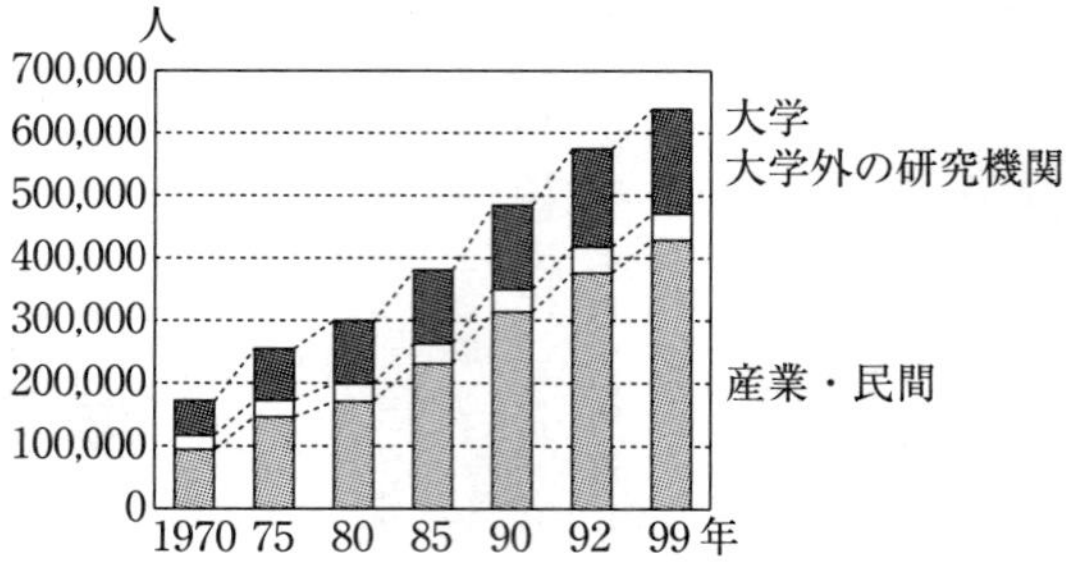

部二篇所収〕

(23)　日本でも、研究費の伸びに関連して、大学、とくに理工系のそれの地盤沈下が述べられることがある。一九七〇年には、大学で二一七四億円(大学外の機関で一五四六億円、民間八二三三億円)、一九七五年には、大学で五一六三億円(同様に四一六三億円、一兆六八四八億円)、一九八〇年には、八二三九億円(七一七六億円、三兆一四二三億円)、一九八五年には、一兆〇七五四億円(一兆一〇一一億円、五兆九三九九億円)、一九九〇年には、一兆四〇六三億円(一兆四一六一億円、九兆二六七二億円)、一九九一年には、一兆四六〇八億円(一兆五一六三億円、九兆七四三〇億円)との数字がある(総務庁・科学技術研究調査報告・一九九三年)。

すなわち、研究費支出の中に占める大学の割合は、一九七〇年当時の一八％から、一九九〇年には、一一・六％に減少したのである。前頁のグラフから、この時期のおおまかな推移が明らかとなろう。

〔ただし、一九九五年には、大学の割合は、一四・二％に回復した。科学技術庁科学技術政策局・科学技術要覧(二〇〇〇年)三五頁以下参照。一九九〇年以降の不況による民間部門の伸びの鈍りと、積極財政によるものである。もっとも、九八年には、ふたたび一三・六パーセントに減少した。〕

また、ドイツの研究費の推移は、一一〇巻一五七頁注(36)の数字のようになっている(グラフ化したものが、一四三頁の表である)。算定の基礎は異なるが、一九八九年の大学の研究費は九一億マルクであるから、大学の占める割合は、一三・六％である(一九七五年には、二〇％)。こちらも、減少がいちじるしい。

人口も予算規模も異なる日本とドイツを単純に比較することに意味は乏しい。そこで、二者の総予算規模を比較しておくと、ドイツは、九二七一億六〇〇〇万マルク(一マルク約七〇円換算で、約六四兆九〇〇〇億円。連邦とラントの合計。連邦のみでは、四八七〇億七六〇〇万マルク、一九九四年度当初予算で、対前年度比四・八％増加である)、日本は七七兆四三七五億円(一九九三年度。一九九二年度は、七三兆〇八一七億円)であった(Statistisches Jahrbuch, 1994, S. 517,および大蔵省主計局調査課・財政統計(一九九四年版)による)。

第三章　東ドイツ地域の状況・近時の状況

(1)　とりわけ、財政上の問題は、旧東ドイツの諸州において、大学の再建問題に影響を与えている。[24] 基本的には、大学の財政問題はラントの所轄事項だからである。学術審議会（ＷＲ）の勧告の範囲を超えた計画が、困難をもたらしている。

すなわち、ブランデンブルク州は、前述のように、ポツダム大学のほかに、フランクフルト（アン・デア・オーダー）大学とコットブスにも大学を建てている。また、メクレンブルク・フォーポンメルン州は、経済、法、歯科、プロテスタントの学部を擁する大学を、グライフスヴァルトとロシュトックに建てている。テューリンゲン州は、社会科学関係だけのエルフルト大学を建てているが、その代わり、エルフルトの医学アカデミーを閉鎖することをよぎなくされたのである。法学系の大学再建については前述したとおりである。

〔フランクフルト・アン・デア・オーダー大学は、統一後の一九九一年にブランデンブルク州法により設置された。すでに述べたように（一二三頁参照）、旧大学の創設は、一五〇六年に遡る。その後ほぼ三〇〇年にわたり、ブランデンブルク・プロイセンの高級官吏、聖職者、医者の重要な養成機関であったが、一八一一年のベルリン大学の開設にともない、一八一一年に閉鎖された。フンボルト兄弟やフッテン（Ulrich von Hutten）、Ｔ・ミュンツァー（Thomas Müntzer）などが学んだ（ほかに、Carl P.E. Bach, Heinrich von Leistがいる）。一八〇年ぶりの再建で、法、経済、文化学部がある。国際性指向を特徴とし（Europa-Universität Viadrina）、これに関する各種のプログラムがある。また、海外の大学との交流が盛んであり、現在、三六カ国からの四〇〇〇人の外国人学生がおり、その三分の一は、ポーランドからの学生である。Vgl. Alexander von Humboldt Stiftung, Mitteilung, Nr. 76, 2000, S. 43.〕

さらに、ザクセン州と、ザクサン・アンハルト州、テューリンゲン州の内部における対立も報告されている。古い大学所在地であるライプツィヒ、ハレ、イエナと、それぞれの州の首都であるドレスデン、マグデブルク、エルフルトにも大学を建てることになったからである。[25]

(2)　しかし、州予算でみると、一九九三年の大学支出は、西ドイツ（ベルリンを加える）では、七・四％なのに対して、東ドイツでは、四・七％にとどまる。[26]

しかも、予算規模でみれば、東ドイツの諸州のそれは、西ドイツに比較すると、圧倒的に小さい。一九九一年の統計で、西ドイツの大州であるノルトライン・ヴェストファーレン州が、七五億マルクの大学への支出を行っているのを筆頭に、バーデン・ヴュルテンベルク州、バイエルン州が、それぞれ五五億マルクを超え、ベルリンやヘッセン州、ニーダーザクセン州も、三六億、三一億、三一億マルクとなっている。

これに対し、東ドイツの諸州では、比較的大きい支出をしているザクセン州やザクセン・アンハルト州でも、それぞれ一七億、一〇億マルクにすぎず、これは、西側のシュレスヴィッヒ・ホルシュタイン州の一四億マルクや、ハンブルクの一五億マルク、ラインラント・ファルツの一五億マルクの規模にすぎない。テューリンゲン州、メクレンブルグ・フォーポンメルン州では、七・七億と六・八億マルクにすぎないのである。これは、西側ではザールラント州の七・四億マルクや都市州であるブレーメンの三・五億マルクの規模にすぎない。さらに、ブランデンブルク州は、わずか一・三億マルクを支出しているにすぎないのである。[27]

〔一九九六年の統計では、以下のようになっている。

すなわち、ノルトライン・ヴェストファーレン州が、九五億マルクの大学への支出を行っているのを筆頭に、バーデン・ヴュルテンベルク州、バイエルン州が、それぞれ七〇億マルクと七四億マルク、ベルリンやヘッセン州、ニーダーザクセン州も、四五億、三七億、三八億マルクとなっている。

これに対し、東ドイツの諸州では、比較的大きい支出をしているザクセン州やザクセン・アンハルト州でも、それぞれ二八億、一八億マルクにすぎず、これは、西側の小州であるシュレスヴィッヒ・ホルシュタイン州の一七億マルクや、ハンブルクの一八億、ラインラント・ファルツの一七億マルクの規模にすぎない。テューリンゲン州、メクレンブルグ・フォーポンメルン州では、一三億と一二億マルクにすぎない。しかし、九一年の統計と比較すると、ほぼ同様であった西側のザールラント州の八・六億や都市州のブレーメンの四・二億マルクを大きく上まわっている。さらに、ブランデンブルク州も、かなり増加したとはいえ、わずか六・四億マルクを支出しているにすぎない。東西のいちじるしい格差は、いまだ続いているとみなければならない。Vgl. Statistisches Jahrbuch, 1999, S. 392〈16. 14 Ausgaben der Hochschulen〉.〕

(3)　そこで、連邦による東地域のための特別の補助が、大学改革プログラム(Hochschulerneuerungsprogramm) ほかによって行われている。これは、一九九二年から一九九六年の間に、二四億マルクを支出する計画で、その七五％を連邦が、二五％を東ドイツの諸州が負担するとするものである。[28]

内容は、人的支出、たとえば、学問的再生（Nachwuchs)、建物その他の社会資本の整備を援助するものである。関連する法規も制定された（Bundesausbildungsförderungsgesetz)。[29] また、州相互の援助も行われている。[30]

さらに、ＥＵによる援助も注目される。ＥＵは、すでに、一九九一年に、教育政策に関する共同作業の一環として、旧東ドイツ地域に、一〇〇万ＥＣＵ（当時約二〇〇万マルク）の計画をたてている。これは、外国語教育への援助と、エラスムス計画（ERASMUS-Programm）による構成国の講師の東ドイツ地域への派遣や大学間の協力、およびLINGUA-Programm による学生の交換が中心を占める。ほかに、COMETT-Programm による大学と経済界の共同研究の促進、PETRA-, EUROTECNET-, FORCE-Programmは、学生の交換、職業教育、生涯教育の援助などを行うものであり、東ドイツ地域を対象に援助の拡大が行われることになったのである。[31]

〔一九九一年から一九九八年の間に、民間と国あわせて、一兆二五〇〇億マルクが、東ドイツ地域に投入された。このうち八四％・一兆〇五〇〇億は、民間のものであり、国家予算からの支出は、二〇〇〇億マルク程度である（Zeitschrift Deutschland, 2000, No. 1, S. 24）。国家予算は、毎年二〇〇億～三〇〇億マルクが投じられてきており、二〇〇〇年の予算でも、三八〇億マルクが投じられる（ib., S. 14）。〕

（24）一九九二年につづいて（一一〇巻一号一五〇頁参照。〔本書第一部二篇所収〕）、一九九四年の全国学長会議（Die Hochschulrektorenkonferenz, Zur Forschung in den Hochschulen der neuen Bundesländer 4. Juli 1994）においても、これに対する警告が発せられた（AvH-Magazin, a.a.O. (65), S. 51）。

（25）AvH-Magazin, a.a.O. (65), S. 51-52.

この時期に、総合大学が一六のほか、二三の工科大学と、一一の音楽および教員養成の大学がおかれている。

（26）Ib., S. 52.

（27）Statistisches Jahrbuch für die Bundesrepublik Deutschland, 1994, S. 423.

（28）Der Bundesminister für Bildung und Wissenschaft, Förderung von Bildung und Wissenschaft in den neuen Ländern, Informationen für die Länder Brandenburg, Mecklenburg-Vorpommern, Sachsen, Sachsen-Anhalt, Thüringen und Berlin (Ost), 1991, S. 13ff.; AvH-Magazin, a.a.O. (65), S. 52. また、内容的には、西地域や外国との研究者、学生の交換援助も盛りこまれている。

このほかにも、旧東ドイツのアカデミーの研究者を大学に統合するためのプログラムなどがあり、六億マルクの支出が予定され、これは九三％が達成されたという（Wissenschaftler-Integrationsprogramm）。もっとも、これは、九六年一二月に終了することになっており、その後の保障はない。

また、自然科学を中心とした特定研究プログラムが、旧東ドイツの八大学で行われている（Sonderforschungbereiche）。さらに、マックス・プランクによる大学外の研究組織の設置も行われている。

（29）Förderung von Bildung, a.a.O., S. 35. によれば、東ドイツ地域への支出計画は、本法によるものが最大であり、六億九〇〇〇万マルクであり、つぎが、大学建物に関する三億マルク、大学の基盤整備に関する二億マルク、ドイツ研究共同体の援助計画（Förderungsprogramm der Deutschen Forschungsgemeinschaft）が九〇〇〇万マルクとなっている。本文で述べたHochschulerneuerungsprogrammそのものは、四七〇〇万マルクの支出にすぎない(以上、一九九一年)。ほかに、大きな項目で注目されるものとしては、学生の住居補助が二五〇〇万マルク、教育場所の援助計画が七五〇〇万マルク、外国との交換計画が一九〇〇万マルクとなっている。

なお、旧東ドイツ地域への公的な資金の移動は、全体で一九九一年当時一三三五億マルク、一九九五年には一九四〇億マルクにのぼったといわれるから、教育関係の予算が占める割合は必ずしもそう大きくはない。その財源として、一九九五年には連帯付加税が創設された。これは、法人税と所得税に、七・五%を割り増すものである。

(30) Förderung von Bild-

研究・開発費（単位は、100万アメリカ・ドル換算）

%	アメリカ	イギリス	ドイツ	フランス	日本
政府 ▨	60,705	6,792	17,031	13,154	24,503
企業 □	101,574	10,780	28,493	15,340	95,476
外国 ■	5.1	2,430	0,742	2,625	0,361

比較的、政府支出の多いことが、諸外国の特徴である（アメリカ35.5%、イギリス32.7%、ドイツ36.7%、フランス41.6%である。日本は、20.4%であり、圧倒的に企業の割合が高い）。ただし、日本の年次は98年であるが、アメリカは95年、イギリスとドイツは93年、フランス94年である。したがって、日本の数字は、高めに出ている。

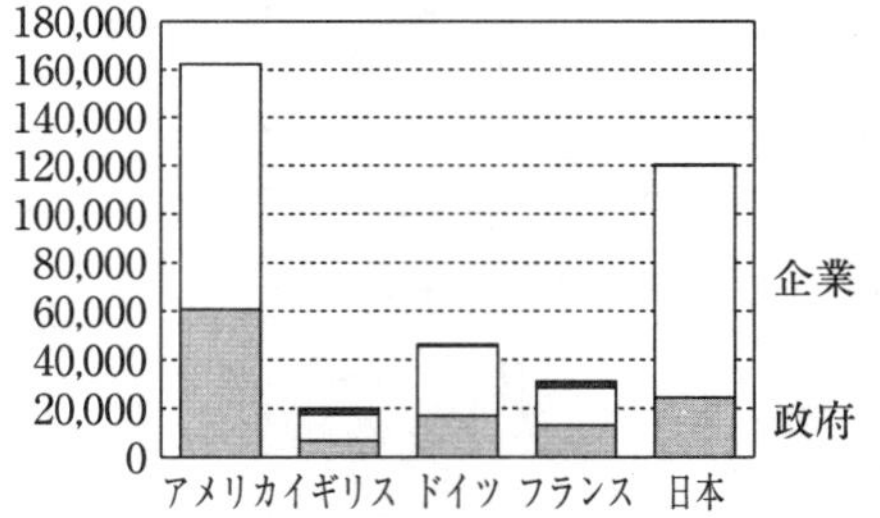

なお、ドイツについては、研究・開発費には、上記の項目に包含されないものもあるので、上述の金額が必ずしも全額を示すわけではない。

United Nations Educational, Scientific and Cultural Organization, Unesco Statistical Yearbook 1999. およびその1998年版を基礎とする総務庁統計局・世界の統計2000年版329頁による。

ung, a.a.O., S. 26. たとえば、ヘッセン州のマイクロ・コンピュータ技術の職業教育の成果をテューリンゲン州にも応用したり、あるいは企業と職業学校の間の環境問題についての成果に関する、ノルトライン・ヴェストファーレン州とブランデンブルク州あるいはザクセン州の協力、ノルトライン・ヴェストファーレン州の情報技術教育に関する成果をブランデンブルク州で採用することなどである。

東ドイツ地域の援助は、大学に限られず、音楽などの文化支出、生涯教育にも行われている (ib., S. 20, S. 26)。女性に対する援助では、大学での奨学金や育児手当 (Kinderbetreuungzuschläge) が、また、図書館への援助計画も注目される (ib., S. 21, S. 26)。後者については、統一の年の一九九〇年の即時計画だけでも、当時の東ドイツの五〇大学の図書館に一五〇〇万マルクが図書費として供与されたという。

なお、ネット上で検索しうるかぎりでは、Potsdamの蔵書は、旧東ドイツ地域では、一九九〇年以前のものについてもっとも豊富である(別稿一〇九巻一号一五頁をも参照)。旧東ドイツ地域のコンピュータには、比較的新しいものが多く (Humboldt, Potsdam, Dresdenなど)、西ドイツ地域の大学の図書館との連携もみられるようである(とくに、最後のものについては、州間の援助がある。同一〇九巻一号一八頁参照)。もっとも、西地域でも、ノルトライン・ヴェストファーレン州の図書館は、比較的機械化に遅れており、単純な比較はできない。

(31) Ib., S. 29ff. 近時再建された東ドイツ地域の大学が、全ヨーロッパ的志向をもつことについては前述した (一一六巻三七頁参照)。〔本書第一部四篇参照〕

なお、本文のEUの「エラスムス計画」は、その後「ソクラテス計画」と名称が変更されて継続されている。

最後に、ドイツと日本以外にも、研究費の内訳を国際比較して、その特徴を概観しておこう。前頁参照。

ドイツの大学（1992年、専門大学を含まない）

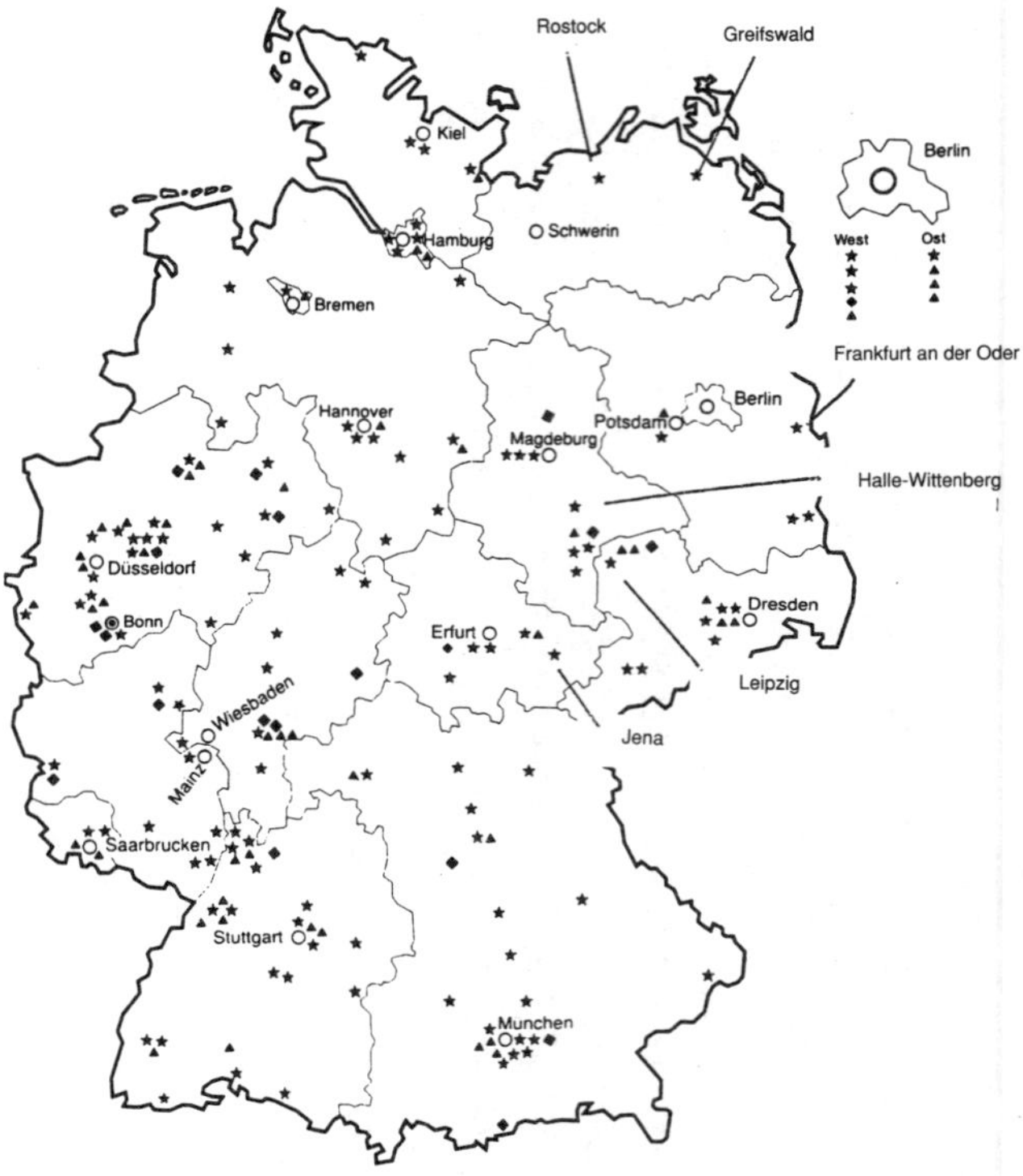

○ラントの首都
★大学、教育大学
◆神学大学
▲芸術系大学
（おもに、連邦教育学術省BMBW＝Bundesministerium für Bildung und wissenschaft, 基本資料1993/1994; Beck Jahrbuch der BRD, 1996, S. 102による）

第六篇　首都と大学

第一章　再統一と首都

一九九一年六月二〇日、ボンとベルリンは、ドイツの実質的な首都の座を争った。もっとも、ドイツの名目的な「首都」は、すでに一九九〇年八月の東西ドイツの統一条約二条一項によって、ベルリンと定められているので、これ自体は争いようがない。

問題なのは、その内容である。同じ統一条約二条二項によれば、議会と政府の所在地は、統一後に決定するとされている。つまり、現在の政府の所在地が自動的に「首都」になるわけではない。また、将来の政府の所在地は、まったく未解決のままであった。そこで、綱引きがおこなわれ、その結果、政府と議会の所在地も、ベルリンと決まったのである。(1)

〔より正確には、「政府」といっても、首相府の場所である。大統領府は、かねてボンの Villa Hammerschmidt od. das Palais Schaumburg にあったものが、首都としての象徴として、一九九〇年の再統一からじきに、ベルリンの Schloß Belvue に移転していた。ちなみに、この大統領府は、海外との学術交流を担当している Humboldt 財団の総会が開かれるさいに、毎年、研究者が招待をうける場所でもある。他方、首相府は、なおボンにとどまっていたのである。その移転は、ようやく一九九九年に行われた。〕

首都がどこにあろうと、分権的なドイツのことで、それほどの一極集中がおこるわけではない。前から、最高裁にあたる連邦裁判所、憲法裁判所は、片田舎のカールスルーエ（南ドイツのバーデン・ヴュルテンベルグ州）にあったし、種々の政府機関のなかにもときとして驚くような場所にあるものが少なくない。また、統一後、政府機関の再配分が行われ、いくつかは、旧東ドイツ地域に移転することになった。旧東ドイツのライプツィヒ（ザクセン州）は、そこにかつて戦前の最高裁にあたるライヒ大審院（RG）があったことから、連邦裁判所（BGH）の移転を望んだが、これは実現しなかった。それというのも、当事者にあたる都市にとっては、首都にかぎらず政府機関の移転には、雇用などの利害関係があり影響が大きいからである。〔その結果、主要な政府諸機関のベルリンへの移転も、一九九九年七月までもちこされたのである。〕

とくにボンは、現在でも人口三〇万人弱の小都市であり、この町に首都の座がころがりこんだことじたいが僥倖なのであるが、こんど実質的にも首都の機能を失うとすると、もとの田舎町に逆戻りということになる。

〔もっとも、第二次大戦後、アデナウアーによってボンが首都とされたことは、一種の偶然と解されることが多いが、必ずしも僥倖のみとはいえない。ボンは一八七一年のドイツ統一前から、プロイセン領ラインラントの中心としての性格を有し、少なくとも精神的には、統一後も西部地域の中心であったといえるから、これはたんなる偶然とはいえないのである。西ドイツ（Bundesrepublik Deutschland）が、旧ドイツ（Reich）の正当な継承者といえるためには、その首都は、おそらくバイエルンやバーデンなど他のラント地域ではありえなかったからである。また、この地域が、現在、ルール工業地帯をかかえるNordrehin-Westfalenと、Rheinland-Pfalzの両州に相当し、とくに、前者が経済、工業、人口などの点で、最大の州であることも無視できない。もちろん、ベルリンが従来の地位を失ったという限りでは「僥倖」といえなくもない。小野・一橋論叢一一七巻一号九五頁、九六頁参照。本書第一部五篇所収〕

第二章　大学都市ボン

ボンの活性化をかけて、いくつもの構想が出されている。政府の諸機関の移転したあとの施設に、EC〔EU〕の諸機関を誘致する構想がその一つで、すなわち、ドイツの首都からヨーロッパの首都へというわけであるが、これには、EUの機関を誘致しようとする他の国々との衝突もあり、実現はそれほど容易ではない。もっとも、政府機関の移転じたいもそう簡単にはできそうもない。予算の問題もあり、職員もよろこんで引っ越すわけではないので、大臣だけがベルリンにいくとするもの、連邦教育・学術省ほかいくつかの省は残るとするものなど、いろいろな構想が出されている。政治都市としての機能に固執する構想ともいえる。〔連邦教育・学術省は残存することとなった。〕

ボン活性化のプランの中で比較的現実性のありそうなのは、べつの構想である。すなわち、文化都市として再生することである。そのために新たな美術館や展示館がオープンしている（連邦歴史博物館もその一つである）。また、EU関係では、欧州高等研究調査センター（CAESAR）、欧州統合研究センター（ZEI）、南北開発研究センター（ZEF）の移転が決まり、国連の関係では、ボランティア計画（UNV）、気候変動枠組み条約（KRK）、移動野性動物種の保護に関するボン条約の事務局、国連情報センターがある。一九九九年には、国連砂漠化防止条約（CCD）の事務局がジュネーブからボンに移転した（vgl. Zeitschrift Deutschland, 1998, No. 5, S. 13）。

第三章　種々の問題

また、もとの大学町の伝統もあるが、大学自体も問題をかかえている。旧東ドイツ地域の大学の再建に多くの困難があることは近く指摘する予定であるが〔小野・一橋論叢一〇九巻一号。本書第一部一篇所収〕、西ドイツの諸大学も教育・研究上の種々の問題をかかえているのである。そして、一九九〇年一〇月の東西ドイツの統一の余波ともいえる財政赤字の増大から、諸問題がすぐに解消される見込みは少ない。

学生の入学に関連する問題としては、学生数の増加にともなう教授数とのアンバランス、施設の不足などがある。たとえば、ボン大学では、約五〇〇人の教授(助手などを含まない。職員を含めた大学の被用者総数は約四三五〇人)に対し、約四万人(一九九〇年冬には三万八〇三七人)の学生がいる。この数字は、一九五〇年には約五〇〇〇人、一九六〇年には一万人、一九八五年には四万〇三三六人であった。法学部では、経済関係の教授を含めた教授約五〇人に対し、一九九〇／一九九一年の冬学期の総学生数は四九八一人であった。

〔みぎのように、学生数(定員)は、一九五〇年に五〇〇〇人、一九六〇年は一万人、一九八五年には四万人をこえたが、一九九五年から一九九六年にかけての冬学期では、三万六〇〇〇人であった(ちなみに、そのうち三〇〇〇人は外国人)(2)。二〇〇〇年の学生数は、三万七七九二人である。これは、ベルリン自由大学の四万三〇三四人、フランクフルト大学の三万五九一二人、ハンブルク大学の四万一七七四人などに近く、ドイツでは、最大級の規模である。なお、フライブルク大学は、一万八七四一人。〕

すでに、多くの大学や学部では、定員制(Numerus-clausus)が導入され、その数はますます増加しつつある。また、かなりの施設がそうとう老朽化している。

卒業に関連する問題としては、卒業後の学生の就職問題がある。大学生の増大にともない、「学識ある失業者」も増加しつつある。とくに法学部では、卒業試験にあたる国家試験に合格しても、希望のポストをえられないことが増えつつある。それでも、ボンは従来政府機関が集中していることの地の利を生かしていたのであるが、法学部長のPietzcker教授の談によれば、政府機関の移転によって、これが失われることになる。とくに法学部では、外務省などへの採用が減少する可能性があることを危惧しているという。

なお、法学部長室には、歴代の学部長あるいは学長の写真が一〇数枚かかっており、著名な法律家の顔写真をたいていは初めてみることができたが、その中に、経済学者のシュンペーターの顔があった。写真とはいえ、知っている顔をみるのは感慨深いものである。

〔一橋大学には、シュンペーター文庫がある。シュンペーターがオーストリア、ドイツで収集した蔵書は、第二次大戦中にボン郊外の疎開先で焼失したので、一八三二年以降のアメリカ・ハーバード時代の資料が中心である。〕

ちなみに、ボン大学は、著名人としては、ベートーベンのほか、マルクスが学生のときに学んだところでもある。町中にはベートーベンの生家があり、ミュンスター広場にはその銅像がある。また、マルクスのかつての下宿先の家には記念の金属板が取り付けられている。

〔ボンの法学部は、一九二八年に経済学部を吸収しており、その間の事情については、一橋論叢一一七巻一号九五頁参照＝本書第一部五篇所収。また、大学と直接には関係はないが、ボンは、音楽家シューマンの終焉の地でもあり、中央駅近くの墓地には、その墓があり、死亡時に収容されていた病院を改造したものは、シューマンの記念館となっている。〕

（１）　地理的にみると、ボン―パリ間は、およそ五五〇キロメートル、ボン―ロンドン間も、およそ五五〇キロメートル、ロンドン―パリ間は、四〇四キロメートルであり、ほぼ正三角形をなしている。したがって、ボンは、フランス、イギリスとの関係という意味で、あるいは、ＥＥＣやＥＣとの関係では、西ドイツの首都としてふさわしいものであった。東ヨーロッパに対峙する西ヨーロッパの地位を象徴するものでもあった。

これに対し、ベルリン―パリ間は、一〇九八キロメートル、ベルリン―ロンドン間は、一一二二キロメートルであり、ロンドン―パリ間の距離を二倍以上も上回る。これは、ベルリンを頂点とする二等辺三角形となる。しかし、ローマまで一四七一キロメートルであり、これは、パリ―ローマ間の一四三七キロメートルとほぼ等しく、ベルリン—パリ間の距離ともそう遜色はない。この場合には、ローマを頂点とする二等辺三角形となる。また、ベルリンは、ウィーンまで、六五五キロメートル、ワルシャワまで、五六一キロメートルであるから、ＥＵが東方に拡大することを考慮にいれれば、再統一後のドイツの首都として、あるいはＥＵによる東西ヨーロッパの統合という観点からは、より望ましいものということになるのである。

（2）　Vgl. Rheinische Friedrich-Wilhelms-Universität, Vorlesungsverzeichnis 1997/98.

第二部　ドイツの大学と法曹養成制度（一九九〇年代後半以降の改革）

第一篇　ドイツの法曹養成制度と大学教育（一九九八年改正法）

第一章　はじめに

ドイツの法学教育は、日本の大学教育と比較的類似したものであるが、専門的な法曹養成制度と比較的うまく結合されているものとされてきた。しかし、一九七〇年代以降の大学のマスプロ化とともに、専門職養成のための教育から離れる側面がみられるようになり、それが、近時の大学改革の契機となってきている。

本稿＝第一篇では、まず日本との制度的な相違を、つぎにマスプロ化(年間の大学進学者は一九九六／一九九七年の冬学期でほぼ三八万人。法学部のみでほぼ二万人に近い)による専門職養成からの逸脱の点を、また、法学部の卒業生の進路、専門職との係わりを検討し、最後に、近時の改革論議（一九九八年〜九九年）についてふれよう。

第二章　二段階法曹養成制度

(1)　ドイツの大学が法曹専門職の養成制度として位置づけられるのは、制度的な結合による点が大きい。すなわち、法律家となるには、大学の卒業資格に相当する第一次国家試験(Referendarexamen)に合格して、実務研修(Vorbereitungsdienst)をうけたのち、第二次国家試験（Assessorexamen）に合格することが必要である。わが司法修習のモデルでもある二段階の法曹養成制度である。このプロセスの中で、大学は、制度の前半の課程と位置づけられるのである（ドイツ裁判官法五条〜七条）。

大学の課程は、第一次国家試験の合格によって終了するのであり、それ以外に大学の卒業資格として、大学が固有の学士号を付与することは従来なかったから、法学部に進学した以上は、すべての者が国家資格を目ざすほかはなかったのである。もっとも、大学が固有に与える資格として博士号があり、これは博士論文を書くことによってえられる（大学院は、ドイツでは基本的な制度としては存在せず、博士号取得には、論文（Dissertation）の作成だけが要件である）。ドイツの博士号は、従来から学士号の代替となっている意味あいもあり、比較的容易にえられる（全分野での取得者は年間二万人に達する）。もちろん、この場合でも、国家資格の取得は最低限のものとしてその前提となり、博士の取得のみを目ざすのは、帰国後になんらかの資格取得が必要な外国人のみである。

(2)　ドイツの二段階法曹養成制度は、プロイセンのそれに由来するものであり、さまざまな地域からなる一九世紀のプロイセン国家にとって、同質の能力のある行政官や司法官を獲得することが必要であったことのほか、種々の実務的、政治的な理由によるものであった。

また、当時の大学の教育がドイツ全体で通用する普通法教育を中心としていたのに対して、プロイセンの実定法を教育するという転換教育の意味もあった。ある意味では、たんなる実務研修というよりは、政治統合の遅れたドイツの法状況に特有の制度という一面をも有していたのである。

二段階の法曹養成制度は、一九七一年に、養成期間の短縮をねらって、一部の州と大学で一段階の制度（大学教育と実務研修の合計で五年半の制度）が導入された時期を除くと（一九八四年に廃止）、今世紀を通じてドイツの法曹養成の基本であった。

(3)　ドイツの第一次国家試験の以上のような位置づけから、この試験は、選抜試験ではなく、一定の成績を修めればえられる資格試験と位置づけられる。したがって、大学の数が増大した一九七〇年代以降も、合格率は高く、おおむね七割程度で推移してきた。

第一次国家試験の受験資格としての大学の標準年限は、ほぼ七学期（三年半）とされてきた。連邦法上の最短期間は四学期（二年）であるが、各州法上の履修期間はこれより長期の定めをしており、また実際の履修期間についても、ほぼ一二学期（六年）が平均的な期間とされてきた。また、実務研修期間は、一九六〇年代の三年半からしだいに短縮され、近時では二年となっている。短縮は、大学における履修期間が事実上長くなり、結果として法曹養成の期間が全体として長期化することを防ぐためである。

第一次国家試験の受験資格は、大学における一定の科目の履修と在学期間に関するにすぎないが、一人につき受験の機会が二回しかないこと（回数制限）が、このような長期化の原因となっている。すなわち、いくら短期間で履修しても、また受験自体は可能であっても、不合格となれば、資格をえる機会を失うからである。学士号の取得がないことから、不合格は法学部に在籍したことの意味をまったく失わせる。したがって、合格率が高いといっても、受験には慎重を期することになるのであり、受験時期の期間制限がないことから、いきおい大学における在籍年限を長期化する結果となるのである。

第三章　法曹養成期間の長期化と対策

(1)　ドイツ法曹会議（DJT）(Deutscher Juristentag) は、早くからこの養成期間の短縮を目ざした改革を提言している。これをうけて、近時では一九九二年にドイツ裁判官法の改正が行われた。改革の中心は、法曹教育の期間短縮である。養成期間の長期化の結果、ドイツの法曹が一人前になるのは、二八～三〇歳ほどといわれ、EUによる市場統合（弁護士統合）を視野に入れるとすれば、他国との競争条件の均一化が必要であるからである。現在では、他国の平均よりほぼ二歳高齢と目されている。また、外国との競争という視点を除外しても、勉学の長期化は、職業上・精神的な選択の可能性を減少させ、望ましいとはいえないとされている。

一九九二年の改正では、修学期間の短縮は、実務研修期間についてしか行われなかった(二年半から二年)。慎重な受験という傾向からすれば、たんに法規上の、大学の履修期間のみを短縮しても意味はないからである。これに代えて、算入されない受験（Freiversuch）の制度が認められた。すなわち、入学から八学期（四年）までの間の受験は、二回の受験制限に算入しないものとした。これによって、学生が早期の受験を行うことが期待された。導入後の統計によると、大学によりほぼ一学期から二学期（一年）の短縮の効果がみられるといわれ、法学部以外の分野でも採用されつつある。

また、分割受験（Abschichtung）の制度も認められた。すなわち、まず刑法と、受験者の選択により私法か公法のいずれか一つで、合計二つの試験を受験し、残りの試験を七カ月後に受験するのである。第一次国家試験は、年に二回行われているから、受験課目を二回に分散することにより、一度に受験するよりも合格しやすくなるのである。これは、国家試験が選抜試験ではないことの特性を生かしたものといえる。しかし、七学期の終わりより後に受験する者は、すべての試験を時間的中断なしにうけなければならない。これも、早期受験者への優遇措置だからである。

近時、在学年数の短縮は、予算や財政問題との関係でも必要性が指摘される。在学年限の長期化は、授業料が無料であったことにも原因がある。そこで、従来無料であった大学授業料の有料化が論議され、また、登録手数料（一学期につき一〇〇マルク＝ほぼ五〇〇〇円）の徴収や、一三学期以上の在学者からは、一〇〇〇マルク程度の課金をとる制度も、一部の州から導入が始められている。

(2)　国家試験が資格試験であり高い合格率を維持していることから、大学入学者の増大とともに、第一次国家試験の合格者も増大している(ほぼ年間一万二〇〇〇人)。さらに、第二次国家試験の合格率も、おおむね九割近くであるから、法曹としての資格を取得する者の絶対数は増大している。その増加は、とくに近年いちじるしい。

すなわち、大学の入学者はほぼ二万人であり、第二次国家試験の合格者は一万人ぐらいになる。もっとも、国家試験にもいたらない中途挫折者もかなり多い。

一九九一年の統計によると、ドイツの裁判官の数は一万七九三二人（うち女性が三四四九人）、検察官の数は三八八七人（女性が七五六人）、また弁護士の数は、五万一二六六人であった。また、一九九三年の統計によると、裁判官二万〇六七二人（女性が四七五二人）、検察官四九二〇人（女性一二七二人）、弁護士五万八五〇四人である。さらに、近時の一九九七年の統計では、裁判官二万〇九九九人（女性が五三五八人）、検察官五二一一人（女性が一四五六人）、弁護士七万六〇七四人へとかなりの増加をしている。

これらに比較すると公証人の数はかなり少なく、一九九一年で一〇一四人であり、一九九三年には一五六二人、一九九七年には一六五七人に増加している。その数は、近年になってもそう大きなものではない。しかし、弁護士の数は、本来の弁護士（Rechtsanwalte）七万六〇七四人（一九九七年）に対して、公証人弁護士（Anwaltsnotare）は九〇三一人（一九九七年。なお、一九九三年には、八六一六人）であり、公証人を兼ねることのできる者の数はかなりの数にのぼっている。

いずれの数字も、わがくにのそれとの比較では、かなり大きいといえるが、近年とくに増加しているのは、弁護士である。裁判官などには定員（増大しつつあるが）があるので、国家試験に合格した、かなり大きな数の資格者をうけ入れきれず、弁護士の増大がもたらされるのである。また、法曹以外への就職をよぎなくされる者や資格のある失業者も多い。東西ドイツの統一（一九九〇年）にともなう東地域への需要が一時的な緩衝要因となったことを除くと、慢性的な供給過剰の状態にある。このことは、一面では、博士の資格取得者の増大をもたらす要因ともなっている。

(3)　法律家のわずかの部分だけが司法実務に採用されることから、これにあまりに重点をおいた研修は、弁護士、行政官、あるいは経済界で活動する法律家にとってはあまり有益ではないとの批判（そこで、一九九三年から専門大学において、経済〔専修〕法律家（Wirtschaftsjurist）の養成が始まり、九七年に初めての卒業生が生まれた）や、法曹一元教育の見直しの見解も部分的にはみられる。また、裁判所などの司法界のみでは研修の場所の確保という観点からしても（増加した合格者をうけ入れえないことから、ほとんどの州において、研修に入る前にかなり長期の待機期間（Wartezeit）が生じている）、必ずしも第一次国家試験合格者のうけ入れにさえも十分ではないことから、実務研修は、裁判所、検察、弁護士事務所ばかりではなく、行政官庁、連邦または州の立法機関、ＥＵや国連などの国際機関、私企業、労働組合などをも広く視野に入れている。

法曹教育の理念については、それが法律家の養成を目的とするか、官僚や経済人をも対象とするかについて、必ずしも見解の一致はみられない（ドイツの国家試験は、資格試験であることを除くと、わが公務員試験や外交官試験の領域をも実質的にカバーするものである。この点では、アメリカのjuristの資格とも近いであろう）。特殊化した職業ごとの重点教育の重要性はしばしば強調されるが、同時に法曹一元教育の維持は、なお広く支持されているようである。これは、法律学が広い職業分野における基礎的な能力を養成することによるのであり、このような養成の性格は、職業分野ごとの重点教育と必ずしも矛盾するものではないからである。

第四章　大学改革

(1)　近年、法学部以外の大学の全体的な問題としても、在学期間の短縮が意図され、一九九八年の連邦の大学基本法（Hochschulerahmengesetz）の改正（一九九九年一月施行）では、最長の在学期間を四年半とする標準勉学期間（Regelstudienzeit）を設定するなどの修正が行われた（大学基本法一一条。もっとも、具体的な実施の大半は、各州法による）。

(2)　また、従来、法曹養成に関する改革はたびたび行われたが、そのいずれも共通して、大学入学後、実務研修にいたる期間と、資格獲得後の問題（高齢、就職対策に関する問題）、つまり、大学の課程からあとの出口の問題を対象としていた。これに対し、近時の改革では、入学という入口の問題も論議される。

すなわち、ドイツの法曹養成制度は、第一次国家試験の合格者が七割にも達するという意味では、合格率は高いのであるが、試験にもいたらずに途中で脱落する者も多く（いわゆる中途挫折者であり、これを考慮すると、第一次国家試験の合格率は、五～六割程度に下がる。挫折者は、第一次国家試験と第二次国家試験の間にもかなりみられる）、また、法律学への適性を有しない者も多いのではないかという疑問がある。

ここに、入学者の選抜に関する問題が生じる。現在は、全国一律の高校の卒業資格試験＝大学入学資格試験（アビトゥーア、Abitur）により、学生は、大学の入学資格を取得する。大学進学者が増大した一九七〇年代から、多くの大学には定員制が設けられているが、かりに定員制がある場合でも、大学定員審査機構（ＺＶＳ）が、定員の範囲内で希望者の調整を行い、入学許可を出している。つまり、学生は大学を選択できるが、大学側は、学生を選択しえない。そこで、将来的に大学が、少なくともその一部の学生を、たとえば大学に定員制（Numerus-clausus）ある場合には、およそ二〇％の学生をみずから選抜できるものとされる（大学基本法三二条三項二、ｂ）。

(3)　また、大学が、国際的に認められた卒業認定をなしうることになった。これは国際的な競争の観点をいれたものである。おもに国際的観点から、外国と同様に、大学が、修士（Master）、学士（Bachelor）をも与えられることになった。法学部のように、最終試験が国家試験の分野では、大学を出た（厳密には一定の課目を履修したという）だけでは何らの資格の取得もできないからである。このような資格の付与は、おもに外国人の入学者を集めることに効果があると期待されているが、他面では、従来の法曹養成の一元的な目的が、法学部における非法曹の養成にも向けられたことを意味している（大学基本法一九条参照）。

第五章　比較による示唆

(1)　法曹資格のように、資格取得の希望者の多い分野においては、つねに競争や資格対象者の制度的な選別が行われる可能性がある。そこで、養成課程のどこで絞りこみを行うかは、いずれの国でも問題とされる。

ややイメージ的に比較すれば、アメリカ型のモデルは、養成課程の比較的あとの段階（ロースクール）で行うが、それにもかかわらず大量の資格者が生じ、さらに資格取得後の競争も激しいものとなっている。ドイツの制度のもとでは、大学教育と実務研修との二段階の養成が密接不可分であり、資格対象者の制度的な選別は、必然的に養成課程の比較的前の段階に向かうことになる。

ドイツでは、より早く大学および第一次国家試験の段階での絞りこみが行われてきたが、資格取得者の数が増大することにより、資格取得後の競争も激化しつつある。その対策が、より早くに大学の入口段階での絞りこみをも考慮しようとする近時の改革である。これは、基本的には、大学教育と実務研修との二段階養成制度が密接不可分であるとの、ドイツ特有の事情にもとづいている。もっとも、ドイツの制度でも、選抜試験ではないことから、数は絞りこめず、期間の短縮や適格者の選別が行われるだけであるから、最終的な解決は、アメリカと同じく資格取得後の自由競争ということになる。

(2)　日本では、大学と司法修習による養成とが、従来必ずしも関連づけられてこなかったことにより、二者の間の時点で、きびしい絞りこみが行われてきた。また、合格者の数が制限されていたことから、従来、資格取得後の問題は顕在化してこなかった。これに反し、ドイツ型の制度をモデルとする場合（大学と実務修習の不可分性を認める場合）には、従来の日本のような大学と司法修習の中間での絞りこみはできず、（その程度にもよるであろうが）、絞りこみは、みぎの二つのモデルのように出口と入口に向かわざるをえないことになろう。

その場合に、資格許与数が過剰な場合には、養成した資格者がその資格を生かせないとの制度の非効率性が問題となり、これの過少な場合には、養成課程に乗るまでの競争の激化が問題となる。資格者の大量養成は、具体的には中途挫折者や資格ある失業者をもたらし、ドイツの養成制度の改革の中で制度の非効率性として問題となってきたし、また近時の新たな資格（学士号）の付与の契機でもある。同じことは、アメリカでは大量の有資格者の問題、ひいては濫訴や訴訟負担の増大の議論にまでつながっている。他方、入口段階での定員の削減は、ドイツでも定員制の論議にみられ、試験の困難さは、日本で従来問題となってきたところでもある。

ただし、私見によれば、いったん制度が発足すれば、大学の入学数と同様、制度的に増加する可能性が強いであろう。入口段階の競争は、定員と合格者数から比較的把握しやすく、批判の対象となりやすいのに反し（法律家と類似のイメージでとらえられる医者との比較）、出口あるいはそれ以後の競争は顕在化しにくく、また従来の合意型社会から司法型社会への転換により、法曹三者以外の組織（会社、公務員など）による法律家の吸収がかなり行われると期待されるからである。

なお、資格者間の競争については、制度の非効率性にもかかわらずこれを有益とみるか、また競争による挫折者に復活を許す可能性があるか否か、といった風土的・社会的背景の相違をも考慮する必要があろう。

第二篇　ドイツの法曹養成制度と経済専修法律家

第一章　完全法律家と経済専修法律家

ドイツの法曹養成は、伝統的に、いわゆる完全法律家（Volljurist）の養成を目ざした制度である。すなわち、裁判官職を基本として、検察官、弁護士に共通する資格の取得を目的とし、大学の法学部も、完全法律家となることで修了するのである。しかし、戦後の大学のマスプロ化の結果、年間の法学部進学者だけでおよそ二万人に達している。第一次および第二次国家試験（司法試験。この中間に司法研修がある）に合格する者の数は、年間一万人以上、弁護士の数は、八万五一〇五人に達している（一九九七年。公証人弁護士を含む。ちなみに、裁判官が二万〇九九九人、検察官五二一一人）。その結果、法曹資格を取得しても、必ずしも狭義の法曹三者となれるわけではなく、公務員や企業の法務担当者、あるいは一般業務の担当者となる者、さらには有資格の失業者も多い。

しかし、そのように多数の法曹資格者が広く社会進出しているわりには、企業などの実務担当者としては、必要な能力を欠いているといわれる。これは、法曹養成が狭く裁判官職の養成を目的とした制度となっているためである。今日の企業・経済人には、法律専門家としての能力だけではなく、経済あるいは双方に目くばりした能力が必要とされる。しかるに、従来の大学法学部・その後の司法研修による法曹養成は、このような実際的能力を取得させる機会を与えてこなかったのである。

このような批判から、ドイツでは、一九九三年から、一部の専門大学において、いわゆる経済専修法律家(Wirtschaftsjurist) の養成が開始されたのである。企業の求める法的な素養をもった経済人の養成を目的としたコースである。

日本では、現在ロースクールをめぐる法曹養成の改革論議が盛んであるが、ロースクールは、最大限拡大したところで、もっか三〇〇〇人程度の養成コースにすぎず(ロースクール入学者の六割が最終試験に合格してコース終了にいたるとすれば、入学者は、五〇〇〇人となる)、これでは、狭義の法曹三者の要求を満たす数にすぎない。年間四万人に及ぶ法学部卒業生の大多数が企業に就職する状況からすると、つぎの課題は、企業の要求する経済的な素養をもった法律家の養成ではないかと思われ、ドイツの状況は参考とするに値いしよう。

第二章　専門大学における経済法専修コース

ドイツの専門大学は、一九六〇年代末から、おもに工学系のエンジニアの養成を目ざして開設された。現在では、総学生数は、三五万人を超え、とくにエンジニアの領域では、専門大学の卒業生は、大学と専門大学をあわせた総卒業生の七〇％を占めている。理工系、実務系の卒業生が多く、経済成長の重要な担い手を供給してきたものとされる。専門大学は、従来から実務指向型の教育を行ってきており、就職も安定している。この専門大学に、一九九三年から新たに「経済法」関係のコースが設置され、現在一四校を数えるまでになってきている。

「経済法」というのは、狭義の経済法、すなわち、独禁法などの専門分野という意味ではなく、法律と経済の関連する科目を総合的に学ぶ意味で用いられる。科目に占める法律の割合は五〇～六〇％、経済は三〇～四〇％である。その他には、種々の言語、法律的なレトリック、交渉の進め方、管理、求職活動のトレーニングなども行われ、各専門大学は、重点科目に特色を出すことに努めている。

基礎教育課程は、高校の授業にならって科目の配置がされ、選択の可能性は少ない。大学式の科目の選択制は、履修の自由を増す反面、その体系性・方向性の見通しを悪いものとし、在学期間の長期化をもたらすからである。重点は、経済私法、企業法、税法、労働法、経済行政法など経済に関係する法領域におかれる。経済関係では、会計、マーケティング、実体経済、金融、投資、組織論などの基礎が教えられる。また、必修課目として、英語の法律、経済用語が教えられる。国際性指向も特徴とされる。たとえば、英米法、フランス法の導入講義が、それぞれ英語とフランス語で行われるなどの工夫が凝らされている。

また、各専門大学は、専門教育課程での特徴ある重点教育を売り物としている。典型的なものは、労働法、私的経済、租税、財務（銀行と保険）、国際取引などである。ほかに、メディア、環境経済、破産・清算の管理、公企業法などを重点領域とする学校もある。さらに、勉学と結合された実務的科目が設置され、卒業論文も、法的および経営的かつ実務的な問題を専門にまたがって検討することが要件とされている。

第三章　伝統的法曹養成との関係

開設の最初の時期に、「経済法」専修といった特別なコースを設けることには、とくに弁護士会からの反対があり、「経済（専修）法律家」（Diplom-Wirtschaftsjurist/in（FH））の学位の認定を阻止するために、専門大学に対する訴訟も提起されたが、一九九七年には、早くも最初の卒業生が誕生した。専門大学は、四年で卒業することを原則としているからである。

卒業認定は、一般の大学と異なり、各大学の学位による。そのため、一般の大学において国家試験の合格がその修了とされるために、学生の平均在学年数が延びている（ほぼ六年に達する）非効率性を避けることができ、また、内容的にも実務に適合した科目をおくことができるのである。

もちろん、伝統的な法曹養成制度の側からの批判もある（体系性の欠如、理論軽視など）。しかし、逆に、従来の法曹養成が、裁判官の養成に重点をおき過ぎていることへの反省をもたらし、二〇〇〇年からは、大学法学部でも、学士号が付与されることになった。また、職業的資格のえられる講義の可能性や、さらには、裁判官と弁護士の養成を分離するとの、法律家の統一的養成への見直し論議の契機ともなっているのである。

わが国では、高度の経済人を養成することは、一九九〇年代の大学院の専修コースで検討された。しかし、そのコースは、社会人教育を除き、実質的には、法曹養成コースであった（内容的にはむしろ、ただの各種受験生の受け皿にすぎなかった）ために、ロースクールが設置されれば、発展的に解消されるものと位置づけられることが多い。しかし、ロースクールが、量的・内容的に、企業などの求める高度の経済人を十分に供給しえない場合には、新たな改革が必要ということになろう。

（参考文献）　拙稿「ドイツにおける大学再建と法学教育の改革(1)〜(4)」一橋論叢一一〇巻一号〜一一七巻一号（一九九三年〜一九九七年）、「ドイツの大学改革と法曹養成制度」一橋大学法学研究三四号（二〇〇〇年）。また、福田剛久「ドイツの法曹養成制度等について」判時一六八六号二八頁（一九九九年）。

第三篇　ドイツの大学改革と法曹養成制度（二〇〇〇年前後の状況）

第一章　はじめに

第一節　二段階法曹養成制度

(1)　ドイツの大学の法学教育は、日本のそれと比較的類似したものであるが、専門的な法曹養成制度とうまく結合されているものとされてきた。すなわち、日本の法曹養成制度においては、司法研修所による修習と、そこに入るための司法試験が圧倒的な重要性を占め、法学部教育のみならず大学教育すらも、必ずしも必要とされていない。また、司法界で活躍する法曹の需要が小さいために、法学部卒業生の大多数は、一般企業、官公庁に就職し、それゆえに、法学部の教育が、狭く司法関係の就職のみを目ざした教育を行うことは、かえって全体的な法学部の役割にそぐわないことにもなっていたのである。

(2)　これに反し、ドイツの大学が法曹専門職の養成制度として位置づけられるのは、制度的な結合による点が大きい。すなわち、法律家となるには、大学の卒業資格に相当する第一次国家試験(Referendarexamen)に合格して、実務研修（Vorbereitungsdienst）をうけたのち、第二次国家試験（Assessorexamen）に合格することが必要である。わが司法修習のモデルでもある二段階の法曹養成制度である。このプロセスの中で、大学は、必然的に、制度の前半の課程と位置づけられるのである（ドイツ裁判官法五条〜七条）。

しかし、一九七〇年代以降の大学のマスプロ化とともに、専門職養成のための教育から逸脱する側面がみられるようになり、それが、近時のいくつかの改革の契機となってきている。(1)

第二節　法曹養成制度の改革

(1)　一九七〇年代の大学のマスプロ化をうけて、伝統的な法曹養成制度は、修正をよぎなくされている。(2)とくにドイツでは、養成期間の長期化が問題とされている。ドイツ法曹会議（Deutscher Juristentag, DJT）は、かつて一九七〇年の大会において、この問題をとりあげ、これをうけて、一九七一年には、法曹養成の一段階制度（大学と第一次国家試験後の実務研修を大学内で結合させる。一九八四年に廃止）、大学（三年半の標準勉学期間の設定、最短期間の短縮＝三年半から二年）と実務研修（三年半からしだいに二年半まで短縮）における期間の短縮などが行われた。

しかし、その後、現実には、大学における勉学期間は、実質的に六年にまで長期化し、また第一次国家試験合格後、実務研修に入るまでの待機期間（州による相違があるが、一年以上に及ぶ場合がある）の出現、長期化が生じた（近時の状況については、本稿＝第三篇の第三章で後述する）。(3)

一九九二年のドイツ裁判官法改正は、法曹会議の一九九〇年決議をうけたものである。改正の結果、実務研修期間の短縮（二年）のほか、養成期間短縮のいくつかの試みがなされた。しかし、その結果は、必ずしも満足できるものとなってはいない。EUの市場統合（弁護士統合）の観点からも、養成期間の短縮は避けられない問題とされている。(4)

(2)　また、大学そのものの改革とは直接には関係しないが、専門大学（Fachhochschule）における「経済法」専修コースの開設という現象がみられ、注目される必要がある。もともとドイツの法学部教育をうけた法律家は、完全法律家（Volljurist）として、法曹三者（裁判官、検事、弁護士）のみならず、行政官（この場合には、司法官試験は、資格試験であることを除くと、わが公務員試験や二〇〇〇年まで行われていた外交官試験をも兼ねる意味をもっている）や国際機関、一般私企業、労働組合など多様な就職先において指導的な役割を果たしてきた。この点は、アメリカの法律家（jurist）と類似する。均一的な能力のある司法官、行政官を獲得することが、もともと二段階法曹養成制度の目的であったから[5]、裁判官法のもとで養成される法律家は、狭義の法曹三者にとどまらなかったのである。そのかぎりでは、ドイツには、日本よりも広く「法律家」に対する需要があり、大学教育もそれに応じるものとなっていた。

しかし、一九七〇年代以降の大学のマスプロ化は、完全法律家の過剰という現象を生み出した（後述第三章参照）。みぎの意味での、法律家に対するドイツの需要をもってしても、毎年一万人以上の完全法律家を消化することはむずかしいものとなっている（有資格者の失業、法学教育のアメリカ化）。

他方、法律家の多くが伝統的な職場を確保することが困難であるとすれば、新たな就職先を探ることが必要となるが、その場合には、一般の企業に求めるほかはない。ところが、一般企業の求める資質は、必ずしも完全法律家としてのそれではない。裁判官の養成をモデルとする裁判官法の求める資質は、少なくとも企業の即戦力たるもの、実践的なものと同じではない。企業の求めるものは、もっと経済活動に密着したものである。しかし、この需要に直接応えたのは、ドイツにおいては、大学の法学部ではなく、専門大学（Fachhochschule）であった。専門大学では、経済人向けに特化した法学教育が行われ始め、近時、経済専修法律家が誕生するにいたっている。これは、現象的には、法曹を目ざさないという意味において、わがくにの従来の法学部に近く、内容的により高度の専門家を目ざすという意味では、一九九〇年代の大学院のわがくにの専修コース（ただし社会人教育の部分に限る）にも似たものといえる（後述第四章参照）。

(3)　また、近時では、大学基本法の改正問題がある（一九九八年）。従来、法曹養成に関する改革はたびたび行われたが、そのいずれも共通して、大学入学後、実務研修にいたる期間と、資格獲得後の問題（高齢、就職対策に関する問題）、つまり、大学の課程からあとの出口の問題を対象としていた。これに対し、近時の改革では、入学という入口の問題も論議される。

すなわち、ドイツの法曹養成制度は、第一次国家試験の合格者が七割にも達するという意味では、合格率は高いのであるが、試験にもいたらずに途中で脱落する者も多く（いわゆる中途挫折者であり、これを考慮すると、第一次国家試験の合格率は、五～六割程度に下がると推計される。挫折者は、第一次国家試験と第二次国家試験の間にもかなりみられる）、また、法律学への適性を有しない者も多いのではないかという疑問がある。ここに、入学者の選抜に関する問題が生じる。全国一律の高校の卒業資格試験・アビトゥーア以外の選抜を可能にする大学入学制度の改正である。

また、改正法は、大学が固有の卒業認定を出すことをも認めた。大学の国際競争の観点と、専門大学における経済法律家の学位の創設に触発されたものである（後述第二章参照）。

(4)　さらに、ドイツでは、東西ドイツの一九九〇年の再統一後、東地域への予算の重点的投入が行われた結果、一般的な予算の逼迫という現象がある。大学予算もその例外ではない。再統一に係わる問題は、ドイツに特有な契機であるが、大学予算の欠乏は、膨大な財政赤字を抱えるわがくにでも、同様にみられる現象である。しだいに、このような欠乏に対応する資金獲得の方法が行われてきつつある（後述第五章一節参照）。

また、予算欠乏の結果、近時の急速な情報化の必要とあいまって、とくに図書館の改革が、顕著に現れてきている。情報化にともなう図書館制度の改革は、いずれにせよ避けては通れない問題であるが、これがみぎの事情から加速されているのである。従来は大学の不可欠のインフラストラクチュアとされてきたこの部分の改革は、おそらく大学改革との関係でも重要な一部となろう（後述第五章三節以下参照）。

（1）　ドイツの法曹養成制度と、その問題点については、小野「ドイツにおける大学再建と法学教育の改革(1)～(4)」

一論一一〇巻一号～一一七巻一号（一九九三年～九七年）〔本書第一部二篇～五篇所収〕、また、近時のものとして、福田剛久「ドイツの法曹養成制度等について」判時一六八六号二八頁（二〇〇〇年）、小野「ドイツの法曹養成制度と大学教育」月刊司法改革二〇〇〇年一月号五三頁（同年八月の臨時増刊号一三四頁にも、加筆訂正のうえ再録された）。〔本書第二部一篇所収〕。Krimphove, Der "Diplomwirtschaftsjurist (FH)" oder die Reform der Juristenausbildung von unten? ZRP 1996, S. 248. なお、最後のZRPについては、第四章をも参照。

また、一九九八年のCDU・CSU〔キリスト教民主・社会同盟〕からSPD〔社会民主党〕への政権交代の結果、一段階の法曹養成制度が検討されている（一九九八年、全州司法大臣会議 Konferenz der Justizministerinnen und -minister）。これは、従来の大学と実務研修の二段階の法曹養成制度が、四年プラス二年（実務研修は、三年半からしだいに短縮）、その中間に位置する第一次国家試験に備えることから（また国家試験に合格したあとにも、かなりの待機期間＝Wartezeitがあることから）しだいに長期化することを防止するために、両者を統合し五年半程度で完結するシステムに転換しようとするものであった（おもに最後の一年に実務的養成を行う）。政治的理由から一九八四年に廃止された。

かねての一段階制度がSPD政権によって提唱され、ドイツ全国で八つの（比較的小規模な）法学部で部分的に導入されたことから（これにつき、小野・一論一一一巻一号四六頁参照。〔本書第一部三篇所収〕。Augsburg, Bayreuth, Bielefeld, Bremen, Hamburg, Hannover, Konstanz, Trierの法学部である）、近時ふたたび提唱されているのである。これにつき、vgl. Verhandlungen des 62. Deutschen Juristentags (DJT), 1998, Bd. II-1, N, S. 11ff.; Thesen des Deutschen Anwaltsvereines und der Bundesrechtsanwaltskammer zur Juristenausbildung, NJW 1997, S.1055f. 後者は、ドイツ弁護士会と連邦弁護士会議所（Deutsches Anwaltverein (DAV), Bundesrechtsanwaltskammer (BRAK)）の共同意見である。しかし、負担の過重と授業の物理的・内容的な分裂、不統一への危惧から、大学や法曹界では消極的な意見が多く（同一一一巻一号四七頁）、近時の提言に対しても同様である（法曹会議も反対を表明した）。したがって、政権が替わったからといって、ただちに改正が実現されるわけではない。なお、この法曹会議の決議については、論点が多数あるので、本稿ではあまりたち入ることなく、別稿で扱うことにする。

待機期間の実態については、後述する（第三章参照）。

（2）一九九七／九八年の冬学期において、大学で学んでいる学生の総数は、一八二万二八九八人であり、そのうち法学を学んでいる者は、一一万二七五六人であった。在学年数を六年とすれば、一学年あたり一万八七九二人となる。そのうち、一年目の者は一万九五七〇人、二年目の者は一万七一八七人、三年目の者は一万六四〇三人、四年目の者は一万五七七六人、五年目の者が一万四四九九人、六年目の者は一万〇八二八人、七年以上の者が一万八四九三人であった（Statistisches Bundesamt, Statistisches Jahrbuch 1999, a.a.O., S. 386. 〈16.10〉 Studierende an Hochschulen)。

（3）Vgl. Verhandlungen des 58. Deutschen Juristentages, 1990, Bd. 1, E, F, Bd. 2, O; 48. DJT, 1970, Bd. 1, E. 一論一一〇巻一号一三八頁、一四一頁注（5）参照。〔本書第一部二篇所収〕

また、養成期間の推移については、一論・一一一巻一号五〇頁の表参照。〔本書第一部三篇所収〕

（4）一論・一一一巻一号五一頁、五八頁注（2）参照。〔本書第一部三篇所収〕

二段階法曹養成制度は、プロイセンのそれに由来するものであり、もともとは、さまざまな地域からなる一八世紀のプロイセン国家にとって、能力ある同質の司法、行政官僚を獲得することが必要であったことのほか、種々の実務的、政治的な理由によるものであった（小野・一論一一〇巻一号一四四頁、危険負担の研究〔一九九五年〕三三五頁注（6）参照）。大学の設立は、一七世紀以降、ラントの権限となり（これにつき、小野・一論一一七巻一号一〇一頁注（11）、〔本書第一部五篇所収〕）、地域の多様性を反映するものとなった。

そこで、官吏の養成にも、地域的な権威である（中世的には、大学は、皇帝や教皇によって認可されたことから、全ヨーロッパ的な権威を根拠としていたが、これらの権威は近代には失われたから）大学のほかに、国家的・中央集権的な権威によるバックアップ（たんに実務的理由だけにとどまらず）が必要となったのである。ただし、プロイセンなどの領邦国家は、国民国家としては小さすぎ、他方、一つの地域国家としては大きすぎたので、より直接に領邦国家からの権威づけが必要となったのである。

この二段階法曹養成制度と類似したこと（直接の国家的権威の重視）が、公証や登記に関し、広くドイツ、オーストリア、スイスにみられる。すなわち、自由業的な公証人ではなく、裁判官や審判官の機能を重視することである。公証人は、中世的には皇帝や教皇の権威をよりどころとしており、近代以降は、国民国家の権威がこれに代わったが、領邦国家は単独ではこれによることができず、官僚的な権威を求めざるをえなかったからである（小野「公証人と公証人弁護士」法学研究三三号一三三頁参照。〔専門家〕一八七頁に所収）。

法曹養成制度の改革論議は、一九九二年の法改正後も、たとえば、第六七回司法大臣会議（一九九六年六月五日）、第六九回同会議（一九九八年六月三日）と継続して行われている（vgl. Schöbel, Volljurist ohne Referendariat—ein Irrweg?, Jura 1999, 1）。これが前述の、新たな一段階法曹養成制度の論議につながっているのである（注（1）参照）。

（5）　一論・一一〇巻一号一四四頁。〔本書第一部一篇所収〕

第二章　大学基本法の改正（一九九八年～九九年）

第一節　大学改革

(1)　一九九七年一一月、ドイツ各地の大学で、文教予算の増額を求める学生の統一スト（Bundesstreik）が行われた。一九九〇年の再統一からの数年来の文教予算縮小の傾向が、連邦議会で審議中の九八年度予算でも継続することが明確となり、また授業料の有料化などを目的とする大学基本法の大幅な改正の可能性が高まったことによる。ストは、半月から一カ月、大学によっては年を越したところもあった。おりから筆者の滞在したフライブルクでは、一二月の中頃まで行われた。学生だけではなく、一万六五〇〇人の教授を代表する大学連盟（Hochschulverband）も、一九九七年七月には、授業料の有料化法案に反対する意思を表明していた(1)。

とくに、フライブルクのあるバーデン・ヴュルテンブルク州では、一九九六年三月の州選挙で、SPD政権が崩壊し、登録料法案が一九九七年二月に成立した。この改正法により、一学期につき一〇〇マルク（一マルク五〇円として、五〇〇〇円相当）の登録料を徴収し、一三学期以上の在学者からは、一〇〇〇マルクの課金をとるとの改定が、一九九八年秋から予定されていた。また、連邦レベルでも、年間三〇〇〇マルク（一マルク五〇円として、一五万円）程度の授業料徴収の導入が検討されていることが大きな原因をなしていた。(2)

その後、一九九八年二月一三日、ドイツ連邦議会（Bundestag）は、当時の連立与党CDU／CSUとFDPの多数で、新しい大学基本法案（Hochschulrahmengesetz）を成立させた。また、与党は、SPDと緑の党（Grünen）の要求した授業料を徴収しないとすることへの修正をも拒絶したが、連邦参議院（Bundesrat）では、野党が多数を占めていることから、この法案は、三月六日に否決され、解決は、両院協議会（Vermittlungsausschuß）にもちこされた。(3)

(2)　法案は、若干の修正のあと、一九九八年八月二〇日に成立した。その後、一九九八年一〇月の総選挙で、CDU／CSUのコール政権から、SPDのシュレーダー政権への交代があったが、一九九九年一月一九日から施行された（BGBl. I, S. 18）。

SPDの教育・学術相ブルマーン（Edelgard Bulmahn）は、選挙前には、大学基本法に、授業料をとることを禁じる条項をおくことを述べていたが、すでに出発した改革を停止させることはできなかった。一九九九年の夏学期から、バイエルン州では、第二学年からの授業料が値上げになり、バーデン・ヴュルテンブルク州でも、一四学期以上の学生から一〇〇〇マルクを徴収することにより、一三〇〇万マルクの収入があったとされている。(4)

他方、州立大学を中心としたドイツにおいても、私立大学が開校を始めている。ヴィッテン・ヘルデッケ大学（Witten-Herdecke）は、ドイツで初めての私立大学であるが（一九八二年）、その授業料は、一九九七年、医学部でも卒業までに総額二万九七〇〇マルク（一マルク五〇円として、一五〇万円相当）といわれる。(5) 州立大学との比較では高額であるが、アメリカの私立大学との比較では、必ずしもそう高額とはいえない（医学部のほか、歯科、介護学、経済、自然科学の学部がある）。一九九五年～九六年度の予算三五五〇万マルクのうち四六％は、財団の基金と寄付金、一八％は附属病院の収益であった。また、エストリヒ・ヴィンケル（Oestrich-Winkel）のヨーロッパ・ビジネス・スクール（European Business School, 一九七一年）でも、経済コースの一学期の学費は、七九〇〇マルクといわれる。[6] 私立大学の年間授業料は、三〇〇〇から四万マルクであるが、公費から相当の補助がある（vgl. Zeitschrift Deutschland, 2001, No.1, S.46）。

私立大学は、従来、経済学関係で国際性を重視したものが中心であり、ほかに、Hamburg-Harburg, Northern Institute of Technology（NIT, 1978）, Stuttgart, Institute of Management and Technology（SIMT, 1998）があり、また、東ドイツ地域には、一九九二年に、ライプチヒ経営大学（Leipzig Graduate School of Management, HHL）が設立されている。さらに、二〇〇〇年八月に、法律専門大学が開校した。ハンブルクのGerd Bucerius Law Schoolである（Zeit財団の設立による）。初代学長は、ハンブルクのマックス・プランク国際私法研究所長で著名な比較法学者であるケッツである。

(3)　一九九九年、新しい教育審議会（Bildungsrat, Forum Bildung）が設立された。これは、一九七五年に解散したドイツ教育審議会（Deutscher Bildungsrat）に代わるものであり、連邦、州の代表、経済界、労働組合、その他の団体の有識者からなる。当事者的な利益の主張の観点ではなく、国際比較におけるドイツの教育システムの質的な向上が目的とされる。

この新たな審議会には、ボンの連邦と州の教育計画・研究促進委員会（BLK、Bund-Länder-Kommission für Bildungsplanung und Forschungsförderung）が、組織上統合された。作業は、二〇〇一年末までに完了させるものとされている。教育政策のための新しい審議会あるいは委員会は、二五年来計画されてきたが、それは、各州の連絡機関である文化大臣会議（Kultusministerkonferenz）で賛成をえられなかったのである。[7]

第二節　大学基本法上の争点

(1)　大学基本法をめぐる争点は、①授業料有料化のほかに、②最長の在学期間を九学期（四年半）とする標準勉学期間（Regelstudienzeit）の設定にもある。ドイツの大学生の在学期間が他国に比して長期なこと、卒業する歳が高齢化していることはかねてから批判のあるところであり[(8)]、これに対する対策である。

しかし、たんに最長期間やその徒過に対するペナルティーを設定するだけではなく、卒業しやすい制度の改定も行われている。最終試験に対する自由な挑戦（Freiversuch）＝「算入されない受験」が眼目である。これは、一定の期間内であれば、最終試験（学内の学位認定試験あるいは国家試験）に失敗しても、二回という受験回数の制限をうけずに受験が可能とするものであり、すでに法学部では導入され、一定の効果をあげているとの評価をうけている[(9)]。法学、医学、教育学などの最終試験は、国家試験であるが、これの受験回数が制限されていることから、合格を確実にするために、受験年度を繰り下げる傾向に歯止めをかけるためである。ちなみに、経済学や社会学、理工系の学部の卒業試験は、各大学内の卒業（Magister, Diplom）試験によるのであるが、だからといって、必ずしも容易ということにはならず、これらの学部の学生の在学期間も、かなり長期にわたっているのである[(10)]。

同じく、分割受験の制度も、法学部では、一九九二年の法改正から認められている（これにつき、一論一一六巻一号二六頁参照、〔本書第一部四篇所収〕）。試験の科目を分割して、部分的に受験していく方法である。

また、課程の間の中間試験（Zwischenprüfung）をおき、緊張した勉学期間を設定することも考えられている。ひいては、これが期間の短縮にもつながるからである。

さらに、専門大学（Fachhochschule）と大学の間の移動や外国での勉学も、成績ポイント制（Leistungpunktsystem, Credit Point System）の導入によって容易にされた。双方に共通するものは、重複して履修する必要がなくなるとするものである（講義ごとの合格を相互に読み替える）。専門大学は、大学進学率の高まった一九七〇年代以降に作られ、実践に重点をおくカリキュラムを採用しており、従来、一般の大学が学術的なカリキュラムを中心においていたのとは異なる性格のものと考えられてきた〔詳細については、後述第四章を参照〕。

(2)　他方、大学は、少なくともその一部の学生を、将来的に〔これはのちに、二〇〇〇年／二〇〇一年の冬学期からとされた〕みずから選抜できるようになった。大学に定員制（Numerus-clausus）がある場合には、そのおよそ二〇％の学生をみずから選抜できるとされる。現在は、全国一律の高校の卒業資格試験＝大学入学資格試験、アビトゥーア（Abitur）により、学生は大学を選択できるが、大学側は、学生を選択しえない。定員制がある場合でも、Dortmundにある大学定員審査機構（ZVS＝Zentralstelle für die Vergabe von Studienplätzen）が、定員の範囲内で、希望者の調整を行い、全国的な入学許可を出しているからである。(11)

ドイツの大学の入学者の年齢そのものが高い（平均二一・五歳）ことを考えると、(12) アビトゥーア（小学校から一二または一三年目に行われる。一八歳ということになる）の成績のみを基準にするのでは十分とはいえず、また大学、専門の多様化という傾向からすると、一律の試験であるアビトゥーアには、学生の適性の判断には限界もあるからである。このような新たな選択可能性の設定には、入学後の中途脱落者が多数にのぼることも考慮された。(13)

(3)　さらに、将来的には、国際的に認められた卒業認定を大学ができることも盛りこまれている。国際的な競争の観点を入れたものである。国際比較の点からすると、ドイツの大学において外国人の占める割合や実数そのものは、必ずしも少ないわけではない。しかし、外国籍の学生一四万人のうち、本来の外国人は八万人にすぎず、その他は、外国人出稼ぎ労働者の二世で、ドイツ国内でアビトゥーアを取得しているのである。〔これらの多くは、二〇〇〇年の国籍法改正の結果、「外国人」の統計から外れることになろう。〕

他方、本来の外国人の占める割合は、むしろ減少傾向にある。東南アジアやアメリカから諸外国に留学する者の数は増えているが、その対象としてドイツを選択する者の数は絶対数あるいは割合上減少しているのである。(14) 研究、教育の水準というより、取得する資格、言葉、就学期間の長期性が問題とされる。

そこで、国際的観点からは、外国と同様に、大学が、修士（Master）、学士（Bachelor）をも与えられることになった。法学部のように、最終試験が国家試験の分野では、大学を出ただけでは何らの資格もえられないことがあるからである。また、学部によっては従来からあった学士、修士（Diplom, Magister）の称号が国際的に認知度の低いことにもよる。もっとも、従来からあった博士は、比較的取得しやすく、全学部での取得者は年間二万人にも達する。(15)

(4)　教授の研究、教育に対する評価も導入され、教授資格論文（Habilitation）の作成は、原則としてなお必要であるが、必ずしも必須の要件とはされなくなった。これは、外国人、国際的な資格者、国際機関の実務担当者など外部者を教授として採用するさいの障害をなくすためである。(16)

また、教授資格論文を獲得するまでに従来かなり長期の時間を必要としたことも問題とされている。短縮化しないと、国際競争の観点から、頭脳流出の可能性が生じるからである。

さらに、教授資格は、その内容により、C2～C4までに区分されるが、これに代えて、より採用が容易な「助教授」職（Assistenzprofessur）を導入することも検討されている。(17)

ちなみに、教授資格（Habilitation）の取得者は、一九九七年度には、全体で一七四〇人（そのうち女性が二七三人）、法律、経済、社会学の分野の合計で一五四人（そのうち女性が二六人）であった。(18)

とくに、法学関係においては、二段階法曹養成制度を維持する視点からは、マスプロ教育の改善、学生数との関係において、教授数の増大が必要とされている。

(5)　ドイツの大学における人的構成は、おおむねつぎのようである。ドイツの大学では、学術的要員(教授ほか)に比して、補助職員（管理、事務、技術など）の割合の高いことが特徴である。一九九七年の数字では、前者が一六万一八六三人であるのに対して、後者は、二三万四四六四人であった。もっとも、後述する専門大学では、補助職は少ない。総合専門大学、芸術専門大学、特定専門大学で、前者は、九七五四人、八二七三人、三万四一六四人であり、後者は、一万〇四〇一人、二〇八五人、二万〇〇六九人となっている。学術的要員と補助職が同数か、むしろ後者のほうが少ないのである。[19]

大学の法学部に限定してみれば、学術に関する総人員は、三〇五一人で、教授が九六一人（うち女性は五三人）、講師と助手は四五七人（うち女性が一〇一人）、他の研究協力者（wissenschaftliche Mitarbeiter）＝研究補助者は一五七二人（うち女性は五七六人）、他の研究補助員（Lehrkräfte）は六一人（うち女性は八人）であった。[20]

（1）Die Welt, Professoren warnen für Filz, 7. Juli. 1997.

また、授業料有料化などに関する大学改革に対する大学連盟の反応については、Die Welt, Viel Zustimmung für geplante Hochschulreform, 21. Aug. 1997. 大学連盟の会長は、ケルン大学のシーダーマイール教授（Schiedermair, Hartmut）である（同教授については、一論一〇九巻一号二一頁参照、〔本書第一部一篇所収〕）。ちなみに、ドイツの教授は、全体で三万一〇〇〇人である。

大学学長会議（Hochschulrektorenkonferenz, HRK）、経済界は、基本的に賛成の意向であり、政界では、CDUが賛成、SPDが反対というところであった（ib.）。また、SPDが政権をとっている州においても（たとえば、ニーダーザクセン）、授業料徴収の方向性は、避けられないとする見解もある（Die Welt, Studiengebüren sind keine Wunderwaffe, 12. Jan. 1999）。

アメリカン・モデルの識者には、有料化が必然とするものが多い。たとえば、フランクフルト・オーダー大学（Viadrina）の学長（H.N. Weiler）は、スタンフォード大学から三〇年ぶりに帰国し、一九九三年からその職にあるが、ドイツの大学の授業料は五年以内に有料化することが避けられないものとする（Die Welt, In fünf Jahren wird es in Deutschland Studiengebüren geben, 11. Sep. 1999）。

（2）Die Welt, 14. Feb. 1998, S. 1. もっとも、長期在学者といっても、必ずしも例外的な存在というわけではなく、長期在学者に対するペナルティーの対象は、たとえば、ハイデルベルクでは、大学全体で約三万人の学生のうちの六分の一にも達する。

（3）Ib. 連邦の授業料有料化法案は、一九九七年秋から国会で審議された。なお、Zeitschrift Deutschland, 1997,

No. 3, S. 24ff. にも、近時のドイツの大学改革に関する簡単な記述がみられる。Cf. Die Welt, Plädoyer für Studiengebüren, 14. Mai. 1998.

（4） Die Welt, Umverteilung von unten nach oben, 20. Feb. 1999.

授業料有料化に肯定的な見解によると、税金からの大学への支出は、一九九六年には、一七〇〇億マルクに達し、学生に貧民層の子弟は少なく、八五％は中間層の出身であった。一学期一〇〇〇マルク程度の支払は、年間四万マルクに達するアメリカ（ハーバード）の学費とは比較にならないというのである。また、看護士学校(Krankengymnastik)、通訳などの実践的な学校では授業料の支払が必要であり、ドイツのシステムでは、大学の授業料のない制度は、他面では、貧しい者にだけ支払が必要な結果となっているという。すなわち、「下から上へ」である（von unten nach oben)。Vgl. Die Welt, Studiengebühren sind keine Wunderwaffe, 13. Jan. 1999.

他方、スタンフォード大学の学長 (G. Casper) によれば、アメリカの大学では、学生の六〇％が奨学金などの援助をうけており、その補助の八〇％は、大学の財産から支出されている、という。これは、「上から下」（von oben nach unten）に所得を移動させるものと位置づけられるのである。ちなみに、イギリスでも、伝統的には、公費負担が原則であったが(一九七〇年代から、私立大学の授業料を国が負担)。サッチャー(首相、一九七九年～九〇年)以後、年間一〇〇〇ポンド程度の授業料負担が目ざされている（ただし、一九九七年以降。また、形態上も、産学共同、経営学修士MBAのビジネススクールが増加し、すでに一〇〇以上が設けられている)。

ただし、一九五〇年代のドイツでは、労働者の子女は大学入学者の四％にすぎず、現在は一九％になっている (Zeitschrift Deutschland, a.a.O., S. 26) ことが注目される。イギリスほどではないにしても、なお階級的な流動性の低いドイツにおいて、授業料無償の制度が広い層に大学入学の門戸を開けたことは否定できない。

また、授業料のみではなく、連邦の教育助成法 (BAföG = Bundesausbildungsförderungsgesetz) による補助が厚いことも重要である。無利子の貸付金として、月額最大八三〇マルクが貸与されるのである。ドイツの大学生は、日本のそれと異なり、生活費についても、必ずしも親がかりとは限らないから、授業料が無償であっても意義がある。

この連邦助成法による助成をうける者は、一九九七年の最終月の合計で、五三万五二六二人であった。このうち、一二万七七九一人は、八〇〇マルク以上の助成をうけており、七〇〇〜八〇〇マルクをうける者も四万五六七七人いる。六〇〇〜七〇〇マルクをうける者も八万九五一一人いる（他の部分は省略する）（Statistisches Bundesamt, Statistisches Jahrbuch 1999, a.a.O., S. 393. 〈16.15〉 Geförderte nach dem BAföG 1997）。

また、高度教育促進法（Geförderte nach AFBG＝Aufstiegsfortbildungsförderungsgesetz）による助成があり、こちらの受給者は、総数四万九三四六人であった（Statistisches Bundesamt, Statistisches Jahrbuch 1999, a.a.O., S. 394）。

（5）Zeitschrift Deutschland, a a.O.（1997. No.3）, S. 25, S. 30.

（6）Ib. S. 25; 2001, No.1, S.46.

（7）Die Welt, Bulmahn beruft neuen Bildungsrat ein, 15. März, 1999.

かつての教育審議会は、約一〇年の作業ののち、アビトゥーアによる高校卒業資格者の拡大と総合学校（Gesamtschule）の導入を実現した。すなわち、大学入学者の拡大と、高校までの進路の平均化である。前者は、専門大学の設置とともに、大学のマスプロ化をもたらし、後者は、従来の本課程学校、実業学校、ギムナジウム（Hauptschule, Realschule, Gymnasium）の分離が子どもの進路決定にとって早すぎる弊害を是正する目的で導入された。もっとも、実質的にはギムナジウムに準じた機能を果たし、大学入学者増大の契機ともなったのである（アビトゥーアに合格する率は、同年代の生徒の二五パーセント）。ちなみに、一九六〇年代にはギムナジウムの進学者は、同年代の者のわずか一〇％程度であった。

近時は、大学のみではなく、初等教育や文化理念の再検討も対象となる（Die Welt, Wössner: Wir brauchen in Deutschland eine neue Lernkultur, 14. Apr. 1999）。

（8）法学部については、小野・一論一一一巻一号四四頁。〔本書第一部三篇所収〕。とくに法学では、大学のあと実務研修のための二年間の期間が必要なために、一人前の法律家になる年齢は、二八ないし三〇歳といわれる。これは、他の国が二七歳程度なのに比して高く、国際競争の面から不利だといわれる。

他の学部をあわせてみても、卒業生の平均年齢は、二七・五歳であり、イギリス二三歳、アメリカ二四歳、フランス二六歳に比して高い（Zeitschrift Deutschland, a a.O., S. 28）。

(9)　「自由な挑戦」は、法曹教育の改革に関連して、一九九二年のドイツ裁判官法の改正にさいして、設けられたものである。この制度の導入によって、従来継続的に増加していた、法学部の学生の在学期間が若干短縮したといわれている。小野・一論一一六巻一号二七頁参照。〔本書第一部四篇所収〕。この詳細については、第三章で後述する。

また、在学期間の短縮のために、とくに法学部において、一九七一年に開始され一九八四年に廃止された一段階の法曹養成制度を、再度導入しようとする見解も一部にみられる（前述第一章注（1）参照）。

(10)　法学部、医学部の平均在学期間が六・二年、六・五年であるのに対して、教員養成学部では、七・一年である。化学、工学は、六・四年、人文科学は六・六年である。経営学はやや低くて、五・九年である（Zeitschrift Deutschland, a.a.O., S. 26）。

(11)　このような選別は、大学学長会議（Hochschulrektorenkonferenz）がかねてから要求していたことであった。Vgl. Die Welt, Die Habilitation soll an Bedeutung verlieren, 7. Juli. 1999.

もっとも、芸術系大学だけは例外で、従来から特別な適性検査をしているという（Zeitschrift Deutschland, a. a.O., S. 27）。事柄の性質上、一定の技能、才能を必要とするからである。

(12)　Zeitschrift Deutschland, a.a.O., S. 28.

(13)　法学部の中途脱落者については、小野・一論一一〇巻一四三頁参照。〔本書第一部二篇所収〕。また、第三章三節(2)で後述する。

入学段階で専門との関係で不適格者を排除すること、あるいは専門に必要な能力を求めることは、日本でも、医学部受験には生物を必修とするべしとする議論などにみられる。芸術系大学では、ドイツでも従来から行われてきたが、法学でも適性を考慮しようとするものである。もっとも、これは、たんにペーパー試験を加重することによってだけではなく、面接などによる調査によって行われる。

(14)　たとえば、東南アジアからの留学生は、近時増加しているにもかかわらず、その対象としてドイツを選択する者の数はほとんど増えず、国によっては、一〇年前に比較するとかなり減少している。また、外国に留学するアメリカ人学生がドイツにくる割合も、一九八〇年には一一・四％であったが、九七年には七・二％に減少した（Zeitschrift Deutschland, a.a.O., S. 29）。

(15)　Zeitschrift Deutschland, a.a.O., S. 26.

ドイツの博士の学位および大学院の制度は、日本とはかなり異なる。日本の大学制度に与えたドイツの制度の影響には、多大なものがあるが（潮木教授のいう「日本の大学のドイツ化」、Ushiogi, German University as a model for Japanese University at the Meiji period, in Zusammenfassungen, AvH-Stiftung, Japanisch-Deutsches Kolloquium zur Bedeutung der Geisteswissenschaften, 1996, S. 126）、大学院は、ドイツでは基本的な制度としては存在せず、博士は、論文（Dissertation）の作成だけが要件である。また、その授与数も、日本の旧制の博士や、論文博士ほどには希少なものではなく、本文に記したように、かなり「学士」の代用的な性格を有してきた。日本の博士論文に相当するのは、むしろ「教授資格論文」（Habilitation）である。Vgl. Ono, Comparative Law and the Civil Code of Japan, Hitotsubashi Journal of Law and Politics, vol. 25, p. 48 (1997).

この博士の授与の方式は、中世の大学の伝統に忠実なものであり、そこでは、博士は、大学において、学士とともに（区別された資格として）与えられたのである。ヨーロッパの大学の伝統はいずれもこの延長にあり、ドイツだけでなく、イタリアでも、大学院の制度は九〇年代の改革まで存在しなかった。フランスには、八〇年代の改革以降、博士課程があるが（学部から通算すると六年ないし八年目）、修士（Maîtrise）は大学レベルで与えられる（学部四年目。他方、学士＝Licenceは、学部三年目で与えられる）。そこで、より上位のレベルの論文としては、ドイツと同様の論文指導資格（Habilitation à diriger des thêses）がある。日本型の大学、修士、博士課程の段階的制度は、むしろまれである。これらにつき、一論一一一巻一号五一頁以下参照。〔本書第一部三篇所収〕

これに反し、日本の伝統的な「博士」のように、ごく希少なものと位置づけられてきたものは、外国には例がなく、これには、古代律令の「博士」の伝統あるいは考え方が影響しているのであろう。この博士は、称号ではなく

大学院と学位の関係

ドイツ	大学院×	初級学位としての修士×→○	博士○（論文博士）
アメリカ	○	○	○（課程博士）
日本	○	○	△（→課程博士○）

（→は、最近の変化の方向を示している。）

官職であり、定員（世襲）が定まっていたからである（和田英松・官職要解〔一九二六年〕一九八三年・所功校訂、九一頁、九三頁参照）。

このような希少性の結果、日本では、大学院を修了しても、容易には学位（旧制の博士、とくに文科系のもの）を取得することができず、博士の学位の実態と大学院制度の有無という関係は、ドイツと逆転することになる。もっとも、両者のつながりが少ないという点では、大学院のないドイツと同様になる。日本の学位で、大学院と関連づけられてきたのは、むしろ修士である。他方、ドイツでは、従来、修士という初級の学位は存在しなかった。すなわち、日本では、大学院と関連づけられた学位としては、修士があり、この点ではアメリカ型であるが、論文博士はドイツ型であり、ただし、希少であるという点では、日本独自のものである。

戦後の課程博士には、アメリカの大学院の制度の影響が大きく、これにより、博士の学位と大学院制度とが関連づけられることになった。ただし、より沿革をたどれば、一九世紀後半から、アメリカの大学にも、ドイツの学位制度の影響がみられ、学位制度そのものにはドイツ的な要素もあるから、ひろい意味では、大学だけではなく、学位についてもヨーロッパ的な影響は否定できない。また、近時の課程博士のように授与の数がいちじるしく増大すると、大学院とのつながりという点ではドイツとはなお異なるものの、授与の可能性という面では、諸外国の実態とも近接するものとなる。

さらに、大学のあり方が各国ごとに異なることに注目する必要がある。重点からすれば、ドイツは大学が中心であり、アメリカはもっぱら大学院レベルのロースクールであるが、いずれも、どちらかに選択的に比重をおいている。前者は毎年一万二〇〇〇人の卒業生を、後者は、毎年四万人近くの卒業生をかかえて、それ自体で完結しているのである。双方を縦に考える日本のいき方とは異なる。単純に両方をそのまま組み合わせるということでは、日本の制度は、きわめて長期かつ高価な制度ということになろう。このような積み上げは従来の少数の研究者養成の場合にはともかく（その場合ですら、負担が重すぎるとの疑問があった）、大量の法曹養成のために効率的なものといえるか検討のよちがあろう。この場合には、個人の負担ですまされるわけではなく、制度的に社会が負担することが必要となるからである。

（16）　Die Welt, a.a.O. (14. Feb. 1998), S. 5; Die Welt, Die Habilitation soll an Bedeutung verlieren, 7. Juli. 1999. これによって、国際的な資質を有した教授を期限付きで（befristete Qualifikationsprofessuren）採用することが期待されている。ドイツ外で教育をうけた者の採用や著名教授の交換教授が可能になろう。もっとも、外国といっても、オーストリアやスイスでドイツ語で教育をうけた者の交換は、従来からも可能であった。この点で、外国というと外国語で教育をうけた者を意味するわがくにとは、かなり状況は異なる。

また、ドイツでは、教授としての地位をえるのがおよそ四〇歳であり、これでは国際比較からは遅く、最大一〇年短縮する必要があり、三四歳ぐらいが望ましいとされる。

なお、教授資格の緩和は、国際競争力のための一手段であって、わがくにで便乗的に意図されているように、国際的には通用しない便宜や行政指導の担当者に、天下り先の道を開くためではない。後者のようなものであれば、競争力をそぐものとなることはいうまでもない。国内の伝統的な規制型社会を前提にしたプロフェッション（たんに官庁や許認可の事務・政策に精通しているという）としてはたりず、国際的にも通用する人材かどうかが基準たるべきであろう。

（17）　K. Spoerr, Mehr Lohn für mehr Leistung, Die Welt, 8. Sep. 1999. 外部者を採用するには、同時に招聘可能な他の業種との賃金格差をも解消する必要があるが、大学教授の八〇％が、同年代の平均よりも高額であることから、一般的な増額はむずかしいとみられている（ib.）。なお、Ｃ４の教授の平均月収は、月五七〇八・九三マルクとされる（Die Welt, a.a.O., 13. Jan. 1999）。他方、業績の評価も、むずかしい問題である。

また、ドイツの大学の大半は州立であるが、大学に当事者能力を与え、教授との間で雇用主の資格（eigene Dienst-

ドイツの大学職員の構成（人）

	教　授	補助者	助　手	講　師	私講師	名誉教授	客員教授
人数	31,000	70,400	6,000	34,700	3,900	1,500	300

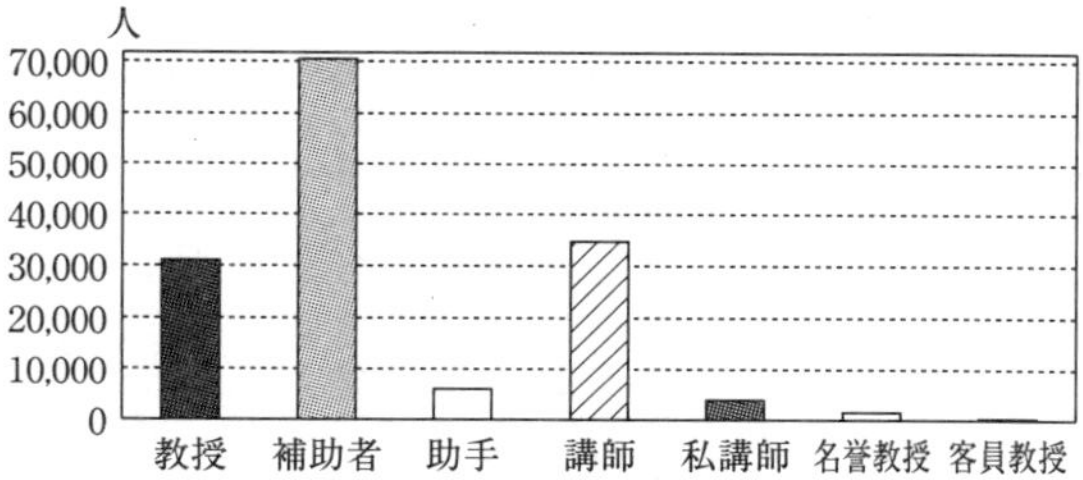

Statistisches Bundesamt, HRK, Universitäten in Deutschland, Prestel-Verlag, 1995, Zeitschrift Deutschland, 1997, No. 3, S. 30.

なお、若干分類が異なるが、法学部に限定した詳細は、vgl. Statistisches Bundesamt, Statistisches Jahrbuch 1999, a.a.O., S. 391 〈16.13.2〉 Personal an Hochschulen 1997. 詳細については、本文参照。

「補助者」というのは、研究協力者wissenschaftliche Mitarbeiter＝研究補助者をいう。

「私講師」というのは、Privat-Dozentをいう。

herrenfähigkeit）を与えようとする見解もある（Die Welt, Handlungsfreiheit für Hochschulen, 1. Sep. 1999; Die Welt, Studiengebüren sind keine Wunderwaffe, 13. Jan. 1999）。大学学長会議（HRK）の提出した見解であり、競争、自己管理と自己責任（Selbstverwaltung und Selbstverantwortung）の観点から、自律的な計画をともなった予算設定が望ましいとする。教育・学術相のブルマーンも、これが正当な方向だと評価している（Die Welt, a.a.O., 13. Jan. 1999）。

独立法人化に関するわがくにの近時の論議とも、ある程度までは共通した問題といえる。詳細については、べつの機会にゆずる。

(18) Statistisches Bundesamt, Statistisches Jahrbuch 1999, a.a.O., S. 390. 〈16.12〉 Habilitationen 1997 nach Fächergruppen und Ländern.

(19) Statistisches Bundesamt, Statistisches Jahrbuch 1999, a.a.O., S. 390. 〈16.13.1〉 Personal an Hochschulen 1997.

なお、第四章一節(4)をも参照。
(20) Statistisches Bundesamt, Statistisches Jahrbuch 1999, a.a.O., S. 391. 〈16.13.2〉 Personal an Hochschulen 1997. また、教授には必ず一人以上の秘書がつくが、これは学術やその補助に関する人員の算定の基礎とはべつである。

第三章　法曹養成課程の諸問題

第一節　国家試験に関する諸問題

(1)　第一次国家試験とその問題点

(a)　一九九八年の第一次国家試験の受験者は、一万七七二五人であり、合格者は、一万二一五三人、合格率は六八・五六％であった。成績は、①優等、②優、③良好、④良、⑤合格、⑥不合格（①sehr gut, ②gut, ③vollbefriedigend, ④befriedigend, ⑤ausreichend, ⑥bestanden nicht=mangelhaft）の順に、①〇・一六％、②二・〇七％、③一〇・四四％、④二五％、⑤三〇・八九％、⑥三一・四四％であった[1]。上位の合格者の割合が低く、下位の合格者の割合が高く、しかも、後者の割合や不合格者の割合が増加しつつあるというのが、問題とされる。法曹養成制度の質の問題である。

ちなみに、ほぼ一〇年前の一九八九年の割合は、①〇・二％、②二・一六％、③一〇・二八％、④二六・二％、⑤三五・九八％、⑥二五・二二％であった（一論一一〇巻一号一四七頁＝本書第一部二篇所収）。次頁のグラフ参照。また、

〔一九九九年の受験者は、一万七〇二三人、合格者は、一万二〇九九人、合格率は、七一・〇七％であった。また、成績の割合は、つぎのようであった。①〇・一四％、②二・四二％、③一一・六八％、④二五・九八％、⑤

第一次国家試験の合格割合の推移

成績	①	②	③	④	⑤	⑥
1989年	0.2	2.16	10.28	26.2	35.98	25.22
1998年	0.16	2.07	10.44	25	30.89	31.44
1999年	0.14	2.42	11.68	25.98	30.86	28.91

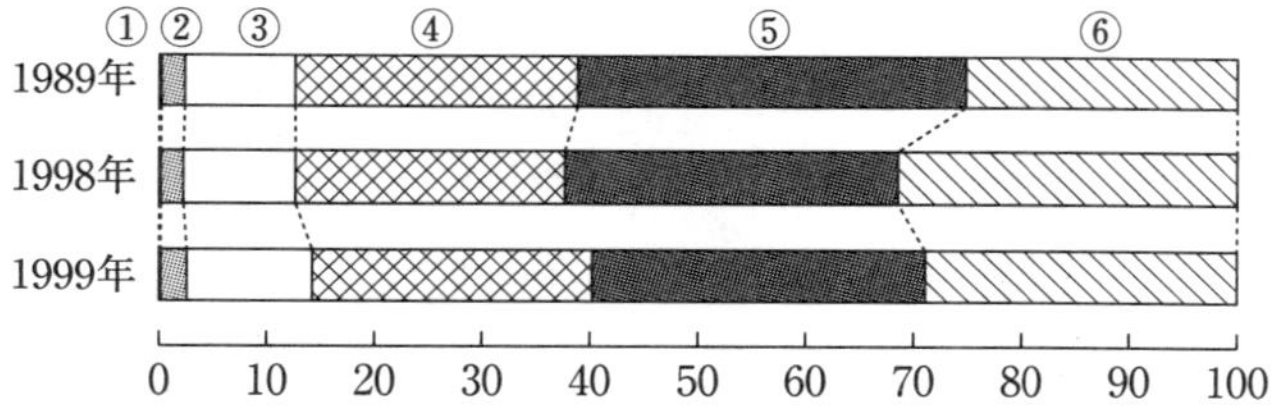

三〇・八六%、⑥二八・九一%。基本的な数字に変更はないが、やや改善がみられるともいえる。Vgl. Berichte und Dokumente, JuS 2000, S. 932.〈Übersicht über die Ergebnisse der ersten und zweiten juristischen Staatsprüfung im Jahre 1999〉.〕

合格率には、州によりかなりの相違がみられ、一般的な傾向としては、西ドイツ（ヘッセン州の八二・〇七%が最高）と北ドイツの諸州（ハンブルク州で八一・二三%）で高く、東ドイツの諸州（ザクセン州で五四・六一%、ザクセン・アンハルト州で五八・七七%）で低く、ベルリン州（六五・五一%）や、南ドイツの諸州もやや低い（バイエルンで六一・八二%）。

〔一九九九年度も、同様の傾向がみられる。北、西部ドイツのヘッセン州、ハンブルク州、ノルトライン・ヴェストファーレン州は、八〇%台であるが、東ドイツのザクセン州では、五四・一四%であった。バイエルン州も、六七・五四%であった。Vgl. Berichte und Dokumente, a.a.O. (JuS 2000), S. 932).〕

国家試験に一回で合格せずに、二回目の受験をした者は、合計二三七五人おり、そのうち九八七人はまた合格しなかった。二回目の受験者のうち二一五三人は、成績が向上しているが、それでも合格しなかった者が八四六人いる（不合格者の残余は、

最短期間、受験要件、平均期間

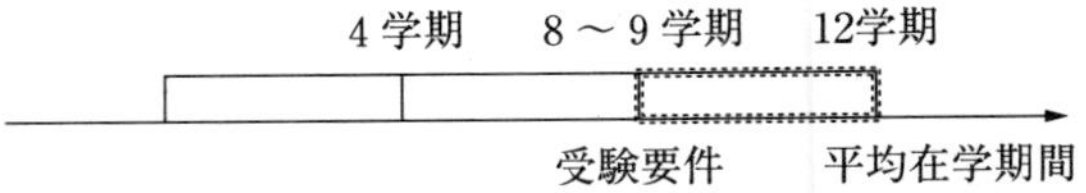

（受験要件を満たしたあとでも、ただちに受験せず、慎重な勉強をすることから在学期間が長期化するのである。）

最初よりも成績が下がった）。試験にもいたらずに勉学に挫折する者の存在とともに、受験を重ねても必ずしも合格することにはならないことを示している。なお、受験の機会は二回に制限されており、再度の不合格者には、もはや国家資格をえる機会はない。(2)

(b)　第一次国家試験の受験要件をみたすために必要な在学年数は、かなり長く、八学期の者がもっとも多い。最短の勉学期間は、法律上は、四学期であるが、従来、国家試験の合格にいたるまでの期間は、その三倍にも達するといわれていたが、近時の改革の結果、やや短縮に向かっている。なお、第一次国家試験の要件をみたしても、慎重な受験をすることから、ただちに受験するとは限らない。したがって、最終的な在学期間は、一定の科目の履修を終えて試験要件をみたすための期間よりも長期化するのである。(3)

在学期間は、法学部では平均六・二年であるが、経営学で五・九年、人文科学で六・六年、法学と同様国家試験のある教職で七・一年である。理工系では、医学で六・五年、化学で六・四年、工学で六・四年であり、いずれも法学部よりも長い。(4)

四～六学期で国家試験の要件をみたした者は、一回で合格した者の〇・四一％にすぎない（受験を繰り返した者も含めた全合格者の〇・三％。以下かっこ書きは、同様である）。七学期の者は、三・五九％（二・五八％）、八学期の者がもっとも多く、四三・二六％（三五・五三％）、九学期が一五・三九％（一二・九三％）、一〇学期が一五・二八％（二四・五二％）、一一学期は九・五三％（九・八八％）、一二学期は六・二四％（九・三二％）である。つまり、一一学期以上かかった者は、最初の試験で合格せずに、受験を繰り返す割合が高いのである。州ごとの相違もみられるが、たち入らない。

一三学期以上かかる者は少なく、一三学期の者が二・四二％（五・三九％）、一四学期の者が一・四三％（三・三六％）、一五学期の者が〇・六〇％（二・八八％）、一六学期以上の者が一・八七％（四・三二％）であり、平均は、九・三五学期（一〇・〇一学期）である。[5]

〔一九九九年の統計では、在学期間に、かなりの短縮の効果がみられた。第一次国家試験を受験した者の平均期間は、一〇・二一学期（五年）となった。そのうち、八学期（四年）の者が、四四・五八％（ただし、再受験者を含めた受験者の中での割合は、三六・五八％）を占めている。ついで、九学期が一八・一八％（同一四・三一％）、一〇学期が一四・七一％（同一三・八七％）である。長期在学者、とくに一一学期をすぎた受験者には、受験を繰り返す傾向が高い。つまり一度で合格しないのである。Vgl. Berichte und Dokumente, JuS 2000, S. 933. 〈Übersicht über die Dauer des Studiums 1999〉.〕

(2)　第二次国家試験とその問題点

第二次国家試験の受験者は、一九九八年には、一万二〇七六人で、合格者は、一万〇三九七人、合格率は八六・一％であった。成績は、①優等、②優、③良好、④良、⑤合格、⑥不合格（①sehr gut, ②gut, ③voll-befriedigend, ④befriedigend, ⑤ausreichend, ⑥bestanden nicht= mangelhaft）の順に、①〇・〇二％、②一・九％、③一二・六％、④三四・二二％、⑤三七・三六％、⑥一三・八一％であった。

ここでも、州により若干の相違がみられる。東ドイツ地域の多くの州では、合格率が、七〇％台であり、これとブレーメン州の七六・五四％が底辺である。ベルリン州と南ドイツの諸州も、八〇％前半で、あまり高くはない。ハンブルク州、ヘッセン州は、九一・三六および九三・一九％と高く、その他の西ドイツ地域の多くの州も、八〇％の後半である。

一回目で合格せずに、二回目の受験をした者は、合計一二六六人おり、三九七人は、合格しなかった。[6]

〔一九九九年の受験者は、一万二三七四人、合格者は、一万〇七一〇人、合格率は八六・五五％。成績は、①〇・〇六％、②一・八九％、③一二・五五％、④三五・三二％、⑤三六・七四％、⑥一三・四二％であった。合格率についての州ごとの相違はかなり減少したが、東ドイツの諸州は、平均に達していない。とくに、東ドイツのザクセン・アンハルト州の七五・四六％で最低である。南ドイツのバーデン・ヴュルテンベルク州は、八七・二八％となり、他方、ハンブルク、ヘッセン、シュレスヴィッヒ・ホルシュタインなどの、北、西部ドイツの諸州は九〇％台となっている。Vgl. Berichte und Dokumente, JuS 2000, S. 932.〈Übersicht über die Ergebnisse der ersten und zweiten juristischen Staatsprüfung im Jahre 1999〉.〕

(3)　「算入されない受験」(Freiversuch)

「算入されない受験」は、国家試験、卒業試験を受験するさいに回数制限（二回）があることから、慎重に受験をする結果、在学年数の増大することを防止するために、若年受験を回数制限の対象としない制度である。

これによって第一次国家試験を受験した人数は、各州の合計で、七〇三九人、受験者の三九・七一％であった。合格者は、五三八四人で、合格率は七六・四九％であった。合格率は、第一次試験の平均合格率六八・五六％より高いから、長期の試験準備をした者が合格するということにはならない（不合格者は、一六五五人で、率は、二三・五一％。一般の平均不合格率は、三一・四四％）。

また、①優等、②優、③良好、④良、(sehr gut, gut, voll-befriedigend, befriedigend) までの合格者も、四九・一八％であり、一般のそれが三七・六七％であるのよりも高い。他方、不合格率のみならず、その上の最低基準の⑤「合格」(ausreichend) 段階の者の割合も低いのである（二七・三一％。一般の平均は、三〇・八九％）。

ただし、州により合格率には、かなりの相違がみられ、ヘッセン州の八九・五六％（受験者数に占める割合は一八・六四％）から、ザクセン・アンハルト州の五四・四六％（受験者数に占める算入されない受験者の割合は二九・五〇％）までの相違がある。一般に、「算入されない受験」者が一般の受験者に占める割合が低いところは、合格率も高い。つまり、この場合には、確実に合格する者だけが受験しているとみることができる（ただし、みぎのザクセン・アンハルト州は、「算入されない受験」をする者の割合が低いのに合格率も低い）。

また、ノルトライン・ヴェストファーレン州のように、受験者の五〇・一四％も、「算入されない受験」をしておりながら、合格率が八六・六二％と高かったところもあるから、必ずしも慎重な受験をしているから、合格率が高いとはいえない。ベルリン州でも五三・九三％も受験していながら、合格率は七三・二二％と高い。[7] しかし、地域により、かなりの相違がみられる。概していえば、東ドイツ地域、ついで南ドイツが低く、人口密集地域である西ドイツは、「算入されない受験」による合格率が高いといえる。

〔一九九九年度も、基本的な傾向には変化がない。これによって第一次国家試験を受験した人数は、各州の合計で、六八二六人、受験者の四〇・一〇％であった。合格者は、五三九六人で、合格率は七九・〇五％であった。合格率は、第一次試験の平均合格率七一・〇七％よりも高い。①優等、②優、③良好、④良、（sehr gut, gut, vollbefriedigend, befriedigend）までの合格者は、五五・五八％であり、一般のそれが四〇・二二％であるのよりも高い。不合格者は、一四三〇人で、二〇・九五％であった。

合格率は、ヘッセン州の九一・二八％が最高であり（受験者に占める割合は二〇・三五％であり、少ない）、テューリンゲン州の四三・九五％が最低である（受験者に占める割合は、三五・五二％）。ノルトライン・ヴェストファーレン州は、受験者の五四・一八％も、「算入されない受験」をしておりながら、合格率は八七・三七％と高かった。逆に、ザクセン・アンハルト州の合格率は、七〇・九三％に伸びたが、受験者に占める「参入されない受験者」の割合は、二五・八三％に減少した。慎重な受験をしているのである。Vgl. Berichte und Dokumente, JuS 2000, S. 934. 〈Übersicht über die Ergebnisse der Freiversuche 1999〉.〕

(4)　実務研修

一九九九年初頭において、実務研修をしている修習生の数は、ノルトライン・ヴェストファーレン州の六三〇一人を筆頭に、バイエルン州の三七六二人、ヘッセン州の二四三七人などが多く、都市州であるブレーメン州の一九〇人、ザールラント州の二九六人などが少ないが、行政規模に左右されるものであるから、単純に比較することには意味がなかろう。合計は、二万四八〇〇人（うち女性は九六一七人で、三八・七八%）である。[8]

実務研修の期間は、近時では二年となっているから、各年の採用数は、その半数とみるべきであろう（一万二四〇〇人）。しかし、一九九八年に、採用された修習生は、合計一万一〇一五人であった。[9] 人員の過剰から、いちじるしい採用数の増加は、もはや見込めないものとみることができる。

〔二〇〇〇年度の修習生は、合計二万五〇二一人になった（うち女性は、ベルリン、ヘッセン、ザクセンを除く合計で、九一二六人で、四五・三一%。ただし、この三州を除いた男女の合計数は、二万〇一四二人であるから、女性の数はもっと多いはずである）。一九九九年に新たに採用された修習生は、一万一四一七人であった。Vgl. Berichte und Dokumente, JuS 2000, S. 934.〈Übersicht über die Zahl der Referendare im Vorbereitungsdienst (ohne besonderen Vorbereitungsdienst)〉, S. 935.〈Übersicht über die Zahl der eingestellten Referendare (ohne besonderen Vorbereitungsdienst)〉.〕

（1）　これらの数字については、Übersicht über die Ergebnisse der ersten und zweiten Juristischen Staatsprüfung im Jahre 1998, JuS 1999, S. 934. Tabelle 1. Referendarexamen. 近時では、第1次国家試験の合格者は、ほぼ一万二〇〇〇人であり、前年の一九九七年にも、一万二三〇七人であった(Statistisches Bundesamt, Statistisches Jahrbuch 1999, a.a.O., S. 389.〈16.11〉Prüfungen an Hochschulen 1997)。

（2）　受験回数の制限は、法律上のものである。これにつき、一論一一六巻二七頁参照。〔本書第一部四篇所収〕

（3）　在学期間の長期化については、一論一一〇巻一号一四二頁参照。〔本書第一部二篇所収〕。卒業認定が国家試験でない場合でも(Diplomprüfung)、合格を確実にするために在学期間が長期化する点は、国家試験の場合と同じである。

（4） Zeitschrift Deutschland, 1997, No. 3, S. 26. 第二章前注（10）参照。

（5） JuS 1999, S. 934, Tabelle 2. Übersicht über die Dauer des Studiums 1998.

（6） JuS 1999, S. 935, Tabelle 3. Übersicht über die Ergebnisse der zweiten Juristischen Staatsprüfung im Jahre 1998.

（7） 以上の数字につき、JuS 1999, S. 936, Tabelle 4. Übersicht über die Ergebnisse der Freiversuche 1998.

（8） JuS 1999, S. 936, Tabelle 5. Übersicht über die Zahl der Referendare im Vorbereitungsdienst (ohne besonderen Vorbereitungsdienst).

（9） JuS 1999, S. 936, Tabelle 6. Übersicht über die Zahl der eingestellten Referendare (ohne besonderen Vorbereitungsdienst).

第二節　実務研修の実態と問題

(1)　連邦制と実務研修

(a)　連邦国家であるドイツにおいては、第一次国家試験およびその後の修習生＝司法官試補 (Referendar) の採用は、各州ごとに行われる。採用の実務にあたるのは、各地の高裁 (Oberlandesgericht) による場合と各州の司法省による場合とがある。人事に関する高裁の権限は、日本とは比べようのないほど強い。採用時期や人員は、各州の各時期の事情により異なる。地域の実情にそくした対応の可能性、地方分権の一側面、あるいは官僚主義の排除などでも、参考とするべき点が多い。

(b)　修習生の数が増大した近時にあっては、実務研修に入るまでの待機期間が設定されることが多いが、その期間や運用も各州によってかなりの相違がみられる。また、州によって給与にもかなりの相違があることから、アルバイトの可否は、採用の可能性や待機期間の長さとともに、実務研修の志願者にとって、重大な関心事となっている。⑵以下で、各州ごとの特徴を概観しよう。

他方、財政問題との関わりでは（後述第五章参照）、その給与の削減が問題となっている。待機期間との関係から、修習生を可能なかぎり最大数まで採用しているからである。しかし、第一次国家試験を、従来の資格試験ではなく、採用試験として合格者数を限定することに用いるのは、職業選択の自由に関する憲法問題とも絡み、むずかしいものとされている。また、第一次国家試験合格者が、研修に入るまえの待機期間が事実上生じていることについても、職業選択の自由を制約するものとして批判が強い。そこで、近時では、修習生の給与の無償化が議論されている[1]。

(c)　従来、東ドイツ地域では、西ドイツ地域とは異なり、比較的待機期間は短めであった。しかし、第一次国家試験に合格し修習生として採用されたことは、第二次国家試験に合格し判事補（Assessor）として本格的に採用されることを意味していない。東地域の深刻な失業問題を考慮すると、実務研修後の失業の可能性をも意味するものである。すなわち、修習の入口で絞られるか、出口で絞られるかの相違にすぎないのである。また、弁護士には定員がないからといって、東地域での需要には、西地域との比較では明らかに相違があるから、弁護士としての活動の可能性はむしろ低いということができる。しかも、再統一後の一時的な人的需要は一段落しているから、今後東地域においても、待機期間、資格ある完全法律家（Volljurist）の過剰は、ますます深刻になると予想されている[2]。

実務研修の申請と採用

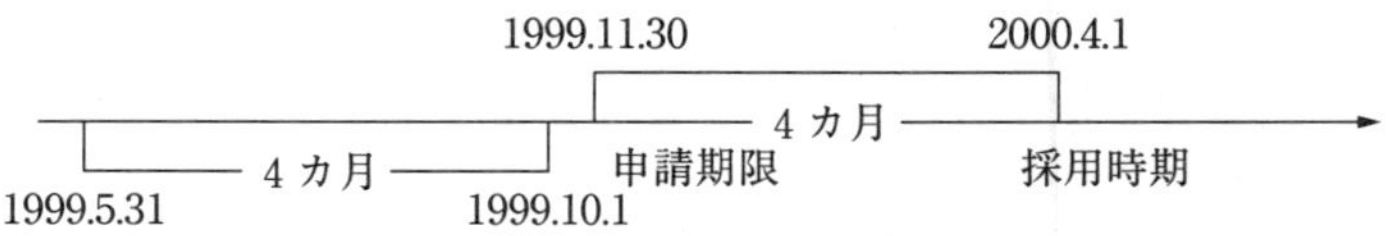

待機期間が増大していることは、大学と実務研修とが直結するはずの二段階法曹養成制度の重大な危機をもたらしている。これによって、両者が分断され、あたかもわがくににおけると同様に、実務研修にいたる前の段階

での絞りこみに似た現象が生じているからである。

(2)　西ドイツ地域の概観

つぎに、各州ごとの実務研修の採用について概観しよう。以下、いささか冗長であるが、これは、各州間の相違、とくに待機期間の存在をきわだたせるためである。

(a)　Baden-Württemberg 州には、Stuttgart, Karlsruhe の二つの高裁（ＯＬＧ）管轄地域があり、修習の申請は地域ごと（高裁ごと）にされる。採用は、半年ごとに行われる。二〇〇〇年四月一日の採用は、一九九九年一一月三〇日までの申請期間の者を対象とした。一九九九年一〇月一日に採用された者は、一九九九年五月三一日までが申請期間であった（前頁図参照）。

各申請期間ごとに、二九〇人の修習生（Referendare）が、地域ごとに採用される。採用の要件は、司法修習の許可制限に関する一九九七年一月二四日の法律（VO vom 24. 1. 1997 über die Zulassungsbeschränkungen für den juristischen Vorbereitungsdienst（GBl. S. 57））および、州法（BadWürttJAPrO）に定められている。待機期間は、試験の成績によって左右される。待機期間は、最高六カ月であり、これは、修習の申請の時点から算定される。他の州と同様に、窮迫（Härtefall）を理由とする優遇措置がある。

修習生は、他の多くの州とは異なり、原則として公法的な労働関係のもとにおかれる。給与は、税込みで月額約一五三〇マルクである。諸手当や現実給付の可能性（Urlaubs- od. Weihnachtsgeld, vermögenswirksame Leistungen）はない。公務員法上の補助（Beihilfe）の請求もできない。したがって、この州の修習生の収入は、連邦のどの地域と比較しても最低といわれる。成績が八点以下の修習生のアルバイトは、最初の四カ月までは月に二〇時間に、五カ月目以降は月三五時間に制限されている。高得点の者には、最初の制限はない。修習の場所が、各地域においてどのように割り振られるかは、社会的観点により決せられる。つまり、志願者の側の事情は、とくに考慮はされない。

前回の（最新の）採用期間には、シュトゥットガルト地域には三一〇人の申請者があり、二〇人は、六カ月の待機をよぎなくされた。カールスルーエ地域では、七人が待機しただけであった。採用は、各高裁が行う。(3)

(b) Bayern州では、一九九八年後半の修習は、一九九九年一〇月八日と、二〇〇〇年四月七日に開始された。申請期間は、それぞれ一九九九年七月一六日と二〇〇〇年一月一四日までであった。従来の申請では、どの申請者も、形式的には、待機なしに採用の割当をうけることができた。しかし、これは、ドイツ全体の中では例外的な状況であり、その是非、維持の可能性にはかなりの議論がある。他州の待機期間を考慮すれば、近い時期の破綻は免れえないからである。最新の期間には、七〇〇人の修習生が採用された。修習生は、期限つきの公務員（Beamten auf Widerruf, 修習期間経過後に身分が保障されるわけではない）として採用される。ただし、刑罰をうけた者やEU加盟国以外の外国人には違いがある。給与は、月額約一八四〇マルクである。さらに、手当と補助がある。国家試験で五・二五点に達した者は、許可をえて、司法上のアルバイトを週一三時間まですることができる。

三つの高裁（München, Nürnberg, Bamberg）の地域のいずれに振り分けられるかは、社会的基準、たとえば、バイエルン内における、志願者のもとの住所が重要である。したがって、他の州からの志願者は、どこに振り分けられるかは不明ということになる。バイエルンでは、二重の申請を認めていないから、他の州で申請していない（申請しても採用されなかった）ことが必要である。採用は、ミュンヘンの高裁で行われる。(4)

(c) Berlin州では、修習生の採用は、二月、五月、八月、一一月の三カ月ごとに行われる。申請期間は、それぞれの採用期間の二カ月前までである。それでも、平均の待機期間は、一二カ月に達する。しかし、国家試験で、優（gut）以上をえた者は優先され即時に採用される。兵役やその代替勤務を果たした者と子どものいる母親の場合には、待機期間は六カ月とされる。申請者の数は増加しつつある。修習生の身分は、期限つきの公務員（Beamten auf Widerruf）である。給与は、税込みで一八四〇マルクである。司法的なアルバイトは、週一〇時間まで許される。勤務地についての希望は考慮されない。前回の志願者は六五六人であったが、採用されたのは、一九三人にすぎない。採用は、ベルリンのKammergerichtで行われる。(5)

(d)　Bremen州では、修習生は、一月一日、五月一日、九月一日に、期限つきの公務員として採用される。採用は成績による。二年以上の待機者と、兵役、その代替勤務者は、即時または早期に採用される。もっか、良(vollbefriedigend）以上の者は、すぐに採用されるが、そうでないと一、二年の待機をよぎなくされる。

アルバイトは、週八時間まで許される。前回は、二五の採用数に対し、三五〇人の志願者がいた。採用は、高裁で行われる。(6)

(e)　Hamburg州は、修習場所の確保がもっともむずかしいとされているところである。修習生は、二カ月ごとに採用されているが、最長期の待機期間は、二一・五カ月にも達するという。申請期間について制限はない。兵役とその代替勤務は、待機期間三カ月分として計算される。一〇の採用わくが、窮迫者優遇のために設定されている。修習生の身分は、期限つきの公務員である。前回の採用期間には、二八の採用があった。採用は、修習生の採用庁（Personalstelle für Referendare）で行われる。(7)

(f)　Hessen州では、修習地の割り振りは、州の司法省で行われる。採用は、二カ月ごとに行われる。期間ごとに、一四〇の採用が予定されている。そのうち五〇は、適性（nach Eignung, じっさいには国家試験の成績である）により、三五は、待機期間により、一五は、窮迫を理由とする者に割り振られる。平均の待機期間は、八カ月であり、増加の傾向にある。(8)

(g)　Niedersachsen州では、修習生は、Braunschweig, Celle, Oldenburgの高裁地域の同一の手続で採用される。採用は、四半期ごとに、二月一日、五月一日、八月一日、一一月一日に行われる。申請期間は、それよりも二カ月前までに終了する。志願者は、成績の上の者から順に採用される。窮迫や、九～一二カ月の待機期間も考慮される。

修習生の身分は、期限つきの公務員であり、アルバイトは、週八時間まで可能である。採用は、高裁によって行われる。(9)

(h)　Nordrhein-Westfalen 州では、修習生は、Düsseldorf, Hamm, Köln の高裁地域ごとに高裁によって採用される。したがって、希望する場所を管轄する高裁に申請を行わなければならない。三カ所に同時に申請することも可能である。Hamm地域では、特定の志願者が優遇されることはないが、兵役や窮迫が考慮されることはある。Köln地域では、継続的に高裁地域と人的な関係にあったこと（mit dauerhafter persönlicher Beziehung an den OLG-Bezirk）が考慮される。Düsseldorf 地域では、優遇措置はない。三地域とも、毎月採用が行われる。申請期間は、その二カ月前までである。平均的な待機期間は、Düsseldorf地域で、七〜八カ月、Hamm地域で八〜九カ月、Köln地域で、一二カ月である。

一九九九年七月一日から、Nordrhein-Westfalen 州では、修習生の身分は、期限つきの公務員とはされなくなり、公法的な養成関係（öff. -rechtl. Ausbildungsverhältnis）とされるようになった。給与は、税込みで一八四〇マルクである。アルバイトは、最初の月には認められない。その後は、週に八〜一〇時間を超えない時間で可能となる。

Hamm地域では、前回の採用期間に五一〇人の志願者があり、八四人が採用された。Köln地域では、月におよそ五〇〜七五人が採用されている。Düsseldorf地域では、およそ三八〇人の志願者のうち七二人が採用された。(10)

(i)　Rheinland-Pflaz 州では、Koblenz, Zwibrücken の二高裁における採用は、コブレンツ高裁において統一的に決定される。制度的な優遇措置はないが、州法にしたがい、成績と窮迫、一年までの待機期間が考慮される。志願者は増加しつつあるが、勤務地の希望は可能な限り考慮されている。

採用は半年ごとに行われる。一九九九年一一月二日の採用では、志願は九月七日までにするべきものとされた。

修習生の身分は、期限つきの公務員である。給与の額は近く変更される。アルバイトは、週に八時間まで許可により可能である。前回の採用期間には、八二三人のうち二七〇人が採用された[11]。

(j)　Saarland州では、修習生の採用は、二月一日、五月一日、八月一日、一一月一日に行われ、申請期間は、それぞれ、四週間前までである。身分は、期限つきの公務員である。採用数のうち六〇は適性により、三〇は待機期間、一〇は窮迫により決せられる。平均の待機期間は、一五カ月である。アルバイトは、成績により可能となり、勤務地は、州の地域が小さいので、あまり意味をもたない。採用は、州の司法省が行う[12]。

(k)　Schleswig-Holstein州では、修習生は、二カ月ごとに採用される。申請期間は、その二カ月前までである。待機期間は、およそ一五カ月であるが、成績や窮迫によって優遇される。この期間は増加しつつある。前回には、一二〇〇人のうち六四人のみが採用された。修習生の身分は、期限つきの公務員とされる。採用は、高裁で行われる[13]。

(3)　東ドイツ地域

(a)　Brandenburg州でも、修習生の身分は、期限つきの公務員とされる。採用期日は、各年の五月と一一月の初めである。申請期間は、採用期間の三カ月前までである(つまり、一一月の採用の場合には、七月三一日まで)。採用数の三分の一は、国家試験の成績によって決せられ、つぎの一五%は、窮迫者が優先される。兵役とその代替勤務をした者も、優先される。勤務地が割り振られなかった申請者は、待機しなければならない。待機期間と採用数の情報は公開されていないので、個別に採用官庁に問い合わせる必要がある。具体的にどこに割当てられるかは、社会的観点から決せられる。

アルバイトは、月に四三時間まで可能である。給料は、他の東ドイツ地域と同様に、税込みで月額一六〇〇マルクである[14]。採用は、高裁で行われる。

(b)　Mecklenburg-Vorpommern州については、個別の事情によるところが多いので、待機期間に関する公式の資料がない。志願者は、成績、待機期間と窮迫にしたがって、採用される。採用の時期は、毎年六月一日と一二月一日であり、申請期間は、それよりも六週間前までとされる。余裕があれば、場所的な勤務地の希望も認められる。アルバイトは、許可により週に六時間まで可能である。採用は、高裁で行われる。(15)

(c)　Sachsen州では、五月一日と一一月一日の半年ごとに採用が行われる。申請期間は、その三カ月前までである(一一月の場合には、七月三一日まで)。従来待機期間は考慮されなかったが、志願者の増大により問題となってきた。窮迫、兵役やその代替勤務のほかには、優遇措置はない。

修習生の身分は、期限つきの公務員である。アルバイトは、週八時間までで許可を要する。国家試験で六・五点に達しなかった者は、最初の六カ月は、アルバイトをすることができない。前回には二二三人が採用された。採用は、ドレスデンの高裁で行われる。(16)

(d)　Sachsen-Anhalt州では、修習生は、期限つきの公務員である。採用は、毎年五月一〇日、一一月一日に行われ、申請期間はその二カ月前までである。採用数のうち四五は成績により、四〇は待機者に、一五は窮迫者に割り当てられる。待機期間は、およそ一年半である。司法関係のアルバイトは、七点以上の者につき月四〇時間まで許される。その他の者は、最初の修習場所において七点の評価に達しうる場合にだけ認められる。

前回の期間には、二二〇人のうち一〇二人が採用された。採用はNaumburgの高裁で行われる。(17)

(e)　Thüringen州では、従来、待機期間なしに採用されてきた。修習生の身分は、期限つきの公務員である。採用期日は、毎年一月一日と七月一日であり、申請期間は、それぞれ一〇月一日と四月一日までである。しかし、ここでも、志願者の増大がみられる。勤務地の半分は、社会的関係 (nach sozialen Belangen) によるから、他の州の出身者は、場所的な希望をとおすことはむずかしい。アルバイトは、最初二カ所の修習地では、六・五点以上でないと可能ではない。採用は、チューリンゲン司法省で行われる。(18)

（1） Bakshi, Einstellungssituation in für den juristischen Vorbereitungsdienst in Deutschland (Referendariat)—eine Übersicht (Berichte und Dokumente), JuS 1999, S. 927f. 以下の二節の⑵⑶は、これによるところが多い。

修習生の給与削減は、再統一からの財政問題と絡んで、近時の課題となっているが、歴史的にみれば、一九世紀には、長らく無給であった。当時の研修は、最低一年の裁判所におけるものにすぎなかったが(Auskulator, そのあとに、Referendarの研修期間があった)、修習生の家族は、第二次国家試験に合格するまで、修習生を経済的にサポートできることの証明を必要としたのである。これが、裁判官の養成に、実質的に経済的格差をもたらすものとして批判されたことはいうまでもない。これにつき、本書第一部二篇参照。いわば、大学の授業料の無料の制度とパラレルな側面を有しているのである。

ほかに、大学入試のさいにも、定員のある大学では(近時ではそのほうが多い)、入学希望者数が過剰な場合にはアビトゥーアの成績順に入学が決定されるから、希望先を変更しないかぎり、待機期間が生じる。そこで、待機期間というのは、必ずしも実務研修に特有の現象というわけではない。これは、能力による合理的なものとして、憲法問題を生じるとは考えられていない。

（2） 統一にともなう一時的な過剰人員の緩和については、一論一一〇巻一四二頁、一五三頁注（12）参照。〔本書第一部二篇所収〕。また、西地域での待機期間が長期化する傾向からすれば、東地域への移動の増加も予想されるからである。

待機期間の増大に対しては、国家試験の合格者の成績の低下する傾向を勘案すると、合格者数の大幅な削減という可能性もある。この場合には、日本の司法試験と同様に、国家試験の困難化という事実上の問題が生じる結果となる。また、これは、国家試験が資格試験であるという性格にも影響を与えることになる。

他方、合格者数の増大による待機期間の設定、延長は、合格者に対する研修場所を確保させることが国家の義務であるかという憲法上の問題を生じる可能性がある。

研修場所の確保の困難や修習生の給与の増大は、現在でも、数的または財政的に各州の大きな負担となっている。

そこで、妥協として、修習生の給与の無料化が検討されているのである。一部の州から、修習生の地位を制限的ながらも「公務員」とすることから、養成段階の「学生」あるいはその延長としての地位に変える動きがあるのは、その流れである。

さらに、実務研修の廃止という議論もあるが、これには反対論が多い（vgl. Schöbel, a.a.O. (Jura) 1999, S. 1)。七〇年代の一段階法曹養成制度にも、待機期間の減少だけではなく、部分的には、実務研修の軽減という目的が包含されていた。

なお、わがくにの司法改革との関連からみると、現行司法試験の合格率が三％程度とされ、ドイツの第一次国家試験の合格率が、七〇％を超えるのとでは、一見非常な相違がある。しかし、ドイツでも、待機期間のほとんどないトップ・クラス①②（sehr gut, gut）の第一次国家試験の合格率は、三％にみたないから、この範囲では、かなり接近する。ドイツでも、合格範囲を①～④のbefriedigendまでとし、現在の最低合格⑤（ausreichend）を除外すれば、ほぼ三〇％が減少するから、合格率は一気に四〇％にまで減少する。合格者の能力低下や待機期間の増大を考慮すると、これが適性範囲ともいえる。合格者数拡大の意図される日本の試験と逆の方向である。

日本型ロースクールのモデルとして、ドイツの国家試験が参照され、合格率七〇％ともいわれるが、これは、弁護士人口の増大のためのいわば緊急措置であり、長期的には五〇％ぐらいが適性水準とならざるをえないのではないかと思われる（つまり、この場合には、ドイツで合格者を①～④に限定した場合と、あまり差がみられないことになる)。ただし、そのためには、不合格者に対する他の選択肢の整備なども前提となろう。

（3） Ib., S. 927-928.

（4） Ib., S. 928. バイエルンは、西地域で唯一待機期間がないが、これは、当面、過剰な採用と独自色の強いバイエルンの特性という特殊事情にささえられているにすぎない。

（5） Bakshi, Bericht, a.a.O., S. 928. Kammergerichtは、ベルリンの高等裁判所を意味する。

（6） Ib., S. 928.

（7） Ib., S. 928.

（8） Bakshi, Bericht, a.a.O., S. 929.
（9） Ib., S. 929.
（10） Ib., S. 929.
（11） Ib., S. 929.
（12） Ib., S. 929.
（13） Bakshi, Bericht, a.a.O., S. 930.
（14） Ib., S. 928. 東西の再統一時、東地域では、むしろ人員の過少が問題となっていたが（「東ドイツ地域の大学（法学部）再建問題」一論一〇九巻一号参照）、わずか一〇年で過剰となったのである。〔本書第一部一篇所収〕
（15） Bakshi, Bericht, a.a.O., S. 929.
（16） Bakshi, Bericht, a.a.O., S. 929f.
（17） Bakshi, Bericht, a.a.O., S. 930.
（18） Ib., S. 930.

第三節　法曹の数―過剰と中途脱落

(1)　専門職の数

一九九一年の統計によると、ドイツの裁判官の数は一万七九三二人（うち女性が三四四九人）、検察官の数は三八八七人（女性が七五六人）、また弁護士の数は、五万一二六六人であった。また、一九九三年の統計によると、裁判官二万〇六七二人（女性が四七五二人）、検察官四九二〇人（女性が一二七二人）、弁護士五万八五〇四人である。さらに、近時の一九九七年の統計では、裁判官二万〇九九九人（女性が五三五八人）、検察官五二一一人（女性が一四五六人）、弁護士七万六〇七四人へとかなり増加している。[1]

これらに比較すると公証人の数はかなり少なく、一九九一年で一〇一四人であり、一九九三年には一五六二人、一九九七年には一六五七人に増加している。その数は、近年になってもそう大きなものではない。しかし、弁護士の数は、本来の弁護士（Rechtsanwalte）七万六〇七四人（一九九七年）に対して、公証人弁護士（Anwaltsnotare）は九〇三一人（一九九七年。なお、一九九三年には、八六一六人）であり、公証人を兼ねることのできる者の数はかなりの数にのぼっている。(2)

いずれの数字も、わがくにのそれとの比較では、かなり大きいといえるが、(3) 近年とくに増加しているのは、弁護士である。継続的に増加しつつあるとはいえるものの、裁判官など公務員には定員があるので、国家試験に合格した、かなり大きな数の資格者をうけ入れきれず、弁護士の増大がもたらされるのである。また、法曹以外への就職をよぎなくされる者や資格のある失業者も多い。慢性的な供給過剰の状態にある。このことは、一面では、博士の資格取得者の増大をもたらす要因ともなっている。

(2)　中途脱落

(a)　中途脱落者は、資格ある失業者とともに、大きな問題であるが、事柄の性質上、その実態は、必ずしも明確ではない。国家試験に合格しない者の総数は、大学入学者の四〇から五〇％にも達すると推察される。まず、第一次国家試験にいたるまでの間に、脱落する者がある。法学部の入学者が、年に二万人近いのに対し、第一次国家試験に合格する者の数は、一万二〇〇〇人ぐらいであるからである。受験者は一万七〇〇〇人ほどであるから、三〇〇〇人ぐらいの者は、受験にもいたらずに、脱落していることになる。そして、不合格者の総数は、入学者のほぼ四分の一に相当する。また、試験には回数制限があり、受験を繰り返しても合格しない者が、年に一〇〇〇人ほどいる。

ついで、第二次国家試験に合格する者の数は、一万〇五〇〇人程度に減少する。受験者は一万二〇〇〇人ほどであるから、中途脱落者は比較的少ない。しかし、ここでも、受験制限があり、受験を繰り返しても合格しない者が、年に四〇〇人ほどいるのである。

(b)　養成課程の中途における脱落者の存在は、必ずしもドイツのみに特有の問題ではない。フランスの大学の第一〔前期〕課程（Diplôme d'études universitaires générales）においても、一年時に三分の二が脱落する。ドイツの第一次国家試験に相当するのは、第二〔後期〕課程の四年目の修士の資格であるが、これを取得できる者は、入学者の二割に満たないといわれる。(4) アメリカにおいても、ロースクールのみならず、学部段階（法学部以外）においても、かなり多数の中途脱落者が出るといわれる。(5) むしろ、脱落者の存在は、不適格者の排除という意味において、当然の前提となっているともいえる。もっとも、その数字があまりに大きい場合には、制度の非効率性が問題となろう。(6)

ドイツの中途脱落者は、他学部あるいは他大学にいくか、そのまま就職することになると推測される。ただし、その実体は明らかではなく、統計などもない。(7) これは、他の国でも同様と推察され、アメリカでも、よりランクの落ちる大学やロースクールにいくことになり、むしろ挫折した大学からそのように奨励されることがあるようである。したがって、このような中途脱落者が多数出ることそのものは、諸外国の多くでは、むしろ一般的である。しかし、同時に、脱落した場合の受け皿が、意図的ではないにしても、残されているものといえる。(8)

〔イギリスの法曹教育については、かねてふれたことがある（本稿第一部三篇二章参照）。他のコモンロー諸国、たとえばカナダやオーストラリアでは、法曹教育は基本的には学部で行われている。その場合にも、アメリカのロースクールの場合と同様に、中途脱落者が発生することは避けられず、それは、オーストラリアにおいては、二〇％ほどになり、他学部に転部したり（オーストラリアでは、同一人が二学位を取得することが基本であり、これが容易である）、よりランクが落ちる学部にいくことになる、といわれている。〕

(1)　JuS-Studienführer, 1991, S. 14,（vgl. 1999, S.15ff.）には、法曹資格者に関する概略が掲載されている。また、詳細については、Statistisches Bundesamt, Statistisches Jahrbuch 1999 für die Bundesrepublik Deutschland,

S. 349ff. 〈15.2〉 Richter und Richterinnen in Bundes- und Landesdienst 1997; 〈15.3〉 Staatsanwälte/-anwältinnen, Rechtsanwälte/-anwältinnen und Notare/Notarinnen.

（2）　公証人弁護士については、小野「公証人と公証人弁護士」一橋大学研究年報・法学研究三三号一〇三頁参照。〔専門家〕一五五頁以下所収。

（3）　社会の法化により、法曹資格者に対する需要が増大するとの理解からすれば、このような大量の法曹資格者の数は、ある意味ではわがくにの将来像の一つを示すものでもある。

「法化」社会論は、近時の司法改革の一根拠となっており、法曹資格者の数を増大させるキーワードとなっているが、社会の「法化」は、部分的にはすでに明治維新のさいにも生じている。すなわち、周知のように、江戸時代において、南北の江戸町奉行配下の与力、同心の数は、三〇〇人に満たなかったが、明治になって（一八七一年）、東京府のもとで警察組織が整備されたときに、定員が三〇〇〇人に増やされ、また、司法省（一八七二年）から内務省（一八七四年）のもとに移管されたときには、六〇〇〇人に増大されたのである。ちなみに、現在は、四万人を超える。Vgl. Ono, Comparative Law and the Civil Code of Japan (1), Hitotsubashi Journal of Law and Politics, vol. 24 (1996), p. 38.

社会、地域が小さく分裂し固定している封建社会のような場合には、司法に対する需要は、民事刑事ともに小さい。そして、近代国家のように、社会を一元的に把握する場合には、これに対する法的需要は格段に大きくなる。しかし、明治の変革期には、せいぜい刑事、行政司法に関する需要が増大したにとどまるが、経済活動が流動化し、国家の壁すらも意味をもたなくなると、民事司法に関する需要も、いちじるしく増大するのである。

（4）　一論一一一巻一号五一頁参照。〔本書第一部三篇所収〕

（5）　アメリカの法曹養成制度については、一論一一一巻一号五五頁参照。

さらに、アメリカの特徴は、法曹資格の取得後も弁護士の競争が激しいことである。アメリカ型の法曹一元には、これを前提とする面もある。すなわち、アメリカの弁護士には格差が大きいものの、平均的な年俸は、六万ドル程度であり、地方の裁判官では、多くは八万ドル程度であるから、法曹一元が実効性をあげやすいのである。裁判官は、選挙の場合もあるが、弁護士ほどの経営的努力が必要ではないからである。

(6)　制度の効率性の問題は、法曹資格を取得するにいたった者が、法曹になれずに、失業に陥る場合には、いっそう問題となる。典型的には、九〇～一〇〇万人近くの弁護士を有するアメリカの法曹養成制度にみられる。この場合は、かりに失業しなくても、いわゆる〔事故の〕追っかけ弁護士にみられるような法曹の質の低下をもたらすことが問題である。

公的な資格の制限は行われないから、人数の過剰の解決はもっぱら自由競争に委ねられ、会計や税務を専門とするそうとう数の弁護士は、差別化のために、同時に公認会計士などの資格を取得している。数のいちじるしい増加は、法曹像の性格を質的にも変化させるものである。

(7)　一論一一〇巻一号一四二頁参照。〔本書第一部二篇所収〕。中途挫折者の存在と、第一次国家試験と実務研修の間の「待機期間」の存在は、ドイツの法曹養成制度の暗黒部ともいえ、大学関係者にも、あまりふれたがらない傾向がみられる。

(8)　また、受験の回数制限があることもあり、脱落者の存在が、わがくにのように、ただちに受験浪人が滞留することには、つながらないのである。したがって、かりにわがくにでも、受験回数の制限を設け、滞留することを認めない制度への転換を図るとすれば、脱落者に対するなんらかの受け皿が必要ということになろう。そして、このような制度の転換は、司法試験が法曹の資格試験へと性格を転換した場合には必然となる。不合格は、選抜試験の不合格の場合にたんに合格者枠に達しなかったというのとは異なり、勉学を継続することが不適切であることを意味するからである。これについては、第四章一節の注（2）（専修コースへの転身）をも参照。

第四章　完全法律家と経済専修法律家

第一節　「経済法」専修コースの開設

(1)　一九九三年以降、専門大学（わがくにの高等専門学校のモデルであり、段階としては、一九七〇年代にできた技術科学大学に相当する）において、経済実務家向けの法曹養成が開始された。裁判所などの狭義の司法界で活躍する伝統的な法律家ではなく、新たな概念である経済専修法律家（Wirtschaftsjuristen）が対象となっている。(1)

ドイツの法学部の教育は、圧倒的に司法や行政の分野を目ざしたものであるが、その実体は、一般企業・産業界で活躍する法曹資格者の養成をも含んでいる（第一章参照）。そこで、従来からも司法・行政エリアのみに目的を偏在させた統一的法律家（Einheitsjuristen）の養成には批判があったのであるが、「経済法」専修コースは、この修正を、伝統的な法学部教育とはべつのコースを作ることによって実現しようとするものである。裁判官法が目ざす完全法律家（Volljuristen）の養成は、企業法務にたずさわる経済人にとって、無用なものが多すぎるとの認識にたっている。

理念的には、一九九〇年代にわがくにであいついで開設された大学院専修コースに近いが、専門教育を大学レベルで行おうとするものである（これは、ドイツの大学には大学院が制度的に組みこまれていないことにもよる。前述一九〇頁参照）。その資格は、伝統的な法律家とは区別して、経済専修法律家と位置づけられる(Diplom-Wirtschafts-juristen, Begehrte Generalisten)。(2) 専門大学の卒業生は、一般の大学の学生とは異なり、国家試験（裁判官法上の）をうけて法曹資格を取得することを目的としないから、その卒業は、専門大学内部の卒業試験、それによる学位をもって認定される。

(2)　専門大学で「経済法コース」（たんに経済法というと、独禁法などごく狭義のものを連想させるが、内容的には、日本の「専修コース」に近いものであるから、「経済法」と括弧つきでいうか、端的に「経済法専修」というように読み替える）の講義の始まったのは、一九九三年のマインツ、一九九四年のリューネブルグ（Lüneburg）が最初であった。(3) 伝統的に工学関係の多い専門大学にも、法律の新たなコースがおかれたのである。

(3)　なお、あらかじめ一般的に、ドイツの専門大学について、かんたんにふれておくことが必要であろう。最初に専門大学が設置されたのは、一九六九年から七一年の間である。そして、一九八〇年代にはいちじるしく増加した。初期の設置から、すでに三〇年を経過している。その間、専門大学は、実務指向型(Praxisorientierung)の教育を行ってきた。ただし、専門大学においては、実務・職業指向と理論指向（Theorieorientierung）とは統一的に収斂されているとみるべきとの見解もあり、このような見解は、一九七〇年代の末に有力となった。ただ、いずれにしても、就職との関係（Berufseinmündung）は、うまくいっているものととらえられている。(4)

一九九〇年代初頭までに、専門大学の「学生数」は、三五万人を数え、大学を含めた全学生数の中で占める割合は、二〇%以上となった。(5) 大学を含めた全学生数の中で占める、「新入生」の割合も、三〇%近い。(6) また、大学を含めた全学生数の中に占める、「卒業生」の割合も高く、四〇%は、専門大学の学生である。(7) とくに、専門的訓練を要する領域の割合が高く、商業の領域や情報の領域でそれぞれ五〇%、エンジニアの領域では七〇%の者が、専門大学の卒業生である。ちなみに、「在学生」の割合が大学で比較的高くなるのは、在学期間が長いことによるものである。専門大学での在学期間は、大学よりも三～四学期短いといわれるからである。また、標準勉学期間は、実務期間、卒業制作、試験を入れても八学期である。

一九九〇年代の専門大学の増加は、人口構成のうえから、その年代の者がいちじるしく増加したことに対応したものである。九二年には、三〇%も増加したのである。(8) これは、わがくにの第二次ベビーブームに対するのと同様の問題であり、人口構成のゆがみに由来するものである。

新入生に対する卒業生の割合は、大学では平均五〇％であるが、専門大学では六五％である。[9] つまり、中途脱落者の割合が低いことになる。しかし、反面では、大学だけではなく、専門大学においても、かなりの中途脱落者がいることを示している。

卒業生一人についての支出は、大学（医学・薬学を除く）では八万六〇〇〇マルクなのに対して、専門大学では四万六〇〇〇マルクとされる（八〇年代末の比較）。[10] おそらくこの割合は、今日でもそう異ならないであろう。八〇年台までの専門大学は、工学系を中心としていたのに対し、九〇年代以降は、一般的に支出の少ないと目される文科系が中心だからである。したがって、制度の効率という点のみからみれば、専門大学は、大学よりもかなり安上がりということになる。

(4)　専門大学では、入学資格も、大学とは異なる。大学入学資格としては、アビトゥーアが必要なのに対し、専門大学では、必ずしも必要ではなく、高校の単位認定（Hochschulreife）か、専門大学が課す高校の単位認定（実務を伴う一二年の学校教育）でたりる。もっとも、専門大学の新入生のうち、アビトゥーアの資格取得者の割合は、一九九〇年代初めまで五〇％強であった。[11] ただし、専門大学では、大学以上に厳格な定員制（Numerus clausus）による入学制限があるので、必ずしもその入学が容易というわけではない。

専門大学の卒業生には、つぎの二点で不利がある。第一に、大学で博士の学位を取得することが必ずしも容易ではない。単位の互換が従来できなかったことから、べつに大学卒業資格が要求されることがあった。これは法制度上の要件ではないが、じっさいには、問題となることが多かったのである。第二に、専門大学の卒業生は、公務につく場合に、大学の卒業生とはべつの給与体系に組みこまれている。[12]

教授の側にも、専門大学には特徴がある。少なくとも五年の実務経験（qualifizierte berufliche Tätigkeit）を要する。週に一八時間（Semesterwochenstunden）のノルマがあり、これは、大学の教授よりもかなり重い。また、学術的中間層（wissenschaftlicher Mittelbau、助手、助教授に相当するものである）がなく、さらに、専門大学では、理論や研究に必要とされる学術的補助者（助手、秘書）も少ない。学術的な進展に貢献するものとは位置づけられていないので、そのための考慮もされていないのである[13]。ある意味では、専門学校の扱いであるが、待遇という面では、日本の大学に近い（第二章二節(5)参照）。

第二節　伝統的法学教育からの批判

(1)　当初から、「経済法」専修といった特別なコースを設けることには、弁護士サイドからの反対のみならず、司法省からの批判もあった。反対の中心にたったのは、弁護士サイドであり、これは訴訟にまで発展した。すなわち、ＵＷＧ（不正競争防止法）三条によって、「経済〔専修〕法律家」Diplom-Wirtschaftsjurist/in (FH) の学位の認定をやめるように主張がなされ、専門大学に対する訴訟も生じたのである。

訴訟は、一九九四年にニーダーザクセン州の学術・文化省により認可された（リューネブルクの）専門大学の「経済法」〔専修〕コースの差止めを求めたものである。「経済法律家」という名称は、完全法律家としての教育をうけ卒業し裁判官職に適合した名称と混同しやすく、法律家に対する誤った考えを惹起し、専門大学がこのような学位を認定することによって、将来、「経済法」の卒業生の競争上不正な行為に加担するものとする。訴訟は、ケルンの地裁と高裁において、通常裁判所の民事事件として扱われた。被告の上告をうけて、連邦裁判所（ＢＧＨ）は、最終学位の認定が問題となっていることを理由として、公法上の行政行為（Verwaltungsakt im öffentlichen Recht）を争点とみて、リューネブルクの行政裁判所に差戻したのである[14]。

(2)　現在、一四の専門大学において、経済法曹の養成が行われている。マインツとリューネブルクにつづいて、一九九五年には東ドイツ地域のWismarと、Recklinghausenにおいて開設された。そして、一九九六年には、Pforzheim, Schmalkalden、一九九七年のBernburg, Wildau, 一九九八年に、Trier-Birkenfeld, また Kölnの（私立）ライン専門大学、Frankfurt, Osnabrück, Essen, Branschweig-Wolfenbüttelの各専門大学が開設された。

また、他の専門大学でも同種のものが計画されている（Leipzig, Bad Sooden-Allendorf）。一九七〇年代の工学系の専門大学につづいて、一九九五年以降、この種のコース開設がふたたびブームとなったのである。

(3)　一般の大学においても、本来の経済法の講義のほかに、カリキュラムの発展課程の一部に「経済法」関係の講座が置かれることがある（イエナとハンブルク）。また、ドイツから外国に進出しているグルジア工科大学（in Tiflis=Tbilissi）でも、リューネブルクの試験規定に従い、かつドイツ語で「経済法」が講義され、西側の諸外国にも、法と経済関係の科目を結合させた形態がとられているものがある。たとえば、リューネブルグとの締結校、Limerick/Irland, Southampton/Englandなどである。(15)

これらの専門大学、あるいは一般の大学における「経済法」のコースは、たんに科目上そのようなものがあるというだけでは意味がなく、より包括的に専修的コースと位置づけられる性格のものである点に特徴がある。

第三節　経済法専修コースの教育と学位

(1)　専門大学の専修コースは、七〜八学期の通常勉学期間において、三〜四学期の基礎教育（Grundstudium）課程をおく。これは、前期卒業認定（Vordiplom）で終了し、その後は、四〜五学期の専門教育（Hauptstudium）課程となるのである。科目に占める法律の割合は五〇〜六〇％で、経済は三〇〜四〇％である。その他には、種々の言語、法律的なレトリック、交渉の進め方、管理、求職活動のトレーニング（Bewerbungstraining）なども行われる。

基礎教育課程は、高校の授業にならって科目の配置がされ、選択の可能性はない。大学式の科目の選択制は、履修の自由を増す反面、その体系性・方向性の見通しを悪いものとし、在学期間の長期化をもたらす要因の一つと考えられている。重点は、経済私法、企業法、税法、労働法、経済行政法など経済に関係する法領域におかれる。経済関係では、会計、マーケティング、実体経済、金融、投資、組織論などの基礎が教えられる。また、必修課目として、英語の法律、経済用語が教えられる。国際性指向が特徴とされる。そこで、FHS Rheinland-Pfalz, FHTW Berlinなどの専門大学では、英米法、フランス法の導入講義も、それぞれ英語とフランス語で行われる。

(2)　前期卒業認定は、各課目試験の総計で算定され、卒業にいたる重要なハードルと位置づけられている。リューネブルクでは、この段階で学生の四分の一が脱落するといわれる。

また、各専門大学は、専門教育課程での特徴ある重点教育を売り物としている。典型的なものは、労働法、私的経済、租税、財務(銀行と保険)、国際取引などである。ほかに、メディア、環境経済、破産・清算の管理、公企業法などを重点領域とする学校もある。また、どの専門大学でも、勉学と結合された実務的期間（integriertes Praxissemester）が求められる。さらに、法的および経営的で、かつ実務的な問題を専門にまたがって検討する卒業論文（Diplomarbeit）も要件とされている。卒業には、各科目の履修と、卒業試験または（／および）口頭の卒業試験が要件とされている。(16)

(3)　学位は、リューネブルクと同様に、「経済〔専修〕法律家」（Diplom-Wirtschaftsjurist）とするものが多いが（ほか七校）、経済法学士、法律経済士、法務士、営業士（Diplom-Wirtschaftsrechtler, Diplom-Rechtsökonom, Diplom-Rechtswirt, Diplom-Betriebswirt）などとするものもある。いずれも、Diplom-Wirtschaftsjuristとすることを目ざしているが、州によっては認められていない。

このように専門大学において、専修法律家に学位を認定したことが、一九九八年の大学基本法において、一般の大学法学部でも、法学士を認定できるようになったことに影響を与えたものと推察される。(17)

(4)　学生の多くは、伝統的な法学教育との関係で、専修的な「経済法」の勉学を選択しており、経済学との関係で選択する者は少ない。学生の七〇%は、すでに職業的教育を終えた者であり、銀行や貯蓄組合の被用者、商人、弁護士や公証人、税理士の補助者などが多い。アビトゥーアの資格取得者の割合は、他の専門大学の平均よりも多い。男女の比率はほぼ同じであるが、部分的には女性が多数を占めている。

教師のほうは、実務に関係した分野で、実務家出身者が多いのは当然である。また、非常勤講師の大半は、実務家である。[18]

成績のつけかたは、従来の法学部の方式とはやや異なる。一・〇（sehr gut）の優等が最良であり、あとは、〇・三から〇・四きざみで、五・〇の不合格（mangelhaft）までとなり、良好（voll-befriedigend）はない。前期卒業認定の平均は、良（befriedigend）であるが、卒業のときの平均は、優と良（gut, befriedigend）の間である。[19]

入学希望者は多く、定員の四から一〇倍にもなるという。したがって、アビトゥーアの平均成績も高く、一・九～二・三を必要とする。アビトゥーア取得からただちに入学する者の割合が高くなる傾向がある。[20] この点は、大学の入学者が、かなり高齢であり、回り道をしてきていることが多いドイツの一般の例とは異なる。[21]

第四節　専修ジェネラリスト

(1)　大学の法学部からは、専門大学のコースは「学問的」ではないとの批判が強いが、専門大学の法学教育は、意識的に法の全領域をカバーするものとはなっていない。経済関係分野に集中しており、その限りでは内容は浅いものではなく、むしろ一般の大学のそれよりも深い、との反論もある。また、「経済法」の勉学は、速成的なスペシャリストの養成を目ざすものではなく、専門的なジェネラリストを目ざすものである。したがって、多様な職業的可能性を準備するものと目される。たとえば、税理士（Steuerberater）試験の準備、内外の企業、銀行、保険会社の専門分野担当者や、組合の「経済法」専門家などである。[22] つまり、この場合には、たんなる補助者というよりは、法律関連の専門家、プロフェッショナルを目ざしている。

就職した卒業生の出ているのは、一九九九年の段階では（つまり、九七年、九八年の卒業生のみ）、マインツの二七人と、リューネブルクの五六人だけである。したがって、まだ制度の成果を評価する段階ではない。しかし、卒業生は例外なく、卒業と同時か直後に、相当の就職先を確保した。また、当初予想された以上に、その多くは大企業であった。また、大規模な公認会計（Wirtschaftsprüfung）事務所や、税理士、破産管理事務所（Insolvenz-verwaltungskanzlei）の場合もあった。業務上法律知識の必要な場所からの引き合いが多かったという。そこで、専修法律家（Wirtschaftsjuristen）は、法学部を卒業した完全法律家（Volljuristen）や、経済学部を卒業した経済人（Betriebswirte）に対する独自性を主張できるものと解される。もっとも、私企業にいく場合には、大学と専門大学の卒業生の区別は、必ずしも明確ではない。

卒業生の初任給は、年額平均六万五〇〇〇〜八万五〇〇〇マルクであったという。[23] これは、とくに一般の大学の卒業生である完全法律家の初任給ともいえる実務研修期間の給与と比較すると（前述第三章二節参照）、かなりの高額といえよう。

(2)　一九九八年／九九年の冬学期に、専門大学全体では二二六六人の「経済法」専修コースの学生がいた。毎年、九五四人の新入生があり、また新たなコースの開設により、二〇〇〇年には、専修コースの学生数は、五〇〇〇人になるものと予想される。[24]

経済人の養成が法律関係の学部の目的として正面からすえられたことは、学士の卒業認定を大学が開始したことと並んで、現象的には、ドイツの大学の日本化ともいうことができよう。

(3)　専門大学の成功は、伝統的な法学部の改革にも影響を与えている。すなわち、統一法律家の養成が裁判官の養成に重点をおき過ぎていることへの反省をもたらしている。この側面では、法学部でも、職業的資格のえられる講義の可能性が問題となるし、さらに根本的には、裁判官と弁護士の養成を分離するとの、法律家の統一的養成への見直し論議も出ているのである。

〔ドイツの法曹資格の基本を定めるドイツ裁判官法五ａ条三項一文によれば、法曹教育の内容は、裁判的、管理行政的、および法律相談的な実務（rechtsprechende, verwaltende und rechtsberatende Praxis）に向けられるべきものとしている。しかし、従来重点が置かれてきたのは、このうち裁判官的な訓練であり、これに対し、近時では、法律相談的あるいは弁護士的な訓練の必要性が強調される。Vgl. Ahlers, Rechtsberatende Praxis im juristischen Studium, Festschrift für W. Sigle zum 70. Geburtstag, 2000, S. 453. 対象は、必ずしも一致しないが、伝統的な法曹養成の修正という意味では、本稿の主題とも共通するものである。〕

（1）これについての最近の報告として、Schomerus, Stand und Perspektiven des Wirtschaftsrechtsstudiums an Fachhochschulen, JuS 1999, S. 930.

初期のものとしては、Krimphove, Der "Diplomwirtschaftsjurist (FH)" oder die Reform der Juristenausbildung von unten? ZRP 1996, S. 248; Martin, Fachhochschulausbildung von "Wirtschaftsjurist", ZRP 1993, S. 465.

Niedersächsenの学術・文化省が、「経済法」Wirtscahftsrechtの専門大学の申請を認めたのは、一九九三年一月一一日であった。実際に学生をうけ入れ始めたのは、一九九五年である。

（2）もっとも、わがくにの専修コースは、どちらかというと、完全法律家の法曹養成コースを含む（あるいは、そちらのほうが主目的の）趣旨で設けられたものが多く、その後の大学院改革の結果、ロースクールによって発展的に解消されるとみるむきが多い。しかし、私見では、専修コースにはもともと二つの目的が混在していたのであり、法曹養成コースの部分はロースクールによってカバーされるとしても、もう一つの目的、すなわち、高度の経済人、あるいは必ずしも弁護士にいたらないが準法曹としての経済法律家を養成することは、なお残された課題である。

ドイツの大学の法曹養成制度が、完全法律家の養成に傾きすぎていたことから、経済専修法律家の養成にも目を向け始めたのに対し、日本のそれは、ようやく完全法律家の養成にも目を向けたのであり、方向は異なる。しかし、いずれも現代的な法学教育にとって必要なものである。

アメリカ型のシステムのもとでは、いずれもロースクールによって、まかなわれる（全体としての水準は低いところに落ちつかざるをえないが、その中の分化・特化は資格獲得後の自由競争にまかされる）。他方、ドイツの場合には、今後、完全法律家は大学と司法修習、経済専修法律家は専門大学、大学ということになる（二分化）。

わがくにでも、ロースクールが法曹養成をするとの前提にたつかぎりは、ほんらい「高度」の経済専修法律家は、ロースクールが対象とするべきであろう。そうすると、高度の経済専門家と社会人向けの専修コースを内部に存続させ、これと司法試験受験を目ざす法曹コースとの二コース制とする必要がある。このような併存制は、準法曹にも一定の法曹資格を認める司法制度改革が行われる場合には、とくに必要となる。準法曹を対象とした高度の専門教育が必要となるからである。

しかし、大学院に専修コースを維持する受容能力がない場合、あるいは、ロースクールにおいて、準法曹、経済法律家の養成をカバーするだけの定員が認められないとすれば（卒業生がみな狭義の法曹を目ざす程度の数にとどまるとすれば）、「専修コース」は、次善の策として、学部の特別なコースとして設けられる必要がある。学部レベルでも、一般企業に就職して、高度の専門的知識をとくに必要としない場合（経済学部や文学部の学生と同一レベルの能力しか要求されない場合）とはべつの養成コースが必要だからである。経済法律家に特化した学部の再編も避けられない（そうなると、他面では、基礎論と裁判実務を目ざすロースクール向けの学部の特化も避けられないことになる）。

また、ロースクールでは、中途挫折者の出現、司法試験の合格者は七割程度との予想があり、その受け皿も必要である（ロースクールが相互に受け皿になる以外に、個人の特性を生かした方法として）。とくに、社会人教育のうえからは、専修コース的なものは、なんらかの形で存続することが必要であろう。さらにロースクールの多様化の面からすると、経済関係に特化したものもありうるから、これは、同じく特化した学部からの卒業生をもうけ入れることができる。イメージとしては、旧制の商科大学が高等商業学校の卒業生をもうけ入れ（それだけに限定されることはないが）、これが、旧制高校から帝国大学のコースとは異なる独自の意義を有したのと類似してこよう。

（私は、隣接法律家の養成コースとしても、このような専修コースが必要であると考えている。これにつき、小野「隣接法律家の新たな位置づけ―とくに司法書士の職域と法曹資格・養成―」市民と法六号参照。本書第二部四篇所収。

司法研修は、ドイツでは、かねての一段階養成制度においても、大学レベルで行われ、他方、アメリカでは、法律教育は、大学院レベルのロースクールで行われている。日本は、従来の司法研修所を大学院レベルとすれば、二

ドイツの大学の種類

	総合大学	神学大学	教育大学	連合制	芸術音楽	専門単科	行政単科
数	86 ■	16 ▩	6 □	1 ▨	46 ■	152 ⊞	36 ▥

Universität　　　　　　　　　　　　Fachhochschule

なお、このほかに、Gesamthochschuleが7校あり、統計により若干の数字の食い違いがある。このグラフは、Statistisches Bundesamt, Statistisches Jahrbuch 1999, a.a.O., S.386. 〈16.9〉 Hochschulen, Studierende, Studienanfäger und -änfangerinnen im Wintersemester 1998/99 nach Hochschularten und Ländernによる。

行政単科大学は、Verwaltungsfachhochschulenの訳である。

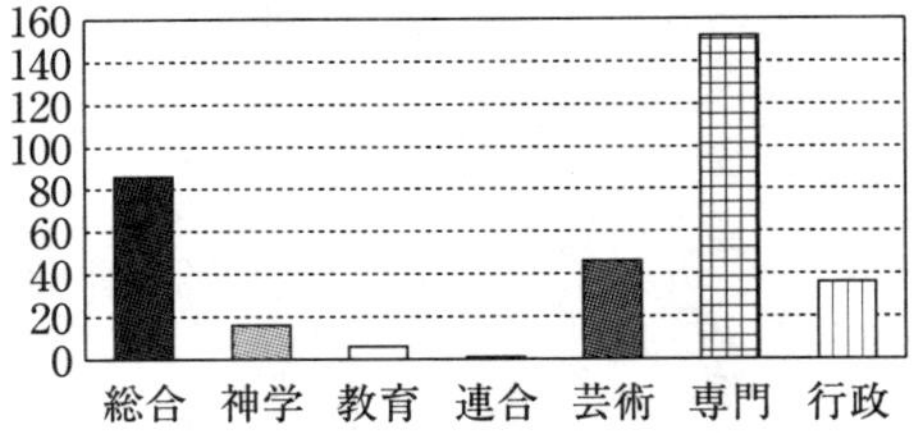

ほかに、vgl.Statistisches Bundesamt, HRK, Universitäten in Deutschland, Prestel-Verlag, 1995, Zeitschrift Deutschland, 1997, No. 3 , S.25.

者の中間ともいえたが、「高度」な専門職の養成コースとしては、大学院レベルで行われることになろう。ドイツの養成がおもに大学レベルなのは、博士の認定と同様に、必ずしも大学院が制度として、ドイツの教育制度に組みこまれていないからにすぎない。第二章二節注（15）参照。〕

（3） Schomerus, a.a.O. (JuS 1999), S. 930.

（4） Vgl. Schulte, Fachhochschulen in Deutschland, AvH-Magazin Nr. 62 (1993), S. 31ff. なお、同論文は、ドイツ各地の専門大学の配置（S. 32）や、公立の専門大学の一覧（S. 33）についても、詳しい（公立だけで一〇〇校近くが存在する）。私立のものが多いことも（五〇以上ある）、専門大学の特徴である（S. 38）。私立の学校は、おもに教会の設立によるものである。実務からの人的需要に応じて、戦後の高度成長をささえたものと位置づけられる。また、一九九〇年の再統一後には、東ドイツ地域にも多くの専門大学が設立された（一九九三年までに二〇以上）。とくに、エンジニアに対する需要が多かった（S. 32）。

一九九〇年代に設けられた専門大学の「経済法」専修コースも、実務指向型、すなわち企業経済的な知識と法的な能力の結合を通して、企業の「経済法律家」の需要に応えることを目ざしている（Krimphove, a.a.O., S. 249; Martin, a.a.O., S. 466）。州立のものが多いのが特徴である（後注（14）に引用の StA Ulm, Verfügung v. 2. 11. 1989, Rpfleger 1990, S. 108. の専門大学の場合も同様である）。この点は、むしろ州立が原則である一般の大学と同様である。たとえば、リューネブルクの専門大学は、ニーダーザクセンの学術・文化省（Ministerium für Wissenschaft und Kultur）によって設立された（Martin, a.a.O., S. 465）。

一九九六年の時点で、専門単科大学は、一三八校あるが、このほかに、神学系、芸術、教育系の専門大学がある。（前頁の図参照）。

（5）　Schulte, a.a.O., S. 32.

（6）　この比較につき、ib., S. 37.

（7）　Schulte, a.a.O., S. 33.

（8）　Ib., S. 38.

（9）　Ib., S. 34.

（10）　Schulte, a.a.O., S. 33.
一九九六年の総支出からみると、大学全体で四二四億マルクであるが、専門単科大学は四五億マルクにすぎない。ちなみに、大学は八六校で、専門単科大学は一五二校である（こちらは、一九九九年の統計）。ともに、Statistisches Jahrbuch 1999, a.a.O., S. 392. 〈16.14〉 Ausgaben der Hochschulen; S. 380. 〈16.9〉 Hochschulen. による。もっとも、大学には、大規模校が多いので、単純には比較できない。

（11）　Schulte, a.a.O., S. 34. 一般的な高学歴化の傾向からすると、近時では、この割合はもっと高くなっていると思われる。

（12）　Ib., S. 37. ただし、第二章で前述したように、一九九八年の大学基本法の改正で、大学と専門大学の単位の互

研究関係従事者数（人）

	日　本	ドイツ	イギリス
研究者■	704,514	235,792	140,000
技術者□	83,539	111,749	59,000
その他▒	185,022	112,869	80,000

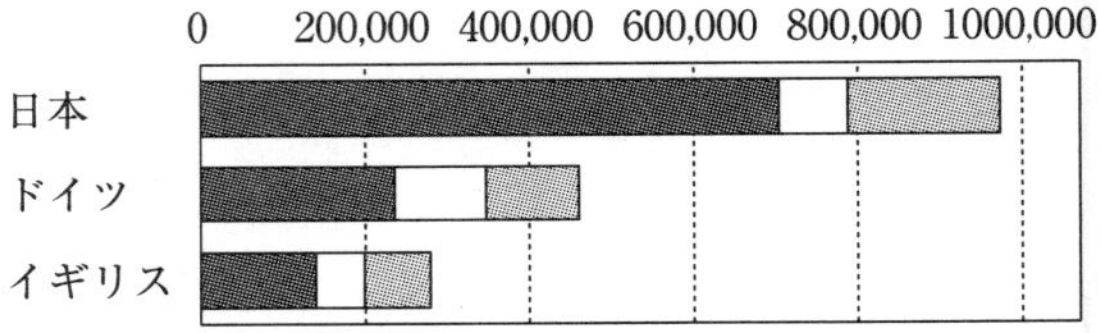

科学技術庁科学技術政策局・科学技術要覧（2000年）234頁。数字はおおむね1996年である。

換はかなり自由にされた。

(13) Ib., S. 36.

研究関係従事者のなかで、補助職の数が少ないのが、わがくにの特徴である。ヨーロッパでは、研究者数の割合は、ドイツで、五一・二%、イギリスで、五〇・二%、フランスで、四九・二%、イタリアで、五三・七%にとどまるが、日本では、七二・四%に達する。カナダでは、六一・七%である。上の表は、研究関係従事者数の国際比較である。ドイツの大学の職員構成については、一九三頁参照。

(14) BGH (Beschl v. 5. 6. 1997), NJW 1998, S. 546.

リューネグルクの行政裁判所は、停止判決を行ったが(Einstellungsbeschluß des VG Lüneburg v. 11. 5. 1998, 1 A 43/98; vgl. Schomerus, a.a.O., S. 930 Bem. 12)、その後、訴訟は、原告から取下げられた。

類似の訴訟は、ほかにもみられる。たとえば、「法律家」の名称に直接に係わるものではないが、StA Ulm, Verfügung v. 2. 11. 1989, Rpfleger 1990, S.108. これは、刑事事件であり、被告が、日刊紙に司法関係人の学士(Diplom-Rechtspflegerである。Rechtspflegerは、裁判所書記官などを中心とした概念であり、「司法補助官」と訳されることが多いが、それではやや狭義となり、必ずしも官吏に限定されないので、このようにいう)の表示をするさいに、学位の発行主体である専門大学の表示を欠いたことが、刑法一三二a条にいう学位の冒用（Mißbrauch von Titeln）にあたるかが問題とされた。専門大学法（一九八一年六月二三日）に関する州の学位授与規定によれば（Rechtspflegerの学位認定は州の管轄事項とされる）、この学位には、括弧つきで専門大学の表示が必要とされる。しかし、裁判所は、被告がこのような資格を有し、この資格は専門大学しか出すものではないとして、括弧がきの表示がないことが刑法でいう冒用にあたるものではないとした。類似のものとしては、vgl. VGH München, NVwZ 1985, S. 1417.

とくに、従来は、大学が国家試験とはべつに法学関係の「学士号」を出すことはなかったことから、専門大学でのみこのような学位を出すことに疑問がもたれたのである。このような疑問について、vgl. Krimphove, a.a.O., S. 249. しかし、この問題は、一九九八年の大学基本法において、一般の大学も学士号を出すことになったことによって、解決されたのである（前述第二章参照）。

(15) Schomerus, a.a.O. (JuS 1999), S. 931. しかし、大学の側にも、類似のコースをより積極的に採用しようとする動きもある。後注（24）をも参照。

(16) Ib., S. 931; Krimphove, a.a.O., S. 250.

カリキュラムの詳細については、vgl. Krimphove, a.a.O., S. 250ff.

例としては、Fachhochschule Rheinland-Pfalz（すなわち、マインツの専門大学）では、基礎教育として、法学基礎論（四）、経済私法（六＋六＋六＋四）、労働法（二＋四）、行政法（二＋四）、刑法（二＋二）、国際法（二＋四）、経済法演習(二＋二)、国民経済論・VWL＝Volkswirtschaftslehre(四＋四)、企業経済論・BWL＝Betriebswirtschaftslehre（四＋二＋二＋四）、簿記（二＋四＋四）、税法（四）、経済情報（二＋二）、英語（二＋二＋二＋二）、フランス語またはスペイン語（二＋二＋二＋二）があり、専門教育は、企業法（二＋四＋四）、契約書の作成と訴訟法（二＋二＋二）、外国取引（四＋四）、選択必修科目（四＋四）、経済法演習（二＋二＋二）、企業管理（一＋二＋二）、選択必修科目（四＋四）、英語（二＋二＋二）、フランス語またはスペイン語（二＋二＋二）、卒業ゼミナール（二）となっている。各科目には、ほぼ履修するべき学期（入学から卒業するまでの八学期のいずれに配置されるか）が決まっており、また数字は、科目の重点性を示している（これは、同時に、ほぼ単位にも比例している）。

Fachhochschule Nordostniedersachsen（すなわち、リューネブルクの専門大学）では、基礎教育として、法学基礎論（二＋二＋二）、経済私法（六＋六＋三）、企業法（二＋三＋二）、労働法（三）、税法（三＋三）、公法（三＋二＋二）、英米法入門（二）、国際経済取引（二）、経済法演習（二＋二）、企業経済論（四＋三＋二）、簿記（三＋二＋二）、国民経済論（二＋二）、英語（二＋二）、資格準備科目（二＋二＋二＋二）があり、専門教育としては、法学基礎論（二）、法律重点科目（一〇＋二＋九＋七）、経済法演習（二＋二＋二）、企業経済重点科目（六＋二＋五＋二）、資格論文（二＋二）がある。

FHTW-Berlinでは、基礎教育として、民法（四＋四）、商法（二＋二）、電子データ処理（二）、憲法（二）、経済行政法（六）、会社法と独禁法（二＋六）、税法（六）、労働法（四＋二）、企業経済論（四＋八＋四）、簿記（二＋四）、国民経済論（四）、実務教育〔企業心理学、コミュニケーション、企業文化など〕（四）、実務研修（二）、外国語（四）があり、専門教育は、企業組織法（二）、ヨーロッパ法（二）、独禁法および競争法（六）、環境法（六）、訴訟法（四）、製造物責任と環境法（四）、組織および企業管理（四＋四）。マーケティング、ヨーロッパ法などの専門科目（一六）、外国語（四＋六）、補充科目（二＋二）である。

いずれのカリキュラムでも、経済関係の私法を重視し、経済、簿記なども含んでいる点は共通するが、専門大学により、重点とする分野に差がみられる。

(17)　すなわち、一般の法学部では、従来、国家試験とはべつに特別な資格を与えなかったのであるが、独自の卒業認定を行うことにより、経済専修法律家には、完全法律家とはべつの資格を与えることができるようになり、その限りでは、法学部の教育目的にも、経済法律家の養成が併存するようになったのである。すなわち、専門大学のみならず、一般の大学においても、性格が、わがくにの法学部にやや近づけられたともいえるのである。

(18)　Ib., S. 931.

(19)　Ib., S. 932. 法学部における成績は、優等、優、良好、良、合格、不合格（sehr gut, gut, voll-befriedigend, befriedigend, ausreichend, bestanden nicht＝mangelhaft）のように序列づけられ、国家試験の成績も同様に出さ

れる。

(20)　Ib., S. 932.

(21)　一論一一〇巻一四二頁、一一一巻四四頁参照。〔本書第一部二篇、三篇所収〕。わがくにでも、準法曹ともいいうる司法書士一万七〇九七人、行政書士三万五三九三人、やや性格は異なるが、弁理士四一四一人、公認会計士一万二一六八人、税理士六万三八〇六人がおり、裁判官、検事、弁護士の法曹二万二四五五人（簡易裁判所判事、副検事を除くと、二万〇七三〇人）がいる（一九九九年一二月八日。司法制度改革審議会（第八回）の配付資料一五・「我が国の法曹・関連職種の数」参照）。

ちなみに、みぎの法曹数二万二四五五人の内訳は、裁判官、検事、弁護士の数は、二九四九人、二二二三人、一万七三八三人である（一九九九年一二月八日。同配付資料一七）。なお、同審議会の議事録・資料などは、ホームページからも参照することができる。http://www2.kantei.go.jp/jp/sihouseido/dai8/siryouindex.html

(22)　Ib., S. 932.

わがくにでは、経済実務に関する法律家の養成は、かねて大学院の専修コースとの関係で注目されたが、大学院のロースクールへの転換の観点から、近時やや後退しているようにみえる（前注（2）参照）。しかし、学部段階での法務実務への要請にも、根強いものがある。企業の法務担当者の訴訟遂行能力や紛争予防的機能が求められており、これは、弁護士の大幅増員の一理由ともなっている。

一九九九年三月、東京商工会議所は、「ビジネス実務法務検定試験」を実施したが、二〇〇〇年には、他府県の商工会議所も同様のものを試みている。グローバル・ビジネス社会の中で、多数の利害の衝突が起こり、一般ビジネスマンも日常業務の中で法律実務知識をもつことが必要となっていることから、業務上必要な法律知識の普及、問題への迅速・適格な対応ができるビジネスマンの養成に資することが目ざされている。また、二〇〇〇年からは、日弁連法務研究財団と商事法務研究会による全国規模の「法学検定試験」が開始された。

(23)　Ib., S. 932. 前述のように、実務研修の間の給与は、月額二〇〇〇マルク程度であるから、単純に合算すると、年額二万四〇〇〇マルクにすぎない。ただし、専門大学「経済法」専修コースにおけるこのような実績は、制度の当初にあたって、とくに優秀な層が採用された結果ともいえるから、今後継続的に維持されるかどうかには、疑問もある。

もっとも、「経済法」専修コースを開設した当初は、このようなタイプの法律家に対する需要そのものについて、一方では、かなりの疑問が提起されていた（Krimphove, a.a.O., S. 251）が、他方、経済界では、一九の工業会議所、商業会議所、三六一の企業がこれを支持したという（Martin, a.a.O., S. 465)。

(24) Ib., S. 932. このように、専門大学の「経済法」専修教育は、大学の教育とはかなり内容を異にするから、完全法律家の教育と競合するものではなく、べつの選択（aliud）である、といわれる。

しかし、両者の非競合は、従来の大学の教育が、司法界で活躍する完全法律家の養成のみを目的としているという前提でいえることであり、前者じたいに変化が生じてきていることからすれば、疑問となる。わがくにと同様、法学部の卒業生の相当の部分が、完全法律家になれず、一般企業において法曹専修的な就職をするとしたら、両者の区別は、かぎりなく曖昧となるのである。

第五章　予算の東地域への投入、図書館のネットワーク化

第一節　授業料の無料制の動揺

(1)　授業料を徴収しないドイツの大学の制度は、一九七〇年代に、ＳＰＤ政権（一九六九年〜八二年）によって導入されたものである。その後の爆発的な大学進学率の増加の結果、学生の増加に、経費の増加が追いつかずに、適性な定員と比較した実数は、倍にも達することになった。文教予算の総額は、継続的に増大してきているが、一九九四年には、高等教育向けの支出は、四六六億マルク、経費の年間の不足額は、八〇億マルク、学生定員は、九〇万人であるのに反して、実際の数は一八二万七〇〇〇人（一九九六年／九七年の冬学期の学生総数）にも達する

大学図書館の蔵書、学生数、予算などの表

	1973年	1981年	1991年	1995年	東を含む
基幹図書館数　△	42	56	59	53	79
蔵書（100万冊）○	34.3	60.5	82.5	91	119.7
増加数（100万冊）	1.227	2.4	2.4	2.2	3.5
学生数（1,000人）―	393.0	795.0	1081.0	1216.0	1359.0
支出（100万）DM ·―	154.4	363	522.1	537.9	705.3

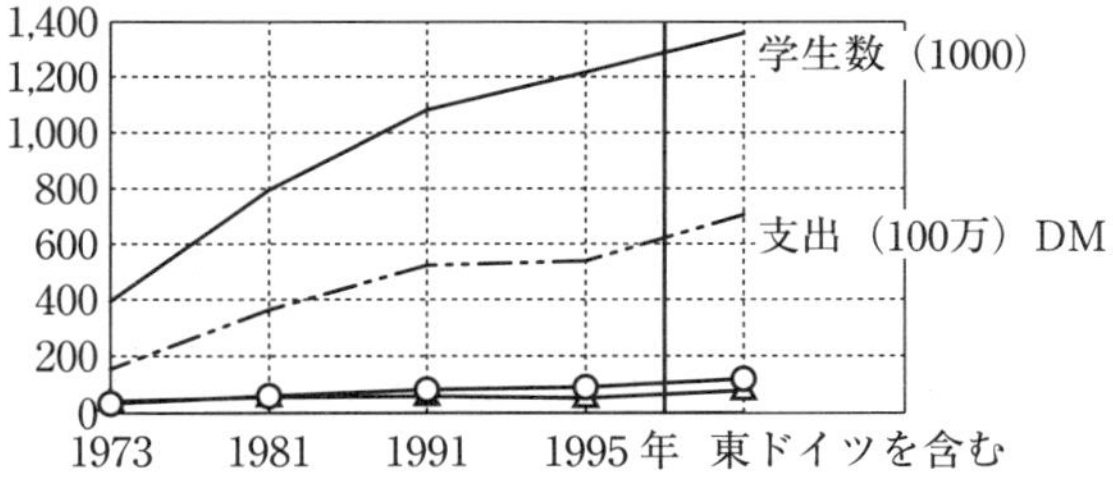

西ドイツ地域だけでは、予算の伸びはほとんどみられない。それは、東ドイツ地域に重点的に投入しているからである。

ことになった[1]。なお、一九九五年の支出総額は、ほぼ四八九億マルク、一九九六年は、五〇三億マルクであった[2]。

もともと手厚い文教予算を特徴としていたドイツの財政体質が変質したのには、一九九〇年の東西ドイツの再統一が寄与している。その内容については、すでに紹介したことがあるので繰り返さないが[3]、統一された東ドイツ地域に対する投資のために、相対的に西ドイツ地域の予算は削減または停滞をよぎなくされたのである。

一九九一年から一九九八年の間に、民間と連邦をあわせて、一兆二五〇〇億マルクが、東ドイツ地域に投入された。このうち八四%・一兆〇五〇〇億は、民間のものであり、国家（連邦）予算からの支出は、二〇〇〇億マルク程度である[4]。国家予算は、毎年二〇〇億〜三〇〇億マルクが投じられてきており、二〇〇〇年度の予算でも、三八〇億マルクが投じられる[5]。

図書館ごとの平均

1995年の図書購入費

（単位　1000DM）

	西ドイツ		東ドイツ	
他の予算	1,430.2	□	1,712.9	□
HBFGによる	242.2	▨	1,070.2	▨

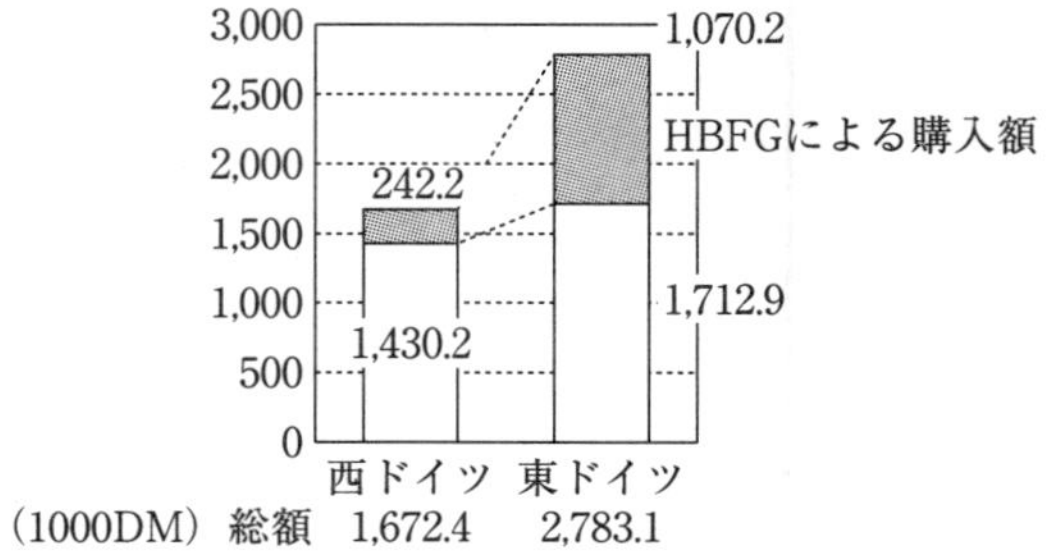

じっさい、文教予算の伸びも、全体的にみればそれほど鈍化しているわけではない。ただし、これは東西の予算を総合した結果であって、とくに西ドイツ地域のみにかぎってみれば、ほとんど伸びはないといってもよい。重点的に、東ドイツ地域に予算を投入しているからである。

(2)　予算については繰り返さないので、以下では、とくに問題の指摘される図書館の予算に限って言及しよう。近時の傾向がこの部分にもっとも顕著に反映されているとみることができるからである。

東ドイツ地域の大学の図書館には、戦後四五年間にわたって、ほとんど西側の文献がうけ入れられてこなかったから(6)、これに手当を加えなければならないのは、きわめて緊急の事態となった。文献の整備は、統一後に再建された東ドイツ地域の大学を魅力あるものにするために、最低限の必要事項であったからである。

(3)　ドイツの大学は、おもに州に属する。そのため大学予算も基本的には、州に依存するのであるが、統一された新たな諸州（東ドイツ地域）には、近代的な大学を構築する余力はない。もともと予算規模が小さいうえに、現代国家に通常必要とされる他のインフラストラクチュアの整備など緊急を要する課題を多くかかえているからである。

そこで、統一後の一九九一年から大学助成法（Hochschulbauförderungsgesetz, HBFG）が活用され、連邦の補助が行われている。これはもともと大学に必要な建物の建築費用の五〇%を連邦が補助するものであったが、建物のほかに、本の収集や施設整備にも用いられている。本法によって、統一後の八年間に、数百万マルクが支出された。(7)

本法は、純粋に東ドイツ地域の助成のみを目的としたものではないから、西地域を対象とした支出も行われているが、前頁の表によれば、その支出は、圧倒的に東地域に厚いことがわかるであろう。反面、通常予算の伸びは期待できないから、相対的に西地域の文教予算は逼迫するのである。

こうして、約二〇の新しい大学図書館が、連邦の補助をうけている。その大部分は、東ドイツ地域の大学である。

もっとも、このような補助をうける東地域とて、必ずしもふんだんな予算が配分されているというわけではないから、大学が西地域の水準に達するには、一〇年単位の時間が必要となるといわれている。

第二節　新たな予算の獲得

(1)　連邦および州の急激な予算拡大が期待できないことから、予算拡大の新たな方式として始まったのが、企業をスポンサーとする資金の獲得である。スポーツについては、かなり古くからみられるが、これをほかの場合にも拡大するのである。(8)

たとえば、東地域のドレスデン工科大学は、この種の資金獲得に成功した最初の大学の一つであり、一九九四年から、一年間に一五〇〇万マルクをえている。いまでは、図書館の入庫証に企業のロゴが入れられている。企業との関係は、必ずしも委託研究や寄付講座に限られない。東地域の大学は、起業家のための講座など地域の企業活動と大学活動を結合させることにより、民間資金を獲得することに熱心である。また、移動電話会社 Mannesmannも、工科大学〔フットボールチーム〕を広告に使うという。(9)

ほかにも、ハンブルク専門大学でも、健康保険組合が、図書館入庫証にロゴを表示している。ロシュトック大学では、図書館に企業名が表示されている。ハンブルクの経済政治大学（ＨＷＰ）では、病院の審査会社（Krankenhausberathungsgesellschaft）がその専門性を宣伝するパンフレットに名を連ねることによって、年に六万マルクを獲得している。しかし、これに対するＨＷＰの学生からの反対もみられる。

また、企業との提携は、大学が必要とする備品、たとえば、コンピュータとか機械を提供する形でも行われている。これには、将来のユーザーをあらかじめ囲い込むという意味もある。さらに、地域企業でも、学生は、潜在的な顧客として意味があることから、大学には宣伝媒体としての価値があるわけである。(10) 今後、これらの資金獲得は、ますます増大するものと予想されている。

(2)　一九九九年、ルール工業地帯のボーフム大学（Die Ruhruniversität Bochum）は、ドイツ銀行（Deutsche Bank）との間で、年間一〇〇人の銀行員のプライベートバンキング（Private Banking）教育を行う協定を結んだ。(11) この協定は、四年以上継続される。締結に参加したノルトライン・ヴェストファーレン州の首相（W. Clement）は、五年以内に州の公務員についても同様の、大学における教育が行われることを示唆した。

ドイツ銀行は、この協定により年間三〇〇万マルクを支払うことになる。世界的な投資に対する顧客の要求が増大しつつあることが理由とされる。職業と教育の間の境界がしだいに流動的になっており、高度の再教育が必要なのである。学生には、①財産管理、②国際的な取引、③グローバル化により増大しつつある国際的な法規への熟達が行われる。

プライベートバンキングに関する一〇カ月間のカリキュラムは、一九九九年九月二七日に開始された。講義だけでなく、公的地位にある著名人とのディスカッション（Diskussionen mit Persönlichkeiten des öffentlichen Lebens）も行われる。日々の問題を解決できるように、依頼人の視点を学ぶことも行われ、学生は、ドイツ銀行のファイナンシャル・コンサルタントとなることを目的としている。この目的を達成したかどうかは、大学と銀行の審査員（Jury）によって決定される。この審査員は、銀行のおよそ一七〇〇人の投資相談員に志願できる学生のリクルートをも行う。

　法的な障害を克服するために、大学は、大学基本法にも、州の大学法にも規定されていない特別の団体（eine rechtlich selbstständige Gesellschaft, Die Akademie der Ruhr-Universität）を設立する必要があった。ドイツ銀行からのこのコースへの参加者は、たんなる銀行の内部的な資格ではなく、設立された大学のアカデミーの資格をえるのである。(12)

（1）Zeitschrift Deutschland, a.a.O., S. 27 は、大学予算の総額を四七〇億マルクとする。各州ごとの細目については、小野・一論一一七巻一号九八頁参照。〔本書第一部五篇所収〕

全ドイツの学生の八八・六％は、西ドイツに住んでおり、東ドイツ地域の学生数は、一七の総合大学の二〇万八〇〇〇人にすぎない（Zeitschrift Deutschland, a.a.O., S. 26-27）。

（2）Statistisches Bundesamt, Statistisches Jahrbuch 1999, a.a.O., S. 392.〈16.14〉Ausgaben der Hochschulen 1997. また、一九九六年を例にとると、大学に関する支出は四二四億マルクであるが、そのうち医学系を除くと、二〇三億マルクであり（医学系が二二一億マルク）、また、専門大学は、一九・五億マルクであった（Statistisches Bundesamt, Statistisches Jahrbuch 1999, a.a.O., S. 392）。

また、専門ごとの支出によれば、法学、経済、社会学の合計で、二五億マルクであった(Statistisches Bundesamt, Statistisches Jahrbuch 1999, a.a.O., S. 392)。

研究支出は、一九九五年、一九九六年、一九九七年の数字で、七九五億マルク、八〇九億マルク、八三五億マルクであったが、そのうち、大学関係の支出は、一四三億マルク、一四九・七億マルク、一四九・三億マルクにすぎず、ほとんど伸びもない。企業の支出が大半であり、こちらは、五二八億マルク、五三六億マルク、五六三億マルクと増加している。

研究人員については、一九九六年の企業と大学の研究職員が、二七万六七九四人と一〇万二一六〇人であり、とくに学術要員は、一二万九三七〇人（一九九五年）と六万六一一〇人（一九九六年）である。したがって、研究費との相対的関係において、大学には人はいても、研究費が乏しいということになろう（Statistisches Bundesamt, Statistisches Jahrbuch 1999, a.a.O., S. 396. 〈16.20〉 Forschungsausgaben und Forschungspersonal)。

（3）一論一一七巻一号九七頁参照。〔本書第一部五篇所収〕。Vgl. Zeitschrift Deutschland, 2000, No. 1, S. 24.

（4）Ib., S. 14. ただし、西から東への資金移動の総額については、一兆七〇〇〇億マルクに上っているとの数字もある（vgl. Zeitschrift Deutschland, 2000, No. 4, S. 48)。ちなみに、統一時には、最大でおよそ一兆五〇〇〇億マルクとの予測であった。

なお、再統一後の一般的な状況として、西ドイツ地域の失業率がほぼ八%であるのに対し、東ドイツ地域のそれは、なお一八%にも達している。就労人口は、八九年の九八六万人から、九九年の六三〇万人へと減少している。被用者の賃金水準は、東地域は、西地域の七三・八%に達しているが、生産性では、五九%にすぎない。ただし、マクロ経済のデータでは、九〇年代の初頭に、東地域は西地域の三一・三%の経済力にすぎなかったのが、九〇年代末には、五六%になり、かつ脱産業化の進展は、西地域よりも早いといわれている。Zeitschrift Deutschland, 2000/4, S. 48.

（5）東ドイツの大学再建問題については、一論一〇九巻一号一頁。〔本書第一部一篇所収〕。統一にともなう文教予算の削減については、同一一七巻一号九八頁参照。〔本書第一部五篇所収〕。本稿の以下の部分は、これらで提起したドイツの大学再建あるいは大学のかかえる問題のうち、図書館に関する部分を補完しようとするものである。

連邦予算の逼迫から、この一〇年の間に、連邦の支出割合は、一七%も減少したという（Die Welt, Die Habilitation soll an Bedeutung verlieren, 7. Juli. 1999）。

（6）とくに法学部では、統一前、ポツダムの科学アカデミー以外では、西側の文献はうけ入れもされず、参照することもできなかった（一論一〇九巻一号四頁およびその注（20）参照）。〔本書第一部一篇所収〕。

（7）Mittler, Elmar, Wissenschaftliche Bibliotheken in Deutschland- von der Kooperation zur Konkurrenz? Deutschland- Land der Dezentralität, AvH Magazin 1997/70, S. 3ff. (S. 7).

（8） Die Welt, 11. Aug. 1997 (S. 19).

筆者の経験では、新たな予算獲得手段への転換期ともいえる一九九八年夏学期のFreiburg大学の図書館閲覧室や入庫証には、企業名の表示はまだみられなかったが、一九九七年秋当時、Heidelberg大学の図書閲覧室には、すでにこのような表示がみられた。

（9） ドレスデン工科大学は、東ドイツ地域の大学でありながら、予算関係の改善などへの取り組みが盛んであり、寄付講座の受容も多い。電気工学科二八人の教授のうち三人はこれによるものだという（Zeitschrift Deutschland, a.a.O., S. 25; vgl. ib., 2000, No. 1, S. 16)。

近時では、同大学は、「ドイツ学術のための寄付者連盟」（Stifterverband für die Deutsche Wissenschaft）の大学改善のためのプログラムに参加している。これは、同大学のほか、München, Hamburg-Harburgの工科大学と、Osnabrück, Dortmund, Manheimの各大学をモデル・プロジェクトのために選定し、三六〇万マルクを投じ、大学マネージメント、国際化、競争条件の拡大、商業的な会計、現代的なガーバナンス、成果基準による専門分野ごとの予算の分配、教育研究における質の維持のための方法、マーケティング、新たな学生の選抜方法の開発などを検討する計画である（Die Welt, Stifterverband startet Programm für Reformunis, 14. Juli. 1997）。

他方、大学の経営をまったくの私企業のそれと同視することには、反対もみられる（Witting, Contra: Forscher und Lehrer sind gefragt, Die Welt, 11. Aug. 1999)。教育と研究に結合した配慮が必要だからである。とくに、経営のトップである学長には、マネージャーとしてのみならず、カリスマ、協調性などの性格、経営能力とともに、研究者、教育者としての経験も必要であるとする。付加的には、先見性などの要素も必要である。基礎研究の結果は、必ずしも計算可能ではなく経営の感覚と一致しないし、研究者との感情的な交歓も必要となるからである。単純な短期的な利益獲得のみを目的とするのではたりないのである。さらに、象牙の塔（Elfenbeinturm）に閉じこもることなく、しかし、研究教育における自由や独立に対する自負が必要とされる。そこで、経営や資金集めの能力は必要であるが、それだけでたりるというものではない。Vgl. v. Trotha, Pro: Mehr Professionalität ist nötig, Die Welt, 11. Aug. 1999.

（10）　Ib., S. 19. 企業との連携ということからは、冠講座や研究費の獲得もあるが、もっとも安直な手段として、この広告媒体の提供がある。スポンサーとしての資金の提供だけで、すでに大学は支出の三％をえているともいわれる。建物に企業の名前を付することも、手段の一つとなる。
（11）　Baumann, Weiterbildung auf Universitätsniveau, Die Welt, 2. Okt. 1999.
（12）　Die Welt., ib.

第三節　図書館の機能の変化―集中型と分散型

(1)　ドイツの政治的な統一は一八七一年まで遅れ、現在でも連邦国家であり、州の権限が強く、これは、たんに政治形態だけではなく、大学や図書館の形態にも反映されている。イギリスの大英図書館やアメリカの国会図書館のような Nationalbibliothek はなく、比較的大きな州の図書館が、各州、あるいはそれを構成するかつての領邦地域ごとに存在するにすぎない。(1)

大学の図書館は、この領邦の図書館の承継人である。また、それは、州立であるから、大学の図書館であるだけではなく、地域の図書館をも兼ねている。(2)

すなわち、伝統的なシステムは、国家的な見地からすると、非集中のシステムである。(3)

(2)　分権的、分散的なシステムは、たんに州と連邦の関係についてだけいえるのではなく、大学内の各図書館の関係についてもいえ、とくに古い大学では、大学の図書館のほかに、学部の図書館、さらには各インスティテュートの図書室と分散しているのがつねである。法学部であれば、つねに使うような文献は、インスティテュートのなかに備えられており、自分の専門の分野であれば、そこで用がたりるようになっており、他の分野の文献や古い文献などは法学部の図書館にいって、さらに、法律以外の文献も探すというときに、初めて大学の図書館にいくという手順になるのである。

なお、一五、一六世紀の古文献などは、大学の図書館に一般の貸出図書とはべつに備えてあることが多いが、インスティテュートの図書室にあることもある。実定法のインスティテュートには、あまり常設の図書のないこともあり、その場合には法学部の図書館をおもに利用することになる。法制史関係の古本、古写本などは、学生の一般的な需要が少ないことから、法制史のインスティテュートのほうが充実している例が多い[(4)]。

利用の方法は、貸し出しが中心である。インスティテュートの図書室は、狭いことが多いからである。他方、学部や大学の図書館は比較的広いスペースをもっているが、近時の学生数の増加の結果、かなり混むことがあり、人の行き来もうるさいので、借り出して、あるいはコピーして家で読むことが多い。借り出しは、ときには何百冊にもなることがある[(5)]。法学部図書館でも、大学図書館でも、常時多数の学生がおり勉強しているが、そのうちかなりの者は、試験勉強などをしているのであり、必ずしも「図書」の利用をしているとはいえない。

(3)　比較的新しい図書館では、インスティテュート、法学部、大学に分散する非集中の方式はとられていない。おもに近時の大学である、Konstanz, Bielefeld, Bremen, Regensburg などでは、大学全体の図書が統一された図書館にすべて収められている[(6)]。これらは、一九六〇から七〇年代に設立された図書館である。集中管理方式で、また自動化されていることが多い。イギリス・アメリカの図書館の方式でもある。利用者の便から、一日中開いていて、利用可能なことを特徴とする[(7)]。

東ドイツ地域の大学に対するＨＢＦＧによる助成は、これらの新しい図書館に対するのに似た扱いになっているから、ここでも、集中方式で図書の整備が行われている。

第四節　電子化と広域的な結合

(1)　予算の減少をソフトの面から補うことも試みられている。これは、ネットによる地域をこえた結合である。たとえば、ドイツ研究共同体（Die Deutsche Forschungsgemeinschaft）には、二〇以上の州と大学の図書館と、四つの中央の専門図書館（Fachbibliotheken）が参加している。そこでの予算総計は、一五億マルクに達する。(8)

また、ヴァーチャルな総合図書館（Nationalbibliothek）の方式も試みられている。これは、フォルクスワーゲン財団の採用した方式で、ドイツ文学の文献を収集する例によると、時期を一〇〇年ごとにわけ、別々の図書館に、五〇〇万マルク（一年に一〇〇万マルク）ずつ予算をつけ、総体として、大きな完全なものを揃えようとするものである。(9)

一六〇一年～一七〇〇年　Herzog August Bibliothek Wolfenbütel
一七〇一年～一八〇〇年　Niedersächsische Staats- und Universitätsbibliothek Göttingen
一八〇一年～一八七〇年　Stadt- und Universitätsbibliothek Frankfurt am Main/Senckenbergische Bibliothek
一八七一年～一九一二年　Staatsbibliothek zu Berlin-Preußischer Kulturbesitz
一九一三年以降　Die Deutsche Bibliothek（Leipzig u. Frankfurt a.M.）

なお、大学ではないが、共同研究機関であるMax-Plank Institutは、法律の分野の中でも、刑法はフライブルク、法制史はフランクフルト、国際法はハイデルベルクというように、分野ごとに分かれて各地の大学に所属しており、古くから研究機関の分権的なありかたのモデルを示している。

ちなみに、Max-Planckの研究所は、生物・医学部門、化学・物理・工学部門、精神科学部門（Biologisch-Medizinische Sektion, Chemisch-Physikalisch-Technische Sektion, Geisteswissenschaftliche Sektion）に大別され、精神科学〔社会科学〕部門は、以下のように系統づけられ、分散しておかれている（＊は、法律関係である）。(10)

Max-Planck-Institut für evolutionäre Anthropologie, Leipzig
Bibliotheca Hertziana-Max-Planck-Insitut, Rom
Max-Planck-Institut für Bildungsforschung, Berlin

Max-Planck-Institut für demografische Forschung, Rostock
Max-Planck-Institut für ethnologische Forschung, Halle/Saale
Max-Planck-Institut für Geschichte, Göttingen
Max-Planck-Institut für Gesellschaftsforschung, Köln
Max-Planck-Institut für ausländisches und internationales Patent-, Urheber- und Wettbewerbsrecht, München*
Max-Planck-Institut für ausländisches und internationales Privatrecht, Hamburg*
Max-Planck-Institut für psychologische Forschung, München
Projektgruppe “Recht der Gemeinschaftsgüter” der Max-Planck-Gesellschaft, Bonn*
Max-Planck-Institut für europäische Rechtsgeschichte, Frankfurt/Main*
Max-Planck-Institut für ausländisches und internationales Sozialrecht, München*
Max-Planck-Institut für ausländisches und internationales Strafrecht, Freiburg*
Max-Planck-Institut für ausländisches öffentliches Recht und Völkerrecht, Heidelberg*
Max-Planck-Institut zur Erforschung von Wirtschaftssystemen, Jena
Max-Planck-Institut für Wissenschaftsgeschichte, Berlin

分野の多様性と細分性だけではなく、地域的な分散が注目される。もっとも、再統一後、東ドイツ地域に設立されたものの中には、法律関係のものはない。

(2)　情報化による州全体の、あるいは州をこえる図書館の結合も、すでに始められている。なかでも、もっとも広域的なのは、(1)北部七州の図書館を結合する Gemeinsamer Bibliothekenverbund (Göttingerverbund) である。これには、Bremen, Hamburg, Mecklenburg-Vorpommern, Niedersachsen, Sachsen-Anhalt, Schleswig-Holstein,

ドイツの図書館の結合関係

Thüringen の各州が参加している。

また、(6) Berlin, Brandenburg両州の結合（Biblioteksverbund Berlin-Brandenburg)があり、これは、一九九六年に両州の合併が試みられたように、近接していることから不思議ではないが、地域的には離れている(4) Baden-Württemberg, Sachsen 両州の結合(Südwestdeutscher Biblioteksverbund)も、早期に実現している。(11)

比較的小規模なものでは、(2) Nordrhein-westfälischer Biblioteksverbund があり、これには、

Nordrhein-Westfalen州と、Rheinland-Pflaz州の大部分の図書館が参加している（ちなみに、この両州も、歴史的にはプロイセン領ラインラントを構成していた経緯がある）。Rheinland-Pflaz州の一部は、沿革上結びつきの強いHessen州（(3)の結合）、Baden-Württemberg州（(4)の結合）に参加している。

また、(3)Hessenと(5)Bayernの両州にも、それぞれの図書館の結合が行われつつある（前頁の図参照）。ほかにも、南ドイツの伝統的な結びつきの強いBaden-WürttembergとBayernの結合の計画がある（これが実現すれば、(4)と(5)が共通化する）[12]。なお、ザールラントは、小州ながら、当面、いずれの結合にも参加していない[13]。

(3)　さらに、ソフトウエアの統一では、Niedersachsen, Die Deutsche BibliothekとHessenでは、オランダのシステムであるＰＩＣＡが採用され、これはフランスの大学とも共通するから、将来の結合も期待できるのである。それによって、ＰＩＣＡは、ヨーロッパの基準のシステムともなりうるのである。もっとも、具体的な結合には、少なくとも六年はかかるといわれる[14]。

第五節　デジタル化とグローバル化

(1)　爆発的な出版物の増加によって、個々の図書館はしだいに予算的にこれに対応することが困難になっている。しかも、この傾向は、デジタルな情報が増加するにしたがって、より顕著になっている。印刷物よりも更新の程度が早くなっているうえに、数もいちじるしく増加しているからである。また、図書館は、古い情報の保存という役割をも担っているが、この点でも、デジタルな情報の増加にともない、古い印刷物をも電子的に加工する必要が生じる。これも個々の図書館では、簡単には対応できない。これらには、分業と協力という観点が必要となる。ネットによって結合された図書館の間の協力は、この問題の解決に資するであろう。

また、新たな情報については、当初から電子化することが有益である。また、情報そのものに限られず、情報整理の付加情報も、電子化することが必要である。たとえば、本のカタログである。現在、文献が図書館にうけ入れられて、整理され、利用に供されるまでには相当の日数がかかることが通常である。しかし、それでは、進歩の早い分野の利用には適さない。また、本の整理などは、事務的に標準化することが容易である。あらかじめ、バーコードを付し、これに書誌的情報をも付加すれば、個々の図書館がそれぞれ入力する手間はいちじるしく軽減される。バーコードは、流通システムとしてはすでに付加されているが、これを補完すればたりる問題である。

文書の交付も電子的に行えば、時間と場所を節約できるし、インターネット上ですることができれば、図書館員の手間も省くことができよう。

(2)　その反面、競争の観点も見逃せない。現在でも、たとえば、アフリカ、西アジア、南アメリカなどの国々の法律の検索は、当該の国の図書館に依頼して行うよりも、旧宗主国である欧米の図書館や出版社に依頼して行うほうが、ずっと早いことが多い。デジタルな情報の発展によって、文献の電子的入力作業が進展するほど、同じ傾向は強まろう。ローカルな図書館によるよりも、遠隔の大図書館から、現物を入手することが可能となる。ネットにより結ばれた遠隔の大図書館の価値がより強まろう[15]。なお、電子化およびネットによる利用の拡大には、著作権に係わる問題が残されている。

研究には、世界規模の情報を必要とする。情報の標準化と結合には、世界的な共同作業が必要となろう。そして、もしこれに取り残された場合には、俗に日本の司法制度についていわれる「二割司法」と同様、図書館においても、欧米の大図書館の位置のいっそうの増大から、それ以外の図書館の地位の低下がもたらされ、「二割図書館」といった現象を生じることになろう[16]。そして、グローバル化のもとで、この図書館にいえることは、おそらくは大学そのものについてもいえるのである。

（1）　Mittler, a.a.O., S. 3ff. なお、以下の予算や結合に関しては、同論文によるところが多い。

（2）　Ib., S. 4. そこで、多くの図書館は、大学と州の二重の名前になっている(Doppelnamen)。たとえば、Universitäts- und Landesbibliothek Bonnである。

（3）　図書館にも、国家の形態が反映するということから、連邦主義(Föderalismus)、非集中主義(Dezentralismus)といわれるものがある（Mittler, a.a.O., S. 4)。集中型のシステムに対するものである。

（4）　図書の所蔵の状況は、各大学ごと、また各学部、インスティテュートごとにも、かなり異なる。筆者の見聞したかぎりでも、Bonn, Heidelberg大学では、実定法のインスティテュートでも付属の図書室がかなり充実していたが、Freiburg大学では、必ずしもそうではなかった。しかし、法制史などでは、後者でも、インスティテュートの図書室は相当の図書を所蔵していた。一般的には、近時の設立にかかる大学では、法学部あるいは大学の図書館での中央管理が一般的なようである。たとえば、Konstanz大学である。

（5）　Mittler, a.a.O., S. 5.

（6）　もっとも、これには、Konstanz大学のように、規模が比較的小さいことも必要な要素である。また、たとえば、法律の文献であれば、細かい専門分野を統合することに意味があるが、専門のまったく異なる分野、たとえば、法律と数学では統合することにそう意味はなく、利用の利便性からいっても、専門ごとに分かれているほうがいいともいえる。

ただし、このような統合の問題は、学際的な領域の拡大により、つねに流動的な要素を含んでいる。また、一見無関係な分野の思想が他の領域に影響を与え、場合によっては後者を変革することもある。さらに、統計的な文献のように、多くの分野から必要とされることが多いものは、分割収納の方式では、利用の便はあっても、重複する可能性が増える―など考えるべき要素は多い。

（7）　Ib., S. 6(Verbundsystem und Einheitsbibliotheken). インスティテュートの図書室は、そこに所属する者は出入りが自由であるから（一定の資格者には、外部から入るためのキーが与えられる）、いつでも利用可能であるが、一般に非集中方式の図書館では、学部のものも大学のものも、アメリカの大学図書館のように、深夜まで開いていることはない。

もっとも、この集中主義の図書館は、大学の形態とも係わっており、古い大学が、市内に拡散した建物を有するドイツの形態では、物理的に不可能なことが多い。そこで、比較的新しい、また小規模大学に限定されるのである。

キャンパスが結合されている多くの日本の大学との対比でいえば、日本の大学では、基本的にこの集中方式（大学または学部の）のものが多い（非集中の場合には、中央図書館はきわめて貧弱なことが多い）。

（8）Ib., S. 8.

（9）Bernhard Fabianの提案によるものである（S. 8）。

（10）マックス・プランク研究所の全領域については、http://www.mpg.de/deutsch/institutに、とくに社会科学関係のホームページは、http://www.mpg.de/deutsch/institut/geistwiss.htmlにある。

（11）ザクセン州のドレスデン工科大学に対しては、一九九〇年の統一当初から、大学再建にさいして、バーデン・ヴュルテンベルク州の諸大学の相当緊密な協力があった（一論一〇九巻一号一八頁注（36）参照）。〔本書第一部一篇所収〕。これは、一九九八年にもまだ行われており、フライブルク大学の教授にも、週に一回、数時間かけてドレスデンまで講義にいく例がみられた。

（12）Ib., S. 9. これが行われれば、南ドイツ地域の全面的な結合が実現することになろう。

（13）もっとも、ザールラント州は、公共図書館の相互貸借関係では、バーデン・ヴュルテンベルク州とラインラント・ファルツ州の一部を対象とするシステム（Leihverkehrsregion des Zentralkatalogs für Baden-Württemberg）に参加しているから、どちらかというと、これらの州との関係が強いのである。Vgl. Mittler, a.a.O., S. 9. 一般に、ネットによる結合は、この相互貸借関係をより広域的に結合したものである。

（14）Ib., S. 9.

（15）Ib., S. 10.

現物の確保は、入力、著作権の問題から当面はむずかしいとしても、所在の確認はより容易になる。カタログは、WWWで世界中から接近可能になるからである。

ドイツでは、印刷された雑誌のコピーサービスは、文書を電子化する共同プロジェクトであるSUBITOのPilot-bibliothekenで着手されており、Staatsbibliothek zu BerlinとDas Deutsche Bibliotheksinstitut (DBI) の雑誌データベースも、注文や引渡の作業のためのデータ処理の包括的なサービスをしている。なお、このデータベースは、

国内総生産（GNP）、対政府支出に占める公的教育支出

%	カナダ	USA	スウェーデン	スイス	ドイツ	フランス	イギリス	イタリア	日本
GNP比 ■	7.0	5.4	8.3	5.3	4.8	6.1	5.4	4.7	3.6
対政府 ▨	13.5	14.4	11.6	14.7	9.5	11.1	11.4	9.0	9.9

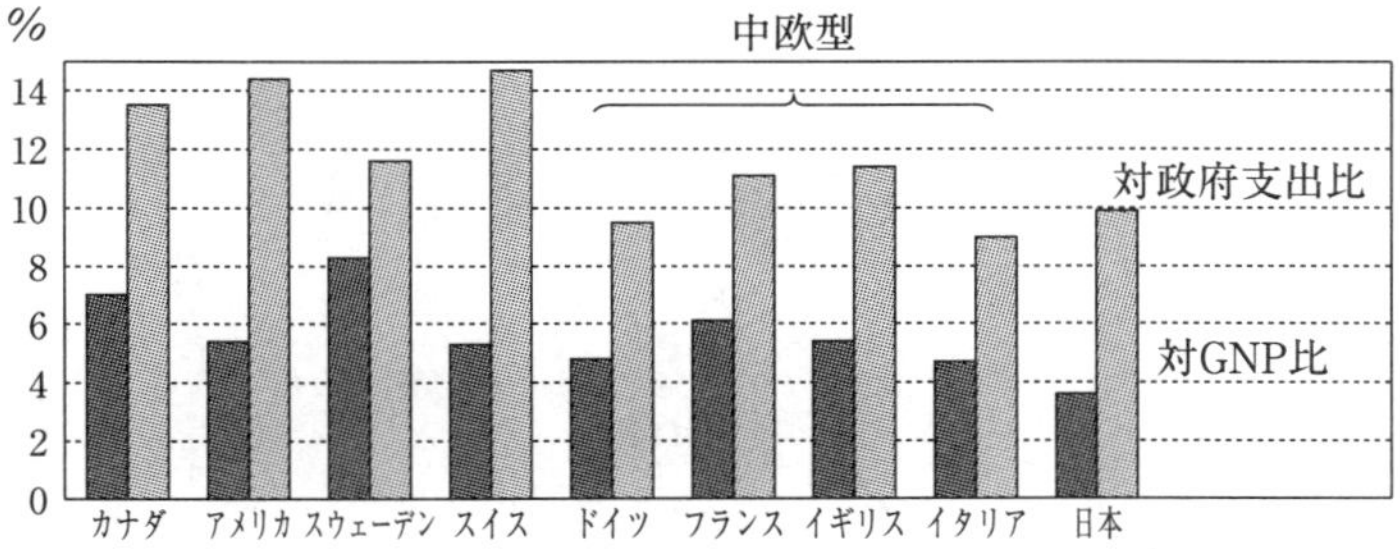

対政府支出比では、北米、北欧が高く、対GNP比でも、同様の傾向がうかがえる。

United Nations Educational, Scientific and Cultural Organization, UNESCO Statistical Yearbook 1999, p. 508、およびその1998年版を基礎とする総務庁統計局・世界の統計2000年版322頁。実費総額は、各国通貨による表示であり、かつ各国の調査年時が異なるので、比較していない。対GNP比、対政府総支出によったのは、為替レートの変動や年度ごとの相違を避けるためである。調査年時は、おおむね94〜95年である。

文部省・教育指標の国際比較（平成11年＝1999年）55頁以下。ほかに、世界国勢図会495頁。世界銀行・世界開発報告、World Almanacを参照した。

主要なドイツの雑誌すべてを網羅している。

個別の図書館のデジタル化作業はいとまがないが、たとえば、Max-Planck-Institut für europäische Rechtsgeschichte, Frankfurt/Mainが行っている一九世紀文献のデジタル化、電子化（ただし画像データである。対象は、四〇〇〇冊、一二四万頁におよぶ）は、貴重な作業である。Digital Library, Literaturquellen zum deutschen, österreichischen und schweizerischen Privat- und Prozessrecht des 19. Jahrhunderts. http://www.mpier.uni-frankfut.de/dlib

また、一六〜一八世紀の博士論文や雑誌のデジタル化も行われているが、これは、まだ六万冊の予定のうち八〇〇〇冊が実現された段階である。Vgl. Erschliessung und Digitalisierung juristischer Disser-

tationen und Gelegenheitsschriften des 16.-18. Jahrhunderts.
http://www.mpier.uni-frankfurt.de/Bibliothek/dissertationenprojekt.htm

(16) デジタル出版物については、すでにある程度は、そのような現象が生じてきており、さらに、出版事情の悪化ともあいまって、ネット上で供給されるデータの割合は、いちじるしく増大しつつある。

分野によっては、図書館など不要と明言する研究者がいるところもある。理科系の一部では、情報をもっぱら雑誌あるいはメール交換に頼るようである。法律関係でも、多くの雑誌、判例、書誌は、CD-rom、あるいはネットによって配給されるようになりつつある。これらでは、情報の新規性、検索などでは、紙の本の図書館の劣位は否定しえない。まして、その図書館が資料庫として不親切な場合には救いようもない。巨大なデータベースをかかえる欧米の大出版社や配信元の優位は、ますます顕著となるであろう。

なお、前頁のグラフは、諸外国における公的教育支出の比較である。

また、公的支出だけではなく、高等教育に占める公費・私費の比率も問題となる。私費の割合が高いのは、先進国では、日本とアメリカである。国内総生産に占める割合で、日本は、公費と私費の割合が、およそ四対五であるが、アメリカは、五対五である。アメリカには、著名な私立大学もあるが、数のうえでは州立大学が多いから、全体としては、意外に公費の割合が高くなるのである。

これらに対し、ヨーロッパ型は、公費負担が原則であり、私費の割合はごく小さい。もともとは、ゼロに近いが、近時のドイツの授業料有料化の動向については本文でふれた。イギリスでも、大学は、形式的には独立法人・私立が多数であるが、その収入は、八〇～九〇%まで公費というのがサッチャー改革以前の状況であった。大学補助金委員会・UGC（University Grants Committee）により補助金が交付され、使途には大幅な裁量が認められている。UGCの監督・勧告は七〇年代にしだいに強化され、サッチャー改革後は、公費の支出割合が減少しており（八〇年代からは私立大学への国の助成が減少）、一九九七年からは年間一〇〇〇ポンド程度の授業料が徴収されている。のみならず、客員研究員にも、同額のうけ入れ料が課せられることになったので、在外研究先としてイギリスを選択したわがくにの研究者もその影響をうけている。しかし、今のところ、種々の負担の割合は、公費負担に比してそう大きなものではない。

第六章　むすび

第一節　概観

近時のドイツの大学（法学部）改革は、当面、三つの問題をおもな対象としている。第一は、第一次国家試験の合格者の増大による法曹資格者の過剰の抑制である。第二は、大学の国際競争の観点である。第三は、第一の問題と裏腹の関係にあるが、法学教育の新たな理念の模索である。

第一の問題は、一九七〇年代の大学のマスプロ化とともに深刻化し、現在までもちこされてきたものである。養成期間の長期化への対策は、一九九〇年代以降試みられており、一九九八年には、入学者の選抜という新たな側面にまでふみこんだ改革が行われている。反面、待機期間の長期化への有効な対応策は、当面みいだされていない。第二の問題は、一九九八年の法改正の眼目の一つとされた。第三の問題は、一九九〇年代以降、専門大学の「経済法」専修コースにおいて解決が模索されている。

付随的には、財政危機に派生する諸問題があるが、これについては、もはや繰り返さない。

第二節　若干の展望

(1)　法曹資格のように、資格取得の希望者の多い分野においては、つねに競争や資格対象者の制度的な選別が行われる可能性がある。(1) そこで、養成課程のどこで絞りこみを行うかは、いずれの国でも問題とされる。

ややイメージ的に比較すれば、アメリカ型のモデルは、養成課程の比較的あとの段階（ロースクール）で行うが、それにもかかわらず大量の資格者が生じ、さらに資格取得後の競争も激しいものとなっている。ドイツの制度のもとでは、大学教育と実務修習との二段階の養成が密接不可分であり、資格対象者の制度的な選別は、必然的に養成課程の比較的前の段階に向かうことになる。

ドイツでは、より早く大学および第一次国家試験の段階での絞りこみが行われてきたが、資格取得者の数が増大することにより、資格取得後の競争も激化しつつある。その対策が、より早くに大学での入口段階での絞りこみをも考慮しようとする近時の改革である。これは、基本的には、大学教育と実務修習との二段階養成制度が密接不可分であるとの、ドイツ特有の事情にもとづいている。もっとも、ドイツの制度でも、選抜試験ではないことから、数は絞りこめず、期間の短縮や適格者の選別が行われるだけであるから、最終的な解決は、アメリカと同じく資格取得後の自由競争ということになる。

(2)　日本では、大学と司法修習による養成とが、従来必ずしも関連づけられてこなかったことにより、二者の間の時点で、きびしい絞りこみが行われてきた。また、合格者の数が制限されていたことから、従来、資格取得後の問題は顕在化してこなかった。これに反し、ドイツ型の制度をモデルとする場合（大学と実務修習の不可分性を認める場合）には、従来の日本のような大学と司法修習の中間での絞りこみはできず、（資格者の数の程度にもよるであろうが）、絞りこみは、みぎの二つのモデルのように出口と入口に向かわざるをえないことになろう。

その場合に、資格許与数が過剰な場合には、養成した資格者がその資格を生かせないとの制度の非効率性が問題となり、これの過少な場合には、養成課程に乗るまでの競争の激化が問題となる。前者は、具体的には中途挫折者や資格ある失業者をもたらし、ドイツの養成制度改革の中で制度の非効率性として問題となってきたし、また近時の新たな資格（学士号）の付与の契機でもある。同じことは、アメリカでは大量の有資格者の問題、ひいては濫訴や訴訟負担の増大の議論にまでつながっている。他方、入口段階での定員の削減は、ドイツでも定員制の論議にみられ、入学試験の困難さは、日本で従来問題となってきたところでもある。

ただし、私見によれば、いったん制度が発足すれば、大学の入学数と同様、制度的に増加する可能性が強いであろう。入口段階の競争は、定員と合格者数から比較的把握しやすく、批判の対象となりやすいのに反し(法律家と類似のイメージでとらえられる医者の養成との比較)、出口あるいはそれ以後の競争は顕在化しにくく、また従来の合意型社会から司法型社会への転換により、法曹三者以外の組織（会社、公務員など）による法律家の吸収がかなり行われると期待されるからである。また、吸収が行われないとしても、当面、自由競争の理念からは抑制が働きにくい。

なお、資格者間の競争については、制度の非効率性[2]にもかかわらずこれを有益とみるか、また競争による挫折者に復活を許す可能性があるか否か、といった風土的・社会的背景の相違をも考慮する必要があろう。

(1)　ただし、人材の争奪には、他の分野との競争があるから、つねに法曹希望者は増大するとの希望的観測をするべきではない。従来は、科挙的な司法試験のために、有力な人材が他に流れており、それが一九九九年からの司法改革の一原因ともなっているが、長期の養成期間と費用を要することの問題性は、いわゆるロースクール構想についてもいえる。必要なのは、短期の効率的な制度である。

一九九〇年代の大学院専修コースは、社会人を除くと、実質的には、司法試験の受験生を学部の留年の状態から振り替えたものにすぎない。実務・経済界が求める「実務のわかる法曹」にはほど遠いものであり、実態を反映して、それほどの需要もなかった(滞留や辞退者の増大)。その結果、司法試験が従来の形態のままでは、不合格者の予備軍が増大するだけであるから、二〇〇〇年代早々にロースクールとしての再編が避けられなかったのである。しかし、再編されたロースクール自体にも同様の危険があり、この専修コースを振り替えただけのものであれば、近い将来の再度の改編も避けられない。

また、そのような内容であれば、他に流れる優秀な人材を招び戻すよちもないというべきであろう。裁判官職を中心とした法曹養成（それゆえ就職先も）が限界に達していることを直視しなければならない。「実務がわかる」の内容は、狭義の「裁判実務」のみを指すのではなく、「経済実務がわかる法曹」の意味なのである。

他面で、実務教育には、以下の問題がある。すなわち、従来の大学教育につき、「理論重視」、「研究重視」との批判がしばしば加えられる。しかし、これは、大学側から主体的に行われたとばかりはいえない。すなわち、法学部にほとんど実験講座がおかれていないように、実務密着型のあるいは実験的な試みをするには困難があった。ほとんど予算の裏付けがともなわないことから、金のかからない理論に留まらざるをえなかったからである。これは、たんに文科系の講座の問題のみに留まらず、日本の教育政策の根幹に係わる。

理工系においてすら、古くは予算の欠乏から「実験」系の研究ができず、「理論」に傾斜せざるをえなかった状況がある。法経などは、「金のかからない」科目として金をかけないものと扱われてきたのである。理論と実務の再編にたち入った検討が必要である。

（２）　司法改革論議のなかで、一番欠けているのが制度の効率性の観点である。ロースクール構想は、ほとんど既定のものとなっているが、はたして、学部四年プラス二年（ないし三年）プラス司法研修（一年ほどに短縮されても）という長期の養成期間が、効率的なものかは、必ず将来問題たりえよう。アメリカのロースクールは、それだけで完結する三年のコースにすぎない。ドイツの法曹養成も、学部と実務研修の二本だてである。コモンロー諸国においても、カナダ、オーストラリアなど四年の学部教育を基本として養成している例が多い（イギリスの学部教育は、必ずしも法曹養成と結合されていない。一論一一一巻一号五三頁）。〔本書第一部三篇所収〕。なにゆえ、二重、三重の屋根をもってくるのか、学部の効率化を考えないのか疑問である。

これに対して、今でも司法試験には、二、三年の浪人期間があることが通常であるから、実質的には変わりがないなどというのは、本質を見誤った議論にすぎない。制度の効率性は、正規のルートの養成期間により評価されなければならないし、これがより長期化する方法でしか解決できないというのは、疑問である。数年来、経済界から、司法試験への疑問が提示されてきたときには、むしろ制度の軽減が前提となっていたように思われるが（合格者数の増加、学部の充実）、それがいつのまにか、制度の加重の方向のみで解決されるものとなっているのである。諸外国の解決は、国際競争をも視野に入れた、養成期間の短縮・効率化を目ざした方向である。

第四篇　隣接法律職の新たな位置づけ
―とくに司法書士の職域と法曹資格・養成

第一章　はじめに

第一節　規制緩和からの提言

一九九九年以来、司法制度および法曹養成の改革論議の中で、しばしば隣接法律職の職能像が言及されている。また、法曹制度の見直しは、数年来の規制緩和の論議とも密接に関係している。すなわち、隣接法律職の再構成は、近時の種々の改革の中心論点の一つである。

(1)　規制緩和推進三カ年計画

平成一一年〔一九九九年〕三月三〇日、改定された規制緩和推進三カ年計画は、政府の行政改革推進本部規制緩和委員会の見解をうけて、公的規制の改革をめぐる新しい指針案を提示したが、そこでは、「事前規制型」から「事後チェック型」行政に転換することを目ざす改革が提言されている。各種士業との関係では、各種の国家資格制度を見直し、有名無実化している資格試験の廃止や、類似分野の資格の統合を検討することとされている。(1)

(2)　規制緩和委員会第一次見解

また、各種の資格制度については、平成一〇年〔一九九八年〕一二月一五日の「規制緩和についての第一次見解」において、詳細な言及が行われている。

すなわち、「2、資格制度（業務独占資格等）」の項目において、「資格制度は、企業の市場参入規制に相当する個人の特定の市場への参入規制の側面を持つものである。業務の独占、合格者数の制限、受験資格要件などの規制が維持され、新規参入者が抑制されたり、資格者以外の者が市場から排除されることにより、当該業務サービスに係る競争が排除されることになるのであれば、その弊害は大きい」とし、「現時点では合理性について疑問があると考えられる規制が見受けられ」るとし、「国民生活の利便性の向上、当該業務サービスに係る競争の活性化等の観点から、廃止又は必置資格若しくは名称独占等資格への移行を含め、業務独占規定、資格要件、業務範囲等の資格制度の在り方を見直すべき」ものとした。

そして、「各資格の業務範囲を余りに細分化し、資格と資格との間の垣根を余りに高く設定することは、業務サービスを受ける国民に不便を強いることになるとともに、それぞれの資格を取得しようとする者にとっても自分の参入したい業務領域への参入の障壁が高くなることを意味する。

このようなことから、弁護士については平成八年三月の改定後の規制緩和推進計画において、法曹人口の大幅増員の状況等を見つつ隣接職種との役割分担の在り方について検討するとされており、また、行政書士については規制緩和推進三カ年計画に基づき既に業務独占の在り方についての検討が開始されている。

したがって、各種の資格について業務の実施状況、当該資格業務の実施に必要とされる資格要件、資格区分の合理性等を調査し、その結果を踏まえて、業務範囲が余りに細分化され資格と資格の間の垣根が高すぎると思われるものについては、その垣根を低くし資格相互の間での参入を容易とする方向で業務範囲の見直し、相互乗り入れなどについて検討すべきである。」―と述べている。

(3)　規制改革委員会第二次見解

平成一一年（一九九九年）一二月一四日の規制改革に関する第二次見解においても、資格制度への言及がみられるが、やや各論的言及にとどまっている。弁護士が「供給責任」を果たしていないとの指摘がされ、弁護士の隣接法律関係専門職種である司法書士、弁理士、税理士などについて、「法律事務の一部を業務として認める」とし、とくに司法書士に対し「簡易裁判所における通常訴訟、調停・和解に代理権を認めるべきである」としている。しかし、資格間の垣根の問題や隣接法律職の全面的な見直しにはたち入っていない。

また、第二次「見解」では、これら三者のみがとりあげられているが、「より広くは、不動産鑑定士、公認会計士、社会保険労務士、行政書士等の隣接法律関係専門職種全体の問題として、これら資格者の資質・能力をどのように活用するかという観点からも検討していく必要がある」ともしている。(2)

第二節　法律職再編の方向性

以上のように、近時の改革において、隣接法律職には、従来弁護士に独占され、特別法により各省庁の認可の枠内で例外的・部分的にのみ認められてきた法律関連業務への進出の機会が示唆されているのである。第一節で直接言及されている隣接法律職種はわずかであるが、これ以外にも、法曹三者に限らず、広く法律事務に係わる者は多数あり、その将来像をいかに位置づけるのかは、重要な問題となっている。(3)

おそらく、その一番大きな再編の仕方は、一元的にこれを弁護士に統合することであろうし、同様の方法をとる国もある。しかし、第一節で指摘されているように、法曹資格者数が狭義の法曹三者の需要を満たすことにさえ不十分であるとの現状のもとで、これを達成することにはかなりの困難がある。しかし、反面、現状をどのように再構成するのかも、むずかしい問題となる。各種の隣接法律職をたんに微調整することでたりるのか、より大きないわば隣接あるいは準法律家一般として再編するのか（弁護士との二元化）、また再編する場合の具体的な方法にも各種の意見がありえよう。

規制緩和と司法制度改革は、これらの隣接法律職にとっても、その地位の再編という問題をともなうことから、大きな影響を与えるものということができる。一面では、その職域の拡大をもたらすものであるが、他面では、規制緩和という大きな流れの上にたつものである以上、たんなる利権の拡大とのみとらえられるべきではなく、場合によっては、不利益をも甘受する必要がある。すでに、弁護士にとっては、弁護士法七二条の見直し論議も避けられないこととなっている[4]し、他の職種にとっても、法による独占を前提にした議論に終始するのではたりないであろう。

司法書士は、この隣接法律職の再編の中では、とりわけ大きな位置づけを有する。すなわち、従来から問題となっている法律相談権の付与や簡易裁判所における代理権は、すでに、第一節の提言にもみられる。弁護士過疎地域の存在、弁護士へのアクセスの困難性から、従来から各種の相談などをめぐり、職域紛争の芽が発生していたからである[5]。

第三節　行政事務の簡素化・規制緩和と司法書士

行政事務の簡素化と規制緩和は、発展の機会とともに、司法書士に反対の影響をも与える可能性がある。多くの司法書士にとって業務量の八〜九割までは、登記に係わるものといわれる。これに関しては、登記のコンピュータ化の影響が無視しえない。種々の法整備と、一九八〇年代からの登記のコンピュータ化作業の結果、二〇〇〇年九月から、部分的ではあるが登記情報のネットワーク上での提供が開始された[6]。また、他の管轄区域の登記所の情報を間近の登記所で提供することも可能となりつつある。コンピュータ化はまだ部分的であり、また、オンラインによる登記申請や、それ以外の包括的な登記情報のサービスは、まだのちの課題となっているが、いずれは実現されることになろう。

少なくとも、登記情報の閲覧に関しては、利用者は、たんにインターネットにより、指定機関にアクセスすれば、容易に情報を入手することができることとなるから、多分に司法書士業務の縮小が招来される可能性がある。また、登記申請についても、アクセス権者が拡大することとなれば、同様のことが予想される。登記事務の独占に対しては、他からの参入という問題を生じるよちが大きい。機械化により、定型化・マニュアル化が計られれば、専門家の必要性は減少する。ここで、従来とまったく同じに専門家を必要とするとすれば、何のためのシステムの導入・維持かとの疑問が生じるからである。むしろ、この場合に必要なことは、紛争性のありうる案件での予防や相談に比重を移すことであろう。

また、オンラインによるアクセスは、地理的な障害を減少させることから、事務所間の競争をもたらし、登記所の統廃合をもいっそう促進させる可能性もある。さらに、手続のコンピュータ化・簡素化は、投資効率や機械化能力への差異から、大規模事務所への業務のいちじるしい集中をもたらす可能性がある。いずれの場合にも、規制緩和の流れからすれば、硬直的な業務独占を唱えることは、きわめて困難となっている。すなわち、第一節で指摘された業務拡大とは逆の可能性も大きいのである。(7)

（1）「業務独占資格等を中心とする資格制度の見直し」は、平成一二年〔二〇〇〇年〕三月三一日の規制緩和推進三カ年計画（再改訂）にも、繰り返されている。

（2）これらの規制改革に関する諸論点は、規制改革委員会のホームページからも検索することができる。http://www.somucho.go.jp/gyoukan/kanri/990707a.htm

（3）また、第二四回司法制度改革審議会は、平成一二年〔二〇〇〇年〕七月七日に、隣接法律専門職種（日本司法書士会連合会・弁理士会・日本税理士会連合会・日本行政書士会連合会・全国社会保険労務士会連合会）からの説明をうけたうえで、隣接法律専門職のあり方についての審議を行った。同審議会の議事については、概要が、月刊司法改革一二号一六二頁に掲載されているほか（議事録は同誌に順次掲載）、http://www2.kantei.go.jp/jp/si-houseido/からも参照することができる。

（4）　弁護士法七二条の是非については、司法制度改革審議会でもたびたび言及されているが、第二八回（平成一二年八月二九日）、第二九回（同九月一日）の「弁護士の在り方」に関する二回の審議では、法律事務独占に関しても種々の意見がみられ、たとえば、法廷代理を除き、隣接法律専門職種も含めて業務独占とする必要がないとの意見もみられる。司法書士の簡裁での補佐人権限も言及されている。

（5）　職域紛争については、司法書士の弁護士法違反に関する松山訴訟（高松高判昭五四・六・一一判時九四六号一二九頁）、弁護士の登記事務に関しては、埼玉訴訟（東京高判平七・一一・二九判時一五五七号五二頁）、行政書士の司法書士法違反に関する福島訴訟（最判平一二・二・八市民と法三号七三頁、後述第二章参照）がある。これらにつき、小野「司法書士の業際問題に関する一考察—司法書士と行政書士の職域紛争について—」ＮＢＬ六一一号・六一二号（一九九七年）（『専門家』一一一頁以下に再録）。また、潜在的なものはかなり多いと思われ、近時でも徳島司法書士会の法律相談に対して行われた弁護士会からの申入れなどがある。

（6）　登記のコンピュータ化については、文献が多い。本稿ではいちいちたち入らない。また、オンライン化については、法務省のホームページ http://www.moj.go.jp/index.html を参照されたい。指定法人である民事法務協会を窓口（Internet Gateway Server）として、利用者登録をした者が、ホームページにアクセスし登記情報の提供を求めるものである（協会は登記所のコンピュータから専用回線により登記情報の提供をうける）。

（7）　おもに弁護士の業務規制との関係で論じられている法人制度の導入、報酬基準や広告規制の緩和などの問題は、司法書士にも影響しよう（平成一二年七月二六日「規制改革に関する論点公開」第二部各論「資格制度」参照）。

　これらの制度改革に対する司法書士の側からの評価については、近時、森本敦司・塩谷弘康「福島県・神奈川県における司法書士の実体調査報告(1)」地域研究（福島大学）一一巻四号五一頁以下がある。また、新たな司法書士像の探究という視点からは、市民と法五号の特集をも参照されたい。

第二章　最判平一二・二・八裁時一二六二号一頁、市民と法三号七三頁

第一節　法律関連職種と業際問題

各種専門職間の業際問題には、すでにいくつか先例がある。(8) 最高裁平成一二年二月八日判決は、その一つであり、行政書士が登記申請手続を代理したことが司法書士法一九条一項に違反するとされた事件である。その内容は、市民と法三号七三頁に登載のところであり、再度詳述する必要はあるまい。もっとも、判決の理由づけは、そう詳細なものではない。

判決によれば、①司法書士法の禁止規定は「司法書士及び公共嘱託登記司法書士協会以外の者が、他人の嘱託を受けて、登記に関する手続について代理する業務及び登記申請書類を作成する業務を行うことを禁止し、これに違反した者を処罰することにしたものであって、右規制が公共の福祉に合致した合理的なもので憲法二二条一項に違反するものでないことは、当裁判所の判例（最高裁昭和三三年（あ）第四一一号同三四年七月八日大法廷判決・刑集一三巻七号一一三二頁、最高裁昭和四三年（行ツ）第一二〇号同五〇年四月三〇日大法廷判決・民集二九巻四号五七二頁）の趣旨に徴し明らかであ」り、また、②「行政書士が代理人として登記申請手続をすることは、行政書士の正当な業務に付随する行為に当たらないから、行政書士である被告人が業として登記申請手続について代理した本件各行為が司法書士法一九条一項に違反するとした原判断」は正当であるとされる。

判決引用の二先例のうち、最高裁昭和三四年七月八日判決は、歯科技工士の歯科医師法違反事件であり、さらに、最高裁昭和五〇年四月三〇日大法廷判決は、薬事法六条二項、四項（薬局の適性配置に関する）が憲法二二条一項に違反するとした事件である。いずれも、事案との関連上必ずしも適切なものとは思われない。すなわち、

前者は、いわば士業の者（非医師）が、訴訟行為（医療行為）をしたことに対応できる事件である。士業相互の垣根の問題とは本質を異にする。また、後者は、行政の裁量権にふれたものであるが、法曹の本質論にたち入ったものではない。さらに、薬局、酒業の適性配置などは、その後撤廃あるいはその方向にあることも注目される必要がある。今日的意義には疑問もあろう。[9]

第二節　特例としての法律業務への関与と、自然的分化・関連業務性

判決中に必ずしも明言されているわけではないが、専門家を係わらせる議論として、登記の真正の保護という説明が、しばしば登場する。しかし、登記申請の代行の問題は、医師法違反とは性質が異なることが見落とされるべきではない。すなわち、医師法違反の行為は、無資格者が医療行為をすることであり、問題があるのはいうまでもないが、登記は、登記官がするものであって、申請手続を誰がしても同じ結果にならなければならない。素人である本人も可能であり、登記官は、十分それに対応しなければならないのである。その限りでは、サービスの質に関する問題にすぎない。[10]問題があるとすれば、登記手続自体というよりも、それに先行する法律判断への関与のほうというべきであり、問題の本質は、むしろ弁護士法七二条に遡るものである。[11]

さらに、付随義務論などにも検討のよちがあろうが、ここで繰り返すことはしない。[12]むしろ、これを契機に、弁護士法七二条、これをモデルとした各種士業の業務制限規定を再検討することが必要であると思われる。

(8)　前注(5)参照。なお、本件の経過については、猪股秀章「行政書士の司法書士法一九条違反告発事件の経過」月報司法書士一九九四年五月号（二六八号）一八頁参照。原審は、仙台高判平九・五・二三判時一六三一号一五三頁。また、〔専門家〕一一一頁以下。

(9)　酒業の販売規制は、規制緩和推進三カ年計画の中で、平成一二年九月一日から距離制限が廃止されることになっていたが、同一三年一月一日まで延期された。同一二年八月三〇日、これを遺憾とする宮内義彦・規制改革委員会

委員長の談話が公表された。

(10)　登記は登記官によって担保されており、技術的な問題にとどまる限りは、基本的には誰によって申請されても同じ結果になり、また登記は実現されなければ意味がない。法律事務の一部が、弁護士以外の職能に開放されているのも、古くはこの特性によるものである。

これに対し、裁判が裁判官によって担保されていることの意義は異なる。非法律家の関与により、誤まった裁判をもたらす可能性が大きいし、裁判外の権利の処分によって、当事者の権利が害される可能性はきわめて大きい。この相違は、たんに量的な問題にとどまらず、「法曹」の位置づけに係わる問題といえよう。

(11)　司法書士法一九条は、いわば弁護士法七二条の反映であり、法律事務（の一部）独占を前提とするものである。私人の法廷活動に制限をおくことは当然であるが、一般の法律事務にこのような広範な制限を課す例は、比較法的に特異である。これによる不便を解消するために、技術的分野に限定して(それゆえ法曹資格を求めることなしに)隣接法律職による穴が開けられてきたのであるが、そこにもこの制限が投影されているのである。しかも、その穴が、業務の性質によって自然的に生じたというよりも、いわば監督官庁の管轄によって設けられてきたために（解釈論としては再考のよちがあるが、たとえば、付随義務論）、各種の業際問題の契機となったのである。したがって、根源的な解決は、制限の撤廃か、法曹資格あるいは数の拡大であろう。規制緩和、法曹の増員とならんで、隣接法律職の再編は避けられない。さもなければ、いずれ増員した弁護士が参入するということになろう。

(12)　小野・前掲書（前注(5)）一一二頁参照。[専門家] 一一二頁。

第三章　諸外国における法律隣接職

第一節　法律職の分化の状況

法律事務の処理を行う弁護士職が、しばしば二分されることは、かねて比較法学者のツヴァイゲルトとケッツにより指摘されている。(13) たとえば、イギリスの法廷弁護士(barrister)と事務弁護士(solicitor)、フランスのavocatとavouéである。しかし、このような区別は、古い法律職の区別としては意義があったものの、現代的な意義は失われつつある。とくに後者ではほとんど区別の意味は失われた。他方、アメリカでは、伝統的に、一元的な弁護士（lawyer）制度があり、ドイツの弁護士（Rechtsanwalt）制度も同様である。

近時では、むしろ、この弁護士職を取り巻く隣接の法律職の存在に意味がある。社会関係の複雑化から必要性が増大するからである。本来の法律専門職の重要な任務が法廷活動にあることはいうまでもない。そして、これが弁護士に独占されるのは、どの国においてもほぼ同様である。他方、隣接の法律関連業務に対する扱いは、必ずしも同一ではない。ヨーロッパでは、原則として自由なのに対して、アメリカでは、これも弁護士職のほぼ独占するところとなっている。九〇万人以上といわれる膨大な数の弁護士を擁する状況のもとで、隣接分野への積極的な進出が行われたからである。法曹資格者が過剰なドイツにおいても、各種分野への法曹資格者の進出がいちじるしい。公務員の行政職、外交官、企業の法務担当者などである。

しかし、いうまでもなく、法律関連職種は多方面・膨大であり、同一人が、すべてをこなすことはむずかしい。そこで、いわゆる特化が生じる。たとえば、アメリカの弁護士は、制度的・資格的には一元的に、現象的には多様に、法律および関連職種に進出しているが、自律的に、税務弁護士（tax lawyer）、特許弁護士（patent lawyer)、不動産専門弁護士(property lawyer)、企業法務弁護士(business lawyer)、不法行為専門弁護士(tort lawyer)というような専門化をしているのである。[14] しかし、このような専門化の下でも、弁護士という広範囲の資格が前提であるから、法廷活動を含めたすべての付随的・関連の活動が可能である。一元的なシステムといえよう。専門以外の分野を能力的にカバーするのは、事務所の大規模化であり、あたかも、個人医に対する大病院と同様な巨大事務所が成立するゆえんでもある。もっとも、パラリーガル(paralegal)といわれる、弁護士ではなくまたたんなる秘書でもない、法律事務の補助者の存在が事実上重要な役割を果たしている。これには、弁護士とは異なり、いまのところ資格要件はない。また、その業務と弁護士業務との関連には、明確な区別がある。[15]

これに対し、フランスでは、わがくにと同様、弁護士数が少ないことから弁護士の法律関連職種への進出も比較的限定されている。

第二節　ドイツの法律家の状況—経済専修法律家

ドイツの状況は、この中間である。戦前の法学部の学生数は、二万人ほどであった（五年在学するとすると、一学年約四〇〇〇人となる）。しかし、戦後のマスプロ化の過程で、現在は、年間の進学者だけで二万人になる。国家試験（司法試験）に合格する者の数は、年間一万人以上、弁護士の数は、八万五一〇五人に達している（一九九七年。公証人弁護士を含む。また、近年は、二年にほぼ一万人ずつ増加している。ちなみに、裁判官が二万〇九九九人、検察官五二一一人）。

国家試験に合格して法曹資格を取得した者は、完全法律家＝Volljuristといわれるが、その資格は、裁判官養成をおもな目的としたものであることから、必ずしも企業法務その他の実務において活躍する法律家の養成には適したものではないとの批判がある。また、完全法律家は、特殊な分野に対する専門能力への対応にも弱い傾向がある。[16]

そこで、企業法律家、隣接職域に係わる法律家の養成を目的として、一九九三年からおもに専門大学において開始されたのが、経済専修法律家の制度である（Wirtschaftsjurist）[17]。政策策定に携わる公務員、企業の法務専門家、あるいはその補助者、司法補助官（Rechtspflegar，裁判所書記官、登記官、文書官、執行官）、法律あるいはその関連事務の補助者、アメリカのパラリーガルに相当する分野の担当者などが広く視野におさめられている[18]。

この経済専修法律家のコースは、従来の法曹養成が、狭義の法曹三者、そのなかでもとくに裁判官職の養成に重点を置きすぎていたことへの反省をともなっている。そこで、教育では、科目に占める法律の割合は五〇～六〇％におさえられ、経済など法律以外の専門分野が三〇～四〇パーセントを占めている。その他に、種々の言語、法律的なレトリック、交渉の進め方、管理などの教育も行われる。

教育課程の詳細にたち入る余裕はないが、経済私法、企業法、税法、労働法、経済行政法など経済に関係する法領域に重点がおかれ、経済関係では、会計、マーケティング、実体経済、金融、投資、組織論などの基礎が教えられる。また、必修課目として、英語の法律、経済用語が教えられる。国際性指向も特徴とされる。

また、各専門大学は、専門教育課程での特徴ある重点教育を売り物としている。典型的なものは、労働法、私的経済、租税、財務（銀行と保険）、国際取引などである。ほかに、メディア、環境経済、破産・清算の管理、公企業法などを重点領域とする学校もある。さらに、勉学と結合された実務的科目が設置され、卒業論文も、法的および経営的かつ実務的な問題を専門にまたがって検討することが要件とされている。

第三節　法律家の位置づけ――一元性か二元性か

前述のように、ヨーロッパでは、法廷活動以外の法律関連業務への関与は、原則として自由であり、わがくにのような多様な士業は存在しない。他方、従来は、アメリカ（一元的に弁護士が活動する）のように必ずしも弁護士の進出するところでもなかった。しかし、いずれの場合でも、経済構造の複雑化にともない、実質的にそれぞれの専門職が成立するよちがあることはいうまでもない。

この場合に、これを弁護士が担うとするか、弁護士以外の法律家が担うとするかは、問題であり、ドイツの選択は、弁護士＝完全法律家とはべつに、準法律家＝経済専修法律家によるとするものであり、いわば二元的な構成といえる。形式的には、大学ごとの資格にすぎないが、実質的には、完全法律家とは別個の新たな法律家職能・集団を彷彿させる概念となっている。また、隣接分野の専門家が、それぞれの専門を生かしながら法律家としても資格を取得し、完全法律家である弁護士と協力することも容易になったのである。[19]法律家の新たな像の一つを示すものでもある。

伝統的な法律家でさえ、もともと多様なリーガル・サービスをこなしてきたのである。それが一元的に把握されてきたことには、それなりのメリットと必要性があったからである。たとえば、顧客に対する一元的な応答が可能であり、また内部的な縄張り争いを避けることができること、対外的には自治を主張することも容易なことなどである。同様のプロセスは、隣接法律家にとっても当てはまる。

数字はなお不確定であるが、ロースクールにより年間三〇〇〇人という法曹が実現した場合に、また、どのような「特化」が具体的に行われるかも不明であるが、これらの法曹資格者は、隣接法律の領域に参入することが可能である。また、弁護士相互の競争が激化すれば、アメリカでもそうであるように、差別化のために公認会計士のような他の資格をも重複して取得することが生じよう。これに対峙するうえでは、おそらく隣接法律職そのものを準法曹、場合によっては法曹として位置づけていくことが必要になる。そして、法曹の大幅増員がより進展する場合には、法曹資格の一元化も視野に入らざるをえないことになろう。

〔ただし、普遍的な資格の根底には、自治と国家の権威の関係という問題がある。ヨーロッパの大学には、それがもともと皇帝や教皇の権威を基礎とし、全ヨーロッパ的な資格を付与してきたとの伝統がある。これに代わって国民国家の権威が登場したのは、近代以降にすぎない。これに反し、わがくにでは、大学は最初から国の権威を基礎としている。これは、法曹やその他の資格についても同様であり、したがって、国家の権威を直接に表現する各種士業や国家試験が盛んなのである。これにつき、〔専門家〕二〇二頁参照。これをより自律的なものに発展させるには、学問や司法に関する自立性の確立という困難な問題がたちはだかっている。〕

(13) ツヴァイゲルト・ケッツ・比較法原論上（大木雅夫訳、一九七四年）二二一頁以下、同下四〇七頁以下。

(14) ただし、公認会計士だけは別個の資格であり、企業弁護士には、これを合わせて取得する例が多い。企業弁護士の業務には、経済知識を必要とする場合が多いからである。

(15) パラリーガルについては、最近では、森本敦司「アメリカのパラリーガル」日本法政学会法政論叢三五巻二号一〇二頁〔一九九九年〕以下が詳しい。

(16) ドイツの法曹については、近時のものとして、小野「ドイツの法曹養成制度と大学教育」月刊司法改革四号〔二〇〇〇年〕、同「ドイツの大学改革と法曹養成制度」一橋大学法学研究三四号〔二〇〇〇年〕参照。〔本書第二部一篇、三篇所収〕

(17) ドイツの経済法律家については、簡単に、小野「ドイツの法曹養成制度と経済専修法律家」国際商事法務二八巻一〇号〔二〇〇〇年〕参照。〔本書第二部二篇所収〕

(18) 日本では、これらに加えて、簡裁判事、特任検事、副検事、各種士業の専門家、また、特許、税理、金融財務、社会保険、労働、医療、建築、PL、消費者問題など、専門領域とされる種々の場合の法律専門家が対象たりうる。ただし、ドイツでも医者や税理士（Steuerberater）については、別個の資格が必要である。

また、近時、法曹数の増大の議論の中に、各種行政委員会のスタッフ、議員や政党の政策秘書、立法担当者をあげることも多いが、これらも、裁判官職というよりも、特化した専門領域の法律職であり、むしろ専修法律家のほうが適しているといえよう。他方、仲裁への関与やオンブズマンは、一般的には裁判官職に適しているが、仲裁の内容によって、建築などの専門を必要とする場では、専修法律家が適しているといえよう。

アメリカのロークラーク（law clerk）は、弁護士や裁判官のもとで、判例などの専門調査・検討を行い、lawyerの職種であるが、分野ごとの特化が十分ではないわがくにでは、専門分野の調査・検討には、固有の専門家が必要なこともあり、場合によっては、専修法律家には、このような調査職にも進出のよちがあろう。法律だけではなく、心理学・児童福祉の専門家でもあることから、家裁の調査官にも、同様の可能性がある。

(19)　このような専門化は、建築やエンジニア関係のＰＬ訴訟ではとくに意義がある。これらの専門領域は、訴訟の長期化の原因にもなっているからであり、それぞれの分野と法律にまたがった専門家は、鑑定などでも有益である。そして、専門領域は無限に発生する可能性があるから、そのつど新たな士業を作ることは実際的ではない。

なお、この点は、社会の基本的ありかたにもかかわり、封建社会では、社会の中の小集団の分裂と対立が(分割)統治の観点から求められたのであるが、近代社会は、このような分裂を望まない。近代社会は、一元的把握を原則としているのであり、この理念は、技術的次元ではともかく、少なくとも「法曹」といった基本次元では維持される必要がある。

第四章　むすび

司法改革の具体的将来像はいまだ不明であるが、当面の（包括的な）二元的な体系をとった場合のメリットは、つぎにある[20]。急速な一元化はなおむずかしいとも思われ（供給可能性と特化された専門性）、その場合には、次善の策ということになろう。

第一節　特化された分野での包括的なサービス提供

法廷活動を除いて、隣接の境界のバリアーがないことから、それぞれの分野に特化した専門家は、付随する業務を含めて、包括的に業務をなしうる。すなわち、可能な業務対象が、認可された省庁の形式的な分野によって遮断されることがない。実際的な必要に応じた特化が生じるのは、アメリカの弁護士の場合と同様であるが、これは、監督官庁の垣根によるバリアーとは異なる。官庁の垣根が実務の分野と必ずしも一致しないことはいうまでもなく、わがくにでも、平成一三年〔二〇〇一年〕一月の省庁の再編は目前である（再編関係法は一四五国会で成立）。

あまりに、業務の内容が細分化していると、一連の業務をこなすために、複数の資格が必要となり、また資格相互の空白領域が生じたり、逆に重複する結果、競合といった事態が生じるおそれがある。業際問題の契機となっている状況は、外部者には不信をもたらす結果となる。

第二節　特化された分野での豊富な知識

また、経済や経営の実務、特殊な法領域にそくした知識が豊富である。一例であるドイツでは、従来から、完全法律家の養成は、あまりにも裁判官職の養成に重点を置きすぎているとの批判があった。弁護士として活動する場合ですら、不要なものが多すぎるとの疑問がある。統一法律家（Einheitjurist）として、法曹三者に共通の能力をもたせることを目的としたために、高度の経済人や技能・実務者としての能力が無視されてきたのである。

第三節　独立した地位の確立

省庁の監督をうけない独立した法律家の地位の確立が可能となる。たとえば、司法書士の簡易裁判所への関与の問題では、簡易裁判所の事物管轄以前の問題として、法務省の監督をうける者が、独立して裁判に関与できるかが問題となる。各省庁の監督下のほかの隣接法律家にとっても類似の問題がある。この疑問を回避するためには、準法曹としての性格を獲得することが必要である。自律的性格は、専門家として依頼人の信頼をうけるには不可欠な要素といえよう。(21)

個別の業界の保護には、監督・従属が表裏の関係として存在するから、後者を克服しようとする限りは、護送船団方式といわれる保護政策のわくから踏み出す必要があり、また、一元的な職能としての意識をもつことも必

要となるのである。(22)

(20)　司法制度の改革は、微調整にとどまるよちもあり、他方、一元的な改革では結果は明確でありさほど言及する必要もあるまい。また、二元的な収斂の場合には、もう一つ利点がある。それは、養成制度との関係である。

一九九〇年代から、わがくにでも、大学院で「専修」コースが開設されている。しかし、これは、社会人教育を除くと、実質的には法曹養成コース（司法試験用）にすぎなかったことから、ロースクールによって発展的に解消されるとするむきが多い。しかし、社会人・実務家向けの高度の教育をするとの必要性は、失われていない。また、各種提言によれば、ロースクールには、当面それをカバーするほどの人材供給能力はないと思われるから、専修コースを本来の目的に戻して継続するのである。

(21)　国家との関係でも、独立性の必要があり、とくに税理士が、監督をうけながら、監督官庁を相手方として、裁判上、自律的立場を維持できるかの疑問が提起されている（とくに第二四回司法制度改革審議会における委員の発言・前注(3)参照）。これらは、たんに簡易裁判所では行政訴訟が提起できないとの事物管轄にとどまる問題ではない。一面的に、通達などの有権的・高権的な解釈に流されない必要もある。最終的には司法によって担保されてはいるものの、これをもっと前の段階から保障しようとするのが、弁護士自治や各種の団体自治の理念である。少なくとも裁判に係わろうとする限りは、同様の保障が必要であろう。前注(10)をも参照。「法曹」たりうるか否かという相違も、このような自律的判断の可能性に由来するものである。

本年九月一四日、日弁連理事会が、弁護士の法律業務独占を見直し、隣接法律職にも専門分野の法律事務を開放する決定をしたと報じられた。司法書士には簡裁における補佐人としての地位を、弁理士には特許訴訟での弁護士との共同代理権を、税理士には税務訴訟で陳述権を認めるというものである。「規制改革に関する第二次見解」あるいは経済界の要望よりも後退した基準であり、改革の方法としては最低限のものにとどまり、隣接法律職の法曹的性格にも踏み出すものではない。第三者機関の試験に合格し、研修をうけるとの条件があることから、法曹としての認知には消極的なものと位置づけられる。

(22)　なお、司法書士の将来像としては、弁護士と公証人のいずれの性格の方向を目ざすものかにも、検討のよちがあろう。訴訟への関与は前者であり、登記への関与は後者である。しかし、伝統的に、この両者が独立した制度であったように、その兼任は必ずしも相当ではない。弁護士は当事者の利益を代表するが、公証人は、もっと中立的な立場を求められるからである。これにつき、小野「公証人と公証人弁護士」〔専門家〕一五五頁以下（二〇三頁）参照。

〔原論文脱稿後、二〇〇〇年一〇月六日の報道によるところでは（朝日新聞）、総務庁によると、国の資格制度は、地方公共団体が認定するものを除いて昨年四月一日現在で二八〇あり、民間団体の技能審査を国が認定するのは二六制度、一七三資格で、計四五三資格ある、という（内容は公益法人への天下りに関する記事）。その全部が法曹資格に直接かかわるというわけではないが、このような個別的・非本質的な細分が問題とされる必要がある。〕

法律職の類型化

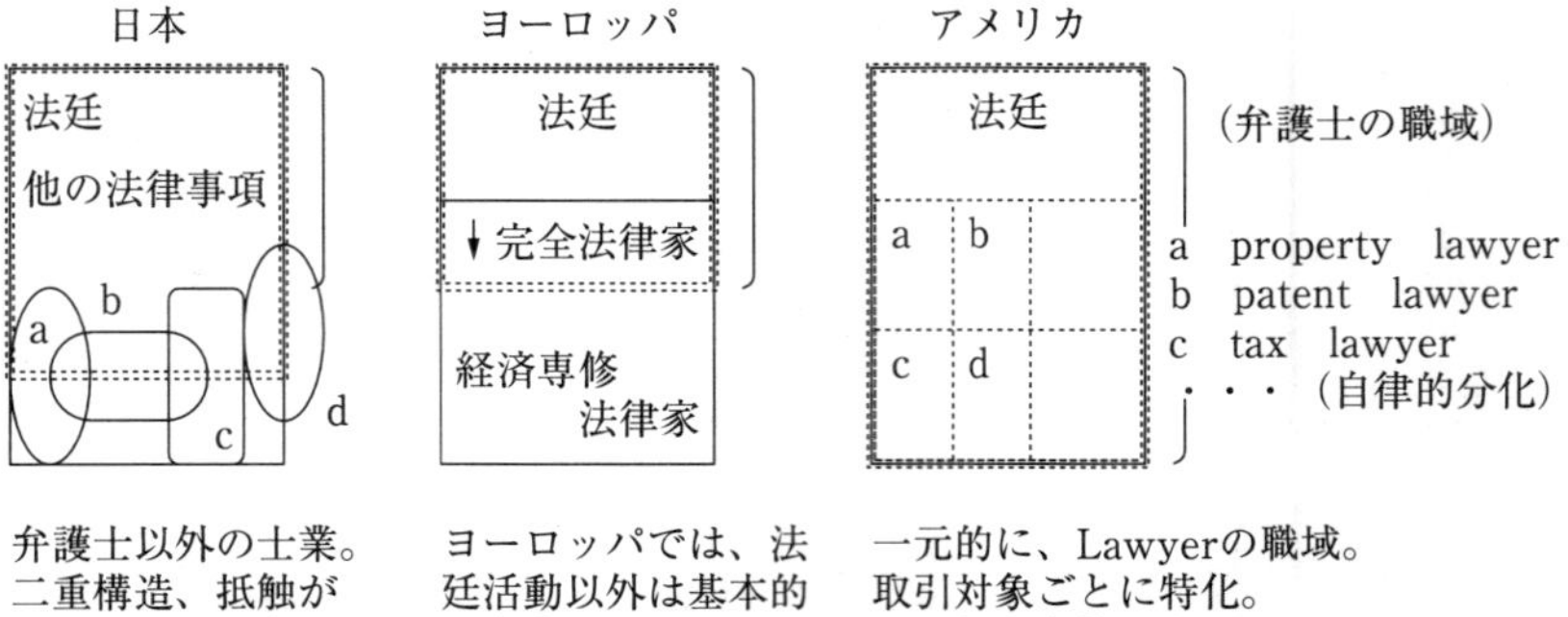

弁護士以外の士業。二重構造、抵触が生じる。しかも、取引による特化というよりも、監督官庁ごとの分裂

ヨーロッパでは、法廷活動以外は基本的に自由。抵触の問題はない。

一元的に、Lawyerの職域。取引対象ごとに特化。一元的な資格があるから抵触の問題はない。

ただし、税務、会計については国家資格があることが多い。

【二元的構成】　　【一元的構成】

第三部　研究と大学

第一篇　ツァシウス（Ulrich Zasius，1461-1535）とフライブルク市法の改革

第一章　はじめに―ローマ法継受と人文主義法学、都市法の改革

(1)　ツァシウスは、第一にドイツ人文主義の法学者として、第二にはフライブルク市法の改革者として知られている。本稿＝第一篇は、このツァシウスの功績を通じて、市法の沿革やその特徴、さらには中世の都市書記の活動の一端についてもふれることを目的とする。

一二世紀以降、イタリアに留学した法曹によってもたらされたローマ法の継受は、多様な時代の要請に応じたものであった。取引活動の活性化にともなう法的基盤の整備の必要性、それに応じることの可能なローマ法のもつ内容の豊富さ、体系性、あるいは中世的な陪審裁判所が権威を失い、騎士階級が領邦の官僚組織に組みこまれたこと、などである。

(2)　しかし、イタリアで復活したローマ法は、必ずしもその地の土着の法と一致するものではなかった。ローマ法は、そのドグマ的な体系性および明確さから他の法に対する優越性を獲得して広まったが、土着の法との摩擦がなかったわけではない。もちろん、イタリアの注釈学派も、ローマ法をたんに概念的にのみ把握したわけではなく、実務にも使えることを目ざしたのであるが、それはイタリアの実務を基準にしたものにとどまったし、ローマ法自体の概念的優越という観念を前提としたものであった。また、その内部に矛盾が含まれることはない

との前提にたつものであった（いわゆる書かれた理性，ratio scriptaである）。

ローマ法に対する土着の法の対立は，前者の広範な継受が強まるにつれ増大した。その結果，一五世紀の末から は，ローマ法の知識ある法曹と民衆の対立という構図をもたらすことになったのである。これには，農民階層の没落と宗教改革にともなう新たな精神が寄与していたと目される(1)。

（1）　Knoche, Ulrich Zasius und das Freiburger Stadtrecht von 1520 (Freiburger Staats und Stadts Abhandlungen, Bd. 10), 1957, S. 3f.; R. Schmidt, Zasius und seine Stellung in der Rechtswissenschaft, Rede gehalten zur Übergabe des Prorektorats an der Albert-Ludwigs-Universität zu Freiburg am 13. Mai 1903, 1904. ローマ法継受と人文主義法学一般については，Wieacker, Privatrechtsgeschichte der Neuzeit, 1964, S. 146ff; 161ff.

ほかにも，ツァシウスおよびフライブルク市法の改革に着目した文献は多い。Stinzing, Ulrich Zasius, Ein Beitrag zur Geschichte der Rechtswissenschaft im Zeitalter der Reformation, 1857; Zwölfer, Dr. Ulrich Zäsi und die Bestätigung des Freiburger Neuen Stadtrechts, Schau-ins-Land, 80. Jahresfest des Breisgau-Gerichtsvereins, 1962, S. 70-104.

また，ツァシウスにゆかりのフライブルクやバーゼルの都市記念祭（Stadtjuliläum）には，必ずとりあげられるテーマでもある（前述のZwölferや後注のThiemeのツァシウスに関する研究がそれである）。また，Thieme, Zasius und Freiburg, Aus der Geschichte der Rechts-und Staatswissenschaften zu Freiburg i. Br. (hrsg. v.H.J. Wolff), 1957, S. 9-22. Liebs, Römisches Recht, 1993, S. 113. にも簡単な記述がある。

第二章　人文主義法学とツァシウス

第一節　人文主義法学

(1)　継受されたローマ法と土着の法の対立に、新たな視点をもたらしたのが、人文主義法学である。人文主義法学は、歴史的な観点を採り入れ、ローマ法原典に固執してきた従来の法学の基本的視点を精神的に解放したのである。これは、当時の一般的な時代思潮、すなわち教会とテキストの束縛からの解放と軌を一にするものであった(2)。人文主義による神学からの哲学の解放は、ルター的な、哲学からの神学の解放に対応するものである。

その結果、人文主義法学は、伝統的なローマ法学のスコラ学的な方法にも批判を加え、法の発見はスコラ的方法に終始するものではないことにいたったのである。Budaeus (1467-1540)、Alciatus (1492-1550) が代表的である。そして、ドイツでは、フライブルクのツァシウスであった。

(2)　人文主義法学は、たんに原典の論理的な体系を目ざしただけではなく、可能な限り忠実な原典の純化をも追求したのである。さらに、他方では、実務的な見地から、このような目的が限定されることもあり、人文主義法学の実際性ともなっている。とりわけドイツの人文主義には後者の実際性が強いと目される。原典の追求は、現行のローマ法がイタリアで加工されたものであることを認識させるものであったし、権威からの解放は、ローマ法の相対化をもたらし、ひいては土着の法の意義をも再確認させるきっかけとなったのである。

第二節　改革立法

(1)　もっとも、人文主義法学が実務に与えた影響は必ずしも大きなものではない。実務はもっぱら注釈学派の手法によったからである。ここで、土着の法とローマ法の対立を調整するべく新たな立法が求められたのである。この時期の立法活動は、一五世紀の終わりから一六世紀の初めに開始された。領邦主義の確立と都市の発達により、手続に対する法的基礎づけが求められたからである。それにともない知識ある法曹が求められた。そのさいに、多くの都市の法の整備は、ラントの立法活動に遅れたといわれる。中央権力の衰退に対し、ラントでは官僚主義が進展し、それにともなう法の整備が行われた。他方、多くの都市は、立法作業にはあまり熱心でなかったからである。

しかし、著名な改革立法がみられる。初期の都市立法の改革に先鞭をつけたのは、一四七九年のニュルンベルクの法であった。ついで、一四九九年のウォルムスの改革法がある。一五〇九年にはフランクフルトの最初の立法があり、一五二〇年のフライブルク法は、これらにつづくものである。[3] これら立法は、伝統的なドイツ法と継受されたローマ法を結合させる試みでもあった。

(2)　これらの立法作業において、重要な役割を果したのは、都市の書記クラスであった（Stadtschreiber und Syndici）。というのも、一方では法学的な教養をもち、ローマ法に通じていたが、他方では、裁判実務との関係から、古い土着の法の知識をも有していたからである。両者の調和を計ることも実務の遂行の上でしばしば必要になった。そして、フライブルクの「市書記」についての記述は、一二九三年の古文書にすでにみられる。[4]

第三節　都市書記

この市書記（Stadtschreiber）職の発生の前提として、中世以来の文書の証拠力を考える必要がある。フランク時代から、文書は、王の文書（Königsurkunden）と私人の文書（Privaturkuden）に大別された。王の文書は、公けの文書として証拠力が認められていたが、私人の文書にはその効力がなく、公証が必要とされた。もっとも、中世には文書による証明よりも、証人による証明が一般であったから、その意義は乏しかったのである。

文書の証明力が意味をもち始めたのは、ようやく一二～一三世紀である。これは、私人間の関係をも文書化しそれをなんらかの方法によって公証してもらうことによった。当初は、市域や近郊の教会や修道院がこれを行った。聖職者は、中世では文字の書けるほとんど唯一の人間だったからである。また、職業的な書記が発生するには、まだあまりにも需要が乏しかったのである。聖職者による公証は、教会付き書記職の起源となった。また、都市の整備とともに、しだいに多くの行政的な仕事が増加したことから、各都市は書記を備え、あわせて公証の業務をも兼ねさせたのである。

フライブルクにおいては、市の行政機構が整備され、事務のいちじるしい増加のあったのは、一二九三年から一三六八年の時期であった。書記が市の文書に登場するのはこの時期からである(5)。

第四節　ツァシウス

(1)　ツァシウスの名は、フライブルクの市評議会文書から確認することができる。もっとも、この文書は、一四九七年から一五一二年までは保管されているが、一五一二年から一五三八年までは脱落しており、ツァシウスの全生涯をカバーするにはいたっていない(6)。このことから、後述するように、一部において、市法に対するツァシウスの影響を限定しようとする見解が出される原因ともなっている。

ツァシウスは、一四六一年に、ボーデン湖畔のコンスタンツに生まれた(7)。彼は、そこで司教座聖堂付属の学校で学んだ。一四八一年に、テュービンゲン大学の教養学部（Artistenfakultät）に入り、一四八三年以後コンスタンツの司教座公認の公証人・書記、および司教事務局の参事をしたのち、一四八九年アーガウのバーデンの市書記となった。ここで、彼は、バーゼルの人文主義者との交際を始めた。一四九四年に、フライグルク市の書記となったが、一四九六年にはこれを辞し、ラテン語学校の教師となった(8)。また、フライブルクに来て以来、ローマ法の勉学をフライブルク大学の Paulus de Cittadinisのもとで行っていた。

一四九九年に、法律学を学ぶために正式にフライブルク大学に入った(Immatrikulation)。もっとも、これによる市の職からの離脱は一時的なものと考えられていた。フライブルク大学において、ツァシウスは、教養学部の私講師、インスティテュートの教師をへて、一五〇一年には法学博士の学位をえた（このときおよそ四〇歳であった)。さらに、一五〇六年には、師であるCittadinisの後任者となったのである。

一五〇二年に裁判所書記（Gerichtsschreiber）に任じられるとともに、市法の改革の任務も与えられた。一五〇三年には、大学の顧問ともなった。一五〇八年、おりからフライブルクに滞在した皇帝マクシミリアン一世(皇帝位一四九三〜一五一九年。ドイツ王位は一四八六年から）から参事官（Consiliarius imperialis）に任命された。ツァシウスの主導のもとで行われたフライブルク市法のローマ法的な改革が完成したのは、一五二〇年であった。ツァシウスは、一五三五年に、フライブルクで没した。

ツァシウスは、その著作や立法作業だけではなく、法鑑定人および教師としても著名であった。彼の著作は、むしろその生涯の遅い時期にまとめられたものだからである。人文主義法学者としての地位を確立させたLucubrationes, aliquot sane quam elegantes, nec minus eruditae, videlicet: In legem secundam ff. de origine iuris: In legem frater a fratre ff. de condictione indebiti; In §Cato ff. de verborum obligationibus; Scholia etc., 1518.は、一五一八年の作品であるし、その全集Opera omnia (6 Bde. und Index), hrsg. v. Mynsinger v. Frundeck und J.U. Zasius.は、死後一五四八〜五一年に刊行された。

(2)　さて、ツァシウスが同時代の法曹にまさっている顕著な点は、原典の探究に依拠して、注解の権威に無批判には従わなかった点である。しかし、他方では、同時代のドグマに対して必ずしも敵対的というわけでもなく、かえって、たいていは原典やその注解とも一致することが多かったのである。また、方法論的にも、決して革命的ではなかった。

ツァシウスは、ドイツ法の概念と対応するローマ法の概念とを調和させることを指向し、ローマ法の直接の適用ができない場合でも類推適用することさえしたのである。フランスの人文主義者（Alciatus, Budaeus）が注解に対してしばしば敵対的・否定的であったのと異なっている。また、彼らのように、文献学的であるというよりは、実際的であった。ツァシウスにとっては、ローマ法とドイツ法は、内的に一致するべきものであったし、原典の歴史的な制約という視点を有したことから、テキストに対する自分の批判性をもち、自由な解釈をしたのである。法を固定したものではなく、文化形態とともに変化する発展の産物（ein Produkt der Entwicklung）ととらえた点も、新しい(9)。

結果として、ツァシウスは、自由な観点からローマ法継受の成果と限界を見出したものといえる。無批判なローマ法の評価も頑固なドイツ法への固執も避けえたのである。ツァシウスは、過失を五種類に分類したバルトルスの理論に反対して、たんに重過失と軽過失とに二分した。また、種類の概念の分析から、「種類物」とは異なる「代替物」（res fungibilis）の新たな概念を見出した。これは、今日なおドイツ民法典九一条の「代替物とは、取引において数、量または重さによって決定される動産をいう」の基礎となっているとされる。さらに、不当利得では、錯誤によって（たとえば、遺産債務の表見相続人として）、債務者（真実の相続人）の代わりに給付をした者は、給付したものを受領者から（つまり真実の債務者＝真実の相続人からではなく）返還請求できるとする。この理論は、数百年の間通用してきたが、ＢＧＨは、一九六一年以来、実体関係を優先するべきものとして、これから逸脱している（BGHZ 36, 30）(10)。

第五節　人文主義の限界

(1)　一般に、人文主義と古典との関係は、必ずしも明確ではない。アリストテレスを始めとするギリシア・ローマの古典をみずからの権威づけに用いたのは、中世の神学理論が最初であった。ところが、人文主義は、中世以来の神学あるいは神学中心の学問体系（哲学は神学の端女）を前提とせず、これに対抗して、古代の学術の復興によって、人間性をよみがえらせようとしたのである。古代人の理解を通して人間性の探究が行われた。ひとしく古典を素材としながら、人文主義は、中世の学問体系とは異なる出発点をもっていたために、後者を相対化し、批判することができたのである。

しかし、古典への理解という共通の土俵にたっていたことが、人文主義の限界ともなった。ツァシウスは、スコラ学からの法律学の解放を目ざしたが、他方で、法律家としては中世的な権威を否定しえず、宗教改革にも反対であった。人文主義者のつねとして、当時の（つまり宗教改革直前の）教会に批判的ではあっても、教会の権威を否定しえなかったのである。これは、同時代の代表的な人文主義者バーゼル（あるいはロッテルダム）のエラスムスと同様であった。宗教改革に触発された農民暴動にもカノン法への批判にも否定的であった[11]。もっとも、そのルター主義への傾倒のために、一五五八年から一五六四年、その著作は禁書とされた。この点も、エラスムスと同様である[12]。

(2)　いうまでもなく、エラスムス（一四六六年～一五三六年）は人文主義の旗手であり、ツァシウスの名声は、たんにその著作によるというよりも、この全ヨーロッパ的な人文主義者との友好関係にもよっているのである[13]。人文主義の限界を示すには、エラスムスの立場にふれることがもっともよい例となろう。彼との比較では、ツァシウスはそのわずかな反映にすぎない。エラスムスは、ルターの宗教改革直前の偉大な思想家であり、当時の教会の堕落を厳しく批判し、きたるべき改革を予想し福音主義への復帰を説いた。彼自身も当初は宗教改革（ルターの九五カ条のテーゼは、一五一七年）に同情的であったが、これが先鋭化すると、もはや協調しなかった。その弟子からは、多くの宗教改革者を出したが、改革の側からは変節を、正当派の教会の側からは改革主義的なことを批判された。近代自由主義の先駆者とも位置づけられている[14]。

(3)　法律学は、教会との関係では、もともと後者に否定的な契機を含んでいる。中世的な教会裁判や立法の機能を否定するものだったからである。教会法以前に、すぐれた体系を有するローマ法が存在したことは、教会による法の独占を破るものであった。ローマ法の発見自体が、古典への回帰、教会法の相対化であったともいえる。しかし、イタリアの注釈学派は、ローマ法と教会法の分業という方法によって、教会法への打撃を緩和し、ローマ法を教会に仕えるものにかえたのである（ローマ法と教会法の「二分領域説」）。これによって、現物経済と農業を前提とした教会法に、取引や金融に対する柔軟性があたえられた。もちろん、妥協しがたい分野も残存した。「利子」の徴収が長い間争点となったのは、両者の根本的な矛盾を示すものである。(15)

世俗文化の自立を目ざす人文主義にとって、このような中世的な法律学の神学への従属は忌むべきものといえよう。法律学も、哲学と同様に、神学への従属をやめるべきものだからである。そのために必要なことは、イタリアの注釈学派的な位置づけの否定である。人文主義法律学による注釈への反発は、このような文化的な背景を有するのであるから、個々の解釈において、注釈学派の理論がとられたとしても、それは人文主義的であることを否定することにはならないであろう。問題は、法律学の位置づけといった根源的な立場にあったからである。したがって、このような立場を志向する限りは、ツァシウスもまた人文主義的である。すなわち、実用的であろうとすれば、注釈学派の個別の成果を否定することはできないが、そのことは、人文主義的であることとは必ずしも矛盾しないのである。(16)

（2）Knoche, a.a.O., S. 4; vgl. Liebs, a.a.O., S. 113.
（3）Thieme, Die "Nüwen Stattrechten und Statuten der löblichen Stadt Fryburg" von 1520, in Freiburg im Mittelalter, Vorträge zum Stadtjubiläum, 1970, S. 96-108 (S. 98).
（4）Knoche, a.a.O., S. 6.
（5）Thieme, Die Freiburger Stadtschreiber im Mittelalter, 1973, S. 13ff. 中世の書記については、［専門家］一七一頁をも参照。
（6）Knoche, a.a.O., S. 9; Schmidt, a.a.O., S. 66-67.

(7) Dilcher, Ulrich Zasius 1461-1961, ZRG (GA) 78 (1961), S. 514ff. によれば、一九六一年には、ツァシウスの生誕五〇〇年を記念した会議も行われている。

(8) Knoche, a.a.O., S. 9. は、このようなキャリアの変更は、当時としてはそうまれなことではなかったとする。

ツァシウスについては、つぎにも詳しい。Rowan, Ulrich Zasius, A Jurist in the German Renaissance, 1461-1535, 1987. また、邦訳としては、「ウリヒ・ツァジウス」クラインハイヤー・シュレーダー『ドイツ法学者辞典』[一九八三年]三三一頁以下[小林孝輔監訳・初版の訳]がある。原文は、Kleinheyer und Schröder (hrsg.), Deutsche Juristen aus fünf Jahrhunderten, 2. Aufl., Ulrich Zasius (1461-1535), (1983), S. 313. もっとも、本書は、原著第二版以降、記述の最初のツァシウスの略歴の部分以外はまったく書き改められている。また、第三版以降、タイトルも『ドイツとヨーロッパの法学者』と改められ、全体としてもほとんどべつの著作になったともいえる。Kleinheyer und Schröder, Deutsche und Europäische Juristen aus neun Jahrhunderten, 4. Aufl, 1996, S. 455 (Zasius).

さらに、バーゼルの人文主義者との関係については、Thieme, Zasius und Basel, Schau-ins-Land, 79. Jahresheft des Breisgau-Geschichtsvereines Schauinsland Freiburg im Breisgau, 1961, S. 5-12.

(9) R. Schmidt, a.a.O., S. 30; Liebs, a.a.O., S. 113.

(10) BGHによれば、このような不当利得関係の利用は制限される。ド民一七九条の無権代理人に対する権利があっても、それによって原則としては、本人に対する第三者の不当利得請求権は排除されないが、本人が、代理人に対する有効な契約を理由として、第三者から給付されたものに対する請求権を有し、また代理人に反対給付の義務を負担するときにはこの限りでない、とされる。すなわち、実体的な給付関係が優先され、直接の不当利得関係は排除されるのである。

(11) Knoch a.a.O., S. 11-12; Schmidt, a.a.O., S. 35f.; vgl. Gail, Erasmus von Rotterdam, 1994, S. 115ff.

農民戦争は、とりわけツァシウスの居住したフライブルク近郊、シュヴァルツバルトから西南ドイツで強力であった(一五二四～二五年)。経済的に向上しつつあった農民が、宗教改革を契機としてその自立を目ざしたものであるが、諸侯に敗れた。これに先立ち一五二二～二三年の騎士戦争で、騎士階級が諸侯に敗北したこととならんで、結果的には領邦国家の勢力拡張がもたらされた。

農民戦争において農民の要求を掲げた「一二カ条」は、なかんずくその第一条が、各村落における聖職者の選任権を主張したこと(すなわち、カトリックとプロテスタントの選択)、また一〇分の一税をこえる課税や賦役の禁止（第二条、第三条）（六条、七条、八条）を唱えたことによって改革主義的であっただけではなく、共有地や森の自由な利用、土地の返還を主張し（四条、五条、一〇条）、世俗の賦役や課税の制限（六条、七条、八条）をも主張したから、世俗の諸侯の警戒をも呼び起こしたのである(六条、七条、八条)。なお、九条はいわば罪刑法定主義の主張、一一条は相続権の主張であり、内容的にはいずれも領主権力の制限を目ざしたものである（一二条は、これら条項の遵守を強く求めた内容となっている)。Vgl. Der Bauernkrieg vom Elsaß bis zum Bodensee, Anno 1525, Die Zwölf Artikel, Material, Zinnfiguren Klause im Schwabentor Freiburg i. Br.

(12)　しかし、教会は人文主義に対しては寛大であったから、禁書の措置は一時的なものにすぎなかったし、ツァシウスは、死後、フライブルクの大聖堂に葬られることになった。この点も、バーゼルの大聖堂に葬られているエラスムスと同様である。

ツァシウスの墓は、フライブルクのMünsterの祭壇Hochaltarのまわりの一一の礼拝所Kapelleのうちの一つUniversitätkapelleにある。これによって、教会の彼に対する姿勢がうかがえるのである。このKapelleは時期によってしか公開されていない。なお、法学者としては、ほかにTheobald Bapst(-1564)の墓もここにある。

Universitätkapelleには、他のKaiserkapelleのような外部の説明表示はないから、内部の墓碑銘・碑文まで注意してみなければ見過ごすであろう。大学の関係者にも、あまり知られていないようである。のみならず、Kapelleには、Kaiserkapelleのように名目的にしか遺骸を含まないものや象徴的なものもあり、外部からや文献のみでは確認のしようがない。ツァシウスの墓を確認できたのは、筆者の在外研究先のHager教授の秘書Frau Solveig Adolphと、大学や市の文書館（Stadtarchiv）のおかげである。記して謝意を表したい。Vgl. Gombert, Das Münster zu Freiburg i. Br., 1984, S. 28ff. (Eng. ed.). なお、末尾の写真参照。

(13)　バーゼルは、一五二九年に宗教改革を断行し、司教は、市を退去しフライブルクに難をさけた。同時に、エラスムスもフライブルクにやってきた。その居住した建物は現存している（Haus zum Walfisch, これは、一五一六年に、マクシミリアン一世の隠居所として建築されたものである）。ただし、オーバー・ラインの大司教座がフライブルクにおかれたのは(コンスタンツから移動)、一八二七年からである。エラスムスとツァシウスの親交については、Gail, a.a.O., S. 75, S. 104.

(14)　エラスムスについては、ホイジンガ・エラスムス〔宮崎信彦訳・一九六五年〕が詳しい。また、Gail, a.a.O., S. 115ff.; Chambers Biographical Dictionary, 1974, p. 442. エラスムスは、改革と反改革の間を逡巡した点で時代精神を体現していたのであるが、このような思想家としての資質は、ツァシウスには欠けていたのである。Vgl. Gail, ib., S. 132.

(15)　カノン法とローマ法の関係については、小野「私法におけるカノン法の適用」商論五六巻三号〔一九八八年〕三七頁以下（とくに六四頁以下）。〔利息〕六〇頁。また、利子とカノン法の関係については、小野「利息制限法理の史的展開」行政社会一巻一号〔一九八八年〕一頁以下（一五頁以下）。〔利息〕一一頁。

(16)　後述のように、ツァシウスの著作においては、実用的なローマ法の影響が大きい。しかし、そのことから、彼に対する人文主義の影響が否定されるべきではない。

第三章　フライブルク市法の改革

第一節　フライブルクと大学の歴史

(1)　フライブルクの歴史は、一一二〇年、ツェーリンゲン家コンラート公（Konrad II v. Zähringen）によって自由な都市建設が意図された時に遡る。このときの特許状が市法の出発点となる。ちなみに、この時期では、一一二二年が、聖職叙任権闘争の解決をみるウォルムスの協約の年である。すなわち、同市は、多くの都市とは異なり、自然発生的な沿革によるのでも、ローマ時代からの歴史をもつわけでもないのである。

市は、一二一八年、ツェーリンゲン家の最後の主、ベルトルト（Bertolt V）が後継者なしに死亡したことから、その甥のEgino Urach, Countが支配を引き継ぎ、ハルラッハ伯領となった。

さらに、一三六八年以来、とくに一六三八年から一八〇五年まではハプスブルク家の支配下に移った。その経緯は多少異例なものであり、一三六八年に市が時の当主Egino III, Countに一万五〇〇〇銀マルクを支払って、その支配を脱し、代わってハプスブルク家の保護を求めたのである[17]。伝統的な帝国自由都市のような形態ではなく、ハプスブルク家の保護を求めたのは、一二五四年以降が大空位時代、一二七三年には最初のハプスブルク家の皇帝（Rudolf I, 1273-1291）が選出されるなど、混乱の時代であったからである。

おそらく当時の実力者を見定めてのことであろうが、その選択は、必ずしも幸いとはいえなかった。一七世紀以降、しばしばオーストリア、フランスのはざまで、戦火にみまわれることになったからである。なお、一三五六年は、神聖ローマ帝国の［ドイツの］皇帝選挙の基本となった金印勅書の定められた年にあたる。その後、市は、ハプスブルク家の支配に組みこまれ、その西方政策の拠点としての役割を果たした。一四九〇年には、マクシミリアン一世が市を訪れ、また一四九八年には帝国議会の開催地となっている。

(2)　フライブルク大学は、一四五七年に、ハプスブルク家のアルプレヒト四世によって創設され、オーストリア領で最初の大学の一つとなった（ウィーン大学の創立は、一三六五年）。ハプスブルク家が継続的に神聖ローマ皇帝位にのぼるのは、一四三八年（Albrecht II, 1438-1439）からである。大学は、神学、法学、医学、哲学の四学部からなったが、アルプレヒトが重視したのは、行政官の再教育のための法学とカトリック教会のための神学であった。

(3)　一四九八年には、フライブルクは帝国議会の開催地となったことから、皇帝マクシミリアン一世（Maximilian I, 1493-1519) が滞在した。この時期は、ツァシウスの活躍していた時代に係わっている。その後、一五二九年にはバーゼルで宗教改革が行われ、そこの大司教座がフライブルクに逃亡してきた。また、エラスムスもバーゼルからフライブルクにきて住んだのである。一五六四年にはペストの流行があり、三〇年戦争中の一六三二年から一六四八年までにスウェーデン、フランスなど敵対する各勢力から五回も占領をうけたが、ウェストファリア条約（一六四八年）では、ハプスブルク家に返還された。さらに、一六七七年以降、ルイ一四世のエルザス侵略によっても、たびたび占領をうけたが、一六九七年のライスワイクの和約で返還された。

オーストリア承継戦争（一七四〇～四八年）中の、一七四四～四八年の間も占領をうけ、一七四八年のアーヘンの和約で返還されている。これらの戦禍により、一七五〇年ごろは、最貧の状態であったといわれる。一七七〇年には婚姻政策によるオーストリアとフランスの和約（マリーアントワネット。外交革命）が行われたが、じきにフランス革命となり、一八〇〇年にはまた占領されることになったのである。一八〇五年に、バーデン領となり、これは、ナポレオン戦争後の一八一四年のウィーン体制でも確認された(18)。

第二節　フライブルク市法

(1)　みぎの歴史を反映して、最古のフライブルク市法は、コンラート公によって与えられた市建設の証書に遡る。その後、一二一八年までのこれに付加されたものがあるが（Tennenbacher Text）、これら初期の法は、同じライン河岸のケルン法の影響をうけている。これは、その後一二一八年ごろ修正され、一二七五年、一二九三年にも修正をうけ、ハプスブルク家のアルブレヒトとレオポルドによって、一三六八年の法によっても修正をうけている。

もっとも、その後はフライブルク法は、上ライン地方のもっとも重要な法となり、フライブルクは、上級裁判権（Oberhof）をもつにいたっている(19)。

一五〇二年にツァシウスが市の書記になったときに改革をせまられていた法は、そのようなものであった。改革法は、一五二〇年に完成し、その序文には、改革法の意図が述べられている。すなわち、古い法源をよりわけ、時代にそくした都市法に適合させることである。もっとも、古い慣習を必要以上に損なうことがないようにすることが意図された。(20)

(2) 一五二〇年の市法がツァシウスの作品とされることに対しては、一部に疑問も出されている。一九〇三年に、R. Schmidtの提起した問題がこれである。はたして、市法はほんとうにその全体がツァシウスの手によるものか。(21)

かねてフライブルク市法がツァシウスの手によるものであることが疑われたことはなかった。同時代人の証言も豊富であるし、歴史家もこれを疑わなかったからである。しかし、シュミットの見解は、手稿の鑑定とフライブルクの古文書によれば、確実にツァシウスが起草したと証明しうるのは、約三分の一にすぎず、その他については、同僚や弟子の関与が否定しえず、また、市法に制限を加えようとしたオーストリア当局の干渉の可能性もある、というのである。

ツァシウスが立法に参加したかどうかは、その仕事に対する領収書が、一五一一年以降（三八年まで）失われていることから問題になる。そこで、ツァシウスが起草した草案と一五二〇年の法との乖離は、政治的問題によりツァシウスが立法作業から離れたことを意味するのではないか、との疑問が生じるのである。もちろん、これによって、ツァシウスがこの立法作業の背後にあり影響を与えたことの意義までが否定されるものではない、とする。(22)

(3) もっとも、この疑問は、その後の研究により、ふたたび否定されつつある。すなわち、バーゼル・アメルバッハ遺稿保管所で発見された従来知られていなかったツァシウスの書簡が、これを明らかにした。草案の指導者および編纂に責任をもつ者として、作業の最後まで、ツァシウスの関与が認められるのである。もちろん、友人の助言の関与や、ツァシウスによって起草された法がもう一度書き写されたりした可能性はある。[23]

(17)　中世の観念のもとでは、都市もその支配者の家産とみなされたから、これを担保に供したり（たとえば、皇帝が帝国都市を担保にする帝国担保）、その場合に、都市がそれを免れるためにみずから金を支出して自由を贖うことは、まれではなかった。

(18)　簡単なフライブルク市の歴史は、市法に関する文献のほか（前注(1)参照）、vgl. Offizieller Stadtführer, 1997, S. 4ff. ちなみに、筆者の滞在した一九九八年には、帝国議会開催五〇〇周年のため各種の行事が催された。なお、フライブルクと同様、現在のスイスの首都ベルンも一一九一年にHerzog Berthold V. von Zähringenによって要塞として建設された計画都市である。こちらの方は、公の没後一二一八年に帝国都市となり、一三五三年にスイス誓約同盟に加入した。

(19)　Knoche, a.a.O., S. 7.

(20)　Knoche, a.a.O., S. 7f.; S. 42.

(21)　Schmidt, a.a.O., S. 63ff. (Anm. 16).

(22)　A.a.O., S. 65ff.

(23)　Thieme, a.a.O. (Zasius und Freiburg), S. 21-22.

第四章　むすび

第一節　改革法の体系と意義

(1)　新たな市法に対するツァシウスの影響は、いちじるしい。法典の体系や立法のさいの構造の変化の詳細についてふれる余裕はない。刑法、警察、裁判手続的規定を多く含む点は、伝統的なドイツ法の体系に近い。また、市の構成に関する法や行政法規も含まれる。

(2)　しかし、とりわけ特徴的な部分は私法である。多くの取引規定がおかれ（消費貸借、貸借、寄託、売買、雇用、請負、交換、贈与、抵当など）、親族、相続に関する規定も多数を占めている[24]。ドイツ法へのローマ法の体系の付与、概念の導入、見方を転じれば、ドイツ法のローマ法への組みこみともいえよう。ローマ法継受の一プロセスを反映している。

それは、一面的にローマ法によることなく、ドイツ法と適合されている。とくに、親族・相続法には、固有法が多く維持されている。また、物権法でも、ローマ法が避けられていることが多い。たとえば、土地の移転や質権である。ローマ法は、契約のみによる公示なき質を認めたが、これを排斥しているのである。さらに、遺留分の割合は、ツァシウスの創作によっている[25]。

(3)　フライブルク市法の後代への影響についてもふれておく必要があろう。明確で簡潔であるとの立法技術的な優秀性から、のちの他の立法にあたって参照されたのである。より直接的には、まず、ツァシウスの弟子であるSichardus(1499-1557,のち、バーゼル、フライブルク、チュービンゲン大学教授)は、一五五五年のヴュルテンベルク・ラント法の編纂にたずさわり、それにはフライブルク市法の影響がみられる。また、同じく弟子であるFichard(1512-1581,フランクフルト市書記・顧問)は、一五七一年のゾルマーのラント法と、一五七八年のフランクフルトの改正法において、フライブルクのモデルによったとされる。

また、このような人的な関係なしに影響を与えた例も少なくない。一五三九年のベルン市法、Solothurnの市法がそうであり、個別的な影響は数えきれない。一七一九年のバーゼル市法はヴュルテンベルク・ラント法によっているから、これも間接的ながら、ツァシウスの作品の孫すじにあたるともいえる。そこで、形式は異なっているものの、今日でさえも間接的には北西スイスに広く影響しているのである。

フライブルク自体についても、市法は、一七八四年まで効力を有した。また、一八一〇年のバーデン・ラント法の制定まで、補充的には、一五二〇年から二九〇年もの間適用されたのである[26]。

第二節　売買法上の特徴

(1)　各論的には、法の特徴を現すと思われる点を売買から重点的にいくつかとりあげるにとどめる。売買の規定は、冗長で素材の寄せ集めといわれることもあるが[27]、基本的にはローマ法によっている。伝統的なドイツ法には取引法はなかったから、またそれがローマ法継受の一つの原因でもあるが、売買のドグマがローマ法によっていることはいうまでもない。

売買契約は、諾成契約とされている。もっとも、不動産の譲渡に関する特別規定には伝統的な法を考慮するものがある。

(2)　買主は、みずから売主の所有権につき注意しなければならない。というのは、盗まれたり、奪われたりした物の所有者は、取得者から返還を請求できるからである。市の慣習によれば、所有者は、シリング貨をおいて、自分の所有権につき宣誓するのである。宣誓の形式は古ドイツ的であるが、結論は、だれも自分のもつ以上の権利を譲渡することはできないとのローマ法と一致する（nemo plus iuris ad alium transferre potest quam ipse habet）。他方、ゲルマン的な"Hand wahre Hand"の原則は、善意の取得者からの返還請求を認めなかったからである。

ローマ法では、所有権による返還請求権に対して、原則として善意取得の抗弁を認めない。もっとも、それに代えて、短期の取得時効を認め、またその経過するまえでも、actio Publicianaによって、取得時効の可能な占有者は保護をうけることができた。しかし、本来的には、真実の所有者には、対抗しえないのである。ドイツ法的な善意取得は、排除されたのである。ただし、当時の取引の実情からは、必ずしもそこまでの必要がなかったということにもなろう[28]。

他の法（ウォルムス市法）では、古い市の慣習と妥協する例もある。たとえば、所有者が、官憲の協力なしに（"ohne Zutun der Oberkeit"）目的物を発見したときには、返還を請求できるが、取得者が、三人の証人のまえで買った場合は例外とされる。官憲の協力によって（"mit Zutun der Oberkeit"）発見し、取得者が、営業的な質屋または古物商の場合には、代価の半額で償還されるのである。[29]

(3)　大半の規定は、ローマ法的であり、たとえば、危険負担に関しては "periculum est emptoris"（買主危険負担主義）とされている。すなわち、動産では、契約締結時に危険は移転したが、不動産では、占有取得時とされることもあった。また、ローマ法の解除訴権（lex commissoria）に関する規定も存在する。相続分の売買に関する規定もローマ法あるいは普通法の構成によっている。[30]

(4)　唯一ドイツ的なのが、集合物に関する譲渡の制限規定である。建物の従物は、建物と別個に処分できず、そのような従物の範囲は広く、付属する建物や、倉庫、家畜小屋、庭だけではなく、農場も含まれたのである。農場と建物の経済的な一体性が目的とされ、ローマ法が、物の構成部分と従物を区別し、処分の制限も限定的であったのとは異なる。その基礎には、ドイツ的な共同体構造、および土地所有者の Retraktrecht があったと指摘される。この点に関し、市法は、ツァシウス自身の業績である全集（Opera omnia, 6 Bde., 1551）よりも、もっと制限的であったともいわれている。[31]

(24)　市法は、一九六八年にScientia社から、復刻されている。Neue Stadtrechte und Statuten der Stadt Freiburg in B., 1520, Neud. (Scientia), 1968.

(25)　親族・相続法につき、Knoche, a.a.O., S.110ff. 遺留分につき、ib., S.129ff. また、物権法につき、ib., S 101 ff. また、vgl. Kleinheyer und Schröder, a.a.O. (2. Aufl.), S. 315, (4. Aufl.) S. 458.

(26)　Thieme, a.a.O., S. 106ff.; ders. (Zasius und Freiburg), S. 23; Wieacker, a.a.O., S. 156. しかし、一五一一年のバーデン辺境伯領法とツァシウスの直接の関係は否定されている（ただし、Liebs, a.a.O., S. 113. はこ

れを肯定するが、内容は普通法によっているとする)。また、ツァシウスの死後、バーゼルで一五三八〜三九年に公刊された法鑑定集 Responsorum juris sive consiliorum libri IIは、全ドイツに影響を与えたといわれる（Liebs, a.a.O., S. 113)。

(27) Knoche, a.a.O., S. 46. もちろん、体系性の欠如という点は、一八世紀の自然法的な体系を欠いているという意味ではあたっている。しかし、伝統的なドイツ法に比較すれば、たんなる素材の寄せ集めと非難するにはあたらないであろう。

(28) ローマ法が原則として善意取得を認めなかった沿革や他の法との関係については、注釈民法(6)［一九六七年］八五頁参照（好美清光）。Schwentzer, Müller-Chen, Rechtsvergleichung, 1996, S. 304.

(29) Knoche, a.a.O., S. 89f. しかし、フライブルク市法は、古い慣習を修正したのである。市場で買いうけた物の返還に代価の支払を要することは、日民一九四条に連なる立法で

フライブルクのミュンスターにおけるツァシウスの墓

採用されている（旧民法・証拠編一四六条、フ民二八〇条一項、ド民九三五条二項）。

(30) Knoche, a.a.O., S. 91.〔研究〕二九八頁、三〇〇頁参照。ツァシウスの見解は、もっとローマ法に近い。なお、売買法の一部をつぎに引用する。

II (Titel des andern Tractats), IIII (von kouffen und verkouffen) VIII, So ligend oder varend gur verkoufft ist und sch[a]den emphacht ee es überliffert würdt.

Welcher varend haß verkoufft so bald der kouff beschehe ist was dan dem erkoufften gut *schadens* zufiele *den tregt der kouffer* vn *nit der verkouffer* ob er anders die überlifferung nit gehindert gesumpt oder eimch schuld daran hett. Darumß ist sich zuversehen was einer koufft das er das fürderlich zu sinen handepung doch mögen die parthien ander geding mache ob sy wollen *aber in ligende gutern* sol diß statutt nit ee für gan dan so *die vertigung beschehen ist* oder sich *der kouffer der possession* vnderzücht.

(31) Knoche, a.a.O., S. 90-91. なお、全集（Opera omnia, Neud. (1964-66)）も、復刻されている。なお、本稿に引用したもののほか、ツァシウスの重要な著作としては、Quaestiones de parvulis Iudaeorum baptizandis a communi doctorum assertione dissidentes, 1508. がある。

Das Münster zu Freiburg i. Br.

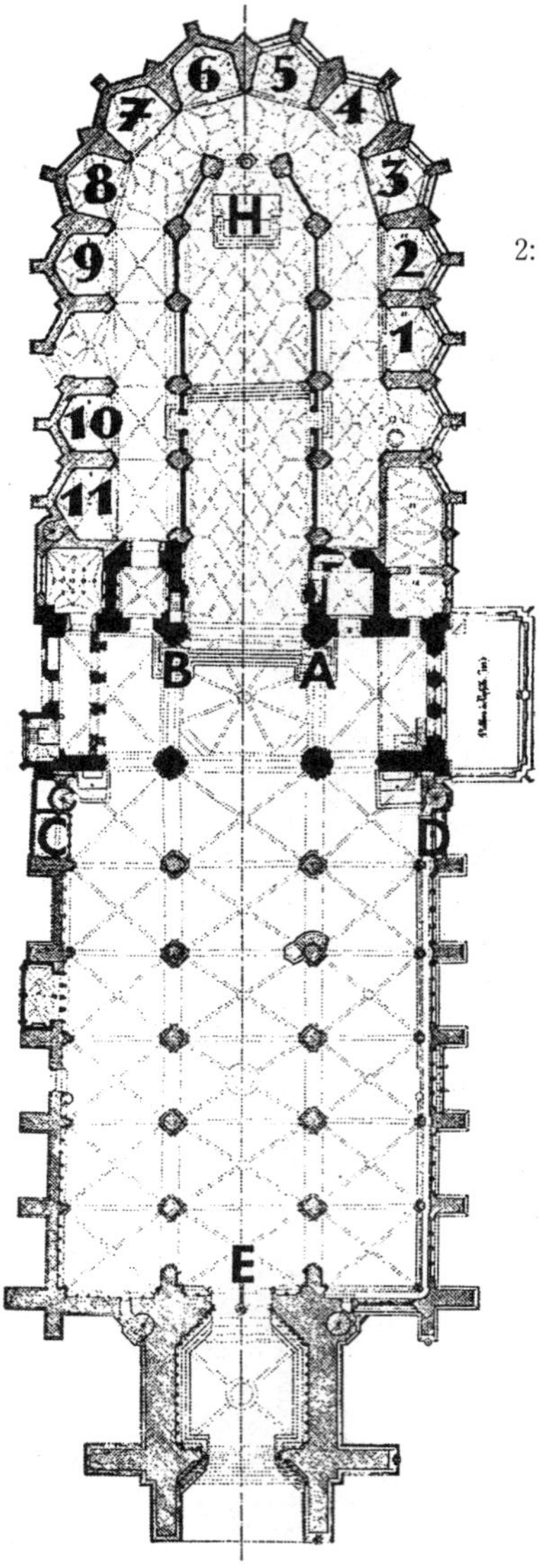

2: Universitätskapelle

第二篇　民法の系譜研究と比較法

第一章　はじめに

(1)　本稿＝第二篇は、民法研究の初心者に対して、比較的古い文献の検索や方法に関するごく初歩的・技術的な手順を明らかにし、またそのさいに参考となるものを整理しておくものである。すでに本格的に研究を始めた者を対象としたものではない。そして、文献の検索に関する図書館学的な問題を扱うものではない。書誌の所在や検索の仕方を目的としたものでもなく、特定の分野における民法研究の手助けあるいは代表的な文献の指摘や相互の関連性などに簡単にふれたものである。もちろん、その限りにおいても網羅的なものではなく、また民法以外の法律論文一般を対象とする普遍的なものでもない。学問的なものを目ざすわけではなく、現在の覚書程度のものにすぎず、機会があれば、より詳細なものに改めることにしたい。

研究の方法には、人によって主義とするところが(また分野、場合によっても)異なることが多く、また、そのような相違によって研究が生かされていることも多い。また、特定の場合においては、必ずしも両立しがたい要素や主義が対立することや、いくつもの適切な方法があることもある。本稿においても、このようないわば矛盾するものを併記したところもあるが、とくにふれていなくても、それはたんに書き漏らしているにすぎない。(1)

さらに、研究の方法論や実用的な研究、整理的な研究、特殊な一類型といえる判例研究なども、対象外である。

すなわち、初心者にとってわかりにくい民法の系譜的な研究や比較法研究の基礎となる事項についてのみ、簡単に説明しようとするにとどまる。筆者が大学院生や学生に特定の分野において初歩の説明をしてきたことが、相当共通したものであることに鑑みて、これをまとめた覚書程度のものである。

(2)　対象は、民法の沿革とこれに関連する資料、比較法とこれに関する若干の言及である。初心者に対してふれるべきものは、これに限定されるわけではないが、とくに定型的に言及する必要からふれているものである。

（1）　そもそも、本稿のようなものは、本来円熟した大家が晩年に書いてこそ意義があるともいえるが、大家であるほど、マニュアル的なものには否定的なようであり、残念ながらあまり期待できない。また、大家であれば自明であって問題としないし、問題にもならないようなことが、しばしば一般人には問題であるところがむずかしい点である。

近時は、民法研究の本格的な指導書といえるものが登場するようになっている。田島裕「法律情報の検索と論文の書き方」〔一九九八年〕、大村敦・道垣内弘人・森田宏樹・山本敬三「民法研究ハンドブック」〔二〇〇〇年〕がそれであり、体系性と網羅性において、本稿などは遠く及ぶところではない。これに対し、本稿や補論の部分は、より初歩的・前段階的なものをねらっており（あまり法律論文に特化してもおらず）、それほど重複するところはないであろう。また、やや好み（と思われるかもしれないもの）をつけ加えている点では、一般的ではないと判断されるかもしれない。

なお、筆者も、本稿のようなものは古くから予定していたわけではなく、個別に気づいてからかなりの時間をへたものもあり、古い論文で参照した文献が散逸しているものもある。そこで、現在まとめようとしても、必ずしも再現できないところも多い。そのような場合には、スタンダードな文献で補充し、また場合によりもとの論文をも引用してあるが、必ずしも完全ではない。

第二章　起草過程と民法

第一節　起草者と民法の研究

研究の初歩において一番複雑と思われるのは、民法の系譜的な研究のさいの手順であろう。この前段階には、なぜこのような研究の必要性があるのかといった、より根源的な問題もあるが、それにはたち入らない。また、条文によっては、その性質上、現行法の立法過程に重点をおくべきか、旧民法の立法過程に重点をおくべきかといった相違もあるが、その選択は、すでに研究の中身に属することであって、各研究者により、研究対象ごとに判断されるべきものであるから、これにもたち入らない。本稿は、それぞれの系譜的検討に必要な技術的問題にふれるだけである。

第二節　起草者に関するもの

民法の起草者については、多数の文献がある。立法者意思を探るうえで、彼らの経歴や思想にふれておくことは有益であろう。種々の法律文献を参照するにあたっても、あらかじめそれぞれの著者についてのイメージをえておくことが、有益である。また、学者だけではなく、とくに最初の三人の司法卿の性格にふれておくことには意義がある。官僚制度が確立した現在においては、法務・司法大臣の及ぼす個人的意義はきわめて小さいが、明治の国家や制度の草創期には、個人の個性が種々の政策にきわめて強く反映されていたからである。また、その業績を包括的に評価すれば、個々の行為のもつ位置づけも、より明らかになるのである(1)。

さらに、法典調査会・民法議事速記録を検討するうえでは、この時期の法学者、官僚、判事などの経歴を知っ

ておくことも、ときに必要となる。(2)

第三節　民法の起草過程に関するもの

(1) 起草過程

民法の起草過程に関するものは、三段階に大別される。旧民法およびそれ以前の段階、民法典論争の時代、現行民法典起草の段階である。このプロセスを念頭におかなければ、資料の評価、正確な位置づけもできないことになろう。

(ア)　旧民法以前の段階には、断片的な立法があるにとどまる。また、明治以前には、膨大な江戸時代の法律があるが、わがくにの近代立法が基本的に西欧法の継受によるものであることから、いちおうこれは除外される。(3) もちろん、資料の検証や研究の進んだ将来の課題として、固有法そのものや固有法による継受法の変容といった視点がより重視されるべきことはいうまでもない。

民法典制定以前の太政官布告による断片的な法律については、不明な点が多い。(4) これらについては、どこまでが固有法によるものか、あるいは外国法の影響によるものかを検討する作業が残されている。個別にはとりあげないが、思いつくだけでも、利息制限法や不動産の質入・書入規則、条理に関する明治八年〔一八七五年〕太政官布告一〇三号のように重要なものがある。

(イ)　(a)　民法編纂事業は、一八七〇年〔明三年〕、太政官制度局で、江藤新平（一八三四〜七四年）主催の民法会議が行われた時の構想に遡る。(5) 当初の編纂作業では、フランス民法典の翻訳を基礎として、ほぼそのまま民法典を起草することが目ざされていた。幕末に欧米列強との間で締結された不平等条約を改正するための早急な法典整備の必要と、思想的には、明治初期に強かった自然法論の影響によるものである。後者のもとでは、自然法は普遍性をもつことになり、フランス民法典をその産物とみなすことができれば、これを他国で模倣・参照することは、あながち不当ではないことになる。

もっとも、このような普遍性を主張する一八世紀初頭までの自然法論に対して、それ以降の自然法論は、もっと個別性を主張したから（普遍的自然法に対する個別的自然法）、必ずしも歴史法学という異質の理論に立脚した場合でなくても、フランス民法典を模範とする考え方には、疑問がなかったわけではない[6]。

法典編纂事業が、対外的な治外法権の撤廃、関税自主権の確立という、幕末に押しつけられた不平等条約を改正する意図にもとづいていたことは周知のとおりである。のみならず、対内的な国内法の統一のための重要な柱であったことは、基本法としての民法の編纂であることから、いうまでもない。しかし、これらの要求を満たし、早急に、当時の世界標準を達成するためには、完全な固有法の体系化という迂遠な選択肢は、おそらくありえなかったであろう。

当時、制度局には、森有礼（一八四七～八九年、のち文部大臣）、田中不二麿（一八四五～一九〇九年、のち八〇年、司法卿、同大臣）、神田孝平（一八三〇～九八年、のち元老議官、地租改正に尽力し男爵）、加藤弘之（一八三六～一九一六年、のち帝国大学長、枢密顧問官、男爵）、津田真道（一八二九～一九〇三年、のち元老議官）、副島種臣（一八二八～一九〇五年、のち外務卿、枢密顧問官）、福羽美静（一八三一～一九〇七年）などがいた[7]。

この編纂会議の結果、人事篇のうち、私権の享有と身上証書に関し、およそ八〇条からなる「民法決議」が起草された[8]。

(b)　制度局の編纂作業は、一八七一年（明四年）に、太政官制の改革の結果、立法作業を行う左院に引き継がれた（最高官庁としての正院（内閣に相当）には、太政大臣、左右大臣、参議がおかれた。行政上の連絡機関としての右院には、各卿、その下に省がおかれた）。

新たにおかれた左院においても、江藤は、その副議長となり、事実上主導権を握ることになった。ほかに、津田真道、神田孝平、加藤弘之、森有礼、副島種臣、福羽美静などが関係していたとされている[9]。

その後、江藤は、司法省に転出したが、左院の民法編纂作業は中止されず、継続された。その編纂の特徴は、慣習法を参考にしたことであり、江藤の編纂作業が、翻訳、速訳を第一としたのと対照的なものと位置づけられている。もっとも、それだけに、対象とするところは狭く、人事、相続に限られたものであった。[10]

(c)　一八七二年〔明五年〕には、江藤が左院から転出し、司法卿（一八七二年四月～七三年四月）となったことから、司法省において民法編纂会議が行われることになり、編纂作業は、司法省において具体化されることになった。しかし、いまだフランス民法典の翻訳がその作業の中心であり、実際の作業は、一八七〇年に、制度局御用掛兼務となった箕作麟祥（一八四六～九七年）によるところが大きい。この過程で、江藤により、箕作麟祥がフランス民法を「誤訳も妨げず唯速訳せよ」と命じられたことが著名である。[11] 誤訳も可として速訳を命じられた箕作麟祥が、法律の素養のないことから海外留学を希望したところ、当時政府内に他に翻訳の適任者がいないことから、これがいれられずに、代わってお雇い外国人（最初は、ブスケ Georges Hilaire Bousquet, 1846-1937）が採用された。ついで、ボアソナード（Gustave Emile Boissonade de Fontarabie, 1825-1910）が招聘されたのが、一八七三年〔明六〕であった（滞日したのはは一八九五年までの、二〇年以上に及んだ）。[12] ボアソナード来日の時には、すでに江藤は征韓論に破れて下野していた。

司法省において、江藤は、まず明法寮に民法原案を作成させた。明法寮は、もともと司法官の養成のために設置された機関であったが、法律の草案審議も行うことになったのである。その成果が、明法寮草案、すなわち、一八七二年の「皇国民法仮規則」であった。また、これを改訂した、改刪未定本民法がある。もっとも、改訂が行われたのは、第一巻のみで、第二巻以降は同一であるとされる。第一巻・人事篇、第二巻・財産篇一、第三巻・財産篇二および財産取得篇、第四巻・契約篇一、第五巻・契約篇二、第六巻・契約篇三、第七巻・契約篇四、第八巻・契約篇五、第九巻・契約篇六であり、全体で一一八五条に及ぶものであった。[13]

「民法仮法則」は、江藤がブスケに起草させた身分証書のみの草案であった。その編纂に参与した者は、ブスケのほか、福岡孝弟（司法大輔）、楠田英世（司法大丞・明法権頭）、玉乃世履（権大判事、のち大審院長）、細川潤次郎（中議官、のち司法大輔、元老院議官）、松本暢（権大判事）、後藤（権大検事）、箕作麟祥などといわれる。[14]

司法省民法会議は、一八七三年（明六年）に、民法仮法則八八条を太政官に上程したが、施行にはいたらなかった。さらに、一八七三年、司法省予算増額問題における大蔵省（井上馨大蔵大輔、一八七三年五月辞職。大蔵卿の大久保利通は当時、岩倉遣欧使節団とともに海外視察中）との対立を機に、江藤は司法卿を辞し（四月）、留守政府の参議となり、同年一〇月に征韓論で辞任するまで、その職にあった。[15] この間、編纂作業も遅延する結果となった。一八七三年後半には、左院による民法各則草案があるにとどまる。

(d)　旧民法制定前の民法編纂作業としては、以下がある。ただし、このうち、民法の全体系を含むものは、②③のみで、他のものは、おおよそ、人事、家族法とせいぜい相続法の一部を対象とするにとどまる。

①　一八七一年（明四年）ごろの制度局の民法決議

②　一八七二年（明五年）、司法省明法寮の第一回稿本皇国民法仮規則

③　　同　　第二回稿本改刪未定本民法

④　一八七三年（明六年）、司法省の民法仮法則

⑤　同七三年後半の左院の民法各則草案

⑥　一八七七年、七八年（明一〇年、一一年）の司法省民法典草案（後述(ウ)）の六つである。[16]

(ウ)　つぎの司法卿である大木喬任（一八三二～九九年）のもとで、立法事業が再開されたのは、一八七五年（明八年）である。司法省の権力の削減（警察の分離、内務省の独立・整備）はあったが、[17] 江藤と同じ肥前出身（佐賀・鍋島藩。ちなみに、ほかに大隈、副島が同藩出身であった）の大木喬任（司法卿在任は、一八七三年＝明六年一〇月～一八八〇年＝同一三年二月、一八八一年＝同一四年一〇月～一八八三年＝同一六年一二月）のもとで、法典編纂に関する基本的な指針は維持された。

もっとも、この時期には、法典編纂の早急さが若干改められ、国内の民事慣習の調査も行われた（これは、一八七七年〔明一〇年〕の「全国民事慣例類集」の基礎となった）。一八七六年に、司法省に民事編纂課が設置され、箕作麟祥、岸田口通照が、編纂にあたった。そして、一八七八年〔明一一年〕には、ほとんどフランス民法典の翻訳にすぎない最初の民法典草案「明治一一年民法草案」ができあがった。

しかし、この草案はとうてい施行にたえる水準のものではなく、一八八〇年〔明一三年〕に、民法草案の起草がボアソナードに委嘱された。また、大木を総裁として元老院内に民法編纂局が設置され、ボアソナードの起草した財産・財産取得・債権担保・証拠編の審議が行われた。民法編纂委員には、玉乃世履、楠田英世、水本成美、津田真道、箕作麟祥、西成度、池田弥一、杉山孝敏、黒川誠一郎、磯部四郎、木村正辞、生田精などが任じられた。さらに、一八八六年〔明一九年〕四月には、これらの草案が元老院の審議に付された。ついで、これは、同年、内閣に提出された。[18] この間、司法卿は、一八八三年に、大木から山田顕義に引きつがれている。

(エ)　他方、同年（一八八六年〔明一九年〕）、井上馨（一八三五～一九一五年）が外務大臣となり、外務省内に、法律取調委員会をおいた。この委員会は、もっぱら条約改正の目的で、法律の整備を目ざしたものである。そこで、一八八七年〔明二〇〕、元老院の民法・商法の編纂事業もここにひきつがれた。[19]

(オ)　しかし、半年ほどで条約改正作業の失敗により、井上が失脚したことから、編纂事業は、一八八七年、ふたたび司法省に移管された。[20]

民法編纂事業は、司法大臣山田顕義（一八四四～九二年）のもとで継続されることになった（山田の司法卿在職は、一八八三年＝明一六年一二月～一八八五年＝同一八年一二月。ついで、第一次伊藤博文内閣〔一八八五年＝明一八年一二月～一八八八年＝同二一年四月〕、黒田清隆内閣〔一八八八年＝明二一年四月～一八八九年＝同二二年一〇月〕、第一次山県有朋内閣〔一八八九年＝明二二年一二月～一八九一年＝同二四年五月〕、第一次松方内閣〔一八九一年＝明二四年五月～一八九二年＝同二五年七月〕で司法大臣。ただし、一八九二年に死亡して、あとは大木が兼任。ただし、山田の司法省への関与は大木のもとで、明七年七月〜同一二年九月まで、司法大輔をしたときに始まるから、通算すると、一〇年以上に及ぶ)。これが、旧民法の法律取調委員会である(司法大臣の山田顕義を委員長とする)。

この委員会では、委員は、法律取調委員と取調報告委員に区別され、前者が草案の審議を行った。法律取調委員の構成は、元老院議官から五人、司法官から五人の合計一〇人であった。後者は、いわば補助委員であり、法律取調委員会で審議する草案の下調べ、報告、説明をするためのものであり、司法官から三〇人ほどがその任にあたった。人事編と財産取得編の相続部分は、日本の慣習を考慮するために、熊野敏三、磯部四郎、光妙寺三郎、黒田綱彦などが起草にあたった(21)。

草案は、一八八八年(明二一年)一二月に内閣に提出され、翌一八八九年から、元老院の審議にかけられ、これを通過した。さらに、一八九〇年(明二三年)には、枢密院に提出された。そして、はやくも同年、三月、四月には民法の財産法と商法が、一〇月には民法の身分法が、公布された(一八九〇年法律二八号、九八号)。なお、八月には、商法施行条例が公布された。施行は、一八九三年(明二六年)に予定されていた(22)。

(2)　一八八八年＝明治二一年の法律取調委員会

旧民法の法律取調委員会は、裁判官と元老院議官を中心に構成されている。明治の初期には、大学も立法作業にあたる官僚機構も整備されていなかったから、人材を求めるとすれば、裁判官や司法官以外にはなかったのである(23)。また、その裁判官や司法官のなかには、維新の論功行賞の結果なった者も含まれており、必ずしも西欧法に関する水準が高かったとはいえない。

この判事グループに属したのは、尾崎忠治(一八三一〜一九〇五年、大審院長、枢密顧問官、男爵)、南部甕男(大審院民事第一局長、のち大審院長)、松岡康毅(一八四六〜一九二三年、大審院刑事第二局長、男爵)、西成度(東京控訴院長、のち大審院長)、北畠治房(一八三三〜一九二一年、横浜開港場裁判官、東京控訴院評定官、男爵)などである。

南部や北畠などは、幕末の志士の出身であり、三条実美など公卿との関係から論功行賞にあずかったのである。神祇官の役職や元老議官は、維新の論功行賞として（しかも必ずしも政権の中枢にいれられなかった者に）与えられたことも多く、前者の廃止されたあとは、裁判官職が割り当てられることもあった。当時の司法の地位の低さを示すものでもある。[24]

前述のように、委員は、審議委員と報告委員に大別されるが、報告委員には、判事が多い。今村和郎（一八四六〜九一年）、栗塚省吾（一八五三〜一九二〇年、大審院判事）、宮城浩蔵（一八五〇〜九三年、大審院判事）、井上正一（一八五〇〜一九三六年、大審院部長）、磯部四郎（一八五一〜一九二三年）、熊野敏三（一八五四〜九九年）、光明寺三郎（一八四九〜九三年）、黒田綱彦（一八五〇〜一九一三年）、高野真遜らである。前述のように、磯部四郎、熊野敏三、光明寺三郎、黒田綱彦らは、家族法の起草にもあたった。

また、委員に、元老院の議官が多く含まれているのは、元老院が立法を担当する場であったことから不思議とするにはあたらない。細川潤次郎（一八三四〜一九二三年、元老院議官、男爵）、鶴田皓（一八三四〜八八年、元老院議官）、清岡公張（一八四一〜一九〇一年、元老院議官、枢密顧問官、子爵）、渡正元（一八三九〜一九二四年、元老院議官）、村田保（一八四二〜一九二五年、元老院議官）、槇村正直（一八三四〜九六年、元老院議官）、尾崎三良（法制局部長、元老院議官）、箕作麟祥（元老院議官）などである。長らく立法に参与してきた箕作麟祥が含まれているのは当然である。そして、司法官僚としては、三好退蔵（一八四五〜一九〇八年、司法次官、のち大審院長）がいる。[25]

なお、旧民法の議事速記録で注意するべきことは、姓のみが記載されているため、ときに同姓の者が区別しがたいことである。たとえば、尾崎忠治が大審院判事、院長であったことから、これを大尾崎、尾崎三良が元老院議官であったことから、これを元尾崎と呼ぶような工夫がされている。[26]

(3)　法典論争

法典論争は著名であるから、その発端や学派的・思想的対立などにはたち入らず、その大筋にふれるにとどめる。

(ア)　旧民法のうち、財産法の大部分は、一八九〇年（明二三年）四月二一日・法律二八号で、残る人事編と財産取得編後半（相続など）は、同年一〇月六日・法律九八号によって、一八九三年（明二六年）一月一日からの施行が予定されていた。

ところが、ここで起こったのが民法典論争であり、その結果として、旧民法は、一八九六年＝明治二九年一二月三一日まで延期されることになったのである。形式的には延期であったが、その間に廃止が決定されることになったから、延期は旧民法の改廃に係わる問題となったのである。

その端緒は、一八八九年（明二二年）の法学士会の法典編纂に対する意見書である。[27]直接には、前年・一八八八年に旧民法の草案が成立し、これに対する意見を徴するために、各地に送付されたことに対して答えたものである（「法典編纂ニ関スル法学士会ノ意見」）。内容は、延期意見であるが、実質的には、法典編纂に対する基本理念の対立が基調であった。当時の法学士会の会員には、穂積八束、奥田義人、土方寧、江木衷、岡村輝彦、岡山兼吉、山田喜之助、大谷木備一郎、中橋徳五郎、関直彦、元田肇、増島六一郎などがいた。

法典論争の位置づけについては、法史学・法制史的見地から、争いが多い。それにもたち入る余裕はないので、以下に簡単なプロセスを概観するにとどめる。

(イ)　一八九〇年（明二三年）一一月二九日の第一帝国議会に「商法及ヒ商法施行条例施行延期法律案」が提出された。議会での法典論争は、商法の延期問題から始まった。商法を、民法の施行期日の一八九三年（明二六年）一月一日から施行するかに関するものである、延期の法律案は、同年一二月一五日、衆議院本会議に上程され、二日の討論をへて一八九対六七で延期が決まった。また、同月二〇日、二二日に貴族院にも提出され、一〇四対六二で延期が決定された。貴族院での審議のおりに、穂積陳重が延期賛成演説を行った。山田顕義司法大臣は、天皇の不裁可を主張したが、これは議会の協賛権を無視するものとなるので、首相の山県もいれず、延期が確定した。[28]

一八九二年（明二五年）は、翌年の民法施行をひかえ、民商法の運命を決する年であった。五月に、第三議会（特別議会）が松方内閣のもとで招集された。

ここで、五月一六日、民商法典を、一八九六年（明二九年）一二月三一日まで延期する延期案がまず貴族院に上程、可決された。一二三対六一で延期されたのである。ここでは、富井政章がドイツ民法典草案を参照するべしとする旨の延期賛成演説を、田中不二麿（司法大臣）、大木喬任（文部大臣）、榎本武揚（外務大臣）、箕作麟祥、清浦圭吾が反対演説をした。ついで、衆議院の審議に付されたが、ここでも一五二対一〇七で延期が決定されたのである。[29]

もっとも、商法の一部、会社、手形などは当時の経済情況にあっても延期はできないものと考えられていたので、一八九二年（明二五年）一〇月、西園寺公望を長とする法典施行取調委員会が設置され、商法の一部施行の可否の検討が行われた。そして、一一月二二日、民商法典施行延期法が公布され（一八九六年まで施行を延期するものとする。法律第八号）、同時に、商法中の、会社、破産、手形の一部改正とその施行を内容とする法案ができ、第四議会に提出され、成立した。ときの首相は伊藤、司法大臣は、山県であった。延期法案は、一八九三年（明二六年）三月六日に公布され、旧民法は、修正をよぎなくされたのである。[30]

(ウ)　法典論争に関する文献は、多数ある。おもなものを若干注に掲げるにとどめる。[31]

また、法典論争期の大学の変遷、イギリス法とフランス法の色分けや、司法省法学校との関係なども、興味深い。[32]

第四節　現行民法

(1)　法典調査会と改正作業

(ア)　民法延期法の成立によって、旧民法は修正をよぎなくされた。そこで、一八九三年〔明二六年〕三月、「法典調査会規則」によって法典調査会が内閣に設置され、伊藤博文首相を総裁、西園寺公望・法典施行取調委員長を副総裁とした。法典調査会の委員には、箕作麟祥、穂積陳重、富井政章、梅謙次郎など三〇余人がおかれた(33)。法典調査会〔明治二六年法典調査会〕には、主査、査定、整理委員をおき、主査委員中の三人を起草委員とすることにし、委員には官僚、裁判官、大学教授、弁護士、国会議員などが任命された。

旧民法の法律取調委員が裁判官、元老院議官を中心としていたのに比較すると、構成が多様化し、この数年の間の官僚制度、大学制度の充実が反映されているものといえる。また、財界人の代表として、渋沢栄一、阿部泰蔵、末延道成なども加えられた。もっとも、彼らは、出席にも発言にもごく消極的であった。しかも、一八九四年〔明二七年〕、法典調査会規則の改正による定員削減の結果、財界人はカットされた。もっとも、一八九七年〔明三〇年〕以後、渋沢栄一、阿部泰蔵らがふたたびいれられ、また、鶴原定吉、加藤正義などが追加されたが、少なくとも審議のうえでほとんど重要な活動はみられない(34)。

(イ)　法典調査会の民法審議は、当初はまず主査会にかけたうえ総会の審議に付するという手続をへていたが〔意思表示に関する九九条まで。一八九三年〔明二六年〕四月から翌年三月〕、これでは時間がかかりすぎるため、のちに一本化され、一八九四年〔明二七年〕四月から一八九六年〔明二九年〕一二月まではこの方式で、二〇二回の会議が行われた〔明治二九年＝一八九六年一二月一六日の第二〇二回で終了。財産編の主査会は二一回、委員会一四回、法典調査会一二三回、整理会一二回など〕。

また、この総会を通過した草案は、整理会にかけられ、条文の体裁や整合性が図られたが、そのなかには、内容に関する修正も若干みられたようである（一八九四年〔明二七年〕一二月から一八九八年〔明三一年〕四月まで二五回）。[35]

(ウ)　一八九五年〔明二八年〕、審議を終えた民法の前三編（総則・物権・債権）は、一二月二六日に衆議院にかけられた（第九議会）。委員会審議が一二回行われ、四三か所の修正がされた。さらに、翌年、貴族院にかけられたが、委員会審議は二回のみであった。そして、三月二三日、可決・成立した（明治二八年法律八九号）。しかし、親族・相続編が完成していなかったことから、施行は、その成立まで延期されることになった。

民法草案のうち後二編（親族、相続）は一八九六年に、委員会審議が終わり、一八九八年整理会審議も終了した。そこで、一八九八年〔明三一年〕五月に、帝国議会に提出されて、六月二一日、可決・成立した。一八九四年に合意されていた不平等条約の改正条約（陸奥宗光・第二次伊藤内閣による日英通商航海条約）の実施が翌年（一八九九年七月）に迫っていた（明治三一年法律九号）。[36]

そして、民法全編は、一八九八年〔明三一年〕七月一六日に施行された。[37]

(2)　法典調査会

(ア)　法典調査会における委員の出席状況を、いくつかの場合について概観してみよう。[38] 法典調査会の副総裁である西園寺公望は、ほぼ毎回出席している。また、起草委員の三教授と、土方寧、穂積八束の教授、箕作麟祥、田部芳、高木豊三、横田國臣、長谷川喬、南部甕男、磯部四郎などの判事、元老議官などのグループは、比較的出席率がいいが、政府の要人は、伊藤をはじめとして、ごくまれにしか顔をみせていない。

(a)　一八九四年〔明二七年〕四月六日、第一回法典調査会議事速記録（代理の規定）にみえる出席委員は、箕作麟祥、末松謙澄（一八五五～一九二〇年、法制局長官、文学博士）、穂積陳重、横田國臣（一八五〇～一九二三年、司法省局長、のち大審院長）、長谷川喬（一八五二～一九一二年、大審院判事）、木下廣次（一八五一～一九一〇年）、高木豊三（一八五二〜一九一八年、司法次官）、富井政章、梅謙次郎、田部芳（司法参事官、井上正一とともに、不動産登記法を起草）、菊地武夫（一八五四〜一九一二年、法律学者）、鳩山和夫（一八五六〜一九一一年）、三崎亀之助（一八四八〜一九〇六年）、元田肇（一八五八〜一九三八年、政治家）、村田保、土方寧（一八五九〜一九三九年）、南部甕男（前述）、清浦奎吾（一八五〇〜一九四二年、枢密院議長）、奥田義人（一八六〇〜一九一七年）、都築馨六（一八六一〜一九二三年）、井上正一（一八五〇〜一九三六年、大審院判事）、穂積八束（一八六〇〜一九一二年）、岸本辰雄（一八五二〜一九一三年、大審院判事）、尾崎三良（前述）、金子堅太郎（一八五三〜一九四二年、農商務次官）、磯部四郎（一八五一〜一九二三年）、三浦安（一八二八〜一九一〇年、東京府知事）（以上二七人）。

ほかに、出席していない者として、伊藤博文（一八四一〜一九〇九年）、西園寺公望（一八四九〜一九四〇年）、伊東巳代治（一八五七〜一九三四年、内閣書記官長、のち枢密顧問官）、本野一郎（一八六二〜一九一八年、外務省参事官）、山田喜之助（一八五九〜一九一三年）、星亨（一八五〇〜一九〇一年、政治家）(39)、などがいる。およそ政治家は、あまり出席率がよくないようである。もっとも、前述のように、副総裁の西園寺は、箕作とともに会議の議長となったことから、ほかの期日には、ほとんど出席している。

(b)　一八九五年（明二八年）四月一九日、第七九回法典調査会議事速記録（原案五三二条＝現五三四条）では、箕作麟祥、土方寧、田部芳、高木豊三、穂積八束、清浦奎吾、奥田義人、井上正一、穂積陳重、富井政章、梅謙次郎、横田國臣、長谷川喬、南部甕男、磯部四郎、中村元嘉、西源四郎（一七人のみ）。

(c)　一八九五年年六月四日、第九一回法典調査会議事速記録（乙二一号議案・利息制限法廃止案）。箕作麟祥、土方寧、岸本辰雄、田部芳、高木豊三、清浦奎吾、奥田義人、井上正一、都築馨六、穂積陳重、富井政章、梅謙次郎、横田國臣、長谷川喬、尾崎三良、三浦安、中村元嘉（一七人のみ）。

(d)　一八九五年年一〇月二日、第一一九回法典調査会議事速記録（不法行為の総則規定）。箕作麟祥、土方寧、村田保、田部芳、穂積八束、三崎亀之助、奥田義人、都築馨六、穂積陳重、富井政章、梅謙次郎、横田國臣、重岡薫五郎（政治家、一八六二〜一九〇六年）、長谷川喬、尾崎三良、三浦安、中村元嘉（一七人のみ）。

(イ)　政府関係の特別審議が行われたこともある。この場合には、伊藤博文や金子堅太郎がその審議の間だけ出席（終わると退出）した。つまり、総裁は、ほとんど名目であった。(40)

(3)　民法修正案理由書

条文の説明に使われる「民法修正案理由書」は、ドイツ民法典の理由書とは異なり、必ずしも公的にまとめられたものではない。内容的には、ほぼ法典調査会における起草者による各項目、条文の説明をまとめたものである。執筆したのは、起草委員の補助者（穂積、富井、梅に、それぞれ仁保亀松、仁井田益太郎、松波仁一郎がついた）であろうと考えられている。(41)

したがって、法典調査会の審議のあとで、条文が入れ換えられたりした場合には、議事速記録と必ずしも対応していないことがある。たとえば、危険負担の五三五条である。五三四条のあとはただちに現行の五三六条となっており、五三五条に相当する部分はとばされている。これは、同条が当初条件の部分で審議されたことから、総則に入っているのを、見落としたのであろう。(42)

「民法修正案理由書」は、のちに法典調査会・民法議事速記録が刊行されるまでは、梅謙次郎・民法要義とともに、ほとんど唯一の立法資料といえるものであったが、速記録は、より正確かつ詳細な資料であるから、まずこれによるべきである。ただし、議事はしばしば錯綜しているから、「理由書」によってまとめられたものは、審議の落ちどころがどのようであったかという視点からは意味がある。しかし、これのみによるのは危険である。(43)

（1）　本稿の記述は、研究の補助としての整理にとどまるから、本格的な法制史の叙述は、それぞれの分野の専門書にゆずる。したがって、注も最小限のものにすぎず、網羅的なものではない。

起草者やおもだった法学者に関する文献は、比較的多い。これに反し、意外に少ないのが、立法史の観点からの司法卿や政治家に関する検討である。すなわち、江藤新平（一八三四年～七四年）、大木喬任（一八三二～九九年）、山田顕義（一八四四～九二年）である。もちろん、政治家としての検討は、とくに江藤については多い。

わがくにの大臣の任命はもっぱら小政治的なもの（専門的な能力とは無関係な順送り、選挙区対策など）が多く、また任期もごく短いのが特徴である（ちなみに後者については、権限の分散をねらった江戸時代からの伝統の影響と思われ、これは、大臣に限らず高級官僚一般にあてはまる）。首相でさえ、二年程度で交代する日本と比較すると、たとえば、近時のドイツでは、一八年も外相を務めたゲンシャー（Genscher）をはじめとして、任期が一〇年近くに及ぶこともまれではない。すなわち、たらい回しするのではなく、その任期は、政権交代がないかぎり継続するのである。一九九九年に退任したコール（Kohl, 1930-）の首相在任期間も、一六年に及んだ（1982-98）。また、直接選挙によるとの相違があるが、フランス大統領のミッテラン（Mitterand, 1916-96）の在任期間も、一九八一年から九五年（二期）に及んだ。

しかし、明治初期の司法卿三人は、当初の任命は政治的であっても、在任期間は比較的長く（征韓論に破れて下野した江藤は短期であったが）、当人も司法制度の確立や法典の整備にかなりの情熱をかけたとみられるので、注目に値いする。これにつき、Ono, Comparative Law and the Civil Code of Japan (1), vol.24, p. 27 (p. 37-39) (1996). なお、以下で、これをたんに Ono, (1). で引用し、ib, (2), vol.25, p. 29 (1997)を、Ono, (2). として引用する。その中で引用された文献は、必ずしも本稿ですべてを再現することはできなかったので、省略した場合もある。

(2)　法典調査会には、多数の人名が登場するが、いまのところ、必ずしも網羅的な検討が行われていない。法制史の研究も、より実体法に特化したレベルまで降りてくることが望まれる。著名人の名前は、どの人名辞典にも掲載されているが、それ以外の者を網羅的に検索するのはかなりむずかしい。比較的広く網羅しているものとしては、大植四郎編・明治過去帳、大正過去帳（一九四六年）がある。Cf. Ono, (2), p. 41 at note 38.

また、より政治的・経済的な観点からは、ボアソナードや当時の官僚、判事の給与などといった観点からの検討も、興味のあるところである（特徴的なことは、大名の格は石高によったが、俸給は、権力と必ずしも関係ないことである。江戸時代でも、譜代大名は石高は低かったが、幕府の重職につくことができた）。

著名な数字であるが、ボアソナードの年俸は二万円にも達したが（ただし、初期の一八七三年〔明六年〕の契約では、月額七〇〇円で、年俸にすると、八四〇〇円である。大久保泰甫・ボワソナアド〔一九七七年〕三八頁。一八八二年に、年俸一万五〇〇〇円、同書一三九頁）、総理大臣のそれは、一八八六年に九六〇〇円にすぎなかったのである（週間朝日編・値段史年表（一九八八年）一一三頁、同・戦後値段史年表（一九九五年）一二二頁による）。梅謙次郎などおもな教授の年俸は、一二〇〇円から最高でも二五〇〇円程度である。また、夏目漱石（一八六七年～一九一六年）が一八九五年に松山中学に赴任するときの月給が八〇円（年俸九六〇円）、東大を辞めるときの年俸が一八〇〇円、朝日新聞との専属契約（一九〇七年まで）で、年俸二八〇〇円といわれている。

しかし、これらも海外留学までした者として、破格の高給をうけた場合であり、正岡子規（一八六七年～一九〇二年）が、一八九二年に日本新聞に入社したときの給与は月給一五円で、のち「仰臥漫録」（一九二七年・岩波文庫。初出は一九〇一年）八二頁には、「新聞社ノ四〇円（年収四八〇円）トホトトギスノ一〇円トヲ合セテ一ケ月五〇円ノ収入」で、これにより月に五〇円の収入を望んだ書生のときの「妄想」が実現し「満足スベキナリ」とある（九月三〇日）。学士の肩書の者の月給は、医学士の場合のほかは、月給五〇円で普通だったのである。

一八八六年（明一九年）の小学校教員の初任給は、月五円（年俸で六〇円）にすぎない（同・値段史年表九二頁）。一八八一年（明一四年）の巡査の初任給も、月六円（年俸で七二円）であった（同・九一頁）。

欧米の発想では、重要なことをする者は、それにみあうだけの高い対価と地位をえる。基本的には、日本でも同様なことがいえないわけではないが、外国人の俸給を日本人のそれと切り離し、技術を獲得するために、高い賃金を払うのが明治政府の特徴である。他方、外国人を一カ国に偏らせず、また、あくまでも技術の範囲にとどめ、根本的な権能をもたせないとの発想がみられる。俸給が高くても、必ずしも力にはつながらないところが、多くの植民地とも西欧とも異なるところである。

このような実権と地位の一致には、日本では、伝統的に例外が多い。幕府や藩の実権が、しだいに将軍や藩主から、高級役人、ついでその下僚にまで移転する例は、戦国時代に限らず、鎌倉幕府、室町幕府、末期の江戸幕府、諸藩などに多数みられる。また、太政官政府の要職でも、初期には卿には、旧大名や公卿がなり、次官に相当する大輔に維新の実質的功労者がなったことがみられる（とくに重職である大蔵卿や兵部卿などである）。

(3)　法の領域によっては、たとえば、所有権のように、内容的に固有法の確認とみるべきか、新たに創設されたのかとして、その性格づけについて争いのある場合もある。

(4)　明治初頭の太政官布告については、大別すると二種類のものがある。第一は、過渡的なものとして制定されたものであり、第二は、より継続的なものとして制定されたものである。

民事実体法に関する芸娼妓解放（明治五年一〇月二日の太政官布告二九五号）は、人身売買の禁止と年期奉公人（娼妓芸妓）の解放をうたっており、これをうけて著名な同年一〇月九日の司法省達二二号「娼妓芸妓ハ人身ノ権利ヲ失フ者ニテ牛馬ニ異ナラス。人ヨリ牛馬ニ物ノ返済ヲ求ルノ理ナシ。故ニ従来同上ノ娼妓芸妓ヘ借ス所ノ金銀並ニ売掛滞金等一切債ルヘカラサル事」とした。これや、明治六年の「地所質入書入規則」、条理に関する明治八年六月八日・太政官布告一〇三号第三条「民事ノ裁判ニ成文ノ法律ナキモノハ慣習ニ依リ慣習ナキモノハ條理ヲ推考シテ裁判スヘシ」などは、第一のものとして予定されているが、利息制限法は、第二のものに属し（もっとも、民法の起草者は、利息制限法を廃止しようとした。〔利息〕二一九頁、同じ趣旨からの流質の禁止につき、同五二三頁参照）、じっさいにも、戦後の昭和二一年まで存続した。太政官布告の性格について、cf. Ono, (1), p. 35, p. 37.〔利息〕二〇八頁をも参照。

太政官布告に関して、律令国家のものは「だいじょうかん」のように読まれるが、これを区別する意味では、「だじょうかん」とも読まれる。ただし、区別しない場合も多い。律令国家のものについては、和田英松・官職要解〔一九二六年。一九八三年・講談社版による〕五〇頁以下参照。Cf. Ono, (1), p. 36 (note 43).

(5)　民法起草のプロセスに関する文献は多い。法制史的なものも、より具体的な民法解釈論に近づけられたものもあるが、以下のものは、著者名と頁数で引用する。

福島正夫・日本資本主義の発達と私法（一九八八年）七四頁以下、宮川澄・旧民法と明治民法〔一九六五年〕。個

別論文であっても、手塚豊「明治二三年民法における戸主権」慶応法研二六巻一〇号、二七巻六号は、民法起草過程の資料としても有益である。また、池田真郎「法典調査会民法議事速記録等の立法資料について」債権譲渡の研究〔一九九三年〕所収四五三頁参照。

ほかに、やや包括的なものとして、岩田新・日本民法史〔一九二八年・同文館〕一三頁以下。さらに、初期の民法起草のさい、おもに参考となったと思われる箕作麟祥・仏蘭西法律書〔一八七五年。種々の版がある〕、とBoissonade, Projet de Code civil pour l'Empire du Japon, 1888 (1983). は必見である。また、司法省法学校の講義を翻訳筆記したものが、数種ある。井上操・性法講義、翻訳者不明の「仏国民法財産編講義」などである。

民法成立時の状況に関する個別の論稿も興味深い。旧民法あるいはそれ以前に関して、磯部四郎「民法編纂ノ由来ニ関スル記憶談」法協三一巻八号、加太邦憲・自歴譜〔一九三一年〕、小早川欣吾・続明治法制叢考〔一九四四年〕など。現行法に関しては、仁井田益太郎＝穂積重遠＝平野義太郎「仁井田博士に民法編纂事情を聴く座談会」法時一〇巻七号、福島正夫編・明治民法の制定と穂積文書〔一九五六年〕、福島正夫編・穂積陳重博士と明治・大正期の立法事業〔一九六七年〕（ともに、同・穂積陳重立法関係文書の研究・一九八九年）など。

（6）　この点に関し、ドイツの法典論争においても、ティボーの主張した法典編纂は、地域的自然法（ライン・フランス法）に属するものであったといえよう。彼の主張でも、フランス民法典には個別にかなりの批判をしている。これは、彼我の相違を意識したものであったといえる。ただし、包括的法典編纂は、自然法の産物であり、思想としての基礎がフランス民法典にあったことまでを否定するものではない。私は、かねてこの趣旨で、ティボーがフランス民法の導入を唱えたと位置づけたが（〔専門家〕一九五頁）、五十嵐清教授からご批判をうけた。ティボーは、フランス民法典そのものに対しては、むしろ批判的であった。つまり、たんなる形式的意味の法典というのではなく、地域的・時代的な修正を前提とし（たとえば、ライン・フランス法）、たんにフランス民法から思想的に大きな影響をうけていることをいうにすぎない（vgl. Thibaut, Über die Nothwendigkeit eines allgemeinen bürgerlichen Rechts für Deutschland, 1814; Savigny, Beruf unserer Zeit für Gesetzgebung und Rechtswissenschaft, 1814）。

（7） 宮川・六二頁。福羽美静は、招魂社、護国神社運動の先駆けとなった者でもある。後述するように（第三節(2)参照）、初期の元老議官、司法官僚には、志士系の者が比較的多い。

（8） その全文は、石井良助「民法典の編纂」国家学会雑誌五八巻二号六五頁以下に所収されている。

（9） 宮川・六二頁。つまり、彼らの多くは、制度局から江藤とともに移動してきたのである（移動というより、むしろ機構の再編というべきかもしれない）。太政官制の改革については、Ono, (1), p. 37; (2), p. 52 (Appendix) をも参照。

（10） 石井良助「左院の民法草案」国家学会雑誌六〇巻一号・六号。とくに、六〇巻一号二七頁〜二九頁。

（11） 江藤の言は、あちこちに引用されており、一般的なテキストのほか（岩田・一六頁）、石井・前掲論文六〇巻一号二九頁、大久保・前掲書（注(2)）四五頁、宮川・六二頁など、古くは、穂積陳重・法窓夜話〔一九一六年。一九八〇年・岩波文庫〕二一〇頁にみえる。Cf. Ono, (1), p. 38 (note 47).

ところで、フランス民法のタイトルを改めて、日本民法とすれば民法ができるとの江藤の著名な言は、歴史法学の洗礼をうけた今日の視点からは暴論であるが、当時とすれば、必ずしもそうとはいえない。すなわち、普遍性を標榜する自然法、ひいてはその産物であるフランス民法典の立場からすれば、法典は必ずしも地域や歴史に拘束されるものではないから、外国にも相当程度まであてはまることになるし、げんに地理的に近接しているとはいえ、フランス民法典を翻訳し、かなり近い形態で施行した例は、ヨーロッパには多くみられる。一八六六年のイタリア民法典やフランス法系の多くの法がそうであるし、ドイツでも、一八〇九年のバーデン民法典は、ほとんどフランス民法典の翻訳にすぎなかった。ライン左岸のラインラントに適用されたライン・フランス法も同様であった。

フランス民法典三条三項には、人の地位と能力に関する法律は、その者が外国に居住している場合でも、「そのフランス人」を拘束する、との著名な規定があるが、このフランス人という表現は、フランス民法典というタイトルとともに、「ライン・プロイセン人」や「バーデン人」と読み代えられたのである (vgl. Cretschmar, Das Rheinische Civilrecht in seiner heutigen Geltung, 1896, S.3; Das Badische Landrecht, 1899, S.10. ライン法の沿革については、Kah (hrsg.), Praktisches Handbuch des Rheinischen Civilrechts, 1893, S.1ff.; Schulze (hrsg.),

Rheinisches Recht und Europäische Rechts-geschichte, 1998)。もっとも、ドイツ法にそくした修正も、特則の形でかなり追加されている。

(12) 大久保・ボワソナアド（前注(2)）四二頁以下参照。

(13) 石井・前掲論文五八巻二号七八頁。

(14) 「民法仮法則」の全文は、石井・前掲論文五八巻二号八一頁以下に所収。

(15) この岩倉使節団の見聞については、久米邦武編・特命全権大使米欧回覧実記（一九七七年〜八二年・岩波文庫）一〜五があり、観察眼の所在、考え方（「皮膚ノ色ハ、智識ニ管係ナキコトモ亦明ケシ」一・二一六頁、男女の関係につき、一・二四八頁など）から、東西、日本との比較など多面において有益である。

(16) 石井・前掲論文（五八巻二号）六一頁参照。

(17) Ono, (1), p. 38.

(18) 宮川・六八頁。

ボアソナードの民法の構想は、Boissonade, op. cit. (Projet de Code civil). の体系にも反

ボアソナードの民法構想と旧民法

ボアソナードの最初の構想	旧　民　法
Livre 5 Des personnes 第一編　人事編　（日本人起草）	人事編
Livre 1 Des biens 第二編　第一部　物権　Partie 1 Des droit réels 第二部　人権　Partie 2 Des droit personnels ou de créance et des obligaions en général	財産編　第一部　物権 第二部　人権及ヒ義務
Livre 2 Des moyens d'acquérir les biens 第三編　第一部　特定名義ノ取得 第二部　包括名義ノ取得（日本人起草）	財産取得編 （相続）
Livre 3 Des sûretés ou gatanties des créances 第四編　債権担保編　×未完	債権担保編
Livre 4 Des preuves et de la prescription 第五編　証拠編　×未完	証拠編

なお、フランス民法典と旧民法の比較については、cf. Ono, Comparative Law and the Civil Code of Japan, Hitotsubashi Journal of Law and Politics, vol. 24 (1996), p. 42-43.（本書付録参照）

映されているが、旧民法の体系とは必ずしも同じではない。前頁の表参照。

(19)　宮川・六八頁。

(20)　宮川・七一頁。

(21)　宮川・七一頁。

(22)　大学と司法官僚機構がいちおう整備されたのは、一八九八年ごろであったと目される。同年は、民法の公布年でもあるが、同時に、大規模な司法組織の改革も行われている。Ono, (2), p. 47-48. また、東京帝国大学の法科大学に独法科が開設されたのが、一八八七年であり、一八九七年に創設された京都帝国大学に（初代総長は木下廣次)、法科大学が開設されたのが、九九年であった。

(23)　Ono, (2), p. 47. 前注(7)をも参照。

(24)　手塚・前掲論文（「明治二三年民法（旧民法）における戸主権」）七頁以下「法典取調委員会略則」（一一月四日制定)。

(25)　旧民法と現行民法の法典調査会の構成員の対照は、cf. Ono, (2), p. 50. 本書では、その翻訳を掲載した（三六一頁)。大審院判事である栗塚、熊野、宮城などは、一八九二年の弄花事件（一八九一年の大津事件の翌年の花札賭博事件。両事件の関係も疑われる）で、大審院長の児島惟謙とともに、裁判官を辞した。

法典調査会のメンバーには、大審院判事やのちの院長が多いので、大審院院長を掲載しておく。玉乃世履（明八・五・一二〜一二・一〇・二五）が事実上最初であるが、事務管掌であり、形式的には、岸良兼養（同一二・一〇・二五〜一四・七・二七）が、最初の大審院長である。ついで、玉乃世履が、再任（同一四・七・二七〜一九・八・九)、つぎが、尾崎忠治（同一九・八・一二〜二三・八・二一）である。さらに、西成度（同二三・八・二一〜二四・四・七)、南部甕男（同二四・四・八〜二四・五・六、心得)、著名な児島惟謙（同二四・五・六〜二五・八・二三）であるが、わずか一年である。名村泰蔵（同二五・八・二四〜二六・三・三・心得)、三好退蔵（同二六・三・三〜二九・一〇・七)、南部甕男（同二九・一〇・七〜三九・七・三）の再任であるが、一〇年の長きにわたる。横田國臣（同三九・七・三〜大一〇・六・一三）も長く、一四年にわたる。法典調査会に名前が登場するのは、このへんまでである。

以後は、比較的小粒な者が多く、任期もごく短くなる。官僚的傾向が強まったと位置づけられよう。司法に限らず、軍部を始めとして全般的な傾向の一部でもあり、よくいえば人材が豊富になったということであるが、個性的な者は少ない。富谷鉎太郎（大一〇・六・一三〜一〇・一〇・五）、平沼騏一郎（同一〇・一〇・五〜一二・九・六）、横田秀雄（同一二・九・六〜昭二・八・一八）、牧野菊乃助（同二・八・一九〜六・一二・二〇）、和仁貞吉（同六・一二・二一〜一〇・五・一二）、林頼三郎（昭一〇・五・一三〜一一・三・九）、池田寅二郎（昭一一・三・一三〜一四・二・九）、泉二新熊（昭一四・二・一五〜一六・一・三一）、長島毅（昭一六・一・三一〜一九・九・一五）、霜山精一（昭一九・九・一五〜二一・二・八）、最後が、細野長良（昭二一・二・八〜）である（裁判所百年史、五三五頁〜五三七頁参照）。

(26)　これにつき、〔利息〕二二七頁参照。

(27)　この意見書の主要部分は、宮川・前掲書七六〜七七頁や、星野通・民法典論争資料集（一九六九年）一四頁以下にも引用されている。

(28)　福島・一一七頁以下、岩田・三〇頁参照。また、山田の意見書について、西川誠「商法延期と『尾崎三良日記』」法時八一四号（一九九四年五月）、「山田顕義司法相辞職問題と内閣官制」同八三一号（九五年九月）。山田は、司法大臣を辞し、一時、枢密院議長の大木が司法大臣を兼任した。

(29)　福島・一一七頁以下参照。

(30)　福島・一二六頁以下参照。

(31)　一八八九年五月の法学士会「法典編纂ニ関スル法学士会ノ意見」が発端であるが、同年には、植木枝盛「如何なる民法を制定す可き耶」国民之友六〇・六一号、一八九一年には、穂積八束の「国家的民法」法学新報一号、「民法出デテ忠孝滅ブ」法学新報五号、一八九一年、同じく「耶蘇教以前ノ欧州家制」国家学会雑誌五巻五四号が現れている。なお、一八九〇年には、穂積陳重「法典編纂論」日本大家論集明治二三年一月号、穂積陳重の大著、法典論が現れている。

一八九一年には、大井憲太郎「ワカ帝国ニオケル法典ノ利害如何」法治協会雑誌二号、磯部四郎「新法制定ノ沿革ヲ述フ」法治協会雑誌二号がある。一八九二年には、同じく磯部の「法典実施ノ必要」法治協会雑誌一〇号、九一年から九二年に、富井政章「法典ニ対スル意見」法協九巻一一号、一〇巻一号がある。九二年には、奥田義人「法典断行説ノ妄ヲ弁ス」法学新報一四号、富井政章・貴族院における演説（明治二五年五月二七日、これは、富井追悼論集一五四頁以下にも所収）、一八九二年には、梅謙次郎「法典実施意見」明法志叢三号があり、「法典ノ実施ニ関スル明法会員ノ意見」明法志叢四号がある。九二年になると、賛否の意見がみられるが、初期の段階では、やや反対説が先んじた感がある。

なお、古いものでは、一八八四年の穂積陳重「英仏独法学比較論」法協九号、新しいものでは、一九〇二年の梅謙次郎「家族制ノ将来ヲ論ス」志林三三号なども興味深い。

より詳細な文献目録が、宮川・二一三～二一四頁（延期派）、二三三～二三四頁（断行派）にあり、また、星野通・前掲書には、明治二二年からの年ごとの主要な論文が集められている。さらに、法典調査会・議事速記録にも、「民法編纂ニ関スル意見書」などいくつかのものが集められている（第一九冊）。なお、遠山茂樹「民法典論争の政治的考察」志林四九巻一号五五頁をも参照。

(32)　おおむねイギリス法を学んだ者は、法典延期派に属し、フランス法を学んだ者は、断行派に属したが、富井政章、木下廣次は、フランス法派でありながら、延期派に属したので注目される（岩田・前掲書二九頁。富井の延期理由も、同三三頁に詳しい）。起草委員では、梅謙次郎が断行派（フランス法派）であった。穂積陳重は、イギリス法派・延期派である。後年、仁井田益太郎は、法典論争を評して「仏法派と英法派の争い」であり、「歴史派と自然法派との争い」などではないとする（前掲座談会＝前注(5)参照・一五頁）。

当時の大学も、何を教えるかにより、おおむね色分けされた。

断行派の中心に位置したのが、一八八一年創立の明治法律学校（明治大学。岸本辰雄、宮城浩蔵ら司法省法学校出身者を中心に創設）であり、その機関紙は、「法治協会雑誌」であった。また、一八八〇年創立の東京法学社（東京法学校、東京法学院、和仏法律学校、法政大学）もこれに属し、機関紙は、「明法誌叢」（のち「法学志林」）であった（ただし、主催者の梅・富井が断行派と延期派なので、学校としての活動はない）。一八八六年に司法省法学校出身者を中心に創設された法学舎（関西法律学校、関西大学）も、断行派に属する。

延期派は、イギリス法系の学校であり、一八五六年創設の英吉利法律学校（東京法学院、中央大学）が代表であり、その機関紙「法理精華」「法学新報」は、延期派の論文を多数掲載した。ほかに、一八八二年創設の東京専門学校（早稲田大学）、一八五八年創設の福沢の蘭学塾（慶応義塾）もこれに属し、官学の帝国大学も延期派であった。

当時、ドイツ法を教えた学校がなかったわけではないが、論争とは比較的無縁のようである。一八八三年創設の独逸学会協会学校（独協大学、初代校長は西周）、一八九〇年創設の日本法律学校（日本大学）がある。後者は、司法大臣の山田顕義の開設したものである。

(33)　福島・一三九頁以下参照。第二回の名簿は、前掲座談会（前注(5)の資料に収録されている（二八頁）。のち、五〇余人とされた。一八九六年（明二九年）から、法典調査会の総裁は松方正義（同年九月一八日から第二次松方内閣）、副総裁は清浦圭吾司法大臣となった。仁井田・前掲座談会（前注(5)参照）二四頁。

(34)　福島・一五八頁以下参照。同一六二頁は、民法総会（明治二六年七月四日）に、末延道成が、戸主の廃止を主張し、渋沢が賛成したことにふれているが、かなりまれな事例であった。

委員の構成などについては、福島正夫編・明治民法の制定と穂積文書（一九五六年）一六頁、一二五頁をも参照（以下「穂積文書」と略する）。

法典調査会とは異なり、国会審議においては、学者や官僚系外の委員の発言が比較的、積極的であったことにつき、〔利息〕五二六頁参照。

(35)　福島・一六〇頁参照。同穂積文書一六頁。なお、法窓夜話・三四九頁をも参照。法典調査会の基本方針は、①民法の修正が根本的であること、②パンデクテン方式によること、③編纂の方法は分担起草、合議定案とすること、④委員に、起草委員、議定委員、整理委員〔法窓夜話では、起草委員、整理委員〕をおくこと、⑤委員に補助委員をおくこと、⑥委員に、各学派、弁護士、実業家を加えること、⑦議事は、大体議案、逐条議案とする〔法窓夜話では、事務に関する議案、大体方針に関する議案および法規成文の議案の三種とする〕こと、などであった。

(36)　不平等条約は、幕末の一八五八年の日米修好通商条約によって定められた。一八九四年の日清戦争直前に、治外法権撤廃、関税率の引き上げの日英通商航海条約が締結されており、その実施が一八九九年であった。関税自主権の全面的回復は、一九一一年まで遅れた。Ono, (1), p. 27 note 1 & p. 30 note 16.

(37)　福島・一七三頁以下参照。

商法の起草委員は、岡野敬次郎、梅謙次郎、田部芳の三人であった。商法草案は一八九七年一二月に審議を終えたが、衆議院の解散のためさらに修正されて、第一三議会を通過後、一八九九年六月一六日に施行された。

民法の制定過程で意味のある帝国議会としては、旧民法の延期（これは、結局、廃止につながった）を決定した第一・第三議会（法典論争議会）と、現行民法の審議をした第九議会がある。後者においても、少数とはいえ議会によって修正された点もあり、見過ごすことはできない（たとえば、流質の禁止である。〔利息〕五二六頁参照）。なお、第九議会については、広中俊雄・第九回帝国議会の民法審議〔一九八六年〕が有用である。

(38)　若干の審議における委員の出欠についても、ふれたことがある。Cf. Ono, (2), p. 43-44.

(39)　星亨は、イギリスで、日本人として最初のバリスター資格（barrister at law, 1877）を取得したといわれる。

(40)　伊藤がすぐに退席した例は、たとえば法典調査会の第五回審議（明治二七年四月二〇日）にみえる。逓信省からの、法典調査会総裁(伊藤)に対する質問であり、この審議の間は、議長も伊藤であった。原案一二三条に先立って審議された。伊藤は、法典調査会で「先例ガアルカラ此会ニ持チ出シタ」とし、明治二六年二月の勅令一一号一条「法典調査会ハ内閣総理大臣ノ監督ニ属シ民法商法及ヒ附属法律ヲ調査審議ス」、同二七年勅令三〇号「法典調査会ハ内閣総理大臣ノ監督ニ属シ法例民法商法及ヒ附属法律ノ修正案ヲ起草審議ス」を根拠としている（金子はやや疑義ありとする）。

内容は「商法第二百二十一ノ規定ハ優先株ヲ禁スルモノニ非ス」ほかの回答に関する。具体的には、農商務省、大蔵省、逓信省の法律解釈のそごに関するものである（民法議事速記録①法務図書館版一九四頁、②商事法務版一八七頁）。審議後、伊藤、金子堅太郎（高木豊三も）は退席し、休息後、西園寺を議長として再開し、原案一二三条（現行一二一条相当）の審議が開始された（①二三四頁、②二二七頁）。

このような審議への態度は、フランス民法典の起草にあたり、ナポレオンが国務院の審議に積極的に出席し、内容にも関与したとされるのとは異なる。総裁となったのは、形式的には、ナポレオンの模倣であろう。また、審議の大綱は、「法典調査会規則」で定められていたから、欠席が多かったからといって、伊藤らが、大きな役割を果したことまでも否定しうるわけではない。

ナポレオンの国務院への出席は、草案審議回数の半数以上に及び、その影響は内容に対してだけではなく、簡潔な表現、専門的表現の回避といった文体にまで及んだといわれる（反面、用語に技術的な不正確がある原因の一つでもある）。彼は有能ではあったが、法律の専門家ではなく、明解さを好んだからである。スタンダールが文体のトーンを学ぶために、毎日フランス民法典を読んだというのは著名である。ナポレオンの法典への関与は、たんなる原則の定立にとどまらなかったのである。ツヴァイゲルト＝ケッツ、比較法概論［上・一九七四年］一四四頁、一五六頁。

(41)　福島編・穂積文書三五頁。最初は、起草委員がみずから執筆した議案の説明書があったが、煩雑となり、のちには、起草委員補助が、会議で述べられたところを筆記したのである。一八九八年にいくつかの未定稿の版が出ている。それらの解説としては、広中俊雄編・民法修正案（前三編）の理由書〔一九八七年〕第一部を参照（一頁以下）。

(42)　たとえば、五三五条の制定経過については、〔研究〕四二一頁参照。法典調査会・民法議事速記録（学振版）三巻一三〇丁。

法典調査会の民法審議においては、それが旧民法の修正という形をとったため、停止条件付法律行為の危険負担（現五三五条相当の規定・原案一三五条）が民法総則編の法律行為、条件の部分におかれ、最初に審議されたのである。審議の内容も、危険負担一般に及んでいる。危険負担としては、この部分が最初に審議の対象とされたのであり、ほかの部分（現五三四条、五三六条）に倍する議論がつくされ、内容も豊富である。起草委員は穂積陳重であり、ほかの部分が富井政章であるのとも異なる。また、穂積の見解は、この部分にとくにくわしい（一三二丁参照）。これが現在の体系に改められ契約総則のなかに移されたのは、ようやく整理会の段階であった。危険負担規定の一括化をねらったものである（整理会・議事速記録四巻六一丁以下参照）。

立法資料では、旧民法に関しては、法典調査会・旧民法議事速記録〔学振版〕四巻一五三丁（三五五条、特定物売買の危険負担）、五巻一三五丁（四三九条、停止条件付法律行為の危険負担）、七巻六五丁（五六一条ないし五六五条、不能と対価請求権）参照。

現行民法に関しては、①法典調査会・民法議事速記録〔学振版〕三巻一二九丁、四巻一三四丁（一三五条、停止条件付法律行為の危険負担について〔現五三五条〕。穂積陳重起草委員）、②一七巻一三三丁（三九九条、特定物売買の危険負担について〔現五三四条〕。穂積陳重起草委員）、③二五巻二丁（五三二条、五三三条、特定物売買の危険負担〔現五三四条〕と危険負担の一般原則について〔現五三六条〕。富井政章起草委員）

また、法務省版（一九七五〜八一年）では、それぞれ①一・三二〇頁、②七・七〇頁、③九・二一九頁。さらに、商事法務版（一九八三年〜八四年）では、①1・三一二頁、②2・九七九頁、③3・七六五頁が対応している。

(43)　法典調査会・民法議事速記録には、種々の版がある。原本は、一九四五年、戦災のため疎開先の甲府刑務所において、江戸時代の資料（町奉行文書）などとともに焼失した。ほかに、学振版、法務図書館版、商事法務版がある。それぞれの版については、池田・前掲論文（前注(5)）四五八頁以下をも参照。

このうち、学振版は、一九三四年以降、学術振興会が、和紙にカーボンをいれる複数複写式のタイプ印刷により、八セット（全二八一ないし二八八巻）の複写を作成し（これにタイプ正本一セットにあたるものの合計九セット）、複製・頒布したものである（学術振興会、司法省、東京大学、京都大学、東北大学、九州大学、早稲田大学、慶応義塾大学）。学術振興会のものは二セット作成され、ともに現在一橋大学に収蔵されているが、そのうち一セットには三〇冊ほどの欠落がある（民法の第一四〜一七、主査会、総会、整理会、民法施行法整理会の議事録の二十三十七十一冊、行政裁判法の五冊、同法令議事録の二冊、撰要永久録の一〇冊の合計三〇冊は一部しかない）。これは、運送中の欠落などのほか、法務省分の欠落部分を補うために貸し出されたものと聞いている。正本・複本ともに、もとの学術振興会蔵書の蔵書印（消印）があり、一橋大学では、整理上、一セットを「正本」、他を「複本」の扱いにしているが、収蔵では同列の扱いであり、内容もまったく同一である（誤りも同一であり、同一タイプからの作成)。

法務図書館版は、一九七五年から、学振版のおよそ三巻を一冊として復刻し、第一〇冊(法典調査会第八二回〜九一回)までを出版した(一九八一年)。内容は、消費貸借の冒頭(原五八九条・現行五八七条相当)のあと、乙二一号議案(利息制限法廃止法案)、原五九〇条(現行五八九条)、五九一条(削除)の部分までであった。

商事法務版は、この作業をうけついだものである。学振版のおよそ九巻を一冊として復刻し(つまり法務図書館版の三冊を一巻とする)、一九八三年から一九八七年の作業により、全二二巻を出版した。

第三章　比較法と民法

第一節　旧民法、立法と比較法

(1)　民法の系譜と比較法

わがくにでは、民法の系譜と比較法は、当初から密接に関係している。わが民法典が明治時代に外国法を継受したものであることから、その系譜をたどることにより、必然的に外国法との関係が生じてくるからである。また、固有法の独立した体系があるわけでもないから、比較といっても、これと外国法との純粋の比較法ともなりうるわけではない。民法の史的研究は、必然的に、旧民法、ボアソナードからフランス民法典、あるいは現行民法典の起草時に参照された多数の外国法へとたどり着くのである(1)。もちろん、わが民法典の制定期に参照されたのは、当時の外国法であり、外国法自体がのちに発展していることはいうまでもない。そこで、ここには、その発展をたどるというべつの作業も残されているが、これらの関係については省略する。

また、旧民法の基礎も、必ずしもフランス民法典だけではない。フランス民法典の制定からすでに半世紀以上をへていたこともあり、その成果をとりいれ、あるいはボアソナードが意識的に修正しようとしたところもあり（もっとも、民法の起草者は、そのような修正よりも、本来のフランス法を評価している面があり、むしろフランス民法典に忠実なところもある）[(2)]、さらに、ボアソナードも、新しい立法としてのイタリア民法典をかなり参照している。つまり、いずれの系譜をたどっても、複数の法源にたどりつくのである。

そして、現行民法典が、フランス民法典だけではなく、種々の外国法を参照したことについては、前述した。現行民法典は、当初から、比較法の産物ともいえるものである。

この点に関し、大正期にドイツ法万能の時代があり、日本民法の諸規定がドイツ法を参考に解釈されたことが著名である。その後、民法の諸規定には、かなりのフランス法その他の系譜があることが明らかにされ[(3)]、民法の解釈は相対化された。すなわち、わが民法が、たんに「小さな比較法」によってだけではなく、「大きな比較法」によって進展する可能性が回復されたのである[(4)]。

なお、注目するべきことに、わずかではあるが、日本の慣習も考察されていないわけではない。それは、法典調査会における民法の議事に個別に現れているほか、包括的には、民事慣例類集に採録されている[(5)]。日本法の中の概念が、どの程度外国法に規定されているかは、比較法の観点からももっと検討のよちがある。

(2)　実用的比較法、立法、裁判

(ア)　実用的比較法という観点からは、立法史との関係が無視しえない。比較法は、当初、民法の起草に寄与したと同様に、つねに立法と関係してきた。法典成立後の、その後の安定期には、関連する外国法の解釈が参照された。たとえば、大正期のドイツ法である。しかし、つねに実用的観点からであり、理論的な比較法がもっている法の客観的な認識という中立的な観点は、希薄であったといってよい。

外国法の影響は、最初は、明治の民権思想との関わりや、対外的圧力の面から、イギリス法、フランス法の影響が圧倒的であった。これに対し、旧憲法がプロイセンのそれにならって制定され、また種々の政治的、学問的な理由から、しだいにドイツ法の影響が拡大した。法典論争は、その一過程にすぎない。ただし、第一次世界大戦（一九一四〜一九年）において、ドイツとの交流がとだえたことから、ややその影響力はおとろえた。戦後は、アメリカ法の影響が増大した。ただし、占領という事態があったわりには限定的なものであったともいえる。本格的な影響は、むしろ国際取引の重要性の増大した近時である。外圧よりも、外国法を求める内在的な要求のほうが大きいということになる。

最近では、実用的観点からの比較法には衰退もみられる。法が整備され、判例・学説が豊富になれば、実用的観点からの比較法の必要性は減少するからである。ただし、立法などにさいして、比較法には、まだ大きな機能が残されているものといえる(6)。

(イ)　ところで、外国法の影響は、立法だけによるのではない。もちろん、立法により採用されれば、直接的であるし影響力も大きい。しかし、間接的な影響であれば、必ずしも立法される必要はなく、事実上の継受という方法もある。

ローマ法の継受（Rezeption）は、中世において、諸外国の学生がイタリアに留学し学んだことから、事実上ローマ法が継受されたものである。それほど大規模なものでなくても、類似の現象は、数多くみられる。自然法的法典（ABGB）をもつオーストリアへのパンデクテン法学の継受、日本へのいわゆる学説継受などである(7)。

その延長として、たんに外国法が学識法として継受されるだけではなく、裁判に用いられる段階がある。この段階では、いまだ参照されるべき法は外国法にとどまるから、当然に裁判所を拘束するわけではない。しかし、それは、一種の条理として、裁判実務にも影響を与えるのである。明治初期のわが法に対する欧米法の影響も、このような形から開始された。これに関しては、著名な明治八年太政官布告一〇三号三条がある(8)。また、旧民法が公布され、法典論争により施行が延期された時期から現行民法典が成立するまでの数年間、裁判の指針たるべき条理あるいは理性は、事実上、旧民法に体現されたフランス法であり、また法や判例の創造期であったことから、条理あるいは理性により形成された法の意義は大きい(9)。

第二節　民法と比較法

民法あるいは広く法の解釈に、比較法がどのような役割をするかということは、きわめて多くの論点を含むので、本稿のような小稿で簡単に論じることはできない。詳細なものとしては、これに関する五十嵐教授の一連の著作がある(10)。個別の論点はのちの課題とすることにし、若干の指摘をするにとどめる。

比較法において、民法学者が指導的な役割を果たしてきたことについては、かねて指摘がある(11)。公法のような主権の所在や法の伝統、刑法における罪刑法定主義などと鋭く対立するものをもたないことから、比較法的な所産を採用しやすかったことによる。また、物権法や親族法では、各国の独自性が強いが、契約法や取引法には、その性質上世界性があり、また実務からも法の相互の参照や協調が求められるからである。さらに、任意法規が多く、比較的自由な法形成が可能なことにもよる(12)。

第三節　外国法に関するもの

(1)　法系論と方法論

(ア)　近時の比較法では、諸国の法をいくつかの法系あるいは法族（Rechtsfamilie）あるいは法域（Rechtskreis）に分類したうえで、その特徴を検討することが一般的である(13)。その具体的内容には争いもあるが、同様の手法は、民法における比較法でも有用である。

法の数は国あるいは地域の数ごとに存在するから、これを無計画に検討することは生産的ではない。特徴ある法ごとに、系統的に検討する必要がある。個別的な相違はべつとして、法には影響関係がみられることが多い。

その場合に、母法（Mutterrecht）をみれば、ある程度までは娘法（Tochterrecht）の基本とするところも推察することができる。母法の特徴は、多くの場合に娘法にも現れているからである。法の文言だけではなく、法制定の進展や改革においても、娘法は、母法に遅れることが多いであろう。そして、母子関係にある法に共通して現れる法の特徴が根本的であるほど、のちの変遷は少なく、変遷する場合でも関連づけは維持されるはずである。

もちろん、継受にあたって、どのような変化や改良がもたらされたかには、慎重な検討が必要である。また、母法自体も変遷するものであり、成立後に娘法との相違がどこに生じたかを検討すれば、法の適用においてはほぼ不可能な社会実験的な意義をもみいだしうるから（社会的背景の相違は無視されるべきではなく、対象とされる国の同質性の程度も考慮されるべきであるが）、その意味でも比較検討する意義は大きい。そのような観点からは、娘法ごとの、あるいは母法と娘法との、並列的な検討にも意義がある。たとえば、ドイツ法とオーストリア法、フランス法とベルギー法のように、大分類では包括されながらも、細部で異なる点を検討する場合もある。

しかし、そのような特殊な観点を除くと、母法たりうるものを比較することが、異なった法を包括的に検討することを可能にする。類型化の方法にもよるが、これによって、検討の対象が、検討可能な数に限定されるからである。個人の行う作業としては、個別のテーマにつき数個が限度であろう。比較には、たんに法文だけを検討するのではなく、いわゆる機能的な比較が必要とされるから、無制限・包括的な比較は、個人の研究の範囲を超えるものとなる。(14)

みぎのような対象の限定は一般的な話であり、制度にはそれぞれ特徴があり、ある法系にはないというものも多い。その場合には、まったくべつのものを機能的に比較するか、それでも対象がない場合には、いくつかの娘法相互の検討が有益ということもありえよう（法系の異なる法の比較であるマクロの比較に対する、いわゆるミクロの比較）。ミクロの比較は、一般的には、必ずしも制度の根本にまで遡る見直しを要求することはないが、制度の改良、微調整には資するものである（小さな比較）。しかし、研究が意欲的・本格的なものである場合には、マクロの比較が対象となることが多い（大きな比較）[15]。

対象たるべき法系としては、ドイツ法、フランス法、イギリス法、アメリカ法、あるいはより上位の概念である大陸法と英米法といった分類がある。いわゆる大国の法が中心にならざるをえないが、学問的のみならず、政治的、経済的な影響力が大きいことから避けられないことである。もっとも、小国の法でも、スイスやオランダなどの混合法領域には、主要な法系からの特殊な継受の仕方と、内容的な優秀性や特殊性から参照に値いする場合がみられる。

法系に関する同様な分類は、民法の起草者も行っており、政治的な影響もあり、従来から、ドイツ法、フランス法、イギリス法、アメリカ法が多く検討されている。比較法と民法の系譜の研究の対象とが一致するのは、わが法の特殊性に由来し、ある意味では便利でもある。ただし、国際的な統一作業の進展や、近時のアメリカ法の比重の増大などで、必ずしも一致しない点が生じていることにも注目する必要がある[16]。

また、従来の比較法の基本であった英米法と大陸法という大分類には、再考のよちがあることが注目される必要がある。英米法といっても、イギリス法とアメリカ法には相当の差異があるし、大陸法でも、ドイツ法とフランス法には差異がある。従来からも、後者の相違は、法系の区分として認識されていたが、同様の相違の存在は、前者についてもいえる[17]。他方、フランス法とイギリス法の類似点や、ドイツ法とアメリカ法の現象としての接近もみられるし、相互の法系の組合せや対照には、柔軟な視点が必要であり、またそれが実り豊かな結果を生むことになる[18]。

(イ)　近時、継受法による法の相違と並んで注目するべき観点がある。これは、法解釈に対する基本的なスタンスである。これは、同じドイツ法の特定のテーマでも、価値判断の差異のほうが、法域による相違よりもずっと大きい場合にみられる。たとえば、意思の機能のとらえ方や契約解釈における自由競争への評価である。ヨーロッパ法には、アメリカ法ほどには、自由競争への無条件の信奉がみられない。アメリカ的な解釈をする者は、ときとして手続保障をおもな対象とするのに対し、ヨーロッパ的な解釈をする者は、内容規制にまで踏みこむ傾向をもつ。その相違は、伝統的な法系にもとづく相違よりも大きいことがあり、国際的な統一作業のさいに、鋭い対立を引き起こすこともある。とくに同質化の進んだ契約法では、民法の他の部分と異なり、各国法による相違というよりも、このような基本的な立場の相違が重大である。[19]

したがって、今日では、法系による相違よりも、スタンスによる相違のほうが大きい場合があり、単純に、ドイツ法ならパターナリズム、アメリカ法なら自由競争というようにはいかない。それぞれに、同じような考え方があり、それが、国境や法域を超えて対立しているのである。長期的視野での法の同一化への一プロセスともいえる。

このようなスタンスの相違は、立場の相違だけではなく多方面に機能している。古くは、不能とフラストレィションの構造上の相違にもみられ、イギリス法では、フラストレィションに関して、約因の不成就理論が唱えられ、アメリカ法でも「不能」論に類似した約因の不成就理論が唱えられたのである。ただし、これらは、大陸法の不能論の影響が大きかった二〇世紀初頭までに限られ、その後は、フラストレィションは独自の発展をしている。[20]アメリカ法への大陸法の影響は、イギリス法の伝統に始まり、一九世紀から二〇世紀初頭、とくに第二次大戦まで継続した。フランス法、ドイツ法の多数のテキストが英訳され参照されている。[21]債権法の発展には、大陸法、ローマ法の伝統が無視できないのである。[22]

同様の新しい潮流は、ドイツ法でも、第二次大戦後に始まり、たとえば、Larenzが、英米法を参照しColonation Casesの研究から、契約の間接目的の挫折という概念をみいだし、行為基礎論の再構成をしたことにみられる。[23]ただし、長い間英米法の影響は、かなり限定的なものであった。フライブルクを中心にうけ継がれたラーベル学派は、ラーベル（Rabel, 1874-1955）以来の比較法的傾向から、伝統的に比較法的手法に肯定的であったし、この学派の多くはアメリカ法を積極的に研究した。[24]しかし、ドイツ法の伝統的な論者は、むしろ消極的であった。一九九二年のドイツ債務法改定作業が前者の影響のもとで行われ、これがかなり長くの間一般的には受容されなかったのは、その一現象である。(25)

(2)　ドイツ法

(ア)　ドイツ法系の立法としては、ドイツ諸ラントの立法があるほか、ドイツ民法典自体は、比較的発効した時期は遅い(一九〇〇年)。(26)しかし、その先駆となるものとして、一八世紀の立法作業がある、プロイセン一般ラント法典（ALR・一七九四年）、オーストリア一般民法典（ABGB・一八一四年）が先駆である。ややこれに先んじるものとしては、一七五六年のバイエルン民法典がある。これらは、いずれも、一八世紀の自然法論の産物であり、一九世紀を通じて、歴史法学により、再構成された。(27)ドイツ法の研究には、現行民法典の起草プロセスである一八八七年の第一草案、一八九六年の第二草案が欠かせない。また、その立法理由書、審議議事録（Motive, Protokolle）が有用である。近時は、立法の種々のプロセスでの資料も整理されて参照しやすくなった。(28)

(イ)　一八七一年のドイツ統一前のラントの民法典にも、民法典に先駆けてドイツ法の特徴を示すものが多い。一八六五年のザクセン民法典、一八六〇～六四年のバイエルン民法典草案、一八六五年のドレスデン草案などである。最後のものは、一八一四年～六六年のドイツ連邦の債務法草案である(したがって、オーストリア主導の立法作業であり、プロイセンは参加しなかった)。ドイツ連邦は、一八六六年のプロイセン・オーストリア戦争により解体したが、ドレスデン草案は、ドイツ民法典の起草過程において、債務法の基礎になったことから注目に値いするものである。

商法の立法であるが、一八六一年のドイツ普通商法典は、参照に値いするものを含んでいる（ADHGB = Allgemeines Deutsches Handelsgesetzbuch)。これも、ドレスデン草案と同様に、ドイツ連邦の立法作業であるが、ドイツ連邦の立法権限が、私法のうちでは商法と債権法に限定されていたために、比較的広い範囲を対象としていたからである。また、ドイツ商法典は、民法典に先立って一八九七年に制定され、ドイツでは普通商法典の適用はなくなった。しかし、オーストリアでは、ナチス時代（一九三八年併合）にドイツ商法典が適用されたが、戦後適用が回復された。

近時のドイツの改正作業では、一九九二年の債務法改定草案がある。国際的な私法の統一作業をも参照した草案であるが、必ずしも伝統的なドイツ法と一致しないものも多く、そのような性格の立法作業の一環として理解する必要がある。(29)

比較的新しいものでは、ギリシア民法典、民法学へのドイツ法の影響が大きい。ギリシアからドイツへの留学生も多い。(30)

(ウ)　一八世紀の法典編纂期以前の普通法は、ローマ法継受の伝統をうけ継ぐものであり、一口にローマ法と呼ばれることもあるが、これは、現在、法史学でいわれるローマ法とは異なる。後者は、古典ローマ法の体系の客観的研究であり、法の歴史の一部門であるが、普通法学のいうローマ法は、「現代」ローマ法学、つまりその当時適用された規範としてのローマ法である。

当時、ローマ法の名のもとに行われた作業は、法解釈学であり、具体的には、中世ローマ法学であったり、近代あるいは現代ローマ法学であるから、両者を混同するべきではない。端的にいえば、それぞれの時期のフランス法学あるいはドイツ法学といったものである。解釈学としての「現代ローマ法」は、歴史ではない（もちろん、学説史という位置づけでは、客観的認識の対象たりうるが）。もちろん、歴史自体も理論であるかぎりでは、解釈のよちを含まないわけではない。しかし、何が主であるかで、二者は厳然と異なっているのである。混同は、思わぬ誤解を生じるもととなろう。(31) 法典編纂作業の遅れたドイツ法の解釈において、陥りやすい部分である。

⑶　フランス法

㈠　フランス法系の立法としては、母法であるフランス民法典（一八〇四年）について、ここでたち入る必要はなかろう。ほかに、イタリア旧民法典（一八六五年）、ポルトガル旧民法典（一八六七年）、スペイン旧民法典（一八八八年）などがある。ほかに、ナポレオンの占領時代からフランス民法典が適用された国もある（ベルギー民法・一八〇四年）。ドイツのラントにも、バーデン民法典のように、若干の修正を加えたものの、ほとんどその翻訳といってよいものもある。(32)

ヨーロッパ以外には、カナダのケベック民法典やアメリカのルイジアナ民法典、南アメリカ諸国への影響もあり、コモンローと並んで、世界的な影響力を有する。(33)

㈡　フランス法の研究をする場合に、民法典制定後の文献だけではなく、制定資料や各種草案や起草理由が有益なのは、他の法系の場合と同様である。また、制定前の、アンシャンレジーム期の、いわゆる古法(ancien droit français)も、かなり重要な意義をなお有する。(34)これに反し、一九世紀の発展は、いわゆる注釈学派的な範囲にとどまり、必ずしも革新的とはいえないものと位置づけられている（これにつき、〔専門家〕一九七頁参照）。

古法の前には、ローマ法（droit romain）が位置するが、これも、⑵㈢で述べたのと同様に、「中世ローマ法」であり、しばしば古典ローマ法を変質させたものであることに注意する必要がある。

⑷　混合法

㈠　オランダ旧民法典（一八三八年）(35)、旧スイス債務法典（一八八一年、Schweizerisches Obligationenrecht）、スイス民法典（一九〇七年、Schweizerisches Zivilgesetzbuch）などは、ドイツ法系とフランス法系の混合法といえるものである。オランダでは、ナポレオンの時代にフランス民法典が適用されたが、その没落後には、固有法をも考慮して、新たに法典を編纂したのである。もっとも、スイスの連邦立法は、比較的遅れた。(36)

旧スイス債務法典（一八八一年）は、民商法統一立法の形式を採用し（これは現行法にもうけ継がれている）、民法のうち債務法、商法を包含したものである。そこで、民法典は、債務法典に包含されない物権・家族法に関する部分を対象としている。このスイス民法典（一九〇七年）は、一九二九年のトルコの民法典に継受され、影響を与えた。[37] なお、スイス債務法典は、一九一一年に全面的に改定された。

スイスは連邦国家であり、連邦法によって私法が統一される前に、カントン（州）にも、ユニークな立法をしたものがある。チューリヒ私法典がその代表的なものであり、スイス債務法典にも影響を与えている。わが民法典の起草にあたっても、Vaud, Graubünden, Zürichなどのカントン法がしばしば参照・言及されている。[38]

イタリアの旧民法典は、フランス法のかなり忠実な娘法であったが、一九四五年の新民法典は、比較的新しい立法であり、かなりドイツ法的な要素をも参考としている。一九六七年の新ポルトガル民法典も同様である。[39]

オランダ民法典には、一九六九年以降、改正が行われている。各篇ごとの改正であり、近時では、一九九一年に第五篇（債権総論）が加えられた。

(イ)　ヨーロッパには、北欧にかなり固有色の強いスカンジナビア法の一群がある。大陸法の一部でありながら、ローマ法の影響が少ない点が異なる。地域的な法統一の先駆けとしても興味深い。[40]

スコットランド法は、イングランドのコモンローと大陸法の影響をうけており、べつの意味での混合法地域である。

(5)　英米法

英米法そのものについても、ふれる必要はないであろう。[41] イングランドとアメリカのほか、カナダの大部分やオーストラリアなど、イギリスの旧植民地の多くに継受されている。

もっとも、英米法といっても、今世紀のアメリカ法の進展はいちじるしく、イギリス法とは相当異なるものとなっている。二者は、たんなる母法と娘法の関係にとどまらないだけではなく、アメリカ法の進展は、しばしばイギリス法を凌駕するから、一括して対象とすることができるのは、歴史的な部分だけであろう。アメリカ法は、もはや狭いイギリス「母法」の様式のわくを超えているからである。また、その世界的な影響力、他方、イギリスのＥＵとの関連性からすると、一般的には、むしろ前者のほうに比重がおかれる必要があろう。

わが民法との関係では、起草者が、イギリスやアメリカの裁判例だけではなく、イギリス法の一九世紀における集大成ともいえるインド契約法（一八七二年）やインドの期間制限法、特定履行法（一八七七年）(Indian Claims Limitation Act, Indian Specific Performance Act, 1877) にもふれていることが注目される。これら娘法に意義があるのは、インドにおける適用そのものというよりも、イギリス法の簡略化あるいはその改良という意味で、イギリス法を見通しのいいものとしていることである。

アメリカ法では、「カナダ法」がふれられることがあるが、これは、一八八六年のケベック民法典 (Civil Code of Québec of Canada) をさすものであろう。一八〇八年のルイジアナ民法典は、参照されていない。ただし、他の大陸法に対するほど実質的な検討は加えられていないようである。判例法国の法状況が外国法にとって参照しにくいことを示す一例ともいえる。現行法でもあるカリフォルニア民法典や一八六五年のニューヨーク債務法典も、ほとんど名目的に掲げられているにとどまる。[42]

(6)　東ヨーロッパ法

(ア)　東ヨーロッパ法が比較的独自性を発揮したのは、二〇世紀後半の社会主義法においてであった。[43]　一九四五年以降に成立した東ヨーロッパの社会主義国では、その主義にそくした新たな立法が行われた。たとえば、一九三二年のロシア民法典である。東ドイツでは、一九五一年以降、一九〇〇年の民法典（ＢＧＢ）に社会主義的な変更を加えて使用していたが、その後、一九七八年に東ドイツ民法典 (Zivilgesetzbuch) が制定され、一九九〇年のドイツ再統一まで適用された。ポーランドも、一九六四年に最初の民法典を制定し、これは七一年にかなり大幅に改正された(44)。

しかし、これらは、二〇世紀の末に、社会主義諸国の崩壊とともに終焉し、ふたたび西ヨーロッパ法の影響が増大した。伝統的な法との関連を探る可能性が復活したのである。もっとも、東ヨーロッパ諸国は、たんに特定の西ヨーロッパ法の模倣に走るのではなく、より国際的な観点をとりいれようとしている(45)。また、東ヨーロッパ圏の市場化、民営化の観点からの作業が残されている。さらに、西ドイツに吸収された東ドイツ法も、経過措置としてかなり存続しており、また、中国のように、社会主義を標榜する国が存在することから、社会主義法の意義がまったく失われたということにはならない(46)。

(イ)　一九世紀には、東ヨーロッパにも、いくつかの民法典が成立していたが、その法源は、フランス法の直接適用（ポーランド・一八〇八年、ナポレオンの没落まで。ただし、物権・債権の部分はその後もかなり適用された）あるいはその娘法としてであった（ルーマニア（ただし、ワラキアとモルダビアの部分）・一八六五年）。わが民法の起草者にも引用されているものとして、たとえばモンテネグロ財産法典（一八八八年）がある(47)。

ドイツ法系のものとしては、ABGB（一八一一年）の施行地域（ベーメンとメーレン（チェコとスロバキア）、ガリツィア、ブコビナ、いずれも一八一一年。ダルマティアで一八一二年。ジーベンベルゲン（トランシルバニア）とバナートでは一八四八年）やその周辺での娘法（セルビア法・一八四四年、ハンガリー法・一八六一年）がある。モンテネグロ財産法典には、ABGBの影響もみられた。

また、第一次大戦後にも、若干の国では、独自の法典を整備する努力が行われたが（たとえば、一九三三年のポーランド債務法典や三四年の商法典）、その整備は、第二次大戦とその後の社会主義革命によって挫折した例が多い。

(7)　南北アメリカ法

北アメリカでは、カナダとアメリカがコモンローの法域であるが、カナダの一部のケベックの民法典、アメリカの一部のルイジアナの民法典には、フランス法の影響がある（上述(3)）。

ラテンアメリカでは、スペインとポルトガルの植民地となったことから、その影響をうけている。しかし、前者の立法が比較的遅れたことから、フランス法の影響も大きい。また、独自の法典編纂が行われたことも多く、中心になったのは、チリ（一八五五年）、アルゼンチン（一八六九年）、ブラジルの民法典（一九一六年）であり、いずれも大部の法典となっている。比較的新しいブラジル民法典がドイツ民法典におうところが多いほかは、フランス民法典の影響が大きいといわれる[48]。また、大部のメキシコ民法典は三〇七四条を有し、基本的には、フランス法の影響をうけている（人、財産、相続、債権の体系）。

第四節　二〇世紀の立法、国際的統一法

(1)　比較法、国際私法、統一法

狭義の国際私法は、国際的な性質を有する私法関係を判断するにさいし、裁判において準拠し判断の根拠とする法的な基準がどの国の法律か、という準拠法の選択や決定を対象とする。英米法では、これに国際民事訴訟法の領域をも包含し（裁判管轄や外国判決の承認）、さらにフランス法では、外国人の法的地位や国籍の公法的な領域をも包含する。

他方、比較法は、いくつかの法を比較し、特定の法の認識や改良（立法）あるいは解釈に役立てようとするものであるから、次元を異にする。しかし、国際私法の規定により、外国法を適用する必要がある場合には、その外国法の理解のために、比較法的考察が必要となることが多い。ここで、両者の密接な関係が生じる[49]。

国際的な性質を有する私法関係の処理は、国際私法の対象であるが、これは準拠法の決定という作業を通じて、

特定の法の適用を指定するにとどまるから、各国の実体私法・民法の内容が異なる場合には、適用される法により、結果が異なることになる。ときに効果が異なることは、取引にとっていちじるしい障害となる。そこで、二〇世紀初頭以降、各国の実体私法・民法を統一することが、試みられてきた(50)。

法の統一では、一九世紀におもにみられた国内的な統一が先駆であるが、条約による国際的な統一は、主権や文化対立があることから、二〇世紀の成果は、かなり限定されたものであった(51)。法の統一としては不十分なものである。しかし、EUは、国境を超えて、域内の法の統一を目ざした立法活動を精力的に行っている。アメリカでは、私法は各州により異なり、連邦の立法は限定されている。国内的な統一も未完成であるが、その代用として、モデル法としての統一法がかなりの分野で行われている（後述(3)）。

また、手形・小切手法のように、各国の国内法までも統一することは、かなりむずかしく、国際海上物品運送法や国際動産売買法のように(52)、国際取引に適用される部分のみの統一にとどまることが多い。さらに、前者のように、国内法を統一した場合にも、法の解釈は、各国の裁判所により必ずしも同一ではないから、同じ文言に対して、異なる判断が行われる可能性もある。完全な統一には、EUの共通裁判所のような担保手段が必要である。

(2) 国連の統一作業、EU法

二〇世紀後半からは、国際的な法統一の作業が本格化した。国連によるもの、EC、EUによるものが注目に値いする。取引法の関係では、ヨーロッパ諸国を中心とする一九六四年のハーグ国際動産売買法統一条約（The Convention relating to a Uniform Law on the International Sale of Goods, 1964, The Hague Convention or ULIS）は、その初期のものである。ただし、この条約に参加した国は、西ヨーロッパとアメリカが主であり、実態は必ずしも世界的とはいえないものであった。一九八〇年の、ウィーン国際動産売買法統一条約 (Uncitral Convention on Contracts for the International Sale of Goods, 1980, Vienna Sales Convention or CISG）は、これにつぐものである。さらに、一九九四年には、ユニドロワの原則が公表された（Unidroit, An International Restatement of Contract Law: UNIDROIT Principles of International Commercial Contracts, 1994）[53]。

ＥＣ、ＥＵの指針は、個別的な作業としては、多くの分野において私法にも影響を与えている（製造物責任がその代表例である）。一九九五年からは、私法学者による「ヨーロッパ契約法原則」が公表されている（The Commission on European Contract Law (Lando Commission), Principles of European Contract Law, Part I: Performance, Non-Performance and Remedies, 1995; Part II: Formation, Agents, Validity, Interpretation, Contents and Effects）[54]。必ずしもただちに法律や条約としての効力を有するものではないが、契約法の新しい動向を示すものとして、参照に値いするものである。長期的な見地からは、法の統一の対象や方向性を示すものとしても意義がある。

(3)　アメリカ法

とくに二〇世紀の後半から、世界的に、アメリカ法の影響力が増大してきた。第二次大戦後のヨーロッパの凋落と、冷戦終結前は自由主義諸国の中心として、また冷戦終結後は唯一の超大国として、政治的・経済的に重要な役割を果たしてきたことによる。一般に、文化的な発展は、政治や経済のそれにやや遅れる傾向があるが、取引法関係の分野への世界的な影響力は、近時いちじるしい。

もっとも、外国にも参照可能な形での、国内的な法の整備は、それに先立っている。一九三〇年代に始まるリステイトメントの作業である（民法では、とくに契約法、不法行為法、Restatement of the Contracts (1932, 1979), Torts (1934-39, 1963-65, 1999-2000) etc.）。ほかにも多くの分野が網羅されている。制定の経緯としては、多数の判例から法規範に当たるものを抽出し具体化したものであるが、外国法研究の素材としては、逆に特定の範囲の判例法や学説を検討するための出発点となる。そのような場合に、まず参照される必要がある[55]。

さらに、全国レベルでの州法の統一を目ざした統一法の存在が、無視しえない。一九〇六年の統一売買法、およびその発展である統一商法典（最初のものは一九五二年）である。後者は、すでに数次の改定をへて、現代的取引をも包含するにいたっている。統一法はモデル法にすぎず、ただちに多くの州で採用されるとは限らないが、これらの包括的法典のほかに、数条だけの個別的法規にも多様な統一法が存在することがあり、研究の手がかりとしては有用である。(56) あるいは多くのこれらのモデル法が成立するにいたっていることから、従来の理論の到達点としても、検索する価値はある。

英米法の判例研究には特定のスタイルがあり、あまりに簡便な参照は専門の英米法研究者からは疎んじられるが、誤解を生じない方法で行えば、大陸法との比較に大きな役割を果たすものとなる。不要な比較の必要はないが、英米法を一種の秘伝として専門家以外には手の入れられないものとしたり、不明確なものをそのままにしておくよりはベターである。判例研究のスタイルについては、専門の文献を参照されたい。(57)

（1）　Boissonade, Projet de Code civil pour l'Empire du Japon, t.1-5, 1882-89 (1983).

（2）　旧民法の草案審議の当時は、法律取調委員会のメンバーの法学的素養、とくに西欧法に対するそれはあまり高くなかったから、取調委員会においても、ボアソナードの意見がきわめて重視されていた。しかし、その場合でも、ボアソナードのパターナリスティックな傾向はしばしば批判の対象とされている。価値判断そのものは、たんに法技術の問題の域にとどまらないから、容易に批判の対象たりえたのである。これは、収益の減収のさいの賃料減額請求権や利息制限などにみられる。〔反対給付論〕二四八頁、〔利息〕二一七頁参照。

そして、現行民法の起草者は、法的な素養があるだけに、そのようなボアソナードの傾向に気づき批判しているのである。「例のボアソナードの」といった言がみられ、起草者たちの間で、しばしば言及されていたことを示している。しかも、民法の起草者たちは、必ずしもボアソナードを評価しておらず、場合によっては、オリジナルのフランス民法典を評価しているふしがある。Cf. Ono, (1), p. 32.

（3）　星野英一「日本民法典に与えたフランス民法の影響―総論、総則（人―物）―」、「編纂過程からみた民法拾遺―民法九二条・法例二条論、民法九七条・五二六条・五二一条論―」ともに、民法論集第一巻（一九七〇年。初出は、一九六五年、一九六六年）に所収（六九頁以下、一五一頁以下）。古くは、穂積陳重が、日本民法が比較法の産物である旨を述べている。Hozumi, The New Japanese Civil Code, as a Material for the Study of Comparative Jurisprudence, 1904, p. 11, pp. 14; cf. Ono, (1), p. 30, note 15.

現在は、バランスのとれた多元的な比較法が行われており（と思われる）、直接には知るよしもないが、前者の公表当時とは隔世の感がある。

（4）　小さな比較法の範囲では、必然的とはいえないが、相対的に母法の影響力が大きく、娘法の解釈、改定にあたっても、どうしてもその範囲が限定されるとの制約がある。外国法の植民地的な規律から脱することがむずかしいのである。

外国法の影響を過大評価することは、ドイツ法系、フランス法系のいずれの立場からも避けなければならない。したがって、フランス法やボアソナードの役割を過大評価することにも気をつけるべきであろう。しかし、ドイツ法万能時代の反動とでもいうべきか、フランス法研究者にかえって、フランス法万能的傾向がみられる。

最近は、外国人でも日本法の構造ぐらいは知っていることがあり、とくに目次をみて、これはドイツ民法典の第一草案と同じである、といわれることがある。そのような場合に、形式はそうであっても、内容的にはフランス法など他の法の影響も非常に大きいことを指摘しなければならない。逆に、ボアソナードの作業などを知っているフランス人には、ボアソナードはそうであっても、改正の過程で、他の法がたくさん参照されている、ということを指摘しておく必要がある。

この場合に、そのような言に迎合して、日本法は、ドイツ民法典の第一草案と同じとか、ボアソナードと同じだとか、いうべきではない。国境のある学問である法律学では、なお自国法至上主義の者がみられ、そのむきには、自国法の影響力を確認することに喜びをみいだすこともある。

しかし、日本法の特徴と活力は、いろいろなものが混在しているところにあるのであって、これを無にするべきではない。かりにある条文がフランス法系であるからといって、条文は全体との関係で存在しているのであるから、小さな比較法でするような母法の影響を直接肯定するものではありえないのである（同じことはドイツ法にもいえる)。

たんに経済的な効率性や継受の単純性からすれば、母法は、統一したほうが便利であろう。多くの植民地が（独立後も）、宗主国の法を継受しているのは効率性と継続性からであろう。しかし、明治時代に、一つにしぼらなかったのは、たんに偶然ではなく、先人たちが、自国が植民地ではない、取捨選択のイニシアチブがこちらにある、という主体的な判断をした結果であり、この先人たちの努力をいまになって放棄するのはおかしい。おそらく日本法の形成過程で参照されるべきものは、比較や系譜の観点とともに、この主体性であろう。また、それゆえ、大きな比較法の先駆としても評価できるのである。

五十嵐・④八一頁〔後注(10)参照〕は、民法起草者がひろく外国法に学ぼうとした精神を評価するが、それも、必ずしも学問的なものばかりとはいえまい。単一の法を継受することによる危険性がより大きな動機ではなかったかと思われる。その精神的な非植民地主義を評価する必要があり、これは、今日でも、法の解釈や比較において参考に値いしよう。大きな比較は、たんに自国法至上主義に対してだけではなく、単一法評価主義にも警告を鳴らすものである。相対主義が共通した視点である。

(5)　一八七六年（明九年）から、一八八〇年（明一三年）にかけて、司法省が行った全国の地方慣例調査の成果が、一八七七年（明一〇年）の「民事慣例類集」、および一八八〇年の「全国民事慣例類集」である。これらにいくつもの版があるだけでなく、第二次大戦前にも数回復刻が行われている。また、戦後では、手塚豊=利光三津夫・民事慣例類集〔一九六九年〕がある。

なお、司法資料の中にも、「徳川時代民事慣例集動産ノ部」（第一九二号・一九三五年）があり、有益である。さらに、江戸時代のものは史料が少なく、Wigmore, Law and Justice in Tokugawa Japan, 21 vols. 1969-1985. も有益である。これらについては、かねて、〔研究〕三八九頁以下、〔利息〕二〇七頁などでも、参照したことがある。

(6)　戦後の民事立法に対する外国法の影響については、五十嵐・④〔後注(10)参照〕八四頁以下参照。比較法の影響をほとんどうけないものとしては、根抵当権法（昭四六年）、仮登記担保法（昭五三年）がある。とくに後者は、わが判例法を成文化したものである。

実用的な比較法の衰退については、五十嵐・④九五頁参照。とくに、わがくにでも、近時の立法作業は、いくぶん急いで行われるものが多かったことから、やや外国法の参照が、少なかったように思われる。この点につき、〔専門家〕四頁（序説）参照。

(7) オーストリア法のパンデクテン解釈については、Ono, (1), p. 31,〔研究〕一〇頁、三二四頁注(23)、三二六頁以下参照。また、日本の学説継受については、北川善太郎・日本法学の歴史と理論〔一九六八年。初出は一九六六～六八年〕一一頁以下、一二五頁以下。

(8) 「第三条　民事ノ裁判ニ成文ノ法律ナキモノハ慣習ニ依リ慣習ナキモノハ條理ヲ推考シテ裁判スヘシ」。

これは、周知のように、裁判官が裁判を拒絶できないとのフランス民法典四条の規定（Le juge qui refusera de juger, sous prêtexte du silence, de l'obscurité ou de l'insuffisance de la loi, pourra être poursuivi comme coupable de dêni de justice.）、および、スイス民法典の、法規なきところには、慣習により、慣習なきところには、立法者がしたであろう解釈によるとの一条二項の規定（Kann dem Gesetze keine Vorschrift entnommen werden, so soll der Richter nach Gewohnheitsrecht und, wo auch ein solches fehlt, nach der Regel entscheiden, die er als Gesetzgeber aufstellen würde.）と関係する。後者には、その場合には、定評のある学説および慣行によるとの第三項が付されている（Er folgt dabei bewährter Lehre und Überlieferung.）。

ＡＢＧＢにも、解釈に関する規定があり（六～八条）、第七条は、法の文言からも、自然的意味（aus dem natürlichen Sinne eines Gesetzes）からも決定しえないときには、類似のものにより、なお疑わしいときには、自然的な法原則 (nach den natürlichen Rechtsgrundsätzen) によるとし、これが比較的条理に近い。

初期の太政官法制による立法には、二類型がある。すなわち、民法典制定までの一時的なものとして制定されたものと、独立法としてある程度の継続性を予定したものとである。Cf. Ono, (2), p.35. 第二章の前注（4）参照。

(9) この時期の旧民法の事実上の適用につき、福島・前掲書二〇七頁、仁井田・前掲座談会（第二章の前注(5)）二七頁参照。Ono, (2), p.36. ボアソナードは、フランス法を一種の理性と解していた。Boissonade, op. cit., t. 2., 1883, Introduction, p. vii. "Ratio scripta, raison écrite". これにつき、Ono, (2), p. 36 note 24.

また、初期に形成された判例理論が、法典の成立によってどう展開し、または、いわゆる学説継受を阻止するために機能したかについては、包括的な検討が必要であろう。

(10)　五十嵐清・①比較法入門〔改定版・一九七二年〕、②比較民法学の諸問題〔一九七六年〕、③比較法学の歴史と理論〔一九七七年〕、④民法と比較法〔一九八四年〕である。このうち、とくに④において、第三章「民法の発展と比較法」、第四章「民法と比較法の関係」（それぞれ、五三頁以下、八九頁以下参照）が論じられている。以下では、五十嵐・①②③④として引用する。

また、比較法の基本文献であり、すでに古典の域に属するものとして、Zweigert-Kötz, Einfüllung in die Rechtsvergleichung, 1. Aufl. 1969-71 (2 Bde); 3. Aufl. 1996. および、その第一巻（初版）の翻訳、大木雅夫訳「比較法概論・原論」〔上下・一九七四年〕。以下では、この翻訳を「概論・上下」として引用する。

(11)　五十嵐・④二〜三頁参照。民法のなかには、契約法など比較法に親しむ領域が多いからである。

(12)　五十嵐・④七九頁など、旧民法以前の立法において（ひいては旧民法においても）、家族法がわがくに固有法の産物とする見解は強い。しかし、二つの留保が必要である。

第一に、固有法の影響があったとしても、それは、対応する母法（フランス法）の条文に、「固有法」を当てはめて修正したという意味であって、「固有法」が法の体系を構成するほど強いものではなかったであろうことである。

第二に、「固有法」の内容に問題がある。それは、起草者を中心とする下級武士の慣習法を反映したものであっても、国民の大部分を占める農工商階級のそれを反映するものではありえなかったことである。

後者は、法制史の問題となろうが、前者の観点は、現行民法典の意義づけとも関係する。民法典の起草者は、ドイツ法系のパンデクテン体系に、旧民法、フランス民法典の規定を当てはめ修正したが、それによって、必ずしも文言は変わらなくても、当てはめられた規定には新たな意味が与えられたということである。

これは、ゲルマン法とローマ法の関係についてと同様であり、たとえば、後期普通法の経験をへていないフランス民法典には、意外に非ローマ法的な規定が多い。しかし、これをゲルマン法系の立法とは呼ばない。たんに量的に、その系統の条文が多いかどうかが問題なのではないからである。日本民法にフランス民法に由来する規定が多くみられるからといっても、それだけでは、フランス民法典やボアソナードの体系に従っていることの理由にはならないのである。日本民法が一面的な植民地民法であることではなく、その多様性を承認することが必要である。

(13)　法系あるいは法族については、二〇世紀の多くの著作が、それぞれ特有な分け方をしている。たとえば、*David*, *Les grands systèmes de droit contemporains*, *1974*, (i) la Famille romano-germanique, (ii) les droits socialistes, (iii) la Common Law, (iv) autres conceptions de l'ordre social et du droit (le droit musulman, le droit de l'Inde, Droits de l'Extrême-Orient, Droits de l'Afrique et de Madagascar).

Rabel, *Das Recht des Warenkaufs*, *I*, (i) Mitteleuropäischer Rechtskreis, (ii) Romanischer Rechtskreis, (iii) Anglo-Amerikanischer Rechtskreis, (iv) Nordische Rechte, (v) Islamische Rechte, (vi) Römisches Recht (in der Form der byzantinischen Quellen), (vii) Neue Kodifikationsbestrebungen. II (i) Das anglo-amerikanische System, (ii) Das romanische System, Das deutsche System, (iii) Die Hauptländer Lateinamerikas (ABC-Staaten).

Zweigert-Kötz, *Einführung in die Rechtsvergleichung auf dem Gebiete des Privatrechts*, 1969-71, (i) Der romanische Rechtskreis, (ii) Der deutsche Rechtskreis, (iii) Der anglo-amerikanische Rechtskreis, (iv) Der nordische Rechtskreis, (v) Der sozialistische Rechtskreis, (vi) Die übrigen Rechtskreise (Der fernöstliche Rechtskreis, Das islamische Recht, Das Hindu-Recht).

Rheinstein, *Einführung in die Rechtsvergleichung*, *1974*, (i) Der kontinental-europäische Rechtskreis, (ii) Der anglo-amerikanische Rechtskreis, (iii) Rechtsprobleme der Entwicklungsländer: Recht und sozialer Wandel in Afrika.

Constantinesco, *Traité de droit comparé*, *t. III*, *La science des droits comparés*, 1983.は、現在の法族論の欠陥を述べるが、その著、*Inexécution et faute contractuelle en droit comparé*, *1960*.では、droits Français, Allemand, Anglaisの比較を行っている。これらにつき、Ono, (2), p. 30.

法族論は、わがくにでは、穂積陳重に始まるが、彼の英文の著作は簡単に法族を示したにとどまり、最近の比較法の多くの著作のように、法族による特徴を具体的に比較・考察したものではなかった。しかし、穂積の分類は、これら欧米系の学者のものよりも、欧米以外の法域を重視している点が注目される。すなわち、①中国法、②ヒンズー法、③イスラム法、④ローマ法、⑤ドイツ法、⑥スラブ法、⑦イギリス法である。Cf. Hozumi, op. cit. (at note 3), p. 16-17.

他方、穂積の大著「法典論」は、法典編纂の目的、体裁、編纂委員の構成、手続を述べたもので、むしろ立法のさいの手順を示したものであり(立法手続論というべきもの)、法をあるがままに観察するという観点のものではなかった。

法系論の網羅的な検討については、五十嵐清「法系論序説」北大法学論集一六巻二・三号（①所収）、「法系論再説」同二五巻一号・三号（③所収）、とくに最近のものにつき、③一七七頁参照。

(14)　五十嵐・④一〇九頁は、法解釈のための比較法の場合には、法学先進国を視野にいれれば十分であるとし、しかし、比較法の対象が複数で多くの場合に、その方が客観的な結論がえられるが、個人の能力には限界があるから、世界的なチーム・ワークが必要になると指摘している。

なお、比較法の新たな機能として、途上国に対する立法支援がある。この場合に、日本法は世界の主要な法系にあたるとはいえないことから、母法・娘法の直接の関係の成立を期待することはできない。むしろその役割は、法典継受国としての経験を伝えることにある。わが法典制定期の状況は、大いに参照とされよう。母法・娘法の関係には、植民地的な意味や疑問のある法律の試験施行の場合もあり、これらを防止する手だてを伝える必要がある。前注(４)参照。また、いわゆる開発独裁に手を貸す結果をもたらすべきではない。

(15)　概論・上四三頁以下（比較法の方法）参照。また、Zweigert-Kötz, Einfüllung in die Rechtsvergleichung, 3. Aufl. 1996, S. 314ff.（各論の部分）は、民法上の重要事項の比較により、各法の特色を検討している。このような包括的な比較は、これからの研究にはますます不可欠となろう。なお、法典構成論については、とくにふれるまでもないが、小野「代金額の決定と司法的コントロール」好美清光先生古稀記念論文集・現代契約法の展開〔二〇〇〇年〕一一一頁以下、一二六頁参照。

機能的に対応するものがなく、「大きな比較」も困難なのは、たとえば、懲罰的損害賠償のような場合である。これは、英米法の中でも、とくにアメリカ法に特有なものとして、比較の対象とすることはむずかしいものとされてきた（簡単に、「外国判決に記載がない利息を付加した執行判決」〔利息〕五八五頁以下）。しかし、これとは逆に、損害賠償法には、わがくにではかなり自明としながらも(批判はあるが)、おそらく外国では必ずしもそうでないものもあり、たとえば、外観法理、とくにその事実的不法行為関係への適用などは、かなり説明が困難なものではないかと思われ、いわば代償的な比較というべきものの対象にはなりうるのである。Cf. Ono, Strict Liability in Japanese Tort Law, Especially Automobile Liability, Hitotsubashi Journal of Law and Politics, Vol. 28, p. 7, p. 12, p. 13 (2000).

(16)　マクロの比較には、たんに同じ制度を比較するという手法は通用しないから、いわゆる機能的な比較が必要となる。この手法の達成には、ラーベルおよびその学派の功績が大きい。ラーベルと機能的比較の方法については、五十嵐・④二八頁、三五頁参照。また、概論・上四三頁以下、とくに四六頁以下参照。

(17)　法曹制度は、法系認識の重要な一要素であるが（たとえば、概論・上二〇九頁、下三九四頁以下参照）、たとえば、近時のロースクール構想との関係では、アメリカの法曹教育がロースクールであるのに対し、イギリスあるいはその法系のカナダ、オーストラリアでは学部教育であるとの相違は、かなり大きいであろう。

(18)　たとえば、反対給付義務を消滅させる構成として、契約の消滅を用いるか、給付の牽連関係を用いるかについて、〔研究〕一八頁以下、二二頁以下参照。

(19)　これについては、前述（注(15)参照）好美古稀・一一三頁、一二五頁、一三三頁で、簡単にふれた。とくに、公序、信義則のような一般条項、弱者・消費者保護のような新しい分野においては、顕著に現れる。論文のテーマとしても、個別の問題の比較だけにとどまらず(それだけではしばしばたんなる紹介文となる)、この相違に着眼し遡っておくことが必要である。

イギリス法（サッチャー主義によるアメリカ的手法の大幅な採用後はべつとして）もまた、パターナリスティクな傾向を有するものとして、むしろ大陸法に近いのである。ただし、大陸法と比較してもそういえるかは、やはり相違がある。その意味では、かつての日本の法典論争には、政治的意味のほか、このパターナリズムへの態度という面も影響していたといえるかもしれない。すなわち、日本では、この傾向が強く、いかにイギリス的な主張が行われても、ある意味での大陸法回帰は必然的であったのである。

(20)〔研究〕六六頁以下参照。

(21) たんに一九世紀の文献だけではなく、しばしばフランス民法典成立以前のPothier, Domatの文献まで参照されている。性質上大部であるイギリスの判例集が参照しにくかったことによるものであろう。したがって、みかけ以上に、大陸法の影響は大きい。

(22) ローマ法との対比において、いわゆる「ゲルマン法」について、それが契約法をもたない伝統が指摘される。ゲルマン法は、金銭による取引なき社会の産物だったからである。債権法の中心は、不法行為法であった。これは、ローマ法継受の前提でもあった。これと同様のことは、伝統的なイギリス法にもあてはまり、そこには契約法の基本構造が欠けていたのである。

さらに、四〇年以上も前のローソンの比較によれば、特定の場面においては、英米法と大陸法の境界よりも、フランス法とドイツ法を分ける境界のほうが重大な相違をもたらす場合もあるのである(ローソン・英米法とヨーロッパ大陸法〔小堀憲助＝真田芳憲＝長内了訳・一九七一年。原著は、一九五三年版〕一九九頁、二〇四頁、二一一頁参照〔物権変動のさいの所有権の相対的把握〕)。

(23) Larenz, Geschäftsgrundlange und Vertragserfüllung, 3. Aufl., 1963. 同書については、勝本正晃校閲＝神田博司＝吉田豊訳・K・ラーレンツ・行為基礎と契約の履行（一九六九年）がある。

(24) ラーベルおよびその学派については、五十嵐・④二八頁、九七頁ほか、③五一頁以下、五六頁。亡命者を多く出したことについては、七五頁以下。ただし、ケメラーやケーゲルなどは、国内にとどまった（同七七頁）。

(25) Abschlußbericht der Kommission zur Überarbeitung des Schuldrechts, 1992. がある。解除権の行使のさいの危険負担については、〔給付障害〕二一二頁以下、給付障害論については、同四〇五頁以下で検討したことがある。

ただし、日本には、留学先との関係から前者（国際協調主義的な面を強調するドイツ法解釈）の影響が大きく、またドイツ法内部に対する理解において、これがやや過大評価されてきたように思われる。より伝統主義的なドイツ法解釈論にも、実務を中心になお根強いものがある。

なお、二〇〇〇年、連邦司法省は、債務法現代化法の試案(Diskussionsentwurf eines Schuldrechtsmodernisierungsgesetzes）を公表した。これは、ＥＵ指令にもとづき（25. Mai 1999, AB l. EG Nr. L171 S. 1)、ドイツが二〇〇一年一二月三一日までに、消費物の売買と保証に関する改定をしなければならないことを契機とする。売買法の改正が必要なことから、一九九二年の改定草案をふたたびとりあげ、売買法だけではなく、債務法一般、時効法、その他の改正を意図するものである。やはりラーベルをうけ継ぐフライブルク学派の影響が大きいようである。

(26)　ドイツ法系の概略としては、五十嵐・④五四頁以下、概論・上二五一頁以下。

(27)　自然法的法典の一九世紀的解釈については、〔研究〕一〇頁、三二六頁以下参照。一八世紀のバイエルン民法典は、一九世紀には、ほとんど無価値なものと位置づけられている。

(28)　立法資料あるいはそこにいたるプロセスとして、Jakobs und Schubert, Die Berathung des BGB: in systematischer Zusammenstellung der unveröffentlichten Quellen, 1978/85 ; Zusammenstellung der gutachtlichen Aeusserungen zu dem Entwurf eines Bürgerlichen Gesetzbuchs, 1890 (1967) などがある。また、一八世紀、一九世紀の多くの立法、草案、その理由書が大量に復刻されつつある。

(29)　一九九一年の債務法改定草案については、前注(25)参照。伝統的なものと一致しないことから、必ずしも国内的な賛同（とくに、実務上）は多くない。

(30)　ドイツ法のギリシア法（一九四〇年民法典）への影響、ギリシア民法典の沿革と性格については、cf. Zepos, The New Greek Civil Code of 1946, The Journal of Comparative Legislation, vol. 28 (1946), p. 56. 具体的には、〔研究〕三五三頁注(9)参照。

(31)　これにつき、〔研究〕八頁参照。たとえば、解釈学としての主張を、客観的なローマ法の認識と混同することになる、あるいはそれと逆に、歴史認識を基礎として、解釈理論を評価するなどである。

(32) フランス法系の概略としては、五十嵐・④五八頁以下、概論・上一二九頁以下。イタリア法については、同・④六一頁。

(33) ケベック民法典（一八八六年）やルイジアナ民法典（準州のものが、一八〇八年。州のものが、一八二五年。一八七〇年に改正）については、五十嵐・④六七頁参照。

(34) フランス民法典と、古法や一九世紀の注釈学派との関係については、〔専門家〕一九七頁参照。立法資料としては、Locré. La législation civil, commercial et criminelle de la France ou commentaire et complement des Codes Français, 31 tomes, 1827-32; Fenet, Recueil complet des travaux préparatoire du Code civil, 14 tomes, 1827 (1968).がある。古法上の学者のDomat, Les loix civiles dans leur ordre naturel, 1689/1697; Pothier, Oeuvres de Pothier, par Bugnet, 10 tomes, 1845-48, (t. II, Traité des Obligations, 1848; t. III, Traité du contrat de vente, 1847).などは、必見といえよう。ポティエの著作は、一九九三年に復刻されてアクセスしやすくなった。

(35) オランダ民法典については、五十嵐・④六〇頁以下。また、〔研究〕六二頁参照。

(36) フーバー（Eugen Huber, 1849-1923）は、一八九二年からスイス民法典の起草を手がけ、一九〇七年に制定にいたった（一九一二年施行）。スイス民法典については、五十嵐・④七二頁。

(37) スイス法のトルコへの影響については、五十嵐・④七三頁。

(38) スイスの個別立法に対するカントン法、その前身の都市法の研究は、まだ緒についたばかりである。スイス法とツァシウスについては、本書第三部一篇参照。

一八八一年の債務法は、起草者、Munzingerの手によるものであり、債務法と商法を結合した独自の体系を有している。

わが起草者のカントン法への言及は、福島編・前掲書（第二章注(5)穂積文書）四一～四二頁。ブラウビュンデン民法（一八六二年）、ブオー民法、チューリヒ民法（一八五三～五五年）である。後者については、Bluntschli (1808-81), Privatrechtliches Gesetzbuch für den Kanton Zürich, 1854-55 (Bd. 3, Das zürcherische Obligationenrecht, 1855).が有益であり、フーバーの一九〇七年の民法典起草にも影響を与えた。

(39) スペイン、ポルトガルについては、五十嵐・④六二頁。

(40) 北欧法については、概論・下五二五頁以下。包括的なスカンジナビア法の情報は比較的限られている。古いものでは、cf. Lehr, Eléments de droit civil scandinave, 1901; Almén, Das skandinavische Kaufrecht, 3 Bde, 1922. 後者は、スカンジナビア統一売買法の解説である。同売買法は、国際的統一法に寄与したところから意義がある。

(41) 英米法については、概論・下三五一頁以下。

(42) 福島編・前掲書（第二章注(5)）穂積文書四一～四二頁。また、これらは、岩田新・日本民法史（一九二八年）四五～四六頁でもふれられている。ニューヨーク民法草案（一八六五年）、カリフォルニア民法（一八七一年）である。

(43) 社会主義法については、五十嵐・④七五頁、概論・下五四一頁以下。

(44) 東ドイツ民法典については、伊藤進・エンデルレ「ドイツ民主共和国（東独）の新私法典について」民商七四巻四号、七六巻二号、山田晟・ドイツ民主共和国法概説（下・一九八二年）がある。具体的内容については、これらを参照されたい。

ポーランド民法典については、Letowska et Piaowski, Code civil de la Rêpblique Populaire de Pologne, 1980. Introductionが比較的詳細である。第一編・総則、第二編・物権、第三編・債権、第四編・相続の構成であった。家族法は、一九世紀にフランス民法典が適用されたとき以来、民法典からは除外され、独立の法規とされている。

(45) これは、一部には、従来の東ヨーロッパ文化・経済圏が目ざされているという観点からも説明できるが、むしろ単純な西ヨーロッパ文化の受容に対する反発、独自性の観点が重要である。そのさいには、二つ方法があり、一つは自国法を探究することであるが、もう一つが、この国際性指向である。国際関係の緊密化の傾向からは正当と思われ、同様な動きは、西ドイツに対する独自性を発揮しようとする東ドイツ地域にさえみられる。小野・一論一一六巻三七頁参照。〔第一部四篇参照〕

同様な傾向は、アルザスやバスクなど、従来の国民国家の枠組みに適合しない小地域にもみられる。つまり、従来の一面的な国民国家の価値に対抗する必要性は、西ヨーロッパ内部にさえ存在するのである。

(46)　ただし、いずれの場合でも、市場経済への組みこみという観点からの再構成が必要であり、従来の研究と同じ観点によっているわけではない。東ドイツの所有権の私有化については、小野「東ドイツ地域の共同所有権の私有化—その過程における所有権の金銭債権化—」混沌のなかの所有〔二〇〇〇年〕一六五頁以下（〔専門家〕二九八頁にも所収）参照。

(47)　旧モンテネグロ財産法典については、cf. Code générale des biens pour la Principauté de Monténégro du 1888 (par Dareste et Rivière), 1892. が有益である。〔研究〕三五〇頁参照。

(48)　ラテン・アメリカについては、五十嵐・④六四頁。ブラジル民法典は、一九四二年に改正された（五十嵐・④六六頁）。このように、ブラジル（旧宗主国はポルトガル）を除き、フランス民法典の影響が大きいのは、当時、本国であったスペインの民法典が完成しなかったからといわれる。

メキシコ民法典については、cf. Eckstein and Zepeda, Mexican Civil and Commercial Codes, 1995.

なお、アジア・アフリカ法については、継受した西欧法と固有法との関係で、言及する点が多いので、本稿では、たち入らない。前注(10)参照。

(49)　五十嵐・④一三〇頁。また、たんに密接な関係があるというだけではなく、欧米諸国では、国際私法と比較法は提携して発達してきたといわれる。概論・上九頁以下をも参照。

(50)　その歴史についても、五十嵐・④一五〇頁以下。

(51)　五十嵐・④一五二頁。さらに、立法、判例、学説により、各国の法が事実上共通の方向に向かう「調和」、「接近」、「同化」という現象がある。法の統一とは区別されるべきとされる。一九世紀の普通法学説が、ローマ法の解釈を通じてドイツ法の統一を準備し、また、アメリカの私法が、ロースクールによる共通講義を通じて実質的に法の基本的部分を統一していることが注目される。ＥＵ法の統一の動向も、一部の立法作業を除くと、基本的には類似の方法にもとづくものである。後注(54)参照。

(52) 国際動産売買法の成立については、五十嵐・一五八頁以下に詳しい。

(53) ユニドロワの法原則については、Bonell, Principles of International Commercial Contracts, 1994. がまとまっている。

(54) ヨーロッパ法原則についても、種々の解説があるが、近時では、Lando, Ole and Beale, Principles of European Contract Law, 1999. がある。

(55) たとえば、契約法リステイトメントは、一九七九年に全面改定され、三巻の解説が刊行されている。Restatement of the Law, Second, Contracts, as adopted and promulgated by the American Law Institute, 1981.

(56) 統一法については、包括的法典であるUCCが著名であるが、多方面で、個別の法典が作られている。たとえば、統一売主および買主危険法（Uniform Vender and Purchaser Risk Act）がある（これにつき、〔研究〕三七八頁）。また、もう少し大部のものでは、一九六八年に採択された統一消費者信用法（Uniform Consumer Credit Code, 1968）がある（〔利息〕一九一頁参照）。いまや、ほとんどの重要な部分には、何らかの統一法があるといってもいいであろう。今日では、データベースあるいはインターネットからいくらでも引くことができるので、一般的なものを例証として、いちいち掲げることはしない。

(57) 英米法の文献については、やや古くなったが、田中英夫＝堀部政男編・英米法研究文献目録（一九七七年）が包括的なものである。引用の方法についてふれるものは、種々あるので、本稿ではたち入らない。

第四章　むすび

1　ヨーロッパ法史

第二章と第三章において、民法の研究にあたっての留意点を時間的、空間的に分かって紹介した。法の系譜的研究を、日本ではなく、ヨーロッパ法を中心に行うのが、ヨーロッパ法史・比較法の対象である。基本的には、すでに述べたところによるので、細部にはいちいちたち入りえない。同じ問題は、たとえば、アメリカ法を中心に行う場合にも生じようが、アメリカ法の歴史は比較的短いので、ヨーロッパ法ほどの困難は生じない。

民法の研究は、系譜的にヨーロッパ法にまで遡りうるので、近代私法史の意義を否定することはできない。いかなる制度も、その起源に遡って考察すると、現在では不合理となっていても、その存在理由や制度の前提がより容易に理解できるのである。

実定法の解釈においては、比較法といい、法史研究といい、法の認識や改良に役立たせるためのものであるから、たんなるEinleitungであってはならない。これが、比較法や法史の本来的研究の場合との相違であり、なんのための紹介かわからないような研究は避ける必要がある(1)。

2　一九世紀までの法分裂

ヨーロッパ法史の特徴は、一九世紀までの法分裂である。とくに、中央ヨーロッパのドイツ、イタリアにおける国民国家の形成は比較的遅れたから、統一にいたるまでのプロセスを把握しておかなければ、多種、多次元の法を立体的に理解することはむずかしい(2)。

また、法のあり方が、近代的な国民国家の形成後とはかなり異なることに注目しなければならない。たとえば、中世においては、中央権力が確立していたわけではないから、排他的な立法機関が存在していたわけではなく、法は、基本的に慣習法や、継受されたローマ法である。国家や領邦を超える教会組織の法であるカノン法も存在していた。つまり、ヨーロッパ的な影響関係が強かったのである。また、カノン法は、今日のものとは異なり、私法体系をも含む包括的なものであったことを忘れてはならない(3)。

このような同質性を破壊し、国家を法の唯一の源としたのは、一九世紀の国民国家である。二〇世紀の法は、基本的にその延長にある。しかし、法に関する国際組織、EUのような地域的組織と取引活動の世界化により、法の同質化が生じており、その限度では、一八世紀以前への回帰ともいえる現象がある。したがって、一七、一八世紀の自然法理論と同様に、これからの法の伝播には、国内にとどまらないことが、ますます拡大しよう。

そして、時代の大きな流れを把握しておくことが必要である。たとえば、ローマ法の現代的慣用から、自然法論、ついで一九世紀のパンデクテン法学といった流れである。二〇世紀の流れについては、なお検討のよちがある。

3　結　語

本稿では、ごく資料的なものであるとの性質上、まとめは必要ではないので、最後に、日本の学説と法典の一面について、簡単にふれることで終えることにしよう。

(1)　解釈による大幅な組み換え

(ア)　わがくにの学説ほど、法典に対して容赦のない批判を加える例は少ない。これは一面では民法典がすでに一〇〇年の歳月をへて、かなり大胆な解釈を加えないと場合によっては使いものにならないことにもよるが、すでに民法の成立からそう遠くない時期にあっても同様であった。

それも、枝葉末端の部分ではなく、法典を特徴づけるかなり中枢の部分においてそうであった。不法行為の権利性の要求、物権変動の意思主義、危険負担の債権者主義などである。近時にいたっては、列挙にいとまがないほどである。

そのなかには、不法行為の成立に権利侵害を必要とすることなど、法典自体に時代的に意味の乏しいものが含まれていたことは否定しえない。そのモデルとなったドイツ法自体でも救済の狭さが問題になるところであり、正当な批判であったといえる。

しかし、物権変動の意思主義に対する批判は、結局判例のいれるところとはならず、学説は、再度基本的にはこれをも容認するにいたっている。後代の評価からすると、ドイツ法をモデルにした、「いわれなき批判」と位置づけられなくもない。少なくとも、ドイツ法万能の時代に与えられたであろうように、不当な規定と簡単に位置づけることはできない。これらの消極的評価を与えられたものが再度評価されたのは、かねてからのフランス法再評価の結果ともいえるが、法典に忠実な解釈が継続してきたのは、民法典成立前後のフランス法的な解釈が判例に蓄積されたおかげであり、端的には司法省法学校以来の伝統の影響に意味があったともいえる。

危険負担の債権者主義に対する批判も古くからのものである。こちらは、最近の裁判例は乏しいが、一般的には判例のいれるところとはならないとされ、しかし、学説側も反対を撤回していない。批判のおもな根拠は、実質的合理性と比較法の二面にわたる。わがくにの民法の起草者は、伝統的な慣習や法感情にあまり重きをおいていないが（利息制限法などは例外として）、この点は、学説も同様と思われ、債権者主義の批判は、もともとはドイツ法をモデルとしたものであったといってもよいであろう。

また、その批判は、現代的な比較法というよりも、たんにドイツ法と異なる部分をみな批判するといった、初期的な継受法に発したものであろう。それというのも、比較法的な見地からみれば、危険負担には、ドイツ法的な引渡主義やフランス法的な所有者主義だけではなく、個別の事例にそくした解決を探る最近の方法（ＵＣＣや統一法にみられる）が存在するからである。

(イ)　ここで、注目したいのは、フランス法系の諸国では、決して所有者主義が合理性のないものであるとか、あるいは法感情に反するとはされていないことである。もちろん、これには、債権法の構造、所有権移転の方法、過失責任主義の構造などに差があることにもよる。しかし、たんにそれだけではないものもあるように思われる。

すなわち、法典の解釈は、何らかの意味での法典や法秩序そのものに対する尊重を出発点としており、これをまったく否定するような解釈はありえないという確信があるのであろう。とくにフランスの学説は、注釈学派ではなくても、きわめて慎重であり、そうあからさまな批判をみることはない(4)。

(2)　パンデクテン的解釈とその射程

(ア)　種々の解釈のなかで、唯一極端な批判をみることができるのは、一九世紀後半のパンデクテンの時代である。これは、いうまでもなくドイツ民法成立前であり、そこでは、普通法、すなわち立法によることなく慣習的にドイツに継受されたローマ法が現行法として（普通法）適用された時代であった。

また、そこでは法源として、ローマ法だけではなく、ゲルマン法も主張されていた。もっとも、後者も、形式はゲルマン法を根拠とするが、その体系や内容は普通法のものであった。普通法の内容を、ローマ法あるいはゲルマン法を根拠にして争うものである。この論争は、ドイツ民法典草案に対するギールケの批判にみられるように、非常にきびしいものであった。

ここでは、批判を加えようとするローマ法あるいはゲルマン法に対する徹底的な否定がみられる。たとえば、「ローマ法には、売買契約に関して、ゲルマン的な法生活からはまったく疎遠なこと、すなわち、法感情にまったく反する二つの規定があった。それは、数百年の長きにわたってほぼすべてで適用され、現代の立法、いわゆる普通法においても適用が認められてきたものである。第一は、売買が締結され、引渡がされても、代金が全額支払われないかぎり、所有権は買主に移転しないこと、第二は、引渡がなくても、危険が買主に移転することである」といった言にみられる。(5)

しかし、注目しなければならないのは、一九世紀の後半の論争は、現代的な意味での法の解釈ではない。普通法は、ローマ法の形を借りてはいたが、その内容は現代ローマ法、すなわちドイツ法の一九世紀的な解釈であったからである。

また、それは、現代的な法史ともいえない。普通法の解釈は、たんなる古典ローマ法の研究ではなく、ローマ法を現代に適合させるものだったからである。とくに民法典の制定が日程にのぼってからは、法典への影響を意図した解釈もみられる。これが通常の解釈の域内のものかには疑問がある。

端的にみれば、多くの普通法の解釈は、たんなる解釈の範囲を超えるものであった。それは、普通法に内容を与えることを目的とするものであり、かりに民法典に対する影響を意図したものではなかったとしても、きわめて立法論的な性格のものであった。ここでは、本来のそれに比して幅の広い解釈が出てきても不思議はない。その結果、ドイツ民法に採用された普通法の学説は、反対説に対するこのようなするどい批判を残している。また、それは、ドイツでは法典に採用されたものである以上、法の解釈を逸脱するものではない。しかし、これを前提とした初期のわが学説にとっては同様ではない。わが民法典は、みぎの例でも、ドイツ法のような引渡主義をとっておらず、フランス法からうけついだ債権者主義をとったからである。ドイツ法をモデルにすると、必然的に法典に対するきびしい否定的な態度が生まれるのである。

(イ)　わが学説のもつ仮借なき法典批判には、少なくとも端緒的には、このような立法論的な批判の伝統も混入しているのではないか、と思われるのである。

また、法に対する伝統的な態度の相違も無視しえない。わがくにには、おそらく厳密な意味での概念法学の伝統はなく、形式と実質、原則に対する例外の形成による法の修正は、古くからみられるからである。(6)

大正時代の一時期が概念法学の時代といわれるが、これも正確には、ドイツ法をモデルにした解釈が硬直であった（日本の事情を考慮しない）というにすぎず、わが民法典との関係では、むしろ自由な解釈であった面もある。しかも、これが批判されてのちは、概念法学はおろか、法典への仮借なき批判がいっそう公然化したのである。

その功罪にふれるのは、のちの課題としよう。

（1）　もっとも、実定法の解釈だからといって、比較法や法史の研究が、直接的な解釈に適用される場合にだけ用いられるべきだということではない。広い意味でも、機能的な比較に役立てられているかが問題である。

（2）　歴史的な人名などで手元において有益なものとしては、ヴィアッカー「近世私法史」（鈴木禄弥訳・一九六一年、Wieacker, Privatrechtsgeschichte der Neuzeit, 1967）、ツヴァイゲルト／ケッツ「比較法概論・原論」（大

〈付録〉　法典調査会の比較

	民法の法典調査会(1893)	旧民法の法典調査会(1888)
①総裁、議長	伊藤博文（総裁、1841-1909）、西園寺公望(副総裁、1849-1940)、(同、箕作麟祥)	山田顕義（1844-92）
②起草者	穂積陳重（1856-1926）、富井政章(1858-1935)、梅謙次郎(1860-1910)	今村和郎（1846-91）、栗塚省吾(1853-1920)、宮城浩蔵(1852-93)、井上正一(1850-1936)、磯部四郎(1851-1923)、熊野敏三(1854-99)、光明寺三郎(1849-93)、黒田綱彦(1850-1913)、高野真遜
⑤教授	穂積八束（1860-1912）、土方寧(1859-1939)	
⑥元老院議官、国会議員	箕作麟祥（1846-97）、尾崎三良、鳩山和夫（1856-1911）、星亨(1850-1901)、元田肇（1858-1938)	箕作麟祥、清岡公張(1841-1901)、鶴田皓(1835-88)、渡正元(1839-1924)、村田保(1842-1925)、槇村正直(1834-96)、尾崎三良、細川潤次郎（1834-1923）
③裁判官	南部甕男、磯部四郎、長谷川喬、井上正一、高木豊三、岸本辰雄、村田保（1842-1925）	南部甕男、尾崎忠治(1831-1905)、松岡康毅（1846-1923）、西成度、北畠治房（1833-1921）
④行政官	清浦奎吾（司法次官、1850-1942）、末松謙澄（法制局長官、1855-1920）、伊東巳代治（内閣書記官長、1857-1934）、金子堅太郎（農商務次官、1853-1942）、三浦安（東京府知事、1829-1910）、横田國臣（司法省民刑局長、1850-1923）、木下廣次（文部省専門学務局長、1851-1910）、奥田義人（内閣官報局長、1860-1917）、都築馨六（内務省参事官、1861-1923）、本野一郎（外務省参事官）、田部芳（司法参事官）、菊地武夫（司法省参事官1854-1912）、三崎亀之助（官吏、のち政治家、1848-1906）	三好退蔵(司法次官、1845-1908、のち大審院長)
⑥追加メンバー	岡村、千家、中村、関、大岡、本尾、神鞭、島田、細山、河島、小中村、山田、小笠原、東次、江木、木下周一、熊野、尾崎、高田、渋沢栄一（1840-1931）、阿部泰蔵（1849-1924）、末延道成(1855-1932)、鶴原定吉（1855-1914）、加藤正義（1854-1923）	

木雅夫訳・一九七四年、Zweigert/Kötz, Einführung in die Rechtsvergleichung auf dem Gebiete des Privatrechts, Bd. 1, 1971)、碧海純一・伊藤正己・村上淳一編「法学史」(一九七六年)、そのほか、ドイツでは、Koschaker, Europa und das römische Recht, 1947 (1966); Savigny, Geschichte des Römischen Rechts im Mittelalter, 1815-31 (1961), フランスでは、Arnaud, Les origines doctrinales du code civil français, 1969; Arnaud, Essai d'analyse structurale du code civil français, la règle du jeu dans la paix bourgeoise, 1973; Fasso, Histoire de la philosophie du droit XIXe et XXe siècles, 1974. などがある。

　一九世紀の法分裂については、〔専門家〕一五八頁の図を参照。法の分裂には、中世における地域法や、東方開拓地への拡大に関しても、興味深いものがあるが、たち入りえない。

(3) カノン法については、「私法におけるカノン法の適用」〔利息〕一一頁以下参照。

(4) しかし、だからといって、必ずしもそれに固執するようでもない。たとえば、比較法や法の統一の作業の中まで、そこに固執するわけではないからである。つまり、比較法の受容も、法典への信奉からその限りで限界づけられるのである。

(5) Hofmann, Ueber Periculum beim Kaufe, 1870, S. 169.

(6) 江戸時代のものに関するが、日本における法の解釈の現実性については、Ono, The Law of Torts and the Japanese Law (1), Hitotsubashi Journal of Law and Politics, vol. 26 (1998), p.56 & note 54. いわゆる本音と建前的な議論は、今日でも失われてはいない。よい意味での概念法学の伝統のないことがわが法の特徴であり、これは、法治国家理念の欠落に由来し、近時の法化社会論にも通じる課題である。

補論—論文とテーマ

以下の補論は、初心者の論文作成やテーマの設定にあたり、しばしば注意するところを整理したものの一部である。ただし、よく気づくもののみを簡単に列挙してあるにすぎない[(1)]。本論でも指摘したように、近時は、法律論文の書き方に関しても、種々の文献が出されつつある。(2) 本稿＝補論は、そのような周到かつ網羅的なものとは異なり、法律論文以前の、ごく技術的な事項に簡単にふれたものである。

対象とするテーマはごく限定されており、部分的なものにすぎない。(3) 集めた項目はもっと多数あるが、すべてを整理する余裕はないので省略した。また、事柄の性質上、単純化したところもある。

研究の方法や論文の書き方にも、料理の方法と似た面があり、もっとも基本的なことは、慣れた人間やとくに大家には当然であり、それが必ずしも重要な事項だとは気づかれずに公然とは出されていない可能性がある。(4) あるいは、見解の相違が厳しく、一定のものを出したくても出せないという場合もある。昔の大家も、必ずしも渋いから教えなかったというばかりではなく、細かな点にまでは気が回らなかったにすぎない、ということであろう。ある意味では、「芸はみて覚える」式の要領は、マニュアル化によって減少することはあっても、まったくなくなるということはないのである。

なお、例外のない原則はないといわれるが、それぞれの言及は、一定の前提のもとで書かれていることがつねであり、むやみに条件をはずしたり一般化することは危険である。

(1)　また、多少は好みの問題も包含されているかもしれない。そして、積極的部分は、大家や偉人のそれを分析したものであり、他方、批判的な部分は、多分に自戒と悔悟の意味をこめて書いてある（何ら他人に対するものではない）。前者は、そのほうが参考になるからである。分析には、広く活字で入手した素材をも対象としているから、必ずしも身近な例が多いというわけではない。その意味では一般的なものとなっており、この点もそのほうが有益であろう。例示におもに歴史的な外国の著名な事例を採用したのは、具体的な法律論文では論証がむずかしく、また、すでに読んでいる者にしかわからないからである。本稿は、まさに、ごく初心者に対するものである。いうまでもなく、著名な例は、一般に、通説的に理解されているとおりの意味で引用してあるにすぎず、それ自体をうんぬんする意図も能力もまったくない。

述べたところは、いずれも当面のものにすぎず、積極的に公けにするほどのものではないが、多少希望をこめたところもある。部分的には、学部段階の学生にいうようなことも含まれている。基本的な態度として共通することもあるからである。蛇足のさらなる蛇足というべきであろう。

なお、本稿は、おもにテーマや問題の発見の方法にのみふれており、その処理についてはふれていない。つまり、論文作成の前半にしかふれていないことになる。これは、紙数のほか、後半のマニュアル化がむずかしいことにもよる。こうした種々の制限にもかかわらず、このようなものを公けにするのは、最近は、マニュアル的な指導のほうがうけ入れられやすい傾向があるからである。

（2）本論第一章注(1)参照。しばしば大部であり、それ自体で、研究の対象となるほどの内容を有している。かなり高度な読者を対象としているようにみえる。

（3）本論との関係で、補論でも同様に、沿革や比較法の研究を中心とする場合に限定した。対象としてしばしば身近な作業をもちだしたのは、そのほうが具体的であるからにすぎない。

（4）同様の欠落は、（大家でなくても）本稿についても同様にありうる。

一　論文の種類と質

1　論文のスタイル

論文のスタイルは、形式的な種類と質において異なる。しばしば、論文のスタイルはモデルに従うべきものだといわれる。しかし、参考とする場合に、初心者は、この差に注意する必要がある。古典、あるいは著名な学者のスタイルをモデルにすることが勧められる。習字でも手本があるのと同様である。当然、手本は大家の手による優れたものであるほうが望ましい。

しかし、モデルは一つではありえず、時と場合によって区別するべきことに注意する必要がある。ときに、単一・無二のモデルをすべての場合に墨守しようとする者がいる。しかし、自分が今何を書こうとしているかにそくして考えなければならない。論文には、たんに量的な面だけからいっても、実務家向けの比較的小さな論文や解説的な論文から、助手論文、博士論文のような大きな論文までがある。現在自分が書こうとしているのが、どの種類の論文かを見極め、それにもっとも見合ったモデルを選択しなければならない。習字でも、楷書、行書などの種類がある。楷書の練習には、楷書の手本を用いるべきであろう。

大きな論文の手法で、小さな論文を書くべきではない。これはたんに論文の量、頁数に制約があるというだけではなく、論文のスタイルにも影響する。赤ん坊は大人のたんなる縮小ではなく、頭が大きいという特徴をもっている。小論文では論証や例示のプロセスをできるだけ切り詰め、前後を充実させなければならない。たんに、大きなものを比例的に縮小しただけでは、説明不足になる可能性が大きい。論文の頭と結論には、縮小できないものが多く包含されている。従来、博士論文などを書いている者に、意欲のあまりに小論文においてもこの手法に陥ることがよくみられた(1)。

逆に、小さな論文の手法で、大きな論文を書こうとすると、論述不足に陥ることがある。博士論文のモデルに、実用論文をもってくるべきではない。このような手法は、内容にも影響するから、検証の対象や方法が不足する結果にもなるであろう。比較的要領のいい者には、大きな論文をもこの手法によろうとすることが、しばしばみうけられる。

つまり、論文にモデルや典型例があるというのは正しいが、特定の目的にそくしたモデルは限定されており、何でもいいというわけではない。場合に応じたモデルを探す必要がある(2)。

また、大家には、大家であればこそ許される、たとえば、同人の説として広く一般に周知であるがゆえに省略できるとか、あるいはすでにべつの場所で検討ずみの論証のプロセスなどがある。さらに、とくに価値判断が要求されている場合など、初心者にはまねのできない要素もあるから、この点にも注意する必要があろう。また、それぞれのもつ個性もあり、これは容易には習得できないものである。

2　論文のもつべき質

(1)　要素　わがくにの研究者の論文の多くは、少なくともその出発点では、比較法や法の系譜的研究と結びつくことが多い[3]。そのこと自体にはたち入らない。

このような研究でも、最終的に、二つの要素が必要となる。創造性と資料性である。もっとも、論文のスタイルにより両者の比率は異なってくる。たとえば、紹介的な文では後者が主となるが、その場合でも、まったくの紹介だけでたりるということはない。紹介といっても、事実の羅列だけではありえず、なんらかの視点で筆者が再構成したはずのものだからである。他方、創造性に富む論文でも、事実や検証がまったくなければ、ただの思いつきにすぎない。ただし、既述の論文につなげる場合や、大家の場合には、これらがすでに周知といえることもあり、その場合には、アイデアが大半となることもある（前述1）。むしろ、読者がそのようなものを期待することも多い。

博士論文や助手論文のような大きなものである場合には、みぎの意味での小論ではありえないから、アイデアと資料的価値の双方が必要となる。いずれかの一方ではたりない。従来の学界の水準に対し、何を付け加えたか、が重要であり、アイデアと資料的価値のいずれの局面でも、この付加の観点が必要である。論文ができたら、まず、どこが新しく、何が付け加わったかを問いかけてみるべきである。

独創性と資料性の両者は、創造的な論文においては必ず両立しているはずである[4]。重点の置きかたは、学問の領域によって異なるであろうし、また、想定される読者によっても異なってこよう。思いつきをテーマにし詳細な検討はのちの作業とした雑記帳形式のものもあるし、逆に資料的価値に重点をおいたものもある。一般に法律学上の論文には、大家となるほど、資料的裏付けの努力は必要ではないと解されているようであり（権威主義的との批判はありうるが）、これに反し、若手のものには、緻密な比較法的、沿革史的あるいはその他の資料的な研究が求められている。

(2)　資料性　　資料的価値との関係からすると、テーマ選択や研究の導入にあたっては、基礎論を重視するべきである。これは、従来の実定法の論文でも、沿革史、比較法であることが多い。わが民法は基本的には継受法であるから、沿革や法史はたんなる趣味ではなく、比較法の基礎でもあり、制度の根幹を理解することに不可欠である。また、機能的な比較という意味では、必ずしも直接的なものである必要はない。さらに、多角的なものの見方という意味では、一種の異業種格闘技である。(5) 同じ土台の、狭い範囲のものだけをみていたのではみえなかったものが、視覚を変えてみることによって明確になることは少なくない。

沿革的・比較法的なものを、多様かつ本格的に検討するのは骨がおれるものであり、その成果は、学界の共通財産となりうる。あまりに目先の利益だけを望んでいても、基礎論がないと、たんなる思いつきか説得力のないうすいものとなろう。(6)

しかし、いかなる場合でも、情報が意味をもつのは、事実のたんなる羅列としてではなく、価値判断によって位置づけられたときである。読者の価値判断と衝突・共鳴して、新たな判断の可能性を導くことに意義がある。もちろん、たんなる事実のみが読み取られることにも、まったく意味がないとはいえないが、その場合には、論者の価値判断はほとんど無意義なものと判断されたことになる。資料的な意義はなお重要ではあるが、それのみではたりない。説得力のある業績は、資料にはとどまらず、没価値ではありえない。資料の分析にも価値判断が重要なのである。(7) 論文には、何らかの意味で思想、少なくとも思索が必要である。

沿革や比較法は、論文に厚みと思索を与えるためのものであり、たんなる羅列や導入（Einleitung）であってはならない。

(3)　独創性、体系性　　(ア)　論文の意義を決定するものに、何よりもその独創性がある。最初にいい出すか、少なくともわがくにで最初に紹介し援用したことである。ただし、後者は、国内レベルでの話であり、世界的な標準とはならない。情報の輸入の時代にはたりたものでも、今日の視点からはたりないものとなる。模範たるべき業績も時代により変遷する。今日では、場合によっては、逆に輸出するほどのものが必要であろう。[8] 情報の世界発信が求められている。[9]

また、創造するよりも価値は劣るが、応用という方法もある。たとえば、生物学上の理論である進化論を、社会学や自由競争主義の根拠にも応用するという方法である。ある分野で先頭になれない場合は、先頭になることのできる分野を探すことであり、ある意味では、日本人に得意といわれる分野である。

しかし、応用がたんなる応用にとどまらない場合もある。従来考えられなかったもの、異なったものを関連づけることが、まったく新たな価値を生じる場合もあるからである。たとえば、私法理論である契約が、社会契約に応用されたことである。この種の応用はかなり多く、比較的成功したものも多い。そして、いかなる創造も、基礎のうえに成りたつものであるから、純粋の創造という部分は、そう多いわけではない。

だからといって、柳の下にいつも二匹目のどじょうがいるかは疑問とするべきであり、既存のもの、他人の創造・応用したものを二番手、三番手で応用しても、それはただのマンネリにすぎない。これは、自分のものについてもいえ、一つのことに秀でた者がすべてに通用するというのが「学識経験者」重用の前提でもあるが、[10] 深く研究したものがよくても、他のものは思いつきにすぎないこともある。つねにいいと期待するのは、のちに述べるマタイ効果の一部である（六3参照）。

諸科学の細分化した現代においては、関係しうる理論をみいだすことはむずかしい。このような学問間の影響を理解するには、学問の発達の状況を理解することが有益である。現在と異なり、中世においては、哲学ほかの諸学問（つまり科学）は、神学を頂点としこれに奉仕する一つの閉ざされた体系であった。そこでは、アリストテレス・プトレマイオスの体系が諸学問・思想体系の基礎であり、それゆえに、コペルニクスの理論も、たんに天文学上の転換を意味するだけではなく、神学ほかの諸科学をも転換する契機となったのであり、それゆえ反動も大きかったのである。[11]

しかし、専門の細分化した今日では、このような思想の統一は、もはや望めない。今日、異業種領域との交流が必要となるゆえんである。学際や「教養」が重要とされることの理由の一つでもある。必ずしも直接には現れる必要はないとしても、論文に深さが求められる一因は、この伝統に由来する。

ユニークなものが「発見」できないなどという言はしばしばきくが、そのようなときには、このような努力が欠けている場合が多い。当たり前のものを当たり前に処理していては、当たり前のものしか出て来ないのは当然だからである。たんに理論の精緻を求めるよりも、一見無関係なものを関連づけることが、よほど有益である。そのさいに、隣接社会科学、たとえば経済学の理論には有益なものがある。「法と経済」は小さな一例にすぎない。

(イ)　発見や創造のほか、科学には再発見という現象もある。著名な例では、遺伝の法則に関するメンデルの業績は、一八六五年から一九〇〇年までの三五年間忘れられていた。法律学でも、不当利得に関するWilburgの類型論も、v. Caemmererによって、新たに理論づけられることが必要であった。これらの場合に、ときとして二番手が必ずしも二番手でなくなる場合もある。(12) 学問の体系から乖離したものは、考慮されないからである。評価されるのは、新たな価値を付加した場合である。

また、独創的なことは、たんなる応用に優越するが、さらに、内容的に整序され、すぐれていることにも優越する。後者も、日本人に得意な分野といわれ、細部を精緻にすることは不要ではないが、必ずしも本質ではない。もっとも、だからといって、雑でもいいことにはならない。さらに、とにかく早くいったほうが勝ちであり、何でもとりあえずいっておくという方法には問題がある。論文は評論ではなく、根拠づけられたうえで学問体系に組みこまれなければならないからである。(13)

(ウ)　なお、独創性と集成能力のほかに、体系性が必要とされる。これは、集成の延長に位置づけられることが多いが、独創性なしにはできない作業である。もちろん、ただ集めたというのでは意味はない。ものごとを、整理、集成し、新たに位置づけるということは、新たな理論へのほんの一歩である。なぜ、ここではなく、あちらにこれをおくのか、組み換える必要があるのかという、その位置づけを説明するためにも原理が必要となるからである。

また、論文自体の体系性のほかに、学問体系への組みこみの容易さにも、意味がある（単純性）。それ自体が論理的・体系的なものは、このような体系への整合性にもすぐれているものが、多いであろう。

3　論文と副産物

(1)　テーマの集中　また、研究のプロセスでは、たくさんの副産物が発生する。これらを、一つの論文で拾うべきではない。拾えるものでも捨てることが、問題意識を明確にするのである。拾えるからといって、いちいち拾っているために、視点がぼけていることは多い。それでは、かえってメイン・テーマをも捨てることになる。おそらく捨てるということは、拾うと同じくらいむずかしいことである。どうしても拾いたければ、べつのところで拾わなければならない[14]。いかなる場合にも、資源と知力を集中することが必要である。何かを犠牲にすることも、ときには必要である。犠牲あるいは代償性の原則ともいえるが、集中の原則（後述六１）の裏側でもある。論理や構成のためにも、一定の条件をたて、普遍性を捨てることがある。経済学の法則などには、この種ののが多い[15]。いろいろな要素をすべて考慮しては、本質がみえないからである。ただし、捨て方にも、技能が必要であり、よいものを捨てては何にもならない。つまり、捨てることは、選択することである。

さらに、テーマの場合と同様に、文献の取捨選択も必要である[16]。とくに、捨てる勇気が必要である。不要になった文献は、べつの機会に利用すればよいのである。ほとんど脈絡もない文献を注に入れる必要はない。

(2)　テーマの射程と属性　目ざすものが、必ずしも獲得できない場合もある。これは、一見すると失敗であるが、たいていの性質には、それとは反対の優れた点が含まれている。それが、何に適するかを発見することが、重要であろう。これは、俗には発想の転換といわれる。

逆に、優れた理論にも、必ず不適切な部分や限界がある。自分の理論が無限定だと錯覚せずに、限界を見定めることも必要である。ミクロで妥当なものも、マクロでは妥当するとは限らない。同じことは、他人の業績の評価についてもいえるが、[17]この場合にはその利点を承認することが重要である。たんなるあらさがしなら、いくらでもできるからである。

（1）このような注意をしたうえ、必要なら注にまわすように忠告したところ、大量の注を付した論文が現れたことがある。注がどこまで必要かは、論文の目的にもより左右されるが（資料的目的をもつ論文かどうか）、基本的には本文の大きさ（何パーセントという割合）や対象（狭い範囲の専門家かどうか）によるべきものであろう。

子どもがたんなる小さな大人ではなく、独自の存在であることについては、社会学者のアリエスの研究にくわしい（アリエス・子どもの誕生〔杉山光信＝杉山恵美子訳・一九八〇年。原著は、一九六〇年〕三五頁以下）。この指摘は、多方面への示唆を含んでいる。

（2）同じ博士論文でも、時代によって、また分野によっても、かなりスタイルは異なる。また、論文博士の場合の論文と、課程博士のそれとは必ずしも同一ではない。前者には、数十年にわたる研究の統合という面をもつ場合があり、論文を構成する各部分には、当初の独立した論文としての性格と、最終的な全結論におよぶ集合論文の一部としての性格との二重性がみられることもある。この場合には、独立した論文で要求されるほどの集中度はないこともあり、それが成功していることもある。

（3）これは、法律に限らず、自然科学などでも基礎研究が弱いといわれるわがくにの研究の底上げをするものであり、とくに円熟した研究者には、そのような時間的な余裕がなくなる傾向がみられることから（その良し悪しはべつとして）、積極的に評価される点もある。また、この種の基礎研究はたんに理論に走ったものとはいえず、専門の研究者には、即効的解決を必要とされる実務家にはできないことを長期的視野からする必要があり、それが存在意義でもある。しかし、近時の大学改革の結果、研究者コースの軽量化が計られるおそれは大きい。

（4）この種のものとして、経済学ではシュンペーターのものが著名であるが、その法学版というべきものとして、たとえば、エンデマンやヘーデマンの著作がある。〔利息〕七八頁、八六頁注(31)、注(34)参照。なお、後注(5)をも参照。

(5)　一見関係のないものから、思想を読み取り、関連づける能力が必要である。そして、内容が豊富なものは、必然的に創造性にも富んでいるのである。研究者に必要なものの一つには、豊かな構想力、さらには想像力もある。

(6)　人の思いつきがたんなる思いつきの域にとどまる限りは、およそ凡人のそれにそれほどの差はない（繰り返しになるが、大家はべつである）。そして、多くのことには、先人のものがある。また、よほど新しい事象でも、人はしばしば古い枠組みで判断するのである。また、あまり飛躍のないことが、説得力の基礎ともなるのである。違いがあるとすれば、それを根拠づけるだけの論証や作業であり、それが説得力を与える。つまり、独創性というのは、むずかしく、両立しがたいものでもある。

(7)　なお、結論に関しても、法律論文には他の学問体系とは異なる点がある。法律論文は、Sollenの結論を導くものであって、事実のみを並べるものではない。もちろん、単純な紹介論文はべつであるが、紹介といっても、まったく新規の問題でもないかぎり、一定の観点からの紹介でないと、読むには耐えがたいものとなる。Sollenは、価値判断を含むものである。事実のみからでは、結論も生まれないのである。なお、価値の内容には、主張や希望がありうるが、どこまでが、価値判断であり、事実かを明確にすることが必要である。

(8)　これに反し、従来、わが法やその解釈は、日本語の壁に守られていたために、情報の世界発信に必ずしも熱心ではなかった。これでは、日本法の水準が後進的であると誤解される可能性がある。他方、情報や文化の輸入は大量かつ恒常的に行われているから、輸出入のアンバランスはいちじるしい。もちろん、欧文で精緻な理論が書かれている例もあるが、相対的に少なく(これは、しばしば独創的なものである)、また、外国から求められているものは、あまりに高度・先進的なものというよりも、むしろ平均的な水準の情報の提供である。しかし、国際的に求められるものでも、国内的には、そのようなものには独創性がないとして評価されないことから、供給が少ないのである。

平均的・基本的な情報の提供は、もはや個別のボランティア的な作業に頼るよりも、学界が総力をあげて整備するという時期であろう。つまり、コンピュータのたとえでいえば、先端技術の発信はもちろん必要ではあるが、同時にいわば基本ＯＳの整備が急務であり、これなしに応用ソフトだけを作っても、それは、結局、外国法の内容を豊かにすることに寄与するだけであり、日本法を豊かにすることにはならないのである(後注(12)の後半参照)。そこで、当面このような作業ができない場合でも、とくに若手の研究者には、将来的にこのような作業を期待したい。また、その場合に、年長者には、無用な作業として切り捨てるのではなく、評価のうえでの転換をも期待したい。

このごろは、外国人の日本法研究者も増えてきたことから、いずれそのような作業も行われるかと思われるが、源氏物語などのデータベース化が外国の大学主導で行われた例などをみても、いかにも残念である。

(9)　本稿は、日本語の論文を対象としたものであり、欧文のそれには、べつのスタイルがある。これに関しては、国・分野ごとにかなり詳細な文献があり、本稿でふれるほどの必要性も乏しい。理工系を中心に翻訳もみられる。もっとも、日本法を対象とするときには、それらによるだけではたりず、日本法としての特性を生かし、日本語の壁に守られているときとは異なる考慮（世界標準との比較など）も必要であり、これは検討するよちがあるが、本稿ではたち入らない。

ここで、欧文にする場合の問題（あるいは利点）に一点だけふれておくと、たとえば、大審院判決のみならず、近時の最高裁判決においても、文がいちじるしく長く、前後の修飾関係が不明確であり、およそ翻訳不可能あるいは数通りに翻訳可能というようなものがみられる。試みに翻訳してみると、顧客サービスにつながる場合がある。

(10)　つまり、独創性は、他人との比較においてのみいえることではない。人には、それぞれ得意とするものがあり、一つの分野で成功したからといって、必ずしも他の分野でも成功するとは限らない。一九九〇年代前後(バブル期)の日本企業がしばしば多角経営に失敗したようなものである。ある分野のノウハウが生かされる他の分野もあるが、どの分野にも通用するというものではないことに注意する必要がある。これは、後述する「資源の集中」にも反することが多い。論文でも、一つの論文の中で、様々なことをすると、対象がぼやけることになる。

(11)　バターフィールド＝ブラッグ・近代科学の歩み〔菅井準一訳・一九五六年〕三一頁、一六〇頁ほか。

神学、カノン法、哲学の関係については、〔利息〕二一頁参照。中世的な「哲学は神学の端女」とは、たんに二者の関係だけをいうだけではなく、すべての学問体系が統合されていたことを言い表しているのである。ちなみに、このような体系は、大学における学位の伝統的なあり方にも影響している。わがくにでは、一九八〇年代末にほとんどの教養学部は解体されてしまったが、これは、教養をたんなる博識と考えたこと、あるいは本文でふれたような真の意味の教養に昇華できなかったことによるのである。中世の大学において、教養(ars liberales)は、たんなる初歩というよりも、学芸、科学そのものを意味したのである。

(12)　ただし、この場合に、どちらが一番手とされるかは、その後の学問体系への影響による。類型論は、二者の連名で引用されることが多いが、メンデルの法則は、メンデルの功績とされる。ベーツソン・メンデル小伝(メンデル・雑種植物の研究〔小泉丹訳・一九二八年〕所収)九頁以下参照。しかし、病原体の発見と自然発生の否定に貢献したレーウェンフック(一六三二〜一七二三年)やスパランツァーニ(一七二九〜九九年)の名は忘れられ、パスツールの功績とされる(クライフ・微生物の狩人〔上・秋元寿恵夫訳・一九八〇年〕五頁以下、四〇頁以下、バターフィールド=ブラッグ・前掲書(前注(11))一三七頁参照)。これは、実験による再現可能性や近代病理学の体系との結合性の観点からそうなるのである。ただし、メンデルが黙殺されたことについては、六3で後述するマタイ効果(の欠如)によるところが大きいとされており、このような選択は、必ずしも学問的な理由だけによるものではない。

江戸時代の和算の中に、微積分の基礎が包含されていたことはしばしば指摘されるが、それは、結局、近代の数学理論からは孤立したものであり、体系の構築に貢献していないことから、学問の発達史では評価されないのである。

このような効果は、近代科学の体系が基本的に、西欧の体系であり、他の地域のものは、その体系上欠けている部分にしか必要とされないことによっている。つまり、学問においても、コンピュータの基本OSと同様に、その分野において、基本的な思想体系を確保することが、世界標準となるために必要なのである。

前注(8)で指摘した情報の世界発信は、この意味からも重要である。世界標準の一部であれば、些細な変更であっても、瞬時に伝播するであろう。しかし、日本法は、もともと世界標準の周辺に位置しているために、圧倒的に不利であり、おそらく何倍も努力しなければ発信することがむずかしいのである。

(13)　とりあえず何でもいっておいて、いわば仮登記しておこうという列挙主義が、みられることもある。しかし、このような手法は小さなサークルでしか通用しないものであり、未解決のものや疑問は、ありのままに提示するべきであり、たんなる推測でいうべきではない。かえって、論文全体の価値を損ねるものであろう。

これらの仮登記が、あちこちの小サークル内に同時に存在することも多い。その優劣を決めるのは、本来その理論の確立に対する功績であるべきであるが、後述のマタイ効果が生じることもある(また、それゆえとりあえずいっておくことになるのであろう)。

また、理論の精緻さと創造性については、凡庸な者が理論を引きうけると、しばしばたんに理論の精緻さを競い、極端化を行うとの現象がみられる。二重効のキップの立論と一部のその承継者の関係にみられる(vgl. Kipp, Über Doppelwirkungen im Recht, insbesondere über die Konkurrenz von Nichtigkeit und Anfechtbarkeit; in Festschrift der Berliner Juristischen Fakultät für Ferdinand von Martitz zum fünfzigjährigen Doktorjubiläum am 24. Juli 1911, S. 211 ff.; Peter, Die Möglichkeit mehrerer Gründe derselben Rechtsfolge und mehrerer gleicher Rechtsfolgen, AcP 132 (1930), 1. これについては、一橋大学法学部五〇周年記念論文集で検討する)。偉人に必要なのは、承継者ではなく、むしろ補助者ということであろう。

(14)　つまり、一論文で主張できることは、一つだけである。この場合に、必要なら注にまわすべきである。ただし、注が多すぎるのも問題である(前注(1)参照)。ちなみに、段落というのは気分で変えるものではなく、内容によるべきであり、一段落でいえることも一つだけに集中するべきである（後述**五1**、**六1**参照)。

(15)　一つの条件をたてて、一部を明確にするのである。その方法も、本稿の対象外である。ただし、条件や仮説は、理論を限定されたものとし、一般化を妨げるから(後述)、事実を説明するために必要不可欠のもの以外設けてはならない（バターフィールド＝ブラッグ・前掲書（前注(11)）一四九頁参照)。仮説や前提の多い、あるいは複雑な理論は、例外の多い原則と同様に、内容が豊富ではないのである。

(16)　およそ何でも利用しようとすることには、無理がある。これは、文献、テーマ、論文そのものにもあてはまる。

氷山と同様に、水の上に出るのはせいぜい六〜七分の一ぐらい、と考える必要がある。後述（三）のように、文化は、一見むだとみえるもののうえに成りたつのである。

(17) 肯定的評価は、否定的評価よりもむずかしい。後者は、一点でも欠陥をみつければたりるのに対し、前者は、多くを肯定しなければならないからである。ただし、部分的評価、矯正的評価といった方法も可能である。

二　テーマの設定

1　基本的要素

(1) 深さ　(ア) 論文のテーマの具体的な選択の方法は、本稿の対象外である。

(イ) 抽象的には、論文作成、とくに若手の論文に望まれることは、まず、根源的であり野心的なものであることである。小さなわかりきったテーマを選ぶべきではない。日本人の論文には、この種のものが多いといわれ残念であるが、だれがやっても同じような方法で整理し、結果も同じようなものができるテーマを選択するべきではない。AとBの間で、まだ手つかずではあっても、Cに結果することがほとんど自明、あるいはあえて指摘するまでもなく、AまたはBの射程にある、という場合がある。その種のものは、時間がたてばいずれ誰かがやるであろうから、さしせまって、あるいは論文といった貴重な機会を浪費して、する必要もない。比喩的にいえば、図形の形を描くべきであって、たんに決まった図形に色を塗るような仕事をするべきではない。(1)

べつのたとえでいえば、木の幹を探るべきであって、枝葉末端を探るべきではない。枝葉は現在茂って盛んにみえても、また場合によっては花が咲いていて華やかでも、袋小路にいたるのである。天に（将来に）続く道を探るべきである。しかし、もっとも盛んにみえる枝がときとして袋小路につながっていて、将来に伸びる道は、隠れているという場合は多い。独創性の必要な理由である。

この場合に注目するべきは、必ずしも現在の最先端の部分から進化するのではないことである。(2) 進化・分化は、そこにいたるずっと前の部分から始まっているのである。沿革の研究が重要なゆえんの一つである。また、この木の幹はしばしば曲がっており、直線的な発展をしているとは限らない。

もちろん、その枝葉自体を研究する場合や、それに新たな価値を与える場合はべつである。それも、論文の種類によっては重要なテーマとなる。そして、切り口によっては、新たな可能性を生じる場合もある。しかし、将来への展望、発展の可能性がなければ、少なくとも終生のテーマとはなりえない。

また、この種の論文は、広く分野の基礎となるべきものであって、多方面のテーマと関連し、発展可能性を有していなければならない。幹に連なるテーマであれば、この要件をみたすであろう。そして、そのような可能性を有しているから、必然的に深いテーマとなるのである。応用範囲が広い、基本原則と多様に係わっているということは、テーマが内容的に深いことの表徴である。

(ウ)　しかし、テーマが多くの原則と係わっており、いわば一般的な理論であるとしても、同時に内容が豊富であることが必要である。多方面に係わることは、理論を一般化し、あるいは部分的な理論どうしを統合することにつながる。理論家には、一般化、普遍化への動機が強い。しかし、そこから出てきた理論が、内容に乏しいものであれば意味はない。それは、たんなる「希薄化」にすぎない。「信義則」や「事案、状況に応じて判断する」ことは、すべてのケースを判断するさいの原則かもしれないが、それだけでは、何もいったことにはならない。どのような状況で、いかなる要件のもとで、そうするのかが必要であり、これが理論を形成し内容を豊かにするのである。(3)

本当に重要なものはみえないことも多い。著名な老荘のたとえで、ひしゃくで大切なのは、柄でも器でもなく、水を入れる空の部分である、というものがある。これは、ハードよりもソフトが重要であるとの意で引用されることがあるが、その問題はべつに論じる必要があるので、たち入らない。しばしば具体的な損害賠償額がいくらかという点よりも、損害賠償が認められるのか、あるいはそのための基礎・思想があるのかということが重大であるのと類似している。(4)

また、実用的なものが必ずしも深い、あるいは発展する可能性を秘めているとは限らない。文化は一見するとむだにみえるものの中にある。πを、三・一四……と置き換えてみるかどうかである。近似値を求めれば具体的解決が可能であり、それでたりる（むしろそれが必要である）としても、それは理論の構築には役立たなかったのである。わがくにの伝統的な産業や文化も、明治維新後の準備をしたのであって、西欧に比して決して劣っていたとは思われないが、ただ一点問題があったとすれば、「実用」性の点だけである。実用性は必要ではあるが、実用のみではたりないものがある。(5)

さらに、論文や研究は、たんなる思いつきではないから、それを客観的に理由づけることが必要である。これのできることが、研究とたんなる博識、器用との相違である。また、理由づけるだけの資料的な価値をもつことが必要である。これが当該の発想を基礎づけるだけではなく、そのプロセスで検討された二次的な副産物をも、学界共通の財産とするのである。

資料というのは、テーマにそくした観察眼があってはじめて生きてくるのであって、ただの事実の羅列ではない。同じ資料をみても、Aはみすごし、Bは異なった理論をたてるかもしれない。たんなる事実のみからは価値判断は生まれないが、価値の目をもってすれば、事実を並べ新たに評価することができる。これらについては、すでに一でふれた。種々の事象をどう切って、どうみるかの観点が問題である。しかし、資料はあくまでも資料にすぎないから、これに深入りしすぎると、本来のテーマを見失うことになろう。

(2)　長期性　(ア)　本格的な論文には、長期的な視野が必要である。最近は、世界性あるいは国際性という場所的な要素は比較的重視されるが、時間的なものが見落とされるか、むしろ軽視される傾向がある。バランスが必要である。長期的な視野で作成されたものは、学界の遺産として長期的に残るのである。文学や学問上の古典と同じである。作業としては、種をまいておけば、だんだん育って大樹となる(こともある)。結局、使いものにならない(淘汰され、あるいはこなしえない)テーマも多いが、たくさん種をまいておけば、短期的、中期的、長期的な目的にそくした産物がえられよう。(6)

日本法は、継受法であることから、必然的に国際的観点は豊富であるが、その反面、歴史的観点を軽視しがちである。このような傾向は、たんに継受されなかった法(固有法)に対して(断絶している)だけではなく、継受された外国法の評価についてもあてはまり、より新しい傾向を点として一面的にうけ入れる危険性にもつながっているのである。

テーマには、流行がある。(7) 法学上のテーマも、その例外ではない。巨視的には、自然法論や歴史法学ですらそうであったろうし、新たな立法の行われたときに、注釈学派的な研究が増大することも、それである。個別のテーマでも、戦後のわがくにで、家族法、農地法、労使関係法の改正に関連した問題が盛んに検討されたのは、戦後改革の影響である。(8) その後も、六〇年代のハーグ統一法、七〇年代には、公害、八〇年代には、不当利得の類型論、ウィーン統一法、九〇年代に入ってからは、製造物責任、情報、消費者保護などがある。流行があることそのものは、当然であるが、それに乗るかどうかは、べつの問題である。(9)

流行に乗ることとは、安心であり独善を避ける意味では望ましいが、付和雷同は、避けるべきである。「バスに乗り遅れる」かどうかは、現実には不確定要素を含んでいる。「間違ったバス」にのる危険があるし、「乗りこんだ」としても、分け前にありつけるかどうかは、あやしいものである。クジラは、最初にもりを打ちこんだ者に最大の権利があるからである。(10) 乗ったバスの中にも、序列がつくのである。多勢についていくことには安心感はあるが、あとから参加した者は、まだ残されたものがあるかどうかを考えなければならない。小さなものであれば問題はないが、とくに大きな論文では、長期のテーマたるものかどうかを慎重に検討する必要がある。(11) 流行にのる場合であっても、テーマの選択は、自分の責任でしなければならないのである。とりわけ初心者は、自分にとって新しいものでも、年長者の目からみれば、すでに陳腐化している場合が多いことに注意しなければならない。

資料的な分業はべつとして、一般に、同じテーマにかかわる者は、そう多くは必要ではない。先駆的な業績はたいていは誰かの功績に帰せられる。また、異なったテーマや方法から、同じ理論に行きつくこともあるし、同じものを類似の方法でするよりも、ずっと実り豊かな結果となる。研究の人的なすそ野が広くあるべきというのは、たんに数が多いことではなく、このような形をいうのである。長期的な視野から、自分がもっとも貢献、寄与できる作業を探すべきであろう[12]。

(イ)　他方、テーマの設定は慎重であるべきであるが、いったん選択したときには、安易に変えるべきではない。いかなるテーマも、とりかかった当初は必要以上にむずかしくみえるものである。ある程度は、継続的にやってみなければわからない。

批判は、多くの場合に、テーマをつぶすためにではなく、発展させるためにされるのである。最近は、少し批判されると、すぐに変えようとする傾向がみられる。建設的な批判は、考慮する必要があるが、それによって、ただちにテーマを放棄するような態度をとるべきではない。最初に設定したテーマがそのようにいいかげんなものだったのかを考える必要がある。見方を変えるなどして、批判を克服する必要がある。ただし、独善的ではいけない。両者の兼ね合いは、むずかしい問題となる。これを調和させるのは、結局、各自の能力ということになる[13]。

ただし、マニュアル世代とでもいうべきか、修士課程と博士課程の研究の継続性がなくなってきた（らしい）のが、近時の傾向である。種々の変革が早くなったことによる研究の短縮化というよりも、ときにテーマの矮小化がみられる。月並みな用語ではあるが、となりの芝生は青くみえるものである。他人の花壇が華やかであれば、花を移植することよりも、まず土をつくることを心がける必要がある[14]。

(3)　新規性　　古い分野では、しばしばテーマの払底ということがいわれる。料理であれば、新しい素材は、それだけでよい素材となる。テーマも新しければ、それだけで検討の対象となりうる（そのテーマをどう処理するかは、べつの問題である）。料理の手間はほとんどいらず、それ自体で、食材として通用する。つまり、素材が新鮮であれば、調理のうではあまり必要ではない。新しければ、さしみでも食べられるのである（もちろん、さしみとしての良し悪しはべつである）。新規なものに、とびつくゆえんである。(15)

他方、古いものであれば、長時間かけて煮たり、焼いたり、蒸したりしなければならない。料理の手腕がよくなければ、うまくはできないし、それなりの、かなりの努力が必要となる。また、力量により相当の差が出ることになろう。「再構成」には、よほどの腕が必要である。ただの「再構成」では、人のふんどしで、すもうをとるようなものである。

しかし、新規かどうかは、たんに対象が新しいかどうかだけにあるのではなく、どうみるかにもよる。切り口を新しくすれば、古いと思われるテーマにも意外に新しい観点があるものである。炎をみて、どう感じるかは、人によって異なる。明るい（あるいは電球とろうそくの光との比較で暗い）と感じるか、赤いと感じるか、熱い（あるいは太陽との比較で冷たい）と感じるか、煙いと感じるか、宗教性を感じるか、その長さを計ろうとするか、ろうそくとガスでは異なるとみるか、料理にも使えると考えるか、火器の基礎と考えるか、進化の道具とみるか、水と対照させるか、酸素との結合という現象を考えるか、カロリーを計算するか、これに関する言語的表現を探るか、絵画の中のテーマと比較するか、など目的により異なってくる。(16)どのような切り口で、物事をみるかしだいである。

このような多面的な感覚には、広い好奇心を基礎に、一見関係のないものから、思想を読み取り、関連づける能力が必要である。新規性はたんに存在するのではなく、思索しだいで形成されるのである。(17)資料をいくら集積しても、理論は考えなければたてられないものである。

(4)　進化、深化の方向性と射程

すでに(1)において、発展の木の幹はしばしば曲がっており、直線的な発展

をしているとは限らないことにふれた。現在もっとも有力とみえるものが、必ず将来につながるとはかぎらない。海の中を泳ぐためには、おそらく魚はもっとも進化した形態であり、海底の雑虫の及ぶところではない。しかし、それゆえに、地上に進化する系列は、このような混沌から生まれたのである。[18]中世の私法の中心であった物権法は、近代私法の中心の座を債権法に明け渡した。しかも、そのさいに中心となったのは、不法行為法ではなく、その周辺にわずかに存在したにすぎない契約法だったのである。

これらは、前述した、いかなる性質にもときとして反対の属性がある、ということの一適用でもある。巨大化した恐竜は、巨大性では進化の頂点にたったのであろうが、環境の変化への対応では、進化の袋小路にもぐりこんだわけである。いかなる特性も、質的・量的規模を超えると、必ずしもその性質を発揮することができないのである。これは、法的な理論にも、射程という意味で当てはまる。

2　ドーナツ形、大きな理論と小さな理論

(1)　理論の形

理論や制度の中心と周辺には、あいまいなものが多い。たとえば、権利とは何か、比較法の本質、契約法の基礎が意思にあるかどうかなどは、古くからの大問題であり、人により見解が異なることも多い。このような中心的・根本問題は容易には解決できないから、日常の処理においては、ある程度あいまいに、最大公約数的な理解のまま前提としておくほかはない。数学だと公理には証明の必要がない。もちろん、それ自体がテーマの場合はべつであり、とくに若いときには、このような大きなテーマに取り組む可能性も大きい。

また、分野の周辺に属する問題や、分野間にまたがる新たな問題、伝統的な理解のもとでは一義的な性質決定ができない新しい問題も、しばしばテーマの対象となる。理論の周辺には、あいまいなものが多く、検討を要することが多いからである。

つまり、理論とは、この中心と周辺を除外した場面で活躍するものであり（その形状は、あたかもドーナツであ

る)、一見確固としたものであるが、その強さは、両側に向かうほど減少するのである。もちろん、発生する現象の多くは、理論の核心部分に属するから、周辺部分の説明ができないからといって、ただちに理論が破綻するわけではない(例外としての処理がある)。しかし、理論は、なるべく例外をも包含するものとして、単純でかつ射程の大きいものがすぐれている。中心または周辺部分の検討は、しばしば理論の有効性をも左右する。テーマが基礎にかかわっているというのは、このような場合をいうのである。

(2)　大きな理論と小さな理論　(ア)　原子物理学において、最小単位が原子から、素粒子、さらにクォークに遡っていったように、法律学の理論も、民法の古典的な理論を修正し、消費者保護や無過失責任主義の理論が構築されてきた。この場合に、原理は修正されないでたんに現象的に項目が追加されたにすぎないとみるか、それらを統合する大理論があるとするかは、問題である。契約の自由とその制限や、契約の基礎としての意思と意思以外の拘束力の問題なども一例である。近時、いちじるしい変遷がみられる解除の理論的整備にも類似の問題はみられる(19)。基本的な法則は、多くの現象を説明できるものが理論的にすぐれているのであり、擬制や例外の増加は、しばしば新たな原則の揺籃となる。実務的にはそれでたりるが、理論家は、それだけでは満足しないものである。

(イ)　判例評釈の書き方は本稿の対象ではない。しかし、あきらかに一般の論文と異なる面をもっている。簡単にいえば、どのレベルから考える必要があるのかである。より高いレベルからも考える必要のあるのが論文であり、ここでは、たんに一つの見解のレベルに下りていって、他の見解と対抗するだけではなく、しばしば、両者をみおろす段階にまでのぼる必要がある。損害賠償を算定するさいに、いくらという算定のレベルでの争い、減額ルールの考慮のレベル、そもそも当該の場合に、否定する要素がないかといった各種のレベルがある。そのすべてを考慮する必要がある。

これに対し、判例評釈では、むしろ、当該の判決の判断した具体的なレベルにまで下りていって、その論理の矛盾、射程などを考える必要がある。判決の前提とする理論の土俵のそとから批判をしても、なんら痛痒を感じず、考慮されないというのでは、意義は乏しい。ここでは、密着していながらの批判こそ、矛盾を明らかにするものとなるのである。比較法で述べるところの、「小さな比較法」に対応する型である（後述三２参照）。もっとも、その中にも、調査官解説的な密着型のものから、若干離れた一般の評釈の型のものがある（さらに、その中にも差がある）[20]。

総合判例研究は、この中間にあるものと位置づけることができる[21]。

（1）　小平邦彦・怠け数学者の記（一九八六年）一八一頁、二八〇頁なども参照。数学系の人には、一方でみずから変人・奇人が多いというわりには（後注(2)参照）、他方で物事の本質をついた発言が多く、また文のたつ人が多いようである。

本文の一例として、最高裁判決平成一一年一一月三〇日民集五三巻八号一九六五頁は、買戻特約付売買の買主から目的不動産につき抵当権の設定をうけた者が、抵当権に基づく物上代位権の行使として、買戻権の行使により買主が取得した買戻代金債権を差し押さえることができると解した。その理由として、「買戻特約の登記に後れて目的不動産に設定された抵当権は、買戻しによる目的不動産の所有権の買戻権者への復帰に伴って消滅するが、抵当権設定者である買主やその債権者等との関係においては、買戻権行使時まで抵当権が有効に存在していたことによって生じた法的効果までが買戻しによって覆滅されることはない」とし、また、買戻代金が、実質的には買戻権の行使による目的不動産の所有権の復帰についての対価であり、目的不動産の価値変形物として民法三七二条により準用される三〇四条にいう目的物の売却又は滅失によって債務者が受けるべき金銭に当たるとした。

その結論はいうまでもないが（小野・逐条民法特別法講座④（川井健＝清水湛編・一九九四年）一一三頁。買戻権の実行を最初の売買の解除とするのは、売買以後に設定された負担を解消し、買戻権者に不動産取得の優先権を確保させるための法の技術的構成に過ぎないからである。実質に則してみれば、問題は買戻権者と抵当権者との物権取得に関する対抗と類似の関係と把握しうる）、これは、解除の効果として、不当利得の類型論を採用し、給付利得の概念をいれた場合の当然の帰結でもある。

（２）　この枝を探ることとは、文字通り狭き道である。あまたのテーマが時代の変遷により、栄華盛衰したのである。短期的にすぐれているものが、長期的にもすぐれていることにはならない。しばしば欠陥は、つぎの飛躍のステップともなるのである（これは、一３(2)の反対の属性の一例でもある）。

数学者の藤原正彦教授は、研究者の性格要件として、知的好奇心が強いこと、野心的であること、執拗であること、楽観的であることの四点をあげている（①「数学者の言葉では」〔一九八四年〕一七頁以下）。これは、同時に論文完成の要件でもある。同氏には、研究の要件に示唆を与えるエッセーが多数あるが、とくに初期のものには有益なものが多い（②「若き数学者のアメリカ」〔一九八一年〕、③「数学者の休息時間」〔一九九三年〕、④「遙かなるケンブリッジ」〔一九九四年〕など、ほかに四冊ある）。なお、古いものでは、「ケーベル博士随想集」〔一九五七年・改版・久保勉訳編〕一三九頁以下、一六〇頁参照（以下では、「ケーベル・前掲書」と略する）。

（３）　小平・前掲書（前注（１））一五七頁は、一般化は希薄化であってはならないと指摘している。

（４）　「不要の要」とでもいうべきものが、ギリシア哲学、数学の基礎にあり、これが近代科学の出発点となったのである。πを三とみる近時の動き（小学校教育）などとは、反対の方向である。後者は、おそらく創造性とは、もっともかけ離れたものであろう。老子は、形なきものに価値を見いだし、水の強さにもしばしば言及している（金谷治＝倉石武四郎＝関正郎＝福永光司＝村山吉廣・中国古典文学体系〔第四巻・一九七三年〕二二頁、三六頁）。しかし、東洋思想は、一般にもっと実際性を重んじるものが主流であった。

科学的方法を思想のあらゆる領域にまで拡張することと並んで、他方で、科学を実用的なものにしようとする努力も有力であり（バターフィールド「近代科学の誕生」〔一九七八年〕下一〇六頁以下参照）、これが産業革命の原動力となったのである。ただし、その実現には、数百年にわたる基礎論の発展があったことを見落とすべきではない。中世には、科学と技術はたがいに没交渉であった（バターフィールド＝ブラッグ・前掲書二二頁ほか）。理論と実際が、現在どの位置関係にあるか、あるいはどのような位置関係で、理論（あるいは実用）を構築するかをみきわめる必要がある。

（5）　また、実用性だけでは、文化的なものとならず、国際的な評価も勝ちえないのである。わがくにが、狭い範囲でしか文化を発信せず（茶・花・能その他の伝統工芸など、つまり世界標準には欠けている部分だけ）、経済だけではあまり国際的に評価されないのが、その例証である。

（6）　教育と同様に、長期的な視野で行うことが必要である。

（7）　あまたの天才が時代に先んじすぎていたために顧みられなかった例は多い。著名なものでは、ゴッホ、モーツアルトなどである、天才ながら、時代に先んじすぎ、あわなかったのである。メンデルも、長らく顧みられなかった例である。

法律学上の流行のうち、もっとも問題をはらんだものは、ナチスの法学理論への対応であろう。これにつき、五十嵐清「ファシズムと法学者―ナチス私法学の功罪を中心に―」比較民法学の諸問題〔一九七六年〕一頁以下参照。

（8）　戦後のマッカーサー改革指令には、女性解放、労働組合結成の自由、教育改革、刑事手続の改革、独占的経済の解体があったが、民事法に関係するのは、家族法、土地法の改正であった。農地改革は戦後改革の柱であったが、借地借家関係の改正は比較的微調整にとどまり、判例理論の進展がみられた。

判例による変遷と、立法による変遷の大きな違いは、後者が大きな比較法をも取りこみやすいのに対し（むしろ、立法をするなら、判例を成文化する程度では十分とはいえない）、前者では、技術的にあまり大きな修正が望めないことである。

（9）　ただし、必ずしも完成しないままに、対象がうつろうのは問題である。たとえば、公害である。わがくには、七〇年代には公害とその規制の大国であったが、八〇年代に他の外国に追い抜かれ、九〇年代には遅れをとってしまった。公害法を環境法に深化させ、包括的に立法化し輸出する機会も失われたのである（Ono, The Law of Tort and the Japanese Civil Law (2), Hitotsubashi Journal of Law and Politics, vol. 27 (1999), p. 15; Modern Development in Environment and Product Liability, ib., p. 16, p. 18)。また、時流にのったことが必ずしも幸福とはいえない。著名ではあっても、野口英世のように、その業績が必ずしも時間の検証に耐えないといわれるのでは残念であろう。能力ある者が同じような原稿におわれると、貴重な時間と能力をすり減らすことになりかねない。

(10)　この点に関し、「白鯨」の中でのメルヴィルのイギリス法への言及が興味深い。メルビィル・白鯨〔田中西二郎訳・一九七七年〕下・一九八頁ほかにみえ、無主物先占に関するものであるが、その例外にもふれている。あるいは封建的・公法的制限というべきか、ブラックトン〔下二〇四頁〔第三章三行〕〕、ブラックストーン〔下・二三頁〕への言及も興味深い。

間違ったバスに乗った例としては、古くは、第二次大戦の当初の(他人の)戦果に目がくらんで、三国同盟に走ったことがあるし、最近では、八〇年代末のバブルがある。ある意味では、種々のロースクール構想にも、同様な危険がないわけではない。

(11)　理想的な形は、先見性をもってテーマを考え、それがあとから時代の焦点となることであるが、成功するのは比較的短期的なまれな例であろう(先のたとえでいえば、幹に発展する枝か、葉を茂らせるだけの枝かを判断することである)。希有な僥倖を期待するべきではない。また、論文作成は、そのような動機づけだけにもとづくものではないはずである。

ただし、時代にそぐわないテーマというものはある。釣り銭を出すときに両替料をとるという話は、今ならほとんど問題にもならないであろうが、かつてはじっさい的な問題でもあったようである〔鳩山秀夫「釣銭に就て」債権法に於ける信義誠実の原則〔一九五五年〕三九七頁所収〕。

流行に乗ることには、つぎの危険もある。すなわち、時代との距離をとれずに、批判的精神を忘れる可能性があることである。およそ、密着した状態では、客観的な考察はむずかしい。

(12)　これが学問内容の多様性というものである。種々の可能性をもつことが、発展の基本である〔これにつき、後述(4)照〕。しかし、はやらないテーマを選択すると、ポストや研究費の獲得などに苦労する危険性もあるから、これが集中を招くのである。ただし、創造的部分以外を網羅的に検討するには、多数の人員が必要となるから、そのような作業には、多くの人材を投入する必要があるのは当然である。そして、内容的に完成度を高めることも重要な作業ではある。

(13)　場合によっては、時代背景による追い風、逆風というものもありえよう。

(14)　そこで、手っとり早く、指導教官のテーマの下位のテーマをもらうことは、できるだけ避けるべきである。たんなる下請け仕事となる危険も大きい(本文の例によれば、図形の色を塗る種類の作業となる)。また、共同研究の形式でも、マタイ効果により、必ずしも同等のものとは評価されないことになる。

(15)　新規なものには、新規というだけでも検討する価値のあるものがある。しかし、前述したように、発展可能性と、なお残されたものがあるかをも考える必要がある。

(16)　ファラデーが、蠟燭の科学〔矢島祐利訳・一九三三年原著は一八六一年〕で行っているような種々の言及や関連づけが興味深い(たとえば、その第六章冒頭でふれられている日本の蠟燭に関する記述などである)。

(17)　新しい素材であれば、この「作る」過程が単純であるから、たんに「存在するものを発見」するようにみえるが、この場合ですら、なんらかの創造的作用なしには、発見はできないのである。物事の観察、事実、因果関係、理論の関係については、ハンソン・科学的発見のパターン〔村上陽一郎訳・一九八六年〕が興味深い。

他方、古くて手つかずのものには、それなりの理由があり、テーマが深遠すぎる場合、検討するだけの価値がない場合もある。時代にそぐわないテーマというのもありえよう。

(18)　小平・前掲書(前注(1))一八一頁、二八〇頁ほか。

(19)　本稿では、深くはたち入らないが、以下のことを指摘できる。たとえば、解除権の拡大については、わが法のもとでは、債務不履行解除には、帰責事由が必要であるが(五四一条、五四三条、ただし、前者には明文上はない)、瑕疵担保解除には、必要ではない(五七〇条)との相違がある。しかし、近時の立法傾向では、債務不履行解除自体にも、必ずしも帰責事由は必要とはされない(これにつき、一九九二年のドイツ債務法改正草案三二三条ほか。「ドイツ債務法改定―解除と危険負担、給付障害論―」〔給付障害〕四〇五頁以下参照)。

また、わが法では、当事者、とくに相手方の人的障害事由、たとえば当事者の死亡、禁治産、破産については、ほぼ並列的に、特別な解除権が認められている(これにつき、「契約の終了事由と当事者の履行能力」〔反対給付〕三五一頁以下参照)。および、継続的な契約関係には、自分の側の事由を理由とする場合には、「已むことをえない」

事由を理由として、一定の要件のもとでする解除の類型がある。さらに、契約の当然終了事由という類型もある（これにつき、同三五六頁、および「運送契約における契約の終了・解除・目的不到達と反対給付」〔反対給付〕三二六頁以下参照）。他方、理論的に承認されているものとして、事情変更の原則から生じる解除権がある（「不能・行為基礎の喪失と反対給付」〔反対給付〕一五五頁以下参照）。諸外国には、比較的古くから、解除権の転用による危険負担の実現という構成もみられる。この場合には、解除権の行使には、（一般的には肯定する場合でも）帰責事由が不要とされる（「牽連関係と危険負担」〔研究〕一六頁以下、四三頁以下参照）。

これらの個々の解除権は、部分的な理論として統合することができ、あるいはすでに統合されつつあるが、さらに、部分を超えて統合する理論が形成可能か、あるいは政策的なものと位置づけられるクーリングオフをも含めた大理論が可能かは、興味のあるところである。債務不履行解除と瑕疵担保解除の統合は、瑕疵担保責任を債務不履行責任に一元化する近時の国際的な傾向からは、すでに実現ずみともいえる。統合は、それぞれの場合の要件と効果を比較、均衡させるうえからも必要である。すなわち、なぜ、ある場合には、帰責事由、人的事由、あるいは損害賠償の給付が解除権行使の要件として必要であるか、また、効果として、当然に契約が消滅するか、意思表示を必要とするか、解除ではなく契約改定にとどまるのか、といったことである。立法的な混乱もあり、これらは、理論の統合、少なくとも類型化によってはじめて克服されるのである（前述の「契約の終了事由と当事者の履行能力」〔反対給付〕三七八頁参照）。

(20)　そこで、大きな比較は、判例評釈に有益でないこともあるが、他方、起草者意思、ひいては沿革の検討は、つねに条文の解釈の出発点であるから、比較法と沿革研究の意義は、必ずしも同列には扱いうるものではない。

(21)　ただし、ときにたんなる判決の寄せ集めになっている場合がある。このような傾向は、データベースの利用が盛んになれば（後述**四**2参照）、ますます強まるおそれがある。たんに前例を集積するという意味では、それでもたりることがあるからである。

三　方法論に対する若干の言及

1　方法論

ここでは、具体的な方法論にたち入ることはできない。また、とくに比較法や沿革研究のさいに有益なものに若干ふれるにとどめる。

2　機能的比較

機能的比較についても、本格的なことは比較法の専門書の対象であり、それ自体が独立して論じられるだけの問題であるから、本稿がたち入ったことを述べるよちはない。必要な範囲での入口的な記述をするにとどめる(1)。また、当面の作業に関連する若干の範囲を対象とするのみであり、網羅的なものではない。

世界の法秩序は、結局は類似した結論を導く場合でも、いちじるしく異なる方法で問題を解決している。異なる法の間において、同じ文言、概念を探すことによってのみ比較を行おうとすることには、限界がある。とくにより分類の上位の法族の相互間では、そもそも即物的には対応するものがないことが障害となるし、かりにあったとしても、内容はいちじるしく異なる。前者については、自分の属する法の体系や概念とは異なるところで同じ事実を解決するものをみいださなければならない。「事情変更の原則」、「行為基礎の喪失」、「フラストレィション」など言葉が違うからといって、対象とするところがまったく違うわけではない。「不能」と「契約違反」も同様である(2)。対象とする事実には、かなりの重複や逸脱があり、同じ事実、現象は、異なった制度の比較をも考慮に入れて解決をみいださなければならないのである。同じ翻訳用語・概念だけを探して、対応するものがないとするのは、大きな誤りである。

また、各法が重要なものとしている基本原則にすら相違があることもあるが(たとえば、契約自由の把握の差、公序良俗、債務の構造など)、原則に例外はつきものであり、そのような例外をも考慮すると、歩みよりがみられることも多い。

他方、いちおう対応するものがある場合でも、どのような相違があるかをみいだすことが必要である。同じ文言の場合ですら、しばしば、前提とする制度、環境、展開に相違があり(慣習、判例や学説、約款、合意による排除など)、具体的な適用のあり方は異なることがある。おもにドイツ法的概念である「不能」(Unmöglichkeit)には、フランス法にも講学上の対応概念があるが(impossibilité)、内容は必ずしも同じではない。「履行」(exécution, performance)、「弁済」(Erfüllung, paiement)なども同様である。(3) それらの背景、範囲、機能などの具体的な比較が重要である。

そこで、いわゆる機能的比較が必要となる。この場合には、大きな比較(マクロの比較)と小さな比較(ミクロの比較)がありうるが、その結果、少なくとも技術的な問題に関しては、実際の結論は、類似することが多い。債権法の大部分、とくに取引法は、そうである。もちろん、政治的、宗教的な価値観によって影響をうけることが多い分野はべつである。しかし、冷戦の終結とグローバル化により、このような相違も相対的に減少しつつある。

のみならず、法の相違による不測の不利益を減少させるために、法の統一も行われる。これには、条約、国際的な法統一などがある。後者では、国際機関、地域国家間による試みが代表的であるが、それに限られず、古くは、ドイツの政治統合が遅れたことから、一八三四年のドイツ関税同盟(Zollverein)、一八一五年のドイツ連邦諸国間の法統一を目ざした統一商法典や各種の草案があり、近時の国内的な法統一では、アメリカのリステイトメントや統一法がある。

3　類型論と典型性の強制

(ア)　類型論（Typlogie）は、二〇世紀後半の方法論として、有力なものであり、とくに不当利得のそれが著名である。これによって、雑多な不当利得が、給付利得（Leistungskondiktion）とその他の利得に分類され、要件のみならず、効果も分けられた功績は大きい(4)。

しかし、たんなる技術論のみとしてみるべきではない。不当利得以外にも、保護目的、効果の回避（不当利得が典型的であるが）のために用いられることが多い。不法行為を、古典型、現代型に分ける場合にもみられる(5)。とくに、近代法の基礎となった自由放任主義、過失責任主義の回避という隠れた目的に奉仕することが多い。社会の進展が急速に進んだ時代を反映して求められたものである。

新たな理論を構築するための道具として用いられることもある。法典の規制を類型の一部として限定することによって、理論の一部を、古い法典の構成から解放する手段となる。すなわち、自由な理想形の構築の一方法である。

ローマ法はフィクションによる変遷で、法の発展がはかられたといわれるが(6)、これと対応させることができよう。新たな理論を構築するにあたり、一足飛びに足を踏み出すのではなく、片足を残しながら半歩進む点で共通するからである。

(イ)　類型強制（Typenzwang）は、パターナリズムの隠れ蓑であることもある。理想形の強制でもある。物権法定主義として（numerus clausus）、物権法に顕著であるが、債権、契約にも典型契約論として、しばしば登場する。

ローマ法においては、契約にも類型の強制があった(7)。ローマ法は、無方式の合意によっては、債権が成立しないことを原則とし（nuda pactio obligationem non parit）、債権が成立するには、要物契約、言語契約、文書契約、諾成契約のいずれかに該当することが必要であった。それ以外の無方式の合意によっては、市民法上債権は成立せず、訴求力も生じなかったのである(中世法学者のいう自然債務)。しかし、このような制限には、しだいに例外が生じ、あるいは積極的な訴求力がないとしても、ときに返還請求権が認められたのである。その後の発展についてふれる必要はなかろう。すべての合意の拘束力が肯定され、近代法的な契約自由に道が開かれたのである。

契約自由の原則と典型契約は、それじたい矛盾するものではない。しかし、債権各論による典型契約がモデルとしてかなり重要な意味をもつ法、とりわけ大陸法においては、事実上、モデルの規定する範囲は相当広い。自由な契約の解釈にあたっても、しばしば典型契約のわくに影響された理解が行われる。思考経済上有益な場合もあるが、人は、多くの場合に、無意識的に自己の法の体系に規制されるものであり、古い枠組みで考えることが多いから、このような影響は大きい。自分の前提とする枠組みを取り去る一方法として、大きな比較法が有益なゆえんである。

典型性の強制が、修正的、あるいは矯正的解釈の一手段として行われることもある。たとえば、売買の規定の適用を回避する手段として、請負としての性格づけを行う場合(あるいはその反対)である。現実の契約が、自由な意思の産物であるとすれば、特定の典型契約の中間的、混合形態であり、あるいはまったく新しいものであることが、しばしば生じる。合意をそのものとして理解するよりも、特定の当てはめは、それに効果が結びつけられているだけに、解決の筋道が簡明となる。典型性の付与の主たる動機となる。しかも、この作業は、一般条項の適用を回避するものであり、ある意味では具体化でもある。反面、それは、一般条項に現れる価値判断をおおいかくすものとなる。功罪半ばする方法であるともいえる。(8)

4　転用と特化

転用と特化は、特定の理論を拡張しあるいは限定する場合の一方法である。理論の拡張や統合をはかるべき事例は多く、応用の一種であるが(前述一2(3)参照)、大きな比較の場合には、つねに理論や制度の射程をはかる必要

もなる。がある。(9) 他方、特化は、あいまいな理論を特定の場合に限定し、明確性を追求する手段である。類型化の手段と

(1) 詳細については、たとえば、ツヴァイゲルト＝ケッツ・比較法概論・原論上〔一九七四年〕四三頁以下参照。これに関する文献についても、同七五頁〜七六頁参照。

(2) これらにつき、〔研究〕二二頁以下、八八頁、〔給付障害〕四〇五頁以下参照。

また、日民七一三条、ド民八一八条三項の利得の喪失（Wegfall der Bereicherung）は、ドイツ法的観念であるが、契約の解消のさいの返還の範囲の問題（restitution）は世界中で共通した問題である。比較法概論（前注(1)参照）四七頁。これにつき、〔給付障害〕二二二頁以下参照。また。形成権としての解除はドイツ法に特有のものであるが、フランス法は解除条件に関する一一八四条と約款と合意の効力により実質的にこれを補っており、また、危険負担の債務者主義のためにも、解除条件の転用が行われている。〔研究〕四三頁以下。機能的比較の例は、列挙にいとまがないので、これ以上はたち入らない。

(3) 本田＝小野・債権総論〔二〇〇〇年〕九七頁参照。小野「積極的契約侵害・不完全履行」一橋論叢一二六巻一号。ごく基本的な用語のおいてすら、法系間において範囲が異なることについては、いちいち例をあげるまでもあるまい。

(4) 不当利得の類型論については、いちいちたち入る必要はあるまい。とくに比較法の観点からは、Zweigert-Kötz, Einführung in die Rechtsvergleichung, 3. Aufl. (1996), S. 538ff. (D. Ungerechtfertigte Bereicherung). 関連する文献もこれに詳しい。

(5) 不法行為の類型分けについては、論者により内容も異なり多様であるが、今日では、何らかの分類を行わないほうがまれであろう。

(6) これについては、柴田光蔵教授のつとに強調されるところである。より広く、理論と運用、あるいはタテマエとホンネについては、同「ローマ法の技術と心」法セ（一九八三年七月号六二頁）、もっと包括的には、同・法のタテマエとホンネ：日本法文化の実相をさぐる〔一九八八年・新増補版〕参照。

また、キップの以下の言説が興味深い。わが法上も争いのある自己の物の時効取得の可否につき、ローマ法上、承継的方法で所有権を取得した者は、かさねてその物を時効取得することはないが、占有が継続した限り時効取得したのと「同様に保護される」。キップは、これを直視すれば、ローマ法では取得時効できたということであるとし、ローマ法的解決の実際性の例証としている。Kipp, a.a.O.（Ⅰの前注(13)参照）S. 211 ff.（S. 221-222）.

(7)　これにつき、簡単に、小野「契約の成立における方式と自由」商論五五巻三号四三頁〔一九八七年〕。また、部分的ではあるが、〔給付障害〕三二五頁参照。

(8)　なお、本稿は、典型契約論そのものを主たる目的とはしていない。典型契約の存在意義やこれと無名契約の関係をどのようにとらえるべきかという課題は、べつの問題である。これに関しては、最近かなり議論が盛んであり、また、これに関する種々の見解については、たとえば、大村敦志・典型契約と性質決定〔一九九七年〕四頁、三一一頁参照。

(9)　転用の一例としては、〔研究〕一一頁以下参照。

四　文献の検索

１　文献の集積

(1)　文献と情報　(ア)　文献は、自分のテーマにそくして体系的に検索・集積する必要がある。たんに図書館にいって、やみくもに調べるのでは成果はない。現在は、情報過多といわれる時代である。系統だてて、何が自分に必要なのかを知ったうえで、必要な文献を探さなければならない。文献を探す前に、見通しが必要である。ビーフ・カレーを作るのに、さかなを買いに行く者はいない。その材料に必要があるとすれば、海鮮カレーを作るという目的と理論が必要である。

また、最終的な局面で行き詰まったときなどに、多少文献を調べて、文献から示唆をえ微調整することはあっても、それによってまったく内容が組み換えられたり、あるいは求める結論を「発見」できることはありえない。結論を大調整しなければならないようなら、そのテーマか方法論の選択に誤りがあったと思うべきである。

文献を探せば、何かいい結論が出てくると思うのは、もっとも大きな誤りである。また、自分で考えずに文献を探すほど、独自性は薄らぐのである。多読に失することは、しばしば自分で考えまいとする懶惰から発している。(1) 文献の検索は必要ではあるが、それ自体が目的でも本質でもなく、しかし、逃避の口実としては便利なものである。

(イ)　情報過多は、とりわけ文献の検索に影響を与えている。タイトルは似ていても、探すものとはまったく異なる内容のものも多い。日本語のものであれば、容易に適否の判断はできるが、外国語のものには、かなりの労力を投下したあとに判明することもある。これは、労力の集中という面からは不利であるが、視野を広める意味からは、あながち無駄と考えるべきではあるまい。ただし、短期的には時間のロスであるから、ときには、時期により遮断し、あるいは選択、切捨ても必要である。たとえば、外国の判例研究で、締切間近まで検索しているわけにはいかない。

反面、文献収集の初期の段階では、できるだけ広く集める必要がある。(2) さもないと、テーマを微調整するときに、狭い範囲の資料しかなければ、あらためて収集しなければならないからである。また、思わぬ副産物があったときにも、あらためて同じ文献を探すことなく、資料が存在する機会にも恵まれる。(3)

ただし、テーマと目的を限定して検索すれば、情報は必ずしも過多ということはなく、必要とするものはそう多くはないのである。一つの論文であれこれ何にでもふれようとすると、飛躍的に文献は増大する。「過多」の意味を考える必要がある。(4) 目的に照らして検索してもなお過多である場合には、そのテーマ自体が陳腐化している可能性が大きい。場合によっては、切り口を変える必要があろう。

(2)　基礎文献　　図書館の文献は、多数人のためのものである。不必要に長期に借り出すべきではない。とくに、雑誌、記念論文集などは、期限がこないからといって、長く保持するものではない。自分が入れたからなどといって、いつまでも保持するのは論外である。文献の保管のうえからも、書誌、辞書、判例集、法令集などは、貸出禁止のことが多い。必要なときに目的の文献がない場合には論文作成自体が継続できないから、需要の多いものは複数うけ入れるなり、ドイツの図書館のようにインスティテュートのものは貸し出さない（大学図書館は貸し出すが）などの工夫が必要である。

そこで、書誌や辞書が図書館で貸出禁止となっているときには、ごく基本的なものは、最低限自分で座右に備えておく必要が生じる。

2　電子化の影響

他方で、最近における図書館の役割の相対的減少に注目する必要がある。電子情報の発達でいっそうこの傾向は強まろう。しかし、今のところ最近の電子情報が増加したとしても、遡及して現物まで入力されていることは少ないから、過去の膨大な蓄積の検索は、図書館の役割である。また、電子情報というのは（とくに画像情報のレベルでは）、意外に使いにくいものである。

ところが、さいきんは、図書館離れの傾向がみられる。(5) じっさいに出かけて現物を探すよりも、データベースを使いたがるのである。これは、書誌情報だけではなく、判例検索、文献検索ともにみられる。しかし、図書館の目録にしても、電子化されているのは、一九八〇～九〇年代からということがなお多い。今後、データベース、インターネットの内容の進展は、この傾向に拍車をかけるであろう。また、データベースの検索は、キーワードの選択、タイトルの遠近により、見落としの可能性も多いことにも注意しなければならない。

データベースの発展した国の論文のなかには、データベースに検索をかけて、たんに並べた程度のものがある。このようなデータベースのみを偏重して、図書館を調べない傾向には問題がある。爆発的な電子情報の増加という現象はあっても、知識の九割は、まだ図書館にある。そして、この九割は、時間の試練をへていることも無視できない。この比率は、しだいに変化しようが、図書文献がまったく無視できるようになるとはいえないであろう。(6)

(1)　ケーベル・前掲書（二の注(2)）一六七頁参照。ただし、ここでは、同時に、研究がただの思いつきであってはならないことも指摘されている。

考えることの重要性は当然であり、種々の文献にもふれられているが、材料との調和はむずかしい。材料なしに考えてもうすっぺらなものとなるし、逆に材料だけでもたりない。いわゆる批判的精神あるいは主体的取組といった抽象的なものに帰着することになる。ただ、資料を扱うさいに、何をみいだすかについて、たんなる僥倖はありえず、幸運はつねに待ち構えていなければ捕まえられないとはいえる。

また、読んだあと、きちんと整理しておくことも必要であり、読みっぱなしでは、乾いた砂が手のひらからもれるように失われる。ここでも、懶惰の魅力は大きい。なお、局面は異なるが、司法消極主義にもときとして懶惰から発すると思われるものがある。法的判断は没価値ではありえないからである。

(2)　論文は、私小説ではないから、材料の集積なしに頭の中でこねているだけでは成果がない。小説でも、ジャンルにより、歴史小説などでは、トラックいっぱいの資料を仕入れてから書き始めるという。書くことができず、あるいはいい結論が出ないなどというのは、十分な下調べをしていない証拠である。

(3)　あまり狭い経験で述べるのは危険であるが、たとえば、「危険負担」で資料を集積するさいに、比較的近接することの多い「解除」に関する資料を集めておくと、後者の論文を作成するさいに有用であることもある。もちろん有用かどうかは、テーマと目的にもよる。

(4)　不必要なものをなぞって頁数を増やしたり、捨てる努力を惜しんだり判断を省略する魅力は大きい。また、インサイダリズムによる引用の魅力もある。とくに、頁数の制限が緩い場合が危険である。もっとも、この点については、論述の目的を限定するか、あるいは周辺的なものも比較的広くとりこむことがベターとするか、との方法論の相違（これは論文や分野の性質にもよる）もあり、一概には決しえない。

わき道にそれることが、ヘロドトスの場合のように、読者に思わぬ興味と資料を与えることもある。一例をあげれば、本来はペルシア戦争とそれにいたる各国の歴史のはずであるが、はるかにトロイ戦争に言及したり（松平千秋訳〔ヘロドトス・歴史・一九七一～七二年〕上・一〇頁）、リュディアで、最初の金銀貨幣が鋳造されたこと（七八頁）、ミイラの作り方（二一一頁）、ランプシニトス王の宝物庫の盗賊と王女の話（二三五頁）、ヘレスポントスでの観船式でのクセルクセスの落涙のエピソード（下・四〇頁）などに、かなり長くふれることである。

しかし、ここで扱う種類の論文では不要であろう。資料的価値だけを求めるわけではない（むしろ、それは本来は付随的である）からである。しかも、わき道にそれることは、テーマを不鮮明にするのである。

(5)　シラバスについても、詳細にしろという要求が一部に強いわりには（人により内容が大幅に異なる社会学などと異なり、実定法ではそう違いようもなく、いたずらに詳細にする意味は乏しい）、せっかく書いてもろくに読んでいないことが多い。これも、ホームページだと比較的読むようである。自宅あるいは研究室で、すわったまま文献を集積する魅力が強いのであろう。論文作成には、しばしば、ほこりをかぶった資料までも大量に集め、しかもそれがほとんど役にたたない場合を含んでいる。頭脳労働というよりは、３Ｋ（きつい、きたない、金銭的にきびしい）の仕事である。

とくに、わがくにでは研究職に対する補助職の割合が低く（これにつき、第二部三編参照）、秘書も助手もいないことから、研究者は、自分で資料を収集するだけではなく、研究費の計算、雑誌の原稿集めや督促までする例が多い。そこで、雑用のたぐいを学生に押しつける例もみられるといわれ、とくに理工系では学生、院生は実験準備、翻訳、コンピュータの管理などの下請け仕事に多忙とのことである。文科系にはそのようなことはありえないが、同様の警戒があるのか、あるいは現代学生気質か、授業の教材選択のさいにも、ときにきわめて消極的な傾向がみられる（深く読むことより、広く読みたがる）。

もっとも、論文の構成のたて方や校正の仕方には、校正をするとよくわかる点もあり、徒弟的な仕事が役にたつこともある。ある大家の著名なテキストのはしがきには、やはり大家となった研究者が校正をしたという文がみられる。また、細部には、決してマニュアル化できないところもある。だからといって、押しつけるべきものではないから、知りたい者は、みずから求める必要があろう。一種のノウハウもあり、広く開示するものでもないからである。

(6)　この点も、分野により異なる。理工系の一部では、変化が激しく、本というのは消耗品で、雑誌以外はほとんど役にたたないと聞いたことがあるが、法律では、なお当分の間、図書館の役割は無視できないであろう。また、図書館の側にも、電子図書館などにより、能力を拡大していく可能性と必要とがある。

五　執筆、構成、校正、集成

1　執　筆

(1)　重点の置きかた　あらためて指摘するまでもなく、論文の執筆は、いわば爆発か、火山の噴火である。地下に大量のマグマがたまって、一気に噴火するようなものであり、時期が熟すれば、爆発する。(1)しかし、ただ素材をもっていれば書けるというものではない。書けない、書き始められないというのは、テーマが不鮮明な証拠である。あるいは素材の調査不足か、検討不足である。つまり、客観的理由か、主観的理由が、必ず存在する。

何よりも、書き始める前に、何らかの鳥瞰図ができていなければならない。この時期と書き始めの当初には、まとまった時間を投入する必要がある。これができれば内容の八割はできたようなものである。能力上の作業の八割はこれである。これからあとは、いわば色を塗る作業である。ラファエロが輪郭を描いた後の作業を弟子に手伝わせたというのは、このような分業をいうものであろう。

できることなら、初めにこの鳥瞰図を書き留め、整理しておくことが望ましい。頭の中だけでこねまわしていても、形をとらないことが多い。整理してみると、理論の良し悪しが分かるものである。整理できないものには、思索が不足しており、自分でさえ分からないものは、他人にはいっそう分からないものとなる。そして、書き出しの最初に分からないものは、書き上げた最後の段階でも分からないものとなる。僥倖だけによる「発見」はありえない。(2) 自分で考えることが必要である（四１(1)参照）。

手数のかかるのは、鳥瞰図のできたあとの論証のプロセスであり、個々の論証をし、文献を調べ、書き直す場合である。しかし、これは、こま切れの時間でもたり、必ずしもまとまった時間を投入する必要はない。実務的作業の八割はこれに費やされる。(3) 時間も手間もかかるが、いずれはできてしまう仕事でもある。検索や清書は必ずしも自分でしなくてもいい部分ともいえる。毎年のように改訂版を出すドイツやアメリカの学者には、たくさんの助手や研究補助者がついており、あたかも工場生産のようである。

逆に、いくら文献だけを集めても、体系にはならない。海図なき航海になり、大洋の上をあてどもなくさまようことになる。ある程度の見通しをつけてから着手しないと、最後になってこじつけたり、とってつけたような結論をつけてお茶をにごす原因ともなる。「理論」のない論文には、強引さが目立つもの、あるいはにわか仕立ての理論らしきものと資料との間に連関のないものが多い。

この鳥瞰図は、案内図として、読み手にとっても重要なものであり、論文構成上の早い段階で明らかにしておく必要がある。どこにつれていかれるかもわからずに読まされることは、読み手を不安にし、その興味をつなぎとめることを困難にするからである。わかりにくい論文には、論証の不足とともに、このような努力や明確さの欠けていることが多い。

(2)　集積の効果　　論文にも、集積の効果というものがある。最初から始めるときには、手間がかかる。エンジンが始動するには時間がかかるのである。しかし、テーマが明確であれば、文献がたくさん集積するとともに、しだいに書きやすくなる。(4) つまり、生産性は、最初は少しでも、あとは加速度的に向上するのである。したがって、安易にテーマを変更することの不利や、複数のテーマをもつ必要性はここにもある。ちなみに、関連したもの、類似したものほど生産性は高いということになろう。

2　構成など

論文の構成などの技術的なことについては、たち入らない[5]。注目するべきことは、思いつくままに書かないことである。論理的に展開して専門家にわからせることと、思いつきのままに書くこととはべつである。テーマの動機を開示することは有益でも、それだけではたりない。もっとも、展開の方法は対象とする読者により異なることもあり、発展の段階にそくして論述することがよりわかりやすい場合もある。体系は、既知の場合にしか役にたたないし、煩雑な体系もあるからである。しかし、体系を無視することは、一般的に、専門家にとってはしばしば思考経済上のロスが大きいものとなる。

タイトルも重要である。これによって書誌に登録され検索されるからである。短くてもよいが、内容をカバーするものでなければならない。また、刺激的である必要はないが、十分に魅力的であることが必要である[6]。もちろん、名前だけがそうであってはならず、名は体を現すものでなければならない。同様のことは、タイトルの下のアブストラクトやもっと長い論文の要約、見出しなどにもあてはまる。

よくいわれるように、序章、とくに書き出しも重要である。書き出しの一文で読者がつかめるかどうかが決定される[7]。だれもが納得できるものや明確な疑問から始めるのが一般である。記述は直線的であり、すべてが結論に集中するべきである[8]。これらについても、たち入らない[9]。

やや繰り返しになるが、重要なのは、一つの論文であれこれいわないことである。メイン・テーマは必ず一つである。これも、繰り返しになるが、一つの部分であれこれいわないことである。一つの文章、一つの段落、一つの節、一つの章、いずれでも同様である。違うことをいいたいなら、必ず分ける必要がある。そのために、部・篇・編・章・節・1・(1)などの分類がある。

なお、この分節の方式について、主要なところにはコンセンサスがあるから、モデルとなる大家のものを参照する必要がある。また、細部は異なるから、合作、共著のときには注意する必要があろう。小見出しをつけることにも、かなり意義がある。

一八世紀までの文献には、このような分類がなく（しばしば段落すらない）、非常にみにくい。これは情報の少ない時代、あるいは聖典や法源であるから許されることであり、今日では相手にされないであろう。

前述のように、文章をみやすくする分類には、章・節・1・(1)・(a)など定型がある。これをI-1-1-とするのが近時の一部の傾向である。最近のコンピュータの方式に由来するが、これでは、小さい項目ほど目だつので合理性がない。追加するときの便をはかったものであり、作成者本人には便利であるが、読者にとっては不親切なものである。完成した大家であればともかく、初心者では、未整理の証拠とみなされるだけである。

3　表　記

論文には、文体の統一という高次の要請があるから、引用は、使用言語の慣例によるとの原則も、変更されることがある。たとえば、ドイツ語の文献では、ドイツ民法典をＢＧＢと省略し、フランス民法典をＣＣと略することがあるが、フランス語の文献で後者のように略するのは、かなり破格である。主義の衝突がおこる場合には、日本語に直す必要がある。

難語、当て字、とくに、明治初期の文献には、国名、人名への当て字がさまざまに行われている。これだけで、主要なテーマとする可能性がある。[10]

外国語の地名でも、英・独・仏・伊・露・米などは、今日でも、なお使われるので、さほど理解が困難とは思われないが（英吉利、独逸、仏蘭西、伊太利亜・以太利、露西亜、亜米利加）、それ以外の漢字表記には、頭をひねることがある。もとより、当て字であり、表記方法も必ずしも一致していない。

おもなものでは、和蘭・荷蘭佗（オランダ）、白耳義（ベルギー）、盧森堡（ルクセンブルク）、瑞西・瑞士（スイス）、西班牙（スペイン）、葡萄牙（ポルトガル）、羅馬尼（ルーマニア）、澳大利亜・阿大利亜・墺地利（オーストリア)、匈加利(ハンガリー)、波蘭(ポーランド)、瑞典・瑞丁(スウェーデン)、芬蘭(フィンランド)、那威厳(ノルウェー)がある。

また、ドイツやイタリアの諸ラントや地方にも、普魯士(プロシア)、巴威里・拝焉(バイエルン)、巴丁(バーデン)、瓦敦堡(ヴュルテンベルク)、索遜・索典・薩撒(ザクセン)、哈諾威(ハノーバー)、安合児(アンハルト)、埃塞・加塞(ヘッセン・カッセル)、梅格稜堡(メクレンブルク)、里卑(リッペ)、威尼西(ヴェネツィア)、波希米(ボヘミア)、蘇格(スコットランド)などがあり、著名でないものはわかりにくい。

古いところでは、希臘(ギリシア)、羅馬(ローマ)、日耳曼(ゲルマン)が、また欧米以外でも、埃及(エジプト)、土耳其(トルコ)、猶太(ユダヤ)、印度(インド)、新嘉波(シンガポール)、比律賓(フィリッピン)、墨西哥・米墨・墨是科(メキシコ)、西比利亜(シベリア)などがある。本稿では、詳細は省略する。(11)

個人的な好みにもよるが、表の作成、事件の図解が行われることもある。これについても、主要なテーマとするだけのボリュームがあり、本稿では省略する。ただし、後者につき、一言述べると、ここでも統一性が重要である。数枚の図において、記号や書き方が異なるのはミスリーディングである。また、とくに債権の記号と物権移転の記号は、表示方法を分ける必要がある。

(1)　火山の爆発というのは、かなり広く使われる比喩である(後注(5)の諸文献参照)。

理工系の論文と文科系の論文の相違として、段階的な完成が価値をもつ度合いが後者のほうが高いことが多い(前者では、all or nothingで解答がえられなければ成果はゼロであるが、後者では、未完成のものでも、そこまでの意義をもつとの違いがある。藤原・前掲書①二〇二頁参照)という点がある(後述**六2**をも参照)。

論文の書き方にも相違がある。資料の調査や累積の効果は、後者のほうがずっと大きいから、これに要する時間が大量に必要なことである。もっとも、実験科学では、その代わりに実験があるのであろうし、そうでない場合でも、大量の思考実験は必要であろう。

論文は、理論の検証過程であり、思考実験のかたまりともいえる。自然科学のように、じっさいに実験してみるわけにはいかないとの意味でも、比較法や法の歴史の検証が重要なのである。

ただし、歴史は、事実の検証に必要なだけで、必ずしもそれのみが発展の方向を既定するものでも当然に理論を生じるものでもない。

また、文学などでは、苦しみながら一つずつ原稿用紙のます目を埋めて作業が進展する点に相違があるとの考え方もあるが(同二〇二頁)、法律の論文でも、そうして一ます目ずつ埋めたものにはあまり使いものにならずに、結局、しばしば全面的に書き直すことが多い。少なくとも理論の構築の部分に関しては一気に構築することが必要であるが(爆発的に)、たんなる資料の補充では、一つずつするほかはない。理科の実験でも、一つずつの積み重ねが必要である点は、同じであろう。

(2)　手助けや助言、指導はありうるが、その良し悪しは、べつの問題である。特定のわくにはめる可能性があり、また自分で考える努力を無にすることもある。結局、論文作成は、孤独（とは思わないが）な作業ということなのであろう。

(3)　本稿のような小稿でも、手間のかかるのは、注の中の文献であり、古くに読んだものは、失念して容易にはその所在さえ明らかではない、あるいは資料が散逸した場合が多い。失われた資料の再度の検索と再現は、生産的でないわりには、時間をくうものである。

(4)　おそらく、このような集中と集積の効果は、すべての長期的な生産計画についていえるのである。チャーチルは、その著「第二次世界大戦」（佐藤亮一訳・1・一九八三年）一三四頁において、軍需品の生産について、「第一年は無生産、第二年はごく少量、第三年は多量、そして第四年は洪水」とする。テーマごとの論文の生産も、つねに継続的というより、一定の停滞期をへながら階段状に行われるということになろう。

(5)　日本語あるいはその作文技術については、古くから、多数の文献がある。とくに、法学論文を対象とするものはそう多くはないので除外する。一般的なものとしては、著名な小説家の手によるもののほか、たとえば、清水幾太郎・論文の書き方〔一九五九年〕、丸谷才一・文章読本〔一九八〇年〕、尾川正二・原稿の書き方〔一九七六年〕、板坂元・考える技術・書く技術（一九七三年・続一九七七年）、澤田昭夫・論文の書き方（一九七七年）、同・論文のレトリック（一九八三年）、保坂弘司・レポート・小論文の書き方（一九七八年）、植垣節也・文章表現の技術（一九七九年）、本田勝一・日本語の作文技術（一九八二年）、木下是雄・理科系の作文技術（一九八一年）、末弘国弘・科学論文をどう書くか（一九八一年）、井上ひさし・私家版日本語文法（一九八四年）、同・自家製文章読本（一九八七年）、森本哲郎・日本語表と裏（一九八八年）、辰濃和男・文章の書き方（一九九四年）など多数がある。

みぎは、ごく一部であり、近時のものは列挙にいとまがないほどであり、試みに、書籍のデータベースで「日本語」をキーワードとして検索すると（一九八〇年以降）、一四〇〇件以上、「作文」、「小論文」をキーワードとすると、それぞれ、二〇〇件以上、三〇件がヒットする。そのすべてがここでいう指南書というわけではないが、新書や文庫には、目玉として必ず収録されるから、膨大なものが存するのである。

近年、話題になったものに、大野普・日本語練習帳（一九九九年）があるが、これにとどまらず、同氏の一連の著作には興味深いものがある。同・日本語の年輪（一九六六年）、同・日本語をさかのぼる（一九七四年）、同・日本語の文法を考える（一九七八年）、同・日本語について（一九七九年）、同・日本語とタミル語（一九八一年）、同・日本語はどこからきたのか（一九九九年）、また、やや範囲を拡大すると、金田一春彦・日本語（新版・一九八八年・上下）といったものもある。

種々の文章技術の読本は、それぞれ長所と短所をもっているが、概してみると、理工系の文献に参考になるところが多いように思われる。法律の文章には、文学的な含蓄は必要ではないし、そのようなものは、いずれにせよマニュアルからは獲得しえない。一義的に明確であることが必要であるから、どちらかというと理工系のものが有益なのである。もちろん、これも一定の水準までの話で、より高度の水準を目ざす場合には異なることがありえよう。

また、外国人向けの日本語技術に関する文献には、明解さと、伝統的な文法とは質的に異なる点で、視野を広げるものがある。たとえば、佐々木瑞枝・留学生と見た日本語（一九九五年）。

答案や判決も、小さいながら論文の一種であることからすれば、文章技術の達成は、法律の勉学には、不可欠のものである。

（6）俗に、Kleidungs*theorie*または端的に、Rock*theorie*ともいわれる。

（7）書き出しは、たとえていえば、呼び水である。にがい薬は、少なくとも後回しにされる可能性がある。ただし、これも、対象が専門家か、どの程度の専門家かによって、具体的には異なる。わかりやすい例示もよいが、例だけではたりない。あらかじめの説明があっての例示である。事件などの引用も、議論を具体化するものとして意義があり、とくに抽象的なものには必要であるが、例しかない、あるいは何のための例示かわからないものには意味がない。

（8）アラビアン・ナイトのように、話の頭と胴体が離れて、話の中に次々とべつの話がいりくんでいるようなものはわかりにくい。これは、テーマがしぼれていない証拠である。このような現象は、文献のところでもふれたように、不必要なものにまで言及しようとするときに、しばしば生じる。これに反し、論証は複線的であり、実証的である必要がある。

（9）ほかに、技術的な項目だけを若干あげておくと、たとえば、文体、表現、用語、記述の統一、引用の仕方、表題、見出しのつけ方、立案、組み立て、構造、流れなどが問題となる。前半分については、いずれにしても、統一性がキーワードである。なお、引用との関係では、アルファベットの大文字はみにくいことに注意する必要がある。小文字と違って、変化が乏しいからである。文献の引用は、基本的には使用言語の慣例に従うべきであるが、スモールキャピタルはみにくいので、必要のない限り、できるだけ避けるべきである。

（10）人名は、名字だけでは、必ずしも区別できないことがある。現行民法の法典調査会・民法議事速記録においては、フルネームが記載されているが、旧民法の法律取調委員会のそれは、名字だけだったので、同姓のものには、区別しにくいところがある。これにつき、〔利息〕二二七頁注(10)参照。

（11）また、論文では必ずしも発覚しないが、漢字の読み方にも問題がある。法律関係では、特殊な読み方をする例が多い。「遺言」（ゆいごん→いごん）など、慣例になっているものもある。しかし、一般の日本語と相違するものは、なるべく避けるべきであろう。とくに、同業的な言い回し（物・もの→ぶつ）にすぎないものである。趣味に属する面もあるが、あえて固執するほどのものではあるまい。

六　時間と資源、報酬の分配

1　集中の原則

(1)　集中　論文の作成には、資源と能力を集中する必要がある。テーマ、時間の配分、文献の収集など、いずれについてもいえる。[1] コンピュータの実行と同じで、いろいろな作業を同時にすると、気分も散漫になるのである。

資源=資料の収集に時間がかかるから、集めてもらえば楽である。研究会や審議会に人気があるのはそのためでもあるが、同時に、資料だけでなく、しばしば結論も左右され、わら人形にされる危険もはらんでいることに注意する必要がある。[2] また、時間の制約も大きい。

しかし、この集中の原則には、留意することが二点ある。第一に、情報を集めるときには、ひろく集める必要があるから、つねに集中するというわけにはいかない。つまり、アンテナは広範囲に広げ、かつ書き上げは集中して、ということになる。これについては、すでにふれた。

第二に、外見上散漫にしている場合でも、論文の内容を熟成させるための時間であることもあり、これも必要である。[3] ワインと同じで、熟成させなければならない。つまり、いくら集中しても、時間には短縮できない範囲がある。この期間に、早とちりや思い違いに気付くし、この間に構成を組み換えると、ずっとよくなることも多い。ジグゾー・パズルのように、断片的な部分が組み合わさって、一つの体系に組みこまれることもある。文献に密着している時期にはない、創造的な時間である。論文も、外形的には、昆虫の変態ほど大きく変化することがある。もちろん、だからといって、中の遺伝子の配列まで変わるわけではないから、テーマの変更にまでいたることはない。

⑵　雑用　この時間をむだと思うのであれば、その間、機械的な作業をしているという時間の利用もできる。このような機械的仕事、たとえば、カードの作成、整理は、細切れの時間に、気分転換にするものであって、おもにするものではない。これは、研究補助作業にとどまるが、しばしば研究したと勘違いさせる危険がある。最近はコンピュータの仕事であるが、かつては、資料を集めてカードを整理すると、研究が終わったとするジョークがあった。

資源と知力の集中というのは、テーマや素材の選択だけではなく、研究生活そのものについてもいえる。(4)だれも、二つのことを、同時に同レベルですることはできないから、これをすれば、あれはできないというジレンマに陥る。とくに、年をとると、時間的な可能性は限定されてくるから、あれこれと手を出すときには、二兎を追うもの一兎も得ず、との格言を忘れることはできない。(5)

研究と雑用の関係も、この集中の問題と関連する。仕事中の電話と同様に、思考を乱すから、雑用は忌むべきものとなる。ただし、気分転換ということもありうるし、新たな刺激をうける場合も多い。しかし、少なくとも短期的意味では、障害になることは否定できない。(6)

２　時間的制限

⑴　期限・締切　当然のことながら、論文の作成、研究には時間の制限がある。しばしば無視するむきが多いが、原稿の締切がこれにあたり、(7)注文原稿でなくても、博士論文、助手論文であれば、研究期間からの制限がある。また、みずから設定した課題であっても、研究可能時間という制限があり、少なくとも寿命のつきるまでに完成しないことには意味がない。もちろん、集団でする研究で分業する場合や、意図的に研究を段階ごとに分け、当面はその一部だけをして、あとは後代の検討に委ねるといった場合はべつである。

もっとも、研究の達成度という点において、文科系の論文と理科系の論文とではやや相違があり、とくに前者においては、資料的な価値をおもな目的とするものがありうる。これに関しては、中途まで完成したものでも、価値をもつ。[8] また、いずれの系統に属するものであっても、学界の共有財産たりうるものであれば、それを基礎として、後進の者が発展させることは可能である。しかし、整理もされていないのでは意味がなく、少なくとも一里塚としての完成度は必要である。

(2)　年齢　年をとると生物学的に時間がなくなることは(同時にほかの種々の雑用の増加によっても)、比較的理解されているが、若い者であっても、いくらでも時間があると思うのは、誤りである。理工系の人間にとって、創造的な研究のめどは、三〇代までといわれる。[9] そして、社会科学、法律はこれよりも遅く、集積の効果があるといわれるが、やはり創造的なものは三〇代までである。四、五〇代という場合があっても、二、三〇代でその端緒がついているものが多く、たんに資料的な整備などで遅れただけのことが多い。この意味でも、時間は制限されている。

もっとも、法律でも分野により異なり、集積の効果のある分野、方法があることは否定しえない。おそらく、そのような分野が多い学問の領域には属するであろう。哲学などもそのように位置づけられ、著名なカントの三批判は、六〇歳を過ぎてからの作品であるが、これも、決して散漫による産物ではなく、若い時からの成果である。[10]

なお、その場合でも、創造的な作業を継続しつづけるには、若い時期の生活習慣が基礎になっていることにも注意する必要がある。これは、「あとで」追完することはできない。

3　情報の増加と後光効果、マタイ効果

(1)　マタイ効果　(ア)　社会学者のマートンによれば、マタイ効果と呼ばれる現象がある。[11] すぐれた業績をあげ広く承認された人は知名度が高く学界から注目され、いっそうの研究を期待される。それゆえ、研究の資金や便宜が与えられ、ますます研究に打ちこみ成果があがる。無名人なら無視された研究も広く注目され、共同研究も、その者の研究であるかのようにみなされる。すでに確立している成果も、彼のテキストを通じて引用される。そこで、後光効果ともいわれる。新約聖書のマタイ伝一三章一二「持っている人は更に与えられて豊かになるが、持っていない人は持っているものまでも取り上げられる」によるものである(12)。

文献や研究者の少ない時代であれば、限定されるか、ありえない現象であろう。しかし、出版物の爆発的な増加により、読むべき論文の選別が必要となる。その場合に、自分の研究に直結するものを選択するということはいうまでもないが、研究者には、必ずしも自分の研究に直結しない場合でも、広くアンテナをはっておくという必要もある。すべてを読むことが、時間的に不可能な場合には、きびしい選別が行われる(13)。その基準は何かである。ここで、重要なのは知名度であり、すでに著名な人の論文は、質も高いであろうとの期待から選別される。これがマタイ効果の一部であり、また著名な者ほど有利な評価をうける。

しばしば繰り返された指摘であり、近時では二〇〇〇年の白川英樹博士のノーベル賞受賞にさいしても、このような現象が日本的であるとの指摘が多くなされたが、同様のことは、程度の差こそあれ、諸外国でも広く行われているのである。ただ、日本のほうが方法において原初的であるだけに、明確であるにすぎない(ほかに著名な例としては(逆事例であるが)、ファーブルや牧野富太郎の例がある)。

さらに、選別する基準には、個人の知名度だけではなく、勤務大学や指導教授の知名度、発表雑誌のステータスも関与してくる(14)。必ずしも意識されていないにしても、この選択は、広く行われているとみるべきであろう。出版物の増加により、マタイ効果による選別は、ますます強まる可能性があろう。ある意味では、知力と労力を維持するための護身術の一部でもあるからである。ただし、個人の知名度による場合には、その者がうけるべき当然の報酬の一部という意味もあるが、それ以外の場合には、まさに「後光効果」、「七光効果」というにふさわしい(15)。

類似のことは、学問の中枢においてすらみられる。若干次元は異なるが、比較法においても、欧米の学問体系であることから、内容は欧米が中心である(16)。法系論においても、アジア・アフリカが対象とされることは少ない。このような環境の中でも、テーマを維持・発展させる精神が必要となる。

(イ)　この場合に有益なのが、古典や比較法である。マタイ効果は、小さなサークルか、せいぜい国内にしか及ばず、古典や外国にまでは及ばないからである(17)。独善を避ける意味でも、これらの検討の意義は大きい。

マタイ効果は、古典や外国にまで及ばないのと同様に、素人に対しても及ばない。大学内のベストセラーにおいて、ハウツーもの、予備校のテキストが上位を占めるのはそのためである。一般に、素人がテキストを買う場合の情報は、もっぱら広告であり、知名度である。これも、広い意味ではマタイ効果の一種といえなくもないから(つまり、TVやマスコミがもっとも安直かつ普遍的な権威であるとの意味で)、学問的なマタイ効果との競合が生じているのである。そして、ここでは、後者はほぼ敗者である。

このような場合には、たんに予備校のテキストであることだけを理由としては、その跳梁を阻止することはできない。専門的なテキストには、たんなるマタイ効果によるものではなく、何らかの形で、ただし思いつきではなく理論や基礎研究の形成に寄与している、との差別化が必要である。このような寄与こそが、学問的なテキスト、理論の前提としてふさわしい(18)。

この競争の場合において、研究の尻尾をひきずることは、ときとして非効率にみえるかもしれない。しばしば、それは理論的であり実用的ではない（ハウツーもの、あるいは試験対策としては劣る）との批判が加えられる。しかし、この場合にも、文化は一見すると非効率なものの中にある、ということが思い出される必要がある。いかなる理論や制度も、発展の産物であり、必ずしも直線的な発展をたどっているわけではない。また、それゆえ、将来の発展の基礎ともなるのである。

(2)　情報の競合　　情報の増加と競合ということは、たんに法律文献の相互の関係だけに限定されるわけではない。最近では、誰でも能動的な研究活動をする者は、コンピュータに係わらざるをえないという意味において、種々のツール的な文献（マニュアル）へのアクセスをよぎなくされている。

しかも、周知のごとく、コンピュータのマニュアルには大部のものが多く、またコンピュータ自体がなお未完成の製品であることから、インストール、ハングアップなど種々の場合に、これに迅速に対処することが必要となる。しかも、これに要する時間は、中途半端なものではなく、まとまった大量のものが必要となる。

おそらく、法律の研究者でも、コンピュータやネットを利用する者には、情報の入手までにかなりの研究補助業務上の時間を要することになろう。このような時間は、一世代前には、まったく必要なかったものであり、その意味では、法律文献には、すでに協力なライバルが現れているのである。つまり、文献間の競争は、このように異業種間にも生じる。しかも、ツールを優先させざるをえないことから、この場合に法律文献の地位はいちじるしく不利なものとならざるをえない。そして、研究補助職の少ないわがくにの状況では、この傾向は、コンピュータ化の進展によって、いっそう強まる可能性がある。

（1）　クラウゼヴィッツ・戦争論〔篠田英雄訳・上・一九六八年〕二八八頁以下、三一〇頁以下、三二六頁以下ほか。

大数学者のガウスは、大学に就職したあと、まとまった時間がとれなくなったことを嘆いたという。もちろん、凡人と異なるから、それでも偉人となったのであるが、凡人は、いっそう時間の管理に注意しなければならない。

時間には、まとまった時間と細切れの時間がある。前者は、休日や早朝、夜にしかとれないが、後者にも意味がないわけではない。細かな翻訳や整理など、中断しても、すぐに中断したところから再開できるものには、これをあてればたりる。しかし、テーマの設定や再構成、組み換えなど、かなりまとまった時間でなければできない場合も多い。したがって、この区分と配分に気をつける必要がある。

とくに若い時は、いくらでもあるように思いがちであるから、むだにするべきではない。大きな論文などのまとまった作業には、まとまった時間が必要である。他方、年をとると、何でも引きうけるようになる（あるいは対外的・経済的理由などから）から、これも危険である。

研究時間の朝型、夜型、あるいは研究、教育、雑務の時間の調整、休日出勤や、結婚したり育児をするとしばしば研究者もだめになる（男女を問わない）という話も、この時間の配分の延長に属する問題である。さらに、たんなる趣味・道楽と研究の相違の一つは、この集中度の差でもある。

（2）　アンシャン・レジームのもとのフランスの貴族と、イギリスの貴族とが比較されることがある。前者も、地方にいれば自由であるのに、ヴェルサイユの宮廷に出れば、王権の保護・利益をうけることができた。しかし、代わりに精神は奴隷となるのである。制度的な相違があり、また相対的な問題でもあろうが、イギリスの貴族には、領地の経営や研究に励んだ者が比較的多かったようである。「只ほど高いものはない」ということになる。また、一九世紀のイギリスの海外侵略には種々の問題があることはいうまでもないが、同時に、イギリスの文武の官吏には、狭い意味での植民地経営だけではなく、海外での研究や探検に励んだ者が多く、それが多様な方面で学問の発展に貢献したことは見過ごせない（言語学、考古学、生物学など）。

研究機会の東京への集中も、積極・消極の両面から考える必要がある。少なくとも若い間は、自律的な研究時間をもつことは、否定的にのみ解されるべきではない。なお、tenureや種々の研究の前提にもたち入りえない。

（3）　これは、集中と集積の効果に関連して、長期的な生産計画について述べたことと共通する。「第一年は無生産」である。カントの三批判（後注(10)参照）の前の沈黙の一〇年間は、そのようなものと考えられ、おそらく高い山の出現する前には、長い準備と熟成が必要なのであろう。この場合には、沈黙の一〇年は、黄金の一〇年である。ただし、永遠の空白とならないことが必要である。

（4）　たとえば、人と同じように、多趣味に生きて、同時に何かを達成することはむずかしい（大家・天才はべつであるが）。多趣味どころか、「天は二物を与えず」という諺もある。この場合には、趣味と仕事を同一化することがてっとり早い解決であり、自然科学系の人には、この種の人が多いようである。

（5）　近時よく引き合いに出されることの多い伊能忠敬の事業も、家業の副業としてではなく、隠居してこれに集中できたことによる成果である。外国の例では、シュリーマンのトロイ発掘が類似している。また、必ずしも同列には扱いえないが、人文主義法学者のツァシウスの大学人としての出発も、比較的遅いものであった。〔本書第三部一

篇参照〕

(6)　学者に、奇人、変人が多いとされるのは、テーマへの集中の結果であり、必ずしも消極的にばかりとらえる必要はない。外面的な人づきあいが変人でない証拠というのは、おかしなことである。さもなければ、人生は限られているから、最低限の時間も確保できないであろう。時間を有効に確保する必要がある。大家は、ほぼ例外なく時間を浪費していないようにみえる。論文作成は、答案や起案と同様に、いわば孤独な作業であり、これに耐えられない者は、性格上むいていないのであろう。ただし、テーマの対象は、複線的にもつべきである。相互の影響も無視できないし、時間的に前後したテーマをもつことが、継続的に成果を出すことに役立つからである。

(7)　期限を守るかどうかは、どこに時間を投入するかという意味で、やる気しだいのところがあるし、手持ちの時間と進展から予想可能である。いちじるしく徒過することがわかっているならば、(じっさいにはむずかしいのであろうが) はじめからその旨を明らかにしておくか、他人に迷惑をかける場合であれば断るべき (なの) であろう。締切がきてから始めるなどというのは、論外である。歴史の前では、謙虚であることが必要である。もっとも、現実の前では悲観的であってはならない。

(8)　もっとも、理工系でも、必ずしも論文には「発見」(創造性) を必要とするわけではなく、段階的、報告的論文もあるから、その場合には、実験や観察の経過が報告され完結する。T・ブラーへの観測記録にもとづいて、ケプラー (一五七一年～一六三〇年) は、その法則を発見したといわれ、またプトレマイオスやアリストテレスの種々の理論も、古代のアレキサンドリアの図書館の観測や記録の集積にもとづいているのである。

(9)　簡単には、新堀通也・日本の学界 (一九七八年) 一一五頁には、科学の生産性と年令に関する研究がある。「努力と仕事」の限界については、ケーベル・前掲書 (二の注(2)) 一五八頁。

(10)　カント (Immanuel Kant, 1724-1804) の三批判 (一八八一年「純粋理性批判」、八八年「実践理性批判」、九〇年「判断力批判」) は、五七歳を超えてからの (～六六歳までの) 業績である。「人倫の形而上学」は、一七九七年、七三歳のときの業績であり、この間、「プロレゴメナ」(一七八三年) など、多くの業績を著している。ちなみに、法との関係では、Kant, Methaphysische Anfangsgründe der Rechtslehre, Die Metaphysik der Sitten, 1797

(Cassirer, Cohen, Buchenau, Buek, Görland, Kellermann & Schöndörffer (herg.), Immmanuel Kants Werke, Bd. 7, 1922).が興味深い（とくに私法との関係では、その四四頁以下、Der allgemeinen Rechtslehre, Das Privatrecht)。なお、「契約の成立における方式と自由」商論五五巻三号八一頁。

(11)　R.K. Merton, The Sociology of Science, 1973. 社会学では著名な用語のようであり、多くの文献にみられる。引用は、おもに新堀・前掲書（前注(9)）七五頁、一四五頁による。

(12)　「種を蒔く人」のイエスのたとえとその説明の間にある言葉である。種をまいている間に、ある種は、道端に落ちて鳥に食べられ、石の上に落ちて日に焼けて枯れてしまった。しかし、良い土地に落ちた種は、実を結んで、一〇〇倍にもなったというものである。本来、これは、福音をうけいれた人（よい種）といれない人（悪い種）との区別である(一三章一八)。なお、この種についてのたとえとその説明は、他の福音書、マルコ伝四章一〇、ルカ伝八章九にもあるが、「もてる者がますます豊かになる」という間の部分は、マタイ伝のみにみられる。

(13)　タイトルは、この場合にきわめて重要である。検索は、第一次的には、タイトルで行われるからである。これについては、すでに簡単にふれた。

(14)　新堀・前掲書一四五頁。「法学・・論集」なら引用するが、「商学・・論集」では引用できないといわれるのも、その一つである。

また、インサイダリズムによる選択もある。研究関心、研究領域を同じくするインサイダーが選択するだけでなく、イデオロギー、学閥による選択もあるという（同・一四六頁）。

なお、検索やコピーしてまでは読まないが、手元にあれば読むという場合もあるから、別刷の送付は、むだではない。別刷については、ふれる点も多いが、ここではたち入らない。

さらに、マタイ効果は、早くして著名になった場合ほど強く現れるから、ここに蔭位による選抜が行われる（蔭位については、本書第一部三篇参照)。ボーボアールのひそみにならえば、エリートも作られるのである。ただし、マタイ効果のみでは、時間的・場所的な選択には耐えることはできない。

(15)　後光のない者があてにするのは、インサイダリズムによる選択である。研究会などのインサイダー相互では、密接な接触から必然的に引用の回数も増加する。しかし、これは、ときに無知を示すものともなるから、注意する必要があろう。

マタイ効果は、形式的な業績主義、論文量産主義（publish or perish）による情報の増加を一因としているから、後者についてもふれるべき点があるが、本稿ではたち入りえない（テーマの矮小化、速成主義）。しかし、ある意味では、**一**、**二**で前述したことの裏側の問題に帰着しよう。

(16)　欧米の多くの比較法のテキストは、例外なく、欧米中心主義であり、アジア・アフリカへの言及は少ない。たとえば、Zweigert-Kötz, Einführung in die Rechtsvergleichung, 1. Aufl. 1969-71 (2 Bde); 3. Aufl. 1996.（その第一巻の翻訳、大木雅夫訳「比較法概論・原論」〔上下・一九七四年〕による）では、極東法圏、イスラム法、ヒンズー法は、それぞれ二〇頁程度を割り当てられているにすぎない。もちろん、これは、資料的・能力的にむずかしいということと、西欧法にとって比較する意義が乏しいということにもとづくのである（**一**注(12)後半参照）。これらの点は、比較法の本質論として本格的に論じるよちが多いので、たち入らない。

(17)　そして、だれでも、古典の肩につかまったときほどには遠くを見通すことはできないのである（ゲーテ）。

(18)　これも、フンボルト理念にいう研究と教育あるいは実践との結合の一部であろう。したがって、研究者には、たんに博識であるだけではなく、主体的な研究能力が必要とされるのである。これなしには、研究なきテキストと異ならないからである。

すでに、**一**2(2)において、法律の論文には、何らかの価値判断、思想、思索が必要であることを述べた。これは、テキストについても程度の差があっても同様であり、これのともなわないものは、事実や見解のたんなる寄せ集めにすぎない。思想・思索をともなうことが、マニュアルやたんなる実用書ではないことの例証である。法律の勉学に「教養」が重要であるということの意味は、小さな知識について博識であることをいうのではなく（もちろん、最低限の知識はつねに必要となり、ほかの条件が同じであれば多いほどよい）、このような作業を行いうるかにある。

説得の技術でもある法の論文には、人を納得させるだけの思索が必要である。技術的に、AでもBでもありうる場合に、いずれかの結論で人を納得させるのは、マニュアルではなく、より根源的な思索であろう。このことは、判決文だけではなく（それにも深いものと浅いものがみられる）、専門的な論文やテキスト（答案にさえ）にも求められるのである。

七　ツール、研究補助

1　コンピュータと研究補助

(1)　ワープロ機能　(ア)　コンピュータは、執筆の道具として、いまや不可欠なものとなっている。近時では手書きの原稿やレジメを出しても、大家以外には通用しないであろうから、必需品といえる。他方で、その使用が研究時間を減少させる危険についてはすでにふれた（六3(2)参照）。まとめるうえでも、有益な手段である。

しかし、いまだ発展途上の道具とでもいうべきであり、しばしば動かなくなること、データの喪失の危険などがある。プリントアウトは、十分余裕をもって行わないと、論文提出期限に間に合わない場合もある。また、ハングアップしたり、ソフトの干渉があったりしたときには、何かと時間をくうものである。この操作自体が、本来の研究と、時間を競合するものであり、ツールとして不可欠であるだけに、補助作業でありながら、しばしば研究よりも優位にたつこととなる。同じ危険は、データベースの操作などにも共通する。

各種の情報機器を使用する場合には、何よりも、仕事をしたと錯覚させる点が危険である。コンピュータの設定、拡張や欠陥の修復は、研究の補助作業ではあるが、研究そのものには何ら貢献していない。補助作業は、しばしば考えることからの逃避をみずからに正当化する口実となる。コンピュータの愛好者、とくに上級者（といっても文科系のそれには限度がある）を自認する者には、自戒する必要がある。もちろん、これも補助作業が主たる目的であれば（たんなる補助作業でない場合には）、べつである。

また、資源の競争においても、コンピュータには、陳腐化が激しいとの難点がある。たとえば、一九九三年に復刻された Oeuvres de Pothier, tomes I-X (par Bugnet, 1845-48(1862)). は、コンピュータ一台と同じくらいの価格であるが、容易には陳腐化しないものである。しかし、同じ時期のコンピュータはすでに使いものにならない。コンピュータの使用が、短期的のみならず、長期的にも論文作成に貢献しているか、を考慮する必要がある。(1)

(イ)　使い方は、人によるが、文科系の人間としては、ワープロとしての使い方が大半であろう。とりわけ、ワープロとしての使用の場合に、保存、書き直しがしやすいから、大幅な組み換えには有用である。反面、漢字変換ミスが多く、外観上、完成したようにみえるところにも、危険がある。表やグラフの作成、利息の計算なども可能であるが、ワープロの機能(最近の専用ワープロ機器にはこれらを扱える能力がある)をそれほど超えるものではない。

せいぜい、これに、電子メールとインターネットによる文献の検索が付け加わるにとどまる。しかし、理工系の場合ほどのインパクトはなさそうである。

ほかにも、付け加えるべきことは多々あるが、一点のみふれておくと、漢字の多用に注意する必要がある。世代間の相違がみられるのは当然であり、文の中に占める漢字の割合が減少しつつあるのは、古いテキストや新聞との比較から明らかである。しかし、近時は、ワープロの利用により、かえって不必要に多用する傾向がみられる。年長の大家は、思いがけず少ない。

漢字が多用されると、文を一見したときに真っ黒にみえることがあるが(古い新聞や判例集)、避けるべきである。それでは、読者を減少させることになろう。たとえば、一般的な副詞・接続詞は、ひらがなを用いることが通例である。(2) 詳細は、これらの技術に関する文献にゆずるが、漢字の多用はときに内容にも影響することがあると指摘しておく必要があろう。

(2)　研究補助　研究補助職の少ないわがくにでは、コンピュータの使い方によっては、かなりの程度まで研究補助の役割を果たさせることができる。研究そのものに役立つのは、たんにワープロとしての、あるいは検索の機能にすぎないが、研究補助の作業には、ソフトによりかなりの有効性を発揮するものがある。

2　時間と場所の管理

コンピュータの普及する以前は、ツールとしては筆一本があれば仕事ができたのであるが、今はコンピュータが必需品となり、設置場所や移動のさいの荷物が増えるもととなっている。もっとも、法令・判例や自分の論文をハードディスクに入れていくと、いくら入れても、重さは変わらないから、外国などでも、書籍による荷物が増えないとのメリットはある。ただし、これにも表裏の面があり、ハードディスクの故障が思わぬ研究の障害に結びつく可能性はある。

インターネットは、文献引用のルールが確立しておらず、また、ページ(URL)もしばしば短期で削除、移動することが多いから、なるべく避けることが望ましい(3)。

インターネットやデータベースによる文献の検索は、テレビをみながら仕事ができないのと同じといっては、いいすぎであろうが、少なくともそのくらいの位置づけをしておかないと、いささか安易に流される可能性があろう(4)。

(1)　さらに、個人の問題を離れたマクロの側面において、情報機器との資源の争いの結果、二〇〇〇年前後の文献の集積が、他の時代に比して劣っているとされるのでは残念であろう。

(2)　もっとも、これにもたち入る余裕はないが、接続詞の「および」はひらがなにしても、動詞の「及ばない」は漢字にするか(基幹的でない動詞は漢字にするとの原則との衝突)、そうすると統一性がとれないのではないか、といった問題を生じる。副詞の「じっさいには」と、名詞の「実際性」にも同じ問題がある。しかし、副詞を漢字にすると、「すべて」や「まさに」も漢字にするかという問題が生じる。派生した名詞からの遊離度によるべきであろうが、最終的には好みの問題に帰するかもしれない。迷うほどのものは、ひらがなにするのがベターかもしれないが、そうすると、時間的に変化する可能性もある。これらについては、種々の文献があるので、参照されたい。

（3）　なお、本稿では、まったく省略したが、より広く研究生活に関連するものとして、筒井康隆・文学部只野教授〔一九九〇年〕のイメージがかなり世間に（とくにその発表直後）流布していたようである。会議後に学科予算で寿司屋にいくなど、国立大学ではおよそ考えられない場面が登場する。有力な私立大学をモデルとしたと窺わせる場面が多々みられるが、いずれかを問わず、小説であるための誇張が、文の環境設定の部分にも包含されている。研究者の自己規制、倫理感の必要性は指摘するまでもあるまい。

みぎの本のイメージは、本稿の対象である論文についても及んでおり、多々的はずれなものがある。これらに対するものとしては、たとえば、ケーベル・前掲書などが有益であろう。もっとも、後者にも、「賎むべき成功主義者」や欺瞞の「教授」（八〇頁、九二頁ほか）、あるいは学界と文壇にみられる著書、論文の舶来趣味や物量主義（九二頁）などが言及されているから、必ずしも一面的なものとはいえない。なお、ケーベル博士（Koeber, 1848-1923）の人となりについては、夏目漱石の「ケーベル先生」、「ケーベル先生の告別」〔一九一四年〕にもふれられている。

ほかに、ツールや研究補助に関連して、研究と教育、実務、雑用との関係等にも、興味深いものが多数あるが、およそ本稿の対象外である。

（4）　インターネットに関連しては、それによる検索方法、出発点となるような種々のＵＲＬの所在やより機械的な事項の問題なども興味深いが、これらも、本稿の対象外である。最近では、これらに関する専門的なガイドブックも出つつあるので、それらを参照されたい。

〔なお、本論（第三章三節注25）でふれたドイツの債務法現代化法に関し、二〇〇一年五月九日、二〇〇〇年試案を修正して、現代化法草案が政府案として公表された。これにつき、小野「ドイツの二〇〇一年債務法現代化法草案―給付障害法と消費者保護法」〔二〇〇一年〕国際商事法務二九巻七号予定参照。〕

	(Chap. 11 De la donation entre-vifs.
tit. 6 De la vente	Chap. 3 De la vente
tit. 7 De l'échange	Chap. 4 De l'échange
tit. 8 Du contrat de louage	Chap. 5 De la transaction
tit. 8 bis-Du contrat de promotion immobiliére	Chap. 6 De la société particulière
	Chap. 7 Des contrats aléatoires
tit. 9 De la société	Chap. 8 Du prêt de consommation et de la rente perpétuelle
tit. 9 bis-Des conventions relatives à l' exercice des droit indivis	Chap. 9 Du prêt à usage
tit. 10 Du prêt	Chap. 10 Du dépôt et du séquestre
tit. 11 Du dépôt et du śquestre	
tit. 12 Des contrats aléatoires	Chap. 11 Du mandat
tit. 13 Du mandat	Chap. 12 Du louage de services et d'ouvrage ou d'industrie
tit. 15 Des transactions	×Chap. 22 Du louage de bétail ou bail à cheptel
tit. 16 Du compromis	
tit. 1 Des successions	Chap. 13 Des successions
tit. 2 Des donations entre vifs et des testament	Chap. 14 Des donations
tit. 5 Du contrat de mariage et des régimes matrimoniaux	Chap. 15 Du contrat de mariage
	Livre 3 Des sûretés ou garanties des créances
	Disppositions préliminaires
	Partie 1 Des sûretés ou garanties personnelles
tit. 14 Du cautionnement	Chap. 1 Du cautionnement
	Chap. 2 De la solidarité entre débiteurs et entre cŕanciers
	Partie 2 Des sûretés réelles
	Chap. 1 Du droit de rétention
	Chap. 2 Du gage ou nantissement mobilier
tit. 17 Du nantissement	Chap. 3 Du nantissement immobilier
tit. 18 Des privilèges et hypothèques	Chap. 4 Des priviléges
tit. 19 De l'expropriation forcée et des ordres entre les créanciers	Chap. 5 Des hypothèques
	Livre 4 Des preuves et de la prescription
	Partie 1 Des preuves
	Dispositions préliminaires
	Chap. 1 De l'expérience personnelle du tribunal
	Chap. 2 Du témoignage de l'homme ou de la preuve directe
	Chap. 3 Des présomptions ou preuve indirectes
tit. 20 De la prescription et de la possession	Partie 2 De la prescription
	Chap. 1 De la nature et des applications de la prescription
	Chap. 2 De la renonciation à la prescription
	Chap. 3 De l'interruption de la prescription
	Chap. 4 De la suspension de la prescription
	Chap. 5 De la prescription acquisitive des immeubles
	Chap. 6 De la prescription acquisitive des meubles
	Chap. 7 De la prescription libératoire
	Chap. 8 De quelques prescriptions particuliéres

〈付録〉 旧民法とフランス民法典の構成

Code Civil Français, 1804

Livre 1 Des personnes

titre 1 De la jouissance et de la privation des droit civils
tit. 2 Des actes de l'état civil
tit. 3 Du domicile
tit. 4 Des absents
tit. 5 Du mariage
tit. 6 Du divorce
tit. 7 De la filiation
tit. 8 De la filiation adoptive
tit. 9 De l'autorité parentale
tit. 10 De la minorité, de la tutelle et de l'émancipation
tit. 11 De la majorité et des majeurs protégés par la loi

Livre 2 Des biens et des différentes modifications de la propriété

tit. 1 De la distinction des biens
tit. 2 De la propriété
tit. 3 De l'usufruit, de l'usage et de l'habitation
tit. 4 Des servitudes ou services foncier

Livre 3 Des différentes manières dont on acquiert la propriété

Disposition générales
tit. 3 Des contrats ou des obligations conventionnelles en général
tit. 4 Des engagements qui se forment sans convention

Code Civil Japonais, 1890

Livre 5 Des personnes

Chap. 1 De la jouissance des droit civils
Chap. 2 Des actes de l'état civil
Chap. 3 Du rapports de parenté
Chap. 4 Du mariage
Chap. 5 Du divorce
Chap. 6 De la filiation
Chap. 7 De la filiation adoptive
Chap. 8 Du abandon d'adoption
Chap. 9 De l'autorité parentale
Chap. 10 De la tutelle
Chap. 11 De l'émancipation
Chap. 12 Des majeurs protégés par la loi
Chap. 13 De l'autorité du chef de famille
Chap. 14 Du domicile
Chap. 15 Des absents
Chap. 16 Du acte de l'état civil

Livre 1 Des biens

Dispopsitions préliminaires
Partie 1 Des droits réels
Chap. 1 De la propriété
Chap. 2 De l'usufruit, de l'usage et de l'habitation
Chap. 3 Du bail, de l'emphytéose et de la superficie
Chap. 4 De la possession
Chap. 5 Des servitudes foncières.
Partie 2 Des droits personnels ou de créance et des obligations en général
Dispositions préliminaires
Chap. 1 Des causes ou sources des obligations
Chap. 2 Des effets des obligations
Chap. 3 De l'extinction des obligations
Chap. 4 De droit naturel

Livre 2 Des moyens d'acquérir les biens

Dispositions préliminaires
Chap. 1 De l'occupation
Chap. 2 De l'accession
Chap. 3 De la perception des fruits par le possesseur de bonne foi
Chap. 4 De la tradition
× Chap. 5 De l'acte judiciaire ou administratif portant expropriation pour cause d'utilité publique
Chap. 6 De l'adjudication sur saisie
Chap. 7 De la confiscation spéciale
Chap. 8 De l'attribution directe par la loi.
Chap. 9 Du legs à titre particulier
Chap. 10 Des convenntions et contrats innommés

22. Tit. Schuldverschreibung auf den Inhaber	
23. Tit. Vorlegung von Sachen	
24. Tit. Ungerechtfertigte Bereicherung	Chap. 4 Unjust Enrichment
25. Tit. Unerlaubte Handlungen	Chap. 5 Unlawful Act
	Book 2 Real Rights
3. Buch. Sachenrecht	Chap. 1 General Provisions
1. Abs. Besitz	Chap. 2 Possessory Rights
2. Abs. Allgemeine Vorschriften über Rechte an Grundstücken	
3. Abs. Eigentum	Chap. 3 Ownership
4. Abs. Erbbaurecht	Chap. 4 Superficies
5. Abs. Dienstbarkeiten	Chap. 5 Emphyteusis
	Chap. 6 Servitudes
6. Abs. Vorkaufsrecht	
7. Abs. Reallasten	
	Chap. 7 Rights of Retention
	Chap. 8 Preferential Rights
8. Abs. Hypothek. Grundschuld. Rentenschuld	Chap. 9 Pledge
9. Abs. Pfandrecht an beweglichen Sachen und an Rechten	Chap. 10 Hypothec
4. Buch. Familienrecht	**Book 4 Family Law, 1947 (replaced)**
	Chap. 1 General Provisions
1. Abs. Bürgerliche Ehe	Chap. 2 Marriage
2. Abs. Verwandtschaft	Chap. 3 Parents and Children
	Chap. 4 Parental Power
	Chap. 5 Guardianship
3. Abs. Vormundschaft	Chap. 6 Support
5. Buch. Erbrecht	**Book 5 Succession**
	Chap. 1 General Provisions
1. Abs. Erbfolge	Chap. 2 Successors
2. Abs. Rechtliche Stellung des Erben	Chap. 3 Effect of Succession
3. Abs. Testament	Chap. 7 Will
4. Abs. Erbvertrag	Chap. 5 Separation of Property
5. Abs. Pflichtteil	Chap. 8 Legally secured Portions
6. Abs. Erbunwürdigkeit	Chap. 6 Non Existence of Successors
7. Abs. Erbverzicht	Chap. 4 Acceptance and renunciation of succession
8. Abs. Erbschein	
9. Abs. Erbschaftskauf	

〈付録〉 民法とドイツ民法典の構成

BGB, 1900	Japanese Civil Code, 1896-98
1. Buch. Allgemeiner Teil	**Book 1 General Provisions**
1. Abschnitt. Personen	Chapter 1 Persons
	Chap. 2 Juristic Persons
2. Abs. Sachen	Chap. 3 Things
3. Abs. Rechtsgeschäfte	Chap. 4 Juristic Acts
4. Abs. Fristen. Termine	Chap. 5 Period
5. Abs. Verjährung	Chap. 6 Prescription
6. Abs. Ausübung der Rechte. Selbstverteidung. Selbsthilfe	
7. Abs. Sicherheitsleistung	
2. Buch. Recht der Schuldverhältnisse	**Book 3 Obligations**
1. Abs. Inhalt der Schuldverhältnisse	Chap. 1 General Provisions
	Sec. 1 Subject of Obligation
	Sec. 2 Effect of Obligation
2. Abs. Schuldverhältnisse aus Verträgen	
3. Abs. Erlöschen der Schuldverhältnisse	Sec. 5 Extinction of Obligation
4. Abs. Übertragung der Forderung	Sec. 4 Assignment of Claim
5. Abs. Schuldübernahme	
6. Abs. Mehrheit von Schuldnern und	Sec. 3 Obligation with Plural Parties
Gläubigern	Chap. 2 Contracts
7. Abs. Einzelne Schuldverhältnisse	Sec. 1 General Provisions
1. Titel. Kauf. Tausch	Sec. 2 Gift
	Sec. 3 Sale
2. Tit. Schenkung	Sec. 4 Exchange
3. Tit. Miete. Pacht	Sec. 7 Lease
4. Tit. Leihe	Sec. 6 Loan for Use
5. Tit. Darlehen	Sec. 5 Loan for Consumption
6. Tit. Dienstvertrag	Sec. 8 Service
7. Tit. Werkvertrag (und ähnliche Verträge)	Sec. 9 Contract for Work
8. Tit. Mäklervertrag	
9. Tit. Auslobung	
10. Tit. Auftrag	Sec. 10 Mandate
11. Tit. Geschäftsführung ohne Auftrag	(Chap. 3 Management of Affairs without Mandate)
12. Tit. Verwahrung	Sec. 11 Bailment
13. Tit. Einbringung von Sachen bei Gastwirten	
14. Tit. Gesellschaft	
15. Tit. Gemeinschaft	Sec. 12 Partnership
16. Tit. Leibrente	Sec. 13 Life Annuity
17. Tit. Spiel. Wette	
18. Tit. Bürgschaft	
19. Tit. Vergleich	Sec. 14 Compromise
20. Tit. Schuldversprechen. Schuldanerkenntnis	
21. Tit. Anweisung	

〈著者紹介〉

小野秀誠（おの・しゅうせい）

1954年　東京に生まれる

1976年　一橋大学卒業

現　在　一橋大学大学院法学研究科教授

〈主要著作〉

逐条民法特別法講座・契約Ⅰ（共著，ぎょうせい，1986年），危険負担の研究（日本評論社，1995年），反対給付論の展開（信山社，1996年），給付障害と危険の法理（信山社，1996年），債権総論（共著，弘文堂，1997年），叢書民法総合判例研究・危険負担（一粒社，1999年），利息制限法と公序良俗（信山社，1999年），専門家の責任と権能（信山社，2000年），「代金額の決定と司法的コントロール」好美清光先生古稀記念論文集・現代契約法の展開（2000年，経済法令研究会）所収，「銀行取引約定書の理論的課題・利息変更条項」銀行法務21,583号（2000年），Die Gefahrtragung und der Gläubigerverzug, Hitotsubashi Journal of Law and Politics, vol. 19 (1991); Comparative Studies on the Law of Property and Obligations, ib., vol. 22 (1994); Comparative Law and the Civil Code of Japan, ib., vol. 24-25 (1996-97); The Law of Torts and the Japanese Civil Law, ib., vol. 26-27 (1998-99); Strict Liability in Japanese Tort Law, especially Automobile Liability, ib., vol. 28 (2000); Joint Unlawful Act in Japanese Tort Law, ib., vol. 29 (2001).

大学と法曹養成制度

2001年（平成13年）6月20日　初版第1刷発行

著　者　小野秀誠

発行者　今井貴・渡辺左近

発行所　信山社出版株式会社

〔〒113-0033〕東京都文京区本郷6-2-9-102

電話　03(3818)1019

FAX　03(3818)0344

Printed in Japan

印刷・製本／勝美印刷・大三製本

ISBN4-7972-2206-9　C3332

事項索引

あ 行

Auflassung……113
アカデミー……22,25,237
アメリカ……85,191,213,214,264
アメリカ法……7,331,336,341
新たな授業計画（統一後の）……30
新たな予算の獲得……235
新たな（連邦）諸州……19
アルバイト……203,207
イエナ（大学）……20,21,32,118,119,129,147,219
イギリス……82,84,187,250,349
イギリス下院……83
イギリス法……331,336
EC諸国との競争……71
ECの市場統合……71,79,97
ECの法曹……76
イタリア……81,190
イタリア旧民法典……317,335
一元的構成（法律職の類型化）……257,266,272
一段階の法曹養成制度……11,73,78,175,178,210
一般的な昇進のルート……57
EUの市場統合……76,163,175
EU法……340
インサイダリズム……398,416
インターン……65
インド契約法……337
ヴィッテン・ヘルデッケ大学……181
ウィーン国際動産売買法統一条約……340,379
ウィーン大学……128,287
受け皿（中途挫折者の）……215,225
ヴュルテンベルク・ラント法……291
梅謙次郎……13,308,311
英米法……331,336
江藤新平……300,317
エラスムス……282
エラスムス計画……123,148,151
エルフルト（大学）……35,123,125,128,132,146,147
延期派……321
王の文書……278
応　用……368
大木喬任……303
大きな比較……331,344,389,391
大きな比較法……327,386,393
大きな理論……382,383
大きな論文……365
オーストラリア……213,254,349
オーストリア……86,328
オーストリア一般民法典（ABGB）……333,338
オーストリアの法曹教育の改革……87,93
オーストリア法のパンデクテン解釈……52,328,345
追っかけ弁護士……8,215
オランダ旧民法典……335
蔭位（おんい）……89,416

か　行

改革の提言……………………………………94
改革法（フライブルクの）………277,290
外国法の影響の過大評価………………343
解釈による大幅な組み換え……(328),357
解除（権）…………………………383,388
解除訴権……………………………293,394
回数制限（受験の）…………106,163,198,
212,215
概念法学……………………………360,362
買　戻………………………………………384
書かれた理性………………………276,345
学位の冒用…………………………………229
学際と教養…………………………………369
学　士………………80,81,87,167,185,190
学識ある失業者…………………………63,156
学士号……………………………162,173,185
学術審議会（WR）…………18,30,41,75,
120,124
学　長………………………………………239
各国の法曹の比較…………………………114
課程博士……………………………191,371
カナダ……………………………213,254,349
カノン法…………………282,286,356,373
科目の選択制………………………………220
カリキュラム………………………………229
完全法律家（Volljurist）………3,170,265
完全法律家（Volljurist）の過剰…176,202
官吏の養成，選抜……………89,179,(267)
期間の短縮……………71,102,105,109,183
期限つきの公務員……………204,205,207
危険負担………………………52,293,358
基準期間……………………………54,102
規制改革委員会第二次見解……………257
規制緩和………………………………255,258
規制緩和委員会第一次見解……………256
規制緩和推進三カ年計画………………255
起草過程と民法……………………………299
基礎課程，教育………………………95,220
機能的な比較……………330,349,367,390
窮　迫…………………………203,205,207
旧東ドイツ……………………………17,88
旧東ドイツ地域の大学の再建問題
……………………………………17,116,146
旧東ドイツの法曹養成…………………21
給付利得……………………………………392
旧民法………………………………………305
教育助成法…………………………………187
教育審議会…………………………182,188
教育と研究…………………………10,254
教会（法）…………………………136,283
業際問題……………………………261,263
教授資格の緩和……………………185,192
教授資格論文………23,27,31,57,185,190
教授層の老齢化…………………………24,56
行政事務の簡素化…………………………258
行政法曹……………………………51,103,176
業務の独占………………………256,259,260
教　養…………………………369,374,417
ギリシア民法典……………………………334
近時の財政的困難………………………58,141
グナイスト……………………………………84
グライフスヴァルト（大学）
…………………35,117,120,125,129,146
経済，企業法律家（フランスの）
……………………………………80,91,231
経済〔専修〕法律家

……………3,166,170,176,216,221,266
「経済法」専修コース…………171,215,225
経済法専修コースの教育と学位 ………220
経済法曹 ………………103,(166,176),219
経済法律家（東ドイツの） ………………27
芸娼妓解放 ………………………………315
継続教育 ……………………………72,97
啓蒙主義 …………………………………131
啓蒙期の大学 ……………………………136
契約自由の原則 ………………383,392
ゲルマニステン……………………………52
ゲルマン（法） …(278),292,346,350,359
ケルン大学…………………41,128,131,186
研究・開発費（国際比較） ……………150
研究・開発費の推移（ドイツ）
……………………………………69,143,237
研究関係従事者数（国際比較） ………228
研究教育環境上の問題………………56,185
研究者数の推移（日本） ………………144
研究者養成の困難………………56,192,371
研究人員（ドイツ） …………185,193,237
研究と教育の統一（フンボルト理念）
……………………………10,137,254,417
研究費の推移（日本） …………………144
研究評議会…………………………………22
研究補助 …………………408,413,418,419
研究補助者 ………………………185,219
検察官 …………23,26,80,87,103,165,211
現代ローマ法 ……………………334,359
憲法裁判所 ……………………104,114,154
憲法上の問題 ……………………202,209
憲法訴訟 …………………………117,121
元老院 ……………………………………304
元老院議官 ………………………………305
行為基礎論 ………………………332,389
合格率…………………………55,164,194
後見の学部（制） …………36,39,117,122
口述試験……………………53,55,80,107
公証人………4,23,80,87,112,165,180,211
公証人弁護士 …………………111,211,272
高等教育への財政支出…………58,141,249
高等裁判所（高裁） ……………107,201
公費負担（教育への） …………………250
公法的な養成関係 ………………………206
効率性（制度の） ……………8,71,192,213
国際私法 …………………………………339
国際性指向 ………………123,146,338,353
国際的な競争 ……………………………184
国内総生産(GNP)，対政府支出に占める
公的教育支出………………………58,249
国民国家の権威 …………180,267,354,356
国連の統一作業 …………………………340
後光効果 …………………………………410
国家資格制度の見直し …………………256
国家的権威の重視 ………………180,267
個別的自然法 ……………………………301
古　法 ……………………………………335
固有法 ……………………278,346,379
雇用関係の終了 …………………………117
混合法 ……………………………331,335

さ　行

在学期間……………………78,109,196,217
再教育 ……………………………………72,97
再建の計画…………………………………32
最終試験……………………………73,185
再生教育……………………………………37
埼玉訴訟 …………………………………260

最短期間……………………72,102,175,196
再統一後の状況…………………………30
再統一時の東ドイツの大学………………21
再統一と首都 ……………………………153
再統一前の状況（法学部）………………21
裁判官 …………23,26,80,87,103,165,211
裁判官試験…………………………………87
裁判官（職）の養成 ………9,170,176,216
裁判官職を中心とした法曹養成
……………………176,223,253,266,270
裁判官的な訓練 …………………173,223
債務法改定草案 …………104,113,334,421
債務法現代化法の試案 ……………351,421
左　院 ……………………………………301
ザクセン民法典 …………………………333
作文技術 …………………………………405
サッチャー（改革） …………187,250,349
三段階制 …………………………………65,66
算入されない受験（自由な挑戦，Frei-
versuch） …106,108,164,183,189,198
JAO ……………………40,102,107,109
JAG ………………49,65,101,102,106,109
資格試験 ……………………9,162,176,215
資格者の大量養成 ………………169,252
時間的制限 ………………………………409
試験と世襲…………………………………89
市書記 ……………………………………278
「事前規制型」と「事後チェック型」
…………………………………………255
自然的分化・関連業務性 …………263,272
自然法論 ……………………………301,379
質入・書入規則 ……………………300,315
失業者 …………8,9,156,170,176,215,252
実験講座…………………………………10,254
実務研修……40,51,54,72,95,109,174,199
実務研修期間…………………………78,163
実務研修の実態 …………………………201
実務研修の申請と採用 …………………202
実務研修の廃止 …………………………210
実務的勉学時間 ……………49,53,102,106
実用的比較法 ……………………………327
司法型社会 ………………………………169
司法官試補 ……………………65,81,201
司法研修（実務研修） ……………170,201
司法試験 ……………………5,174,210,253
司法省 ……………………201,205,207,208
司法省民法会議 …………………………303
司法補助 …………………………………74,86
司法補助官 ………………………228,266
事務所間の競争 …………………………259
事務弁護士協会……………………………82
社会主義法……………………………22,337
社会的関係，観点，基準 ……203,207,208
社会の法化 …………………8,214,253,362
修学年限の短縮……………………68,102,164
重過失と軽過失 …………………………281
19世紀までの法分裂 ……………………356
宗教改革 ……………………………129,282
集合物 ……………………………………293
修　士 ……………………80,86,167,185
修習生の給与削減 ………………202,209
修習生の採用庁 …………………………205
修習場所……………………54,109,166,203
集中型のシステム（図書館） ……240,246
集中と集積の効果 ………………401,405
集中の原則，主義 ……………247,370,408
重点教育 …………………38,73,75,95,166
自由な挑戦→算入されない受験

「12カ条」……285
州予算……147
州をこえる図書館の結合……243
授業時間の比較……84,229
授業料……92,181,232
授業料の有料化……164,180,187,209,232
受験回数の制限……183,195,200
受験要件……175,196
主査会……309
シュタイン……131
首都と大学……135,153
シュンペーター……132,139,157,371
準法曹……224,231,270
商科大学……140,225
消費者保護……379,383,421
情報化……177,245,397
条　理……328,329,345
職域紛争……258,260
所有権……292,315
私立大学（ドイツの）……181
自律的性格……270
資料性……366
深化課程……95,220
人事委員会……33
人事に関する高裁の権限……201
新受件数……51,63,64
信託公社……58,69
人的な関係……206
人文主義の限界……281
人文主義法学……277
スイス債務法典……335
スイス民法典……335
スカンジナビア法……336
スコラ学……282
政治的対立（法曹養成と）……78,178
成績審査……49,53,73,102,106,107
成績（ポイント制）……55,183,195,204,208,222
製造物責任……341,379
制度の効率性……8,169,192,213,215,218,252,254
整理会……309
世　襲……89
設置の基準（法学部の）……32
善意取得……292
1992年改正法……101,105,175
1960年代末の大学改革……27,68,92
選挙制……90
専修コース…3,171,216,224,231,253,271
専修ジェネラリスト……222
選抜（入学者の）……167
選抜方法（官吏の）……89
専門教育……220
専門大学……10,137,138,171,176,183,216,217,266
専門大学に対する訴訟……219
専門分野への特化……9,266
総会（法典調査会）……309
総合学校……188
創設委員会（大学の）……117,122
創造性と資料性……366
ソクラテス計画……151
組織の鑑定……18
卒業資格と法曹資格……37,119
卒業試験……37,66,183,216
卒業論文……80,87,221,266
ソフトウエアの統一……245
ソリスター……82,264

た 行

第一課程……………………………79,213
第一次国家試験 ……39,48,49,53,55,105,
161,162,174,194,212
第一次国家試験の合格割合の推移 ……195
第一帝国議会 …………………………307
大学院 …………………………162,190,216
大学院と学位の関係 ……………………190
大学改革 ……………………………166,180
大学改革プログラム ……………………148
大学基本法 ………………166,180,183,221
大学教育………………………48,102,174
大学構成委員会…………………………33
大学再建（東ドイツの） ……………17,31
大学職員の構成…………………29,105,193
大学助成法 ………………………………234
大学設立権 ………………………………139
大学定員審査機構 …………………167,184
大学の入口段階での絞りこみ ……168,252
大学と社会変革 …………………………128
大学図書館の蔵書，学生数，予算 ……233
大学の当事者能力 ………………………192
大学に登録した者の数 …………45,46,212
大学入学資格（試験）………49,59,79,91,
99,167,218,222
大学の改廃 ………………………………128
大学の国際競争 ……………………184,251
大学の人的構成 ……………………105,185
大学の設立 ……………………128,139,179
大学の大規模化，マスプロ化 ……130,188
大学の入学試験…………………………91,167
大学補助金委員会 ………………………250
大学連盟…………………………41,180,186
待機期間………9,66,71,166,175,178,201,
203,205,208,209,215
大規模事務所への業務の集中 …………259
第九議会 ……………………………310,323
体系性 ………………………………367,369
第三課程………………………………………80
第三議会 …………………………………308
代償性の原則 ……………………………370
太政官制度局 ……………………………300
太政官布告 …………………300,315,345
太政官布告103号………………300,315,328
大審院長 …………………………………319
代替物 ……………………………………281
第二課程………………………………79,213
第二次国家試験 …………55,110,161,170,
174,197,212
大陸法 ……………………………………331
短期の効率的な制度 …………218,253,254
断行派 ……………………………………321
短縮の効果 ……………………………109,197
男女間の格差……………………50,103,105
小さな比較 ………………………330,391
「小さな比較法」………………327,343,384
小さな理論 ………………………382,383
小さな論文 ………………………………365
地所質入書入規則 ………………………315
中間試験 ………………49,73,102,107,183
注釈学派……………52,283,335,352,358
中世の教会 ………………………………136
中途挫折者…………34,50,55,61,165,167,
177,215,218,225,252
チューリヒ私法典 ………………………336
「調和」,「接近」,「同化」…………332,354
ツァシウス ……………………275,279,414

通信教育……………………………………26
定員制 …………………26,43,156,184,218
定年，任期 …………………………(57),67
ティボー ………………………………316
適　性 ……………………167,184,205,207
デジタル化 ……………………………248
デジタル化とグローバル化 ……………245
哲学は神学の端女 ……………136,281,373
テーマの射程と属性 ……………………370
テーマの設定 …………………………376
テュービンゲン大学………………………84
転換教育…………………………52,162
典型契約 ………………………………392
電子化と広域的な結合 …………………241
電子化の影響 …………………………397
伝統的法学教育からの批判…………96,218
転　用 …………………………………393
ドイツ学術のための寄付者連盟 ………239
ドイツ研究共同体 ………………………241
ドイツ裁判官法…49,101,118,162,175,223
ドイツ債務法改定 ……………………104,333
ドイツの公証人，弁護士の推移 ………112
ドイツの大学 …………………128,152,180
ドイツの大学の種類 ……………………226
ドイツの法学教育の特徴………48,102,180
ドイツ普通商法典 ………………………333
ドイツ法 ……………280,291,328,331,333
ドイツ法曹の30年間の変化 ………104,211
ドイツ民法典 …………………………333
統一条約 ……………………………18,41,153
統一的法律家 …………………………216,270
統一法 ……………………………339,341
統一前の法曹養成の成果……………………23
東欧の民主化……………………………17
登記のコンピュータ化 …………………258
東西の大学の比較（全学部） ……………28
同質化 …………………………………357
独創性 …………………………367,376
特別な実務研修 ………………………119
独立法人化 ……………………………193
都市書記 ……………………………4,278
都市の発達 ……………………………278
都市立法 ………………………………278
図書館 ……………38,40,58,124,151,177,
232,233,234,240
図書館の結合関係 ………………………244
図書館の相互貸借関係 …………………248
特　化 …………………………264,393
特　許……………………………………27
特許状 ………………………131,138,139,286
富井政章……………………13,308,311,322
ドレスデン（工科）大学………32,35,118,
125,147,235,239,248
ドレスデン草案 …………………………333

な　行

内容の豊富さ …………………………377
ナポレオン ……………………………131,324
難　語 …………………………………403
南北アメリカ法 …………………………339
二元的構成（法律職の類型化）…224,257,
266,269,272
西から東への資金移動…………58,148,238
西側の協力（大学再建）…………………36
二段階法曹養成制度 ………51,65,97,141,
161,162,174,179,252
二分領域説 ……………………………283
入学者の選抜 ……………9,91,99,167,189

ネット ……………………………245,419
年　俸 ……………………………………314
農民戦争 …………………………………284

は　行

バイエルン民法典 ………………………333
バイエルン民法典草案 …………………333
売官制………………………………………90
ハイデルベルク大学……………………84,128
博　士…………………………80,86,87,190
博士号 ……………………………162,185
博士論文 ……………………………27,93
ハーグ国際動産売買法統一条約 …340,379
ハーゲンの放送大学………………………26
バーゼル市法 ……………………………291
バーデン・ラント法 ……………291,317
バリスター………………………………82,264
ハレ（大学）……………20,21,32,35,117,
126,129,147
ハンザ都市……………………………35,122
反対意見……………………………………96
パンデクテン的解釈 ……………334,359
パンデクテン法学，体系 ………135,346
判例評釈 …………………………297,383
比較法 ……………………………339,390
比較法と民法 ……………………………326
東地域のための特別の補助 ………148,234
東ドイツ地域における大学再建問題……17
東ドイツ地域の状況 ……………………146
東ドイツ地域への資金投入
…………………………58,148,232,238
東ドイツの学生 …………………………118
東ドイツの法学部における人的構成……29
東ドイツ民法典 …………………337,353
東ベルリン（フンボルト）大学
……………20,21,27,32,35,117,119,121
東ベルリンの学術アカデミー ………22,24
東ヨーロッパ法 …………………………337
ビジネス実務法務 ………………………231
筆記試験 ……………………………53,81,107
標準勉学期間 ……72,78,102,166,183,217
福島訴訟 …………………………………260
付随義務論 ………………………262,263
ブスケ ……………………………………302
不正競争防止法（UWG） ……………219
物権変動 …………………………………357
不当利得 …………………………281,379,392
不能とフラストレィション ……………332
不平等条約 ………………………301,323
普遍的自然法 ……………………………301
普遍的な資格 ……………………………267
不法行為 ……………………………357,392
フライブルク ……………………………286
フライブルク市法 ………………275,288
フライブルク（大学） …156,180,280,287
フライブルクのミュンスター ……285,294
プライベートバンキング ………………236
プラハ大学 ………………………………128
フランクフルト・アン・デア・オーダー
（大学） …35,117,123,125,129,146,186
フランス ……………………79,91,190,213
フランス法 ………………………331,335,358
フランス民法典 …………………133,335
古い（連邦）諸州…………………………19
プロイセン法 ………………52,65,132,333
分割受験 …………………108,164,183
分業体制（法曹養成の）…………………23
分散的なシステム（図書館） ……240,247

文書の証拠力 ……………………………278
文書の証明力 ……………………………279
フンボルト理念……10,131,137,(146),417
兵役と入学年齢…………………………59
平均期間 ………………………………196
ベビーブーム……………………43,217
ベルリン ……………………………135,153
ベルリン（大学）……84,129,131,137,146
弁護士 …………26,80,81,82,165,211,264
弁護士試験 ……………………………81,87
弁護士統合（EU）…………………163,175
弁護士の実務的研修期間………………88
弁護士の法律業務独占 …………………271
弁護士法72条 ……………258,260,262,263
ボアソナード ………………………302,327
ボアソナードの民法構想 ………………318
ポイントによる成績……………………55
法　域 ……………………………………329
法解釈に対する基本的なスタンス ……331
法学教育評議会…………………………82
法学検定 …………………………………231
法学士 ……………………………80,82,185
法学部の改革（フランス） …………80,91
法化社会論 …………………………8,214,362
法　系 …………………………329,347,390
法曹一元……………………86,95,97,214
法曹一元教育の見直し………………75,166
法曹会議 ………………73,94,163,175,178
法曹学院…………………………………82
法曹教育の理念 ………95,97,176,223,251
法曹三者の数……………51,103,211,231
法曹資格者の過剰 ………………………251
法曹制度 …………………………………349
法曹養成課程の諸問題 …………………194
法　族 …………………………329,347,390
法治国家理念…………………………52,362
法典調査会 ……………………309,310,324
法典調査会の基本方針 …………………322
法律家協会（アメリカ）…………………85
「法典編纂ニ関スル法学士会ノ意見」…307
法典論争……………………99,307,316,350
法務・司法大臣 …………………………299
法律行政大学（ポツダム）…20,24,32,117
法律上の紛争 …………………………51,64
法律職再編の方向性 ……………………257
法律職の類型化 …………………………272
法律専門大学 ……………………………182,216
法律取調委員会 ……………………305,342
法律隣接職 ………………………………264
簿記，経済学 …………77,87,107,229,230
簿記と貸借対照表 ………………………107
補習校 …………………………………50,61
補助者（助手，秘書） ……………186,218
補助職 ……………………………228,399
ポツダム（大学） ………………32,35,117
ポツダムの国家および法律アカデミー
……………………………21,22,26,27
ポツダムの法律行政大学…………………20
穂積陳重 …………13,83,308,310,343,347
ボーフム大学 ………………………130,236
母　法 ……………………………………330
ポーランド民法典 ………………………353
ポーランドやハンガリーの大学 ………124
ボ　ン ……………………………153,155
ボン（大学）…………………84,130,155
ボン大学の中断と再建 …………………130

ま　行

マインツ（の専門大学）……219, 222,229
マグデブルク（大学）……117,147
マクロ……371
マクロの比較……330,349,391
マスプロ化……130,161,175,188,265
マタイ効果……410
松山訴訟……260
マニュアル……363,413
ミクロ……371
ミクロの比較……330,391
ミュンヘン大学……129,239
民事慣例類集……304,327,344
民主化と再統一……30
民商法典施行延期法……308
民法議事速記録……312,325
民法修正案理由書……312
民法と比較法……329
民法の系譜研究と比較法……297
娘　法……330
無方式の合意……392
明治八年〔1875年〕太政官布告103号……300,315,328
明法寮……302
模擬裁判……86
モリアーティ……84

や　行

山田顕義……304
優遇措置（採用の）……203,206
ユニドロワの原則……341
ヨーロッパ契約法原則……341
ヨーロッパ裁判所……59
ヨーロッパ指向的性格……123
ヨーロッパ的な権威……179,267
ヨーロッパ法……33,38,75,102,106, 107,111,331
ヨーロッパ法史……355

ら　行

ライプツィヒ（大学）……20,21,32, 35,117,122,129,135,147,154
ライン・フランス法……134,316
ラインラント……128,130,133,154,245
ラーベル……347,349
ラーベル学派……332,349
濫訴や訴訟負担の増大……8,169,252
利子の徴収……283
リステイトメント……341
理　性……329,345
利息制限法……300,315
立法支援……348
立法と比較法……326
リューネブルグ（の専門大学）……219,220,222,230
理論と実務の乖離……10,53,254
隣接法律職……114,231,255,257,264
類型強制……392
類型論……369,391
流質の禁止……323
歴史法学……133,135,379
連帯付加税……150
連邦裁判所（BGH）……104,154
連邦制と実務研修……201
弄花事件……319
ロークラーク（law clerk）……86,268

ロシュトック（大学）
……………………34,117,125,129,135,146
ロースクール……3,4,85,92,168,191,210,
224,251,267,349
ロースクール協会…………………………85
ロマニステン………………………………52
ローマ法…………52,84,275,280,291,332,
334,346,356,359
ローマ法の継受 …………275,291,292,328
ローマ法の相対化 ………………………277
論文指導資格 ……………………………190
論文と副産物 ……………………………370
論文博士 ……………………………190,371
論文量産主義…………………………11,416